KB216012

기억하고 싶은

목회자들 I

인천

이 책은 (사)기독교선교문화연구회 · 인천역사문화연구원이 인천교회와 국가, 사회에 영향을 크게 미친 기독교 지도자들 발굴, 연구하는 사업의 일환으로 만들었습니다.

기억하고 싶은 목회자들 I / 인천

초판 발행 | 2021년 12월 25일
편집 | 이종전

발간위원장 | 이건영
편집위원 | 민돈기, 서재규, 안규석, 이병문
정원화, 홍광선, 황태식

발행처 | (사)기독교선교문화연구회
인천기독교역사문화연구원(032-441-2828)

펴낸곳 | 아벨서원
편집·디자인 | 조선구
등록번호 | 제98-3호(1998. 2. 24)
주소 | 인천광역시 남동구 구월남로 118(인천 YMCA, 805호)
e-mai | abelbookhouse@gmail.com
전화 | 032-424-1031
팩스 | 02-6280-1793

기억하고 싶은
목회자들 I
인천
편집 이종전
아벨서원

발 간 사

할렐루야! 성삼위 하나님의 은혜와 평강이 섬기시는 교회와 가정 위에 이슬처럼 임하시기를 소망합니다.

인천은 한국 최초의 공식 내한 주재 아펜젤러와 언더우드 선교사에 의해 이 땅에 복음이 받아들여진 곳이며, 기독교 전파의 구심점이 되어 한국기독교사에서도 중요한 역사적인 의미가 있는 곳입니다. 현재의 교회 성장과 부흥은 이 땅을 향하신 하나님의 크신 구원의 은혜요, 선물입니다. 더불어 이 땅에 복음을 들고 찾아오신 선교사님들의 희생이 밑거름이 되었습니다. 나아가 선교사님들을 통해 복음을 받아들인 신앙의 선조들의 헌신과 희생의 열매가 바로 우리가 섬기는 교회이며, 그분들의 일편단심의 신앙과 복음적인 정신이 우리에게까지 이어지게 된 것을 감사하게 여겨야 할 것입니다.

특별히 인천지역에서 복음전파를 위해 일생을 바치시고, 후손들에게 신앙의 유산을 남겨주셨던 많은 목회자들이 계셨다는 것은 우리들의 신앙에 커다란 긍지요, 자랑스런 유산임을 부인할 수 없습니다. 이런 기억하고 싶은 목회자들을 믿음의 후손들에게 알릴 수 있는 책이 발행됨을 너무나도 기쁘게 생각합니다. 이 책을 통해 귀한 어르신들의 목회의 발자취를 기억하고, 그분들의 신앙과 삶을 본받기 위한 좋은 자료가 되기를 소망합니다. 그리고 교회가 복음을 향한 순수한 마음과 열정을 다시 불일 듯 하게 하는 역할을 감당하기를 소망합니다.

우리는 사명이 있습니다. 믿음의 선진이요, 귀한 목회자들의 신앙을 잘 계승하며, 다음 세대에 온전히 전수함으로 우리와 다음 세대를 통해서도 인천지역에 복음을 통한 교회와 사회, 교육, 문화 등 다방면에 선한 영향력을 끼칠 믿음의 위인들이 세워지기를 기대하며 기도합니다.

이 책의 발행을 위해 그동안 수고를 아끼지 않으신 모든 분들에게 강건함과 우리 하나님의 선한 도우심의 손길이 항상 함께 하시기를 축원합니다.

2021년 12월 5일

발간위원장
인천제2교회
이건영 목사

축 사

언제나 '임마누엘'하시는 여호와 하나님의 은혜와 사랑이 모든 분들께 늘 풍성 하시기를 기원합니다.

목적지를 향해 소복하게 쌓인 눈길을 걷는 사람의 발자국은 멋진 한 폭의 그림이고 그 한사람의 발자취입니다.

세상을 사는 사람들은 각양각색의 발자취가 보이고 들리게 마련입니다. 그러나 그 발자취 에는 희, 노, 애, 락이 담겨있습니다.

(사단법인) 기독교선교문화연구회의 (부설) 인천기독교역사문화연구원에서 『기억하고 싶은 목회자들 I』이라는 제목의 책을 출판하게 되었습니다.

이처럼 목회 사역을 마치고 소천하신 분들의 발자취를 더듬어보며, 그 공(功)을 교훈삼고 기리는 아름다운 미덕을 기뻐하고 진심으로 축하합니다.

『기억하고 싶은 목회자들 I』이 출판되어 한 사람 한 사람의 손에 들려지고 읽혀질 때, 감동과 감화가 클 것이고 정말 기억에 남을 것입니다.

이 책에 소개된 목회자님들처럼 누구나 어느 곳에 서든지 공(功)을 많이 세우고 아름다운 발자취를 보이며 들려주는 삶을 살아가기를 바라는 마음을 다짐해봅니다.

이 책이 출판되기까지 수고해주신 집필자 분들과 그 외의 다른 모든 일을 주관하고, 이루어 내신 분들에게 고마운 마음을 전하며 축사를 대신합니다.

감사합니다.

2020년 12월 5일

사단법인 기독교선교문화연구회 이사장

전양철 감독

축 사

할렐루야!

인천 기독교계의 자랑인 '인천기독교역사문화연구원'에서 또 한 번의 귀한 일을 해내셨습니다. 2020년에는 '인천기독교135년사'를 발간하셔서 인천의 많은 교회들의 칭찬과 격려를 받았는데, 이번에 또 귀한 책을 발간하셨습니다.

인천 기독교계에는 기억하고 싶은 훌륭한 목사님들이 많이 계시는데, 이번에 '인천기독교역사문화연구원'에서 『기억하고 싶은 목회자들 1권(목회자편)』을 발행함므로, 이 책을 통해서 귀한 목사님들을 기억하게 해주셔서 감사합니다.

책에 실리지 않은 훌륭한 목사님들도 많이 계시지만, 특별히 책에 실린 목사님들의 눈물과 기도를 통해서 인천의 기독교회가 여기까지 올 수 있었습니다.

1885년 4월 5일 언더우드 선교사와 아펜젤러 선교사가 인천에 첫발을 내딛으므로 시작된 복음의 역사가 136년이 지난 지금, 인천에는 4,300여 개의 교회와 100만 성도가 함께 하나님을 찬양하고 예배하는 놀라운 역사를 이루어 냈습니다.

또한 인천의 기독교계를 대표하는 인천광역시기독교총연합회도 60회를 맞이했습니다. 여기까지 올 수 있었던 모든 것이 다 주님의 은혜임을 고백합니다. 이 모두가 다 하나님의 계획하심과 섭리임을 믿습니다.

인천의 많은 목사님들과 장로님, 성도님들이 인천을 성시화시키기 위해 지금도 맡은바 사명을 최선을 다해 감당하는 모습을 볼 때, 얼마나 감사한지 모릅니다. 앞으로도 '인천기독교역사문화연구원'이 하나님께서 주신 사명 감당에 최선을 다할 수 있기를 소원합니다.

다시 한번 '인천기독교역사문화연구원'의 『기억하고 싶은 목회자들 1권(목회자편)』 발간을 주님의 이름으로 축하하며, 이 일을 위해 수고하신 모든 분들을 축복합니다.

2020년 12월 5일

인천기독교총연합회 총회장

김기덕 목사

머리말

지난 해 〈인천기독교135년사〉를 쓰면서 새롭게 알게 된 것은 인천기독교회사에 남겨진 하나님의 섭리가 특별하다는 것입니다. 그 중에서도 인천의 교회를 섬겼던, 그리고 교회를 통해서 민족과 사회를 섬겼던 지도자들이 많다는 사실입니다. 하지만 현실은 그들에 대한 기억조차 없다는 것을 알게 되면서 '인천기독교역사문화연구원'이 해야 할 일이라는 것을 생각했습니다.

몇몇 분을 만나 조언과 고견을 들으면서 꼭 해야 할 일로 확정을 하고 편찬을 위한 일을 시작했습니다. 하지만 그 진행은 녹록하지 않았습니다. 우선 대상자를 확정하고, 그분에 대한 집필을 할 수 있는 작가를 찾는 것이 쉽지 않았습니다. 그럼에도 불구하고 이 일이 중요하다는 것을 공유한 작가님들의 헌신적인 협력과 그 일을 코디하는 일을 감당해 주신 민돈기 장로님의 노고가 컸습니다. 또한 기꺼이 응해주신 작가님들의 수고에 대해서 어떻게 감사드려야 할지 모르겠습니다. 인천기독교회는 물론 한국교회사에 귀한 기록으로 남겨지는 작업이라는 명분과 의미 있는 일이라는 것으로 감사를 대신할 수밖에 없을 것 같습니다.

〈기억하고 싶은 목회자들 I〉은 인천출신, 또는 인천에서 사역하면서 교회와 사회에 큰 업적을 남긴 목회자들을 선정해서 그들의 행적과 섬김의 삶을 기억하고 배울 수 있는 기회를 기대하면서 기록으로 남기고자 했습니다. 작가님들은 대부분 대상자의 후손입니다. 하지만 여의치 않은 경우 후배나 인물을 연구하시는 분에게 요청하였습니다. 따라서 객관적인 평가에 있어서 치우칠 수 있는 요소가 없지 않습니다. 그럼에도 인천기독교회가 기억해야 할 지도자들로서 1차적인 역사자료는 될 것이라고 기대합니다. 필요한 경우 심화된 연구를 할 수 있는 동기가 된다면 좋겠다는 생각입니다.

이 책을 편찬하는 과정에서 간행위원장을 맡아주신 인천제2교회 이건영 목사님의 특별한 관심과 섬김에 감사를 드립니다. 또한 이 일을 진행함에 있어서 처음부터 기도와 염려로 격려해주신 '기독교선교문화연구회' 이사장이신 전양철 감독님, 축사와 함께 격려를 해주신 인천기독교총연합회 회장 김기덕 목사님, 어려운 여건에서도 기꺼이 집필해주신 모든 작가님들께 감사드립니다. 그리고 '인천기독교역사문화연구원'의 운영위원장 서재규 장로님을 비롯한 임원, 편집위원, 운영위원님들 모두의 기도와 협력이 있어서 이 일을 할 수 있었습니다.

역사를 통해서 섭리하신 하나님께 모든 영광을 돌려드리기를 원합니다.

2021년 12월 5일

인천기독교역사문화연구원 원장

이종전 목사

차 례

김희준은 매일 같이 조도(아침기도), 만도(저녁기도), 종도(밤기도)를 했다. 미사에도 참가했다. 김희준의 가족과 이웃이 많이 참석했다. …… 도리공부(교리공부)를 제외하고라도 예비신자들에게 하느님을 경외(敬畏)하는 신자의 도리를 강조하기도 했으며, 하느님 없이 살아온 자신들이 죄를 깨닫고 회개하도록 촉구하기도 하였다.

대한성공회 최초의 한인 사제 김희준(마가) 신부

김진세 신부_성공회 제자교회

1. 들어가며

성공회는 전 세계적으로 가장 널리 분포되어 뿌리 내린 교회이지만 (2021년 현재 150여 개국, 신도수 1억 명) 우리나라에 잘 알려져 있지 않은 교회입니다. 우리나라에 최초로 선교의 닻을 내린지 130년이 지났지만, 그 정체가 무엇인지를 잘 알지 못하는 이들이 대부분입니다. 택시를 타고 성공회를 가자고 하면 상공회의소에 내려 주기가 일쑤였을 정도이니까요.

개혁교회 형제 교파인 감리회나 장로회보다 그리 뒤지지 않은 시기에 선교(宣教)되었음에도 불구하고 그 규모나 활동이 매우 미약한 것도 사실입니다. 아마도 구세군, 루터교, 복음교단 등과는 비등한 규모를 지니고 있습니다.

김희준(마가; 성공회에서는 호적 이름 외에 교회에서 세례를 받을 때, 세례명을 받게 됩니다. 마가는 복음사가 마르코, 마가를 의미합니다) 신부는 성공회 교단 내에서도 잘 연구가 되어 있지 않은 것이 사실입니다. 1990년에 선교 100주년을 기념하여 출간한 도서(성공회 백년사)에 이재정 신부(현, 경기도 교육감)와 김옥룡 교우, 그리고 성공회 역사 전문가인 주성식 신부 등이 남긴 짧은 기록들이 전부입니다. 후손의 일원으로, 후진(後進) 사제의 일원으로 매우 죄스러울 따름입니다.

지난 4월 말일에 인천기독교역사문화 지(誌)의 편집위원으로 일하시는 민돈기 장로님의 요청으로 인천(강화)출신 김희준 마가 신부님의 이야기를 조촐하게나마 남길 수 있게 된 것을 크게 감사드립니다. 이 짧은 글은 이재정 신부님이 저술한 성공회 백년사와 성공회 역사자료관에 보관되어 있는 자료들, 김옥룡 교우님이 작성한 기록들, 주성식 신부님의 지도편달로 쓰게 되었습니다. 감사드립니다. 이옥경 선생님에게도 감사드립니다.

2. 19세기 말, 강화도

1871년에 일어난 신미양요를 계기로 조선 선교의 문이 열리게 되었습니다. 로스 목사와 맥킨타이어가 이응찬과 협력하여, 요한복음과 마가복음을 번역하게 되고, 그 이듬해에는 백홍준, 이응찬 등 4명이 세례를 받기도 하였습니다. 미국 북감리교회는 1885년에 스크랜튼과 아펜젤러를 파송하고, 미국 북장로교회는 헤론과 언더우드를 선교사로 임명해 조선에 파송합니다.

3. 김희준(마가)의 출생과 청년시기

김희준은 1866년 12월 22일에 강화도에서 출생하였습니다. 성장과정에 대해서는 알려져 있는 것이 별로 없습니다. 청년의 시기에 그는 인천과 강화를 왕래하면서 소금과 토산품들을 사고 파는 일에 종사하였습니다. 당시 강화뿐만 아니라 인천 등지에도 중국과 일본을 통해, 혹은 직접적으로 교역을 원하는 서양인들에 의해 상당히 많은 신문물들이 거래되는 상황이었습니다. 청년 김희준도 여기에 편승(便乘)하여 새로운 문화를 접하게 됩니다. 그는 신문물(新文物)의 교역(交易)뿐만 아니라, 당시 서구의 종교에 관심을 가졌던 많은 이들처럼 신앙에도 깊은 열망을 가지고 있었습니다. 당시 신흥하던 인천의 감리교회나 천주교회 등에도 열심히 참석하여 자신 안에 불타오르는 신앙의 열정을 확인하며 신도가 되고자 백방으로 노력을 하였습니다.

4. 조선 성공회의 태동

중국에 성공회 교회가 생긴 것은 1849년입니다. 당시 영국의 켄터베리 대주교는 대성당에서 중국의 주교로 스미스를 성품(주교로 서임되는 것을 성품이라 합니다)하여 파송합니다. 당시 거점은 홍콩이었습니다. 주로 의료선교와 사회사업에 주력을 하였습니다. 1874년이 되어 스코트 선교사가 북중국 산동반도로 파송이 되었는데, 당시 매우 밀접하게 교제하던 이가 바로 우리나라 개신교 선교정책의 기초를 수립한 네비우스였습니다.

네비우스는 제푸(오늘날 煙台)의 성공회 건립에 큰 관심을 보였고, 급작스런 사망 후, 미망인의 요청으로 성공회식으로 장례를 치루기도 했습니다. 당시 스코트 주교와 함께 일하던 코프 신부는 후에 켄터베리 대주교 벤슨에 의하여 1890년에 조선으로 파견되어 성공회를 개척하는 사역을 감당하게 됩니다. 코프 주교, 즉 찰스 존 코프 주교(한국명 고요한)가 발을 디딘 곳이 바로 제물포항(지금의 인천항)이었습니다. 비로소, 조선 성공회가 태동이 된 것입니다.

당시 코프 주교의 고백 중에는 이런 내용이 있습니다. “나는 마치 나룻배 한 척으로 전쟁터(戰場)에 나가는 기분이었다” 라고 표현할 정도로 재정도, 인력도 부족한 상황속에서 파송이 되었던 것입니다. 그는 오랜동안 영국 함대의 군종사제로 복무를 하였습니다. 그 함대는 대영제국 황실계승 서열 1위의 왕자가 타고 작전을 하던 함대였고, 후일에는 영국교회 전체의 명망 있는 성직자로 이미 낙점이 되어 있었던 옥스퍼드 대학 출신의 엘리트 성직자였습니다. 그런 그가 아무것도 보장되지 않고 아무런 기반도 없는 조선에 성공회 선교사로 발을 디딘 사실은 매우 특별한 하느님의 부르심이 없이는 가능하지 않았을 것입니다.

5. 와일즈, 랜디스, 워너 그리고 트롤로프

코프 주교가 조선 성공회 설립을 위하여 미국과 캐나다, 일본을 거치면서 조선 선교를 감당할 동역자들을 일으킵니다. 그중에도 와일즈(Julius Wiles), 랜디스(Eli Barr Landis), 워너(Leonard Ottley Warner/한국명 왕란도)는 제물포, 지금의 인천을 기반으로 선교활동을 위한 준비를 하게 됩니다. 이들 외에도, 포우널, 데이비스, 스몰, 피크, 트롤로프 신부 등이 동참하게 됩니다. 후일, 트롤로프 신부(조선명 조마가)는 코프 주교, 터너 주교를 이어 제3대 조선성공회 주교로 사역을 하게 됩니다.

트롤로프는 조선에 가면서 자신의 부르심에 대한 소감을 서신으로 어머니에게 전합니다.

"…… 제가 가진 것은 건강과 제가 받은 교육이며, 하느님이 선택해 주신대로 하느님의 사역을 하고자 하는 마음 뿐입니다. …… 제가 그곳에 가면 주교님과 다른 사제들과 더불어 엄격하고도 내핍하는 생활에 적응해 갈 것입니다. …… 그렇습니다. 아마도 이 세상에서 다시는 만나볼 수 없을는지 모릅니다. ……"

당시 조선이란 나라는 서구에 잘 알려져 있지 않았을 뿐만 아니라, 먼저 와서 사역을 하던 선교사들이 풍토병(風土病) 등으로 사망하는 일이 많았고, 이런 상황 속에서 트롤로프 신부는 참으로 비장한 각오로 임하고 있는 것을 볼 수 있는 대목입니다.

6. 인천의 의료선교와 랜디스 박사

코프 주교와 함께 조선에 입국한 랜디스는 부산, 서울 등을 방문하고 곧바로 인천에 한 주택을 세를 얻게 됩니다. 두 개의 방에 진료실을 꾸미고 다음 날부터 진료를 시작합니다. 많은 조선인들이 몰려 들었습니다. 이것이 바로 인천 최초의 서양식 병원입니다. 환자들이 늘어나기 시작하면서 코프 주교는 이듬해인 1891년 4월에 새로운 건물을 착공하고 그해 10월 18일 성누가를 기념하는 축일에 맞추어 병원을 개원합니다.(현재 송학동 3가 3번지)

병원 건물은 조선식으로 지어졌고, 병실도 조선의 정서에 맞게 온돌로 지어졌습니다. 자연스레 이 병원은 '성누가병원'으로 명명되었습니다. 하지만 랜디스는 조선의 정서를 감안하여 낙선시병원(樂善施病院-선을 베풂으로 기쁨을 주는 병원)이란 간판을 제작하여 붙였는데, 이는 랜디스의 한문 실력을 말해주는 대목이기도 합니다. 그는 조선어 숙달에 탁월한 능력을 보였으며, 영어학당을 개설하여 인천의 소년들에게 가르치기도 했습니다. 이듬 해인 1892년에는 여섯 살된 고아를 데려다가 키우면서 고아원을 시작합니다. 이것이 인천시 고아원의 효시입니다.

1894년도에 외래 환자와 왕진 환자를 합쳐 4,464명이 진료를 받게 되었습니다. 이는 실로 대단한 업적이 아닐 수 없습니다. 수년간 지속된 이 인천 최초의 서양식 의료사업은 1898년 4월 16일에 랜디스가 장티푸스로 세상을 떠남으로써 주춤해 집니다. 그는 32세의 젊은 나이로 요절합니다. 수 년 전에 청학동의 묘역을 부평으로 이장하면서 발굴된 랜디스 박사의 십자가는 인천시 박물관이 소장하고 있습니다. 아마도 근대 조선의 기독교전파 시기, 인천의 유일한 유물이 아닌가 사료됩니다.

7. 강화선교기지 – 갑곶리

조선에 성공회 선교를 시작한 코프 주교와 동역자들은 강화도에 선교 거점을 마련합니다. 1893년에 제물포에서 물길을 거슬러 올라가다가 정박한 곳이 갑곶리였습니다. 영국 선교사들은 이곳에 있는 조그만 구옥을 세를 얻어 강화선교 거점으로 지정합니다. 이곳에는 주로 왕란도(워너) 신부가 머무르며 선교 활동을 활발하게 전개합니다. 그때 기독교 신앙에 커다란 열망을 지닌 김희준(마가)이 왕란도 신부를 만나게 됩니다. 왕란도 신부는 김희준과 그의 동료(황해도 출신으로 인천에 장사를 위해 동행하던 사람들)들에게 교리교육을 실시합니다. 왕란도 신부는 조선말을 상당히 빨리 익혀서 교리교육과 기타 사역에 부족함이 많지 않았을 정도였습니다. 그는 김희준 일행과 함께 농사도 같이 짓고 여러 가지 생활에 필요한 일들에도 함께 협력하여 많은 결실을 거두었습니다.

왕란도와 김희준은 소책자 – 즉 예수님은 누구인지, 인간의 본성과 죄, 죄사함을 선포하는 복음에 대한 설명을 담은 – 들을 여러 권 발간하였습니다. 그리고 그 소책자들을 가지고 강화도 전역에 배포하며 전도활동에 매진하게 됩니다. 왕란도 신부에게 교리교육을 필한 김희준의 실력은 당시 신학을 전공하지 않았지만 훈련받은 전도사를 능가하는 박식하고도 열정이 넘치는 인재였습니다.(1890년대, 영국 수녀들이 쓴 선교보고 편지의 21쪽)

사역의 규모가 확장이 되면서 선교부는 거점을 강화읍으로 옮길 계획을 추진합니다. 마침 강화 동문 안에, 당시 해군 사관생도 육성을 위한 '통제영학당'(統制營學堂)에서 교관으로 일하던 콜웰과 그의 아내, 콜웰의 부관 커티스와 그의 아내가 머물던 큰 집을 매입하여 이곳을 강화선교의 본부로 사용하게 됩니다. 1896년 김희준과 열심히 활동을 벌이던 왕란도 신부가 떠나게 되면서 이를 트롤로프(조마가) 신부가 담당하게 됩니다.

왕란도의 갑작스런 사임과 떠남은 김희준에게 커다란 충격과 파장을 남깁니다. 하지만 그는 조선인을 부르시는 하느님의 소명에 응답하여 왕란도를 이어 함께 한 트롤로프를 도와 열심히 활동을 펼쳐, 왕란도의 갑작스런 공백에도 불구하고 강화 선교사역은 번창 일로에 놓입니다. 모두 김희준의 헌신과 탁월함에 힘을 입은 것입니다. 당시를 회고한 영국선교본부의 보고서(모닝캄- Morning Calm)는 이렇게 술회하고 있습니다.

"넓은 방에는 조선인 가족이 살았는데 부모와 자녀를 합하여 8명 이었다. 조마가 신부는 이 가족들을 '탁월한 조선인 가족'이라고 격찬하였다. 가족 수나 그 구성 상태로 보아 이미 입교한 김희준과 그의 가족이 틀림 없다. 여기에서 강화교회 정착에 크게 공헌한 선각자 김희준과 성공회를 이 땅에 뿌리내리게 하며 성장하는 밑거름 역할을 담당한 조마가가 한 집에 살면서 서로 협력 보완하며 극적인 만남의 역사가 이루어진 것이다." (모닝캄 74〈Nov.1897〉 133-135쪽)

김희준 신부는 1938년에 노령으로 현임에서 퇴임을 하게 됩니다. 그는 당시의 소회를 이렇게 진술하고 있습니다.

"장사 차 인천을 왕래하다가 천주교인을 만나 입교 권면을 받고 '聖教監略' 상하권을 얻어 읽음으로써 교리를 조금씩 이해하게 되었습니다. 그 후에 감리교인을 만났습니다. 그와 함께 여러 차례 예배당에 가서 설교를 들었습니다. 갑곶리에 영국신부 왕란도가 창설한 성니콜라회당에서 활발한 포교가 이루어지고 있었습니다. 당시 수십 명의 문자(問者)들과 더불어 기도하고 예배에 참례하였습니다. 왕신부로부터 여러 가지 책도 받아서 읽고 연구하면서 전도와 선교에 더 많은 열정을 품게 되었습니다."

"1896년에 갑곶리를 중심으로 포교에 열심이던 왕란도(워너) 신부가 여러 가지 이유로 영국으로 귀국을 하게 됩니다. 해서 전도소를 강화읍으로 이전을 하게 됩니다. 이때 부임하신 분이 바로 조마가 신부입니다. 그는 조선어에 능하고 매우 활동적으로 포교하여 얼마 되지 아니하여 수십인의 입교자가 생겼습니다. 그해 조신부의 인도로 경성 낙동 고주교(찰스존 코프)를 배알하고 조마가 신부로부터 망세 입안례(세례를 희망하는 이들이 교육 훈련에 참가하는 첫 과정)를 받았습니다. 1897년 11월 7일, 인천의 성미가엘성당에서 침례식으로 세례를 받았습니다. 집례는 조 신부가 하였습니다. 당시 나와 김군명, 그리고 여성 신도 1명이 동시에 세례를 받았습니다. 조선 성공회 최초의 세례인 것입니다. 그리고 동시에 당시 서울에 체류하던 사주교(중국에서 사역하던 스코트 주교를 말함)로부터 견진성사(세례를 받은 신자 중에 타의 모범이 되고 교회의 일군으로 발탁하기 위해 주교가 이마에 기름을 바르고 축복하는 예식, 성공회 교회에서는 견진성사를 받아야 비로소 교회의 선출직 임직을 받을 자격이 생깁니다.)도 겸하여 받았습니다. 하느님께서 저에게 조선인 최초 세례자, 견진자의 영광을 주셨습니다."(1938년 8월 성공회 월보 248호 6쪽)

김희준은 세례와 견진을 받고 더욱 가열찬 선교활동에 참가하게 됩니다. 아래는 강화 온수리 선교의 혁혁한 공로가 있는 길강준(힐러리) 신부의 증언입니다.

"김희준은 매일 같이 조도(아침기도), 만도(저녁기도), 종도(밤기도)를 했다. 미사에도 참가했다. 김희준의 가족과 이웃이 많이 참석했다. …… 도리공부(교리공부)를 제외하고라도 예비신자들에게 하느님을 경외(敬畏)하는 신자의 도리를 강조하기도 했으며, 하느님 없이 살아온 자신들이 죄를 깨닫고 회개하도록 촉구하기도 하였다. 동양 사람들의 의식구조를 측량키 어려우며, 또 이들이 죄의식이 무엇인지를 얼마나 실감하였는지 알 길이 없다. 하지만 김희준은 이러한 문제들에 있어서 나에게 실질적인 조언과 지식을 전달하여 주었다. 현재 두드러지게 통회하며 진실한 신앙에 도달한 예비 신자들이 그리 많아 보이지 않아서 이들을 다 세례할 수는 없다. 이러한 문제들에 대해서도 김마가와 함께 많은 이야기를 나누었다. 대부분 그는 전도시에 가장 유용한 조력자였고 뛰어난 지도자임이 틀림없다."〈1899년 2월 4일 길강준(힐라리) 서신, MC 81호, Aug. 1899〉

힐라리(길강준) 신부는 김희준이 남자 교인들을 가르치는 방법이 참으로 훌륭하다고 칭송을 합니다.

"어느 땐가 비가 48시간 동안 계속하여 쏟아진 일이 있었는데, 교인들이 각자 자기 집으로 돌아가는 일이 걱정이었습니다. 하지만 그는 영세성사(세례성사) 준비를 완벽하게 마무리하고 전원 다 안전하게 귀가 시켰습니다."

당시 김희준의 활약은 참으로 일일이 다 기록할 수 없을 정도로 대단한 것으로 그는 평가합니다.

김희준의 활동을 보고 받고 알게 된 찰스 존 코프 주교는 자신이 남긴 기록에서 당시 조선인들의 모습을 이렇게 술회하고 있습니다.

"전도를 하기 위해서 배포한 마태복음을 펼쳐서 읽다가 예수님의 족보 발견하고 '아브라함이 누구요?' 하고 서로 묻는 다고 합니다. '글세, 모르겠네요.' 하고 대답을 하면 책을 뜯어서 도배를 하자고 한답니다. 또한 교리 공부를 하다가 교회 라는 말이 나오면 그게 무슨 말인지 잘 몰라 책을 접게 되고, 하느님의 아들이 있다고 하면 그럼 부인도 있냐고 질문을 한다고 합니다. 대답을 해주는 이가 없으면 책을 찢어서 글이 없는 부분을 밖으로 하여 도배를 하는 상황이 벌어지곤 했다고 합니다."(찰스 존 코프의 책)

이렇게 어려운 상황 속에서 신앙의 선각자 김희준은 조선의 백성들에게 자신이 깨우친 복음의 도리를 설명하고 가르치고 선포하는 일군이었습니다.

8. 1899년 갑곶이 학교에서 교사로 활동하는 김희준

왕란도의 영국 귀국과 더불어 그곳의 학교는 강화 읍내로 이전을 하게 됩니다. 이때 함께 한 학생의 수가 19명이었습니다. 그중에 김희준도 함께 합니다. 이미 그는 영국인 선교사를 도와서 가장 뛰어난 활동을 하는 소중한 동역자로 자리매김 하고 있었습니다.

강화읍으로 이전한 학교생활을 힐러리(길강준) 신부는 아래와 같이 적고 있습니다. 여기에는 김희준의 동생에 대한 언급이 소개되고 있습니다.

"김마가(김희준)의 동생은 군대를 마치고 성인이 되어서야 학교에 들어왔다. 그는 학생들과 똑같이 자급자족한다. 헬라어를 공부하는 학생 중에 가장 성적이 좋고 유망하다. 음악적 재능도 뛰어나서 성가(찬송가)를 가르치는 데에도 많은 도움을 주고 있다. 섬세하고 뛰어난 소질이 있다. 전혀 들어보지 못한 음이라도 모든 곡조를 올간으로 연주한다. 놀라운 것은 두 손을 씀에 있어서 매우 자유자재하다. 조선인 미사때는 김희준의 동생이 늘 반주를 한다."(MC 97, Aug. 1898)

9. 강화읍성당의 건축과 김희준

조마가(트롤로프 신부, 왕란도의 뒤를 이어 강화읍 선교에 헌신한 인물, 후에 3대 주교가 됨) 신부는 1899년 가을부터 강화성당 건축을 위해 터 닦기를 시작하면서 공사 총괄감독을 김희준에게 위임합니다. 그리고 자신은 성당 건축자재를 조달하기 위하여 경성으로 떠납니다.

1899년 부활절에 경성에서 코프 주교가 강화읍을 방문하게 됩니다. 당시의 기록을 보면

'아침 예배에는 50여 명의 조선인들이 아이들과 함께 참석을 하였는데, 남자와 여자를 나누기 위해 가운데 휘장을 쳤다. 예배는 영어와 조선어로 진행이 되었다. 설교는 힐라리 부제가 조선말로 작성을 하고 이것을 김희준이 읽게 했다. 예배 후에 조선인들이 성전을 떠나면 영국 사람들이 성찬례(성찬식)를 하였는데, 조선인으로는 김희준 홀로 참례하였다. 부활 예배 후, 남산(강화)으로 약 30여 명이 소풍을 갔는데, 그 총 경비가 1달러 밖에 안되었다. 코프 주교는 로스(Laws)가 시작한 약국에서 한 달에 200여 명의 환자들이 치료를 받았다는 보고를 받고 기뻐하였다.' '강화교회는 성장하고 있었다. 성신강림절(성령강림절)에 김마가의 온 가족을 포함하여 남녀 18명이 코프에게 영세(세례)와 견진을 받았고, 그 다음 날에는 17명의 아이들이 세례를 받았다. 40명에 이르는 새로운 교인은 코프

주교에게 커다란 기쁨이었다.'(찰스 존 코프의 활동, 이근홍 사제 지음)

10. 강화 내리교회와 김희준의 활동

퍼킨스 선교사와 김희준(마가)의 내리 전도활동은 1900년부터 시작되었다. 최초의 입안자, 즉 세례 대상자가 된 정삼석(丁三錫)과 정덕오(德五, 세례명 실라) 부자는 열성으로 도리를 깨우쳐 1902년 5월 15일 영세와 견진성사를 받음으로써 독실한 신앙을 성취하여 전 가족이 입교(入敎)하였다. 1905년부터 김우일(영국명 거니)과 김마가가 힘을 합하여 열성으로 선교한 결과 입안자(세례희망자)가 점차 증가하여 회당 마련이 시급하게 되었다. 이에 정덕오는 회당 건축을 위하여 자신의 토지를 기꺼이 봉헌하고 그 건축에도 앞장을 섰다. 드디어 1907년에는 성패트릭회당으로 축복하였다.

11. 1908년 7월, 첫 전도사 발령

강화의 내리에서 사역하던 김희준 전도사는 1908년에 발령을 받아 배천(황해도 白川으로 쓰나, 배천으로 부름)으로 가게 되고, 내리에는 약간의 공백이 있었으나, 1911년에 후임으로 이의경 전도사가 부임하게 됩니다. 김희준은 배천으로 이임한 후 그곳에서 열심히 신자들을 전도하고 돌본 결과, 그해 가을 10월 18일에 18명이 세례를 받는 결실을 맺게 됩니다. 1909년 초에는 영세자 36명, 망세자(세례과정을 준비하는 이들)가 89명이었으며, 입교자가 188명이나 되었습니다. 당해 5월 7일에는 처음으로 17명이 견진성사를 받게 되었습니다. 김희준의 활약이 참으로 특기(特記) 할 만하였습니다.

12. 일제의 침공과 영국의 선교사들

1905년 강제로 을사늑약, 한일병탄이 이루어지고 조선에는 일본인들이 통치세력으로 등장합니다. 조선 최초의 주교였던 코프가 여러 가지 이유로 떠나면서 터너 주교가 제2대 주교로 승좌(주교로 사역을 시작하는 것을 말함)하게 됩니다. 그리고 조선인을 대상으로 전도사 교육이 시작됩니다. 당시 강화에서 영국인 선교사들을 도와서 조선인 전도에 충실히 협력한 김희준, 김만준, 송세준, 김경호, 구건조 등 10여 명이 조선인 전도사 육성 사역에 참여했습니다. 그중 김희준은 이미 강화도 곳곳에서 전도와 선교에 가장 충실한 사역자로 이미 활동중이었습니다. 또한 김경호 역시 뛰어난 조력자로 평가 받았습니다.

교육과정은 10일간 집중적으로 이루어지는 강의 중심이었습니다. 성서, 신경, 대도(intercession–회중 가운데 대표를 지정하여 공동의 기도를 하는 형식, 미리 준비되며 일정한 양식에 의해 순서를 맡은 이가 독서대에 나와서 기도를 인도하는 형식), 설교 등의 과목이 개설되었습니다. 1908년, 이러한 교육의 결과로 김희준(마가–배천), 김만준(바우로–수원/김희준의 동생), 송세준(사가리야–서울), 구건조(바나바–강화남부), 강희선(베드로–평택), 김경호(모세–강화읍), 전재익(요한–아산), 임현조(야고보–진천) 등이 조선인 교사로 양성되어 전국으로 파송되었다. 이들이 조선인 최초의 교사들이라 볼 수 있습니다. 김희준은 숙련된 전도사가 되어서 동생인 창준(마태), 만준(바우로) 등과 온 가족, 친척들이 전도사역에 열성이었습니다. 이 시기는 일제 강점기가 시작되는 때이면서 동시에 조선인 스스로 선교 역량이 강화되는 그런 시기였습니다.

13. 1914년 1월, 강화수도원(신학교)과 김희준

이미 여러 지역에서 교사로 활동한 바 있는 김희준은 구건조와 함께 성직자 양성을 위해 개원한 '강화수도원'에 첫 학생으로 입교합니다. 1914년 3월 조마가 주교는 '지금 조선성공회에서 가장 긴급한 일은 본국인을 교육하여 부제와 사제서품을 주는 것이다.'라고 강조합니다. 당시 영국으로부터의 선교사의 충원이 점차 어려워지는 상황에 직면하고 있기도 했습니다. 이미 1913년 9월, 허지스를 원장으로 임명하였고, 김희준과 구건조를 성직자로 양성하기 위해, 초단기 6개월 과정으로 입학을 시켰습니다. 조선인 성직자 양성에 사활을 건 모습이 보입니다.

아무리 교리교사로 십 수년의 경력이 있다 하더라도 6개월의 단기 과

▲ 1914년 4월 개원 후 신학원 첫 입학한 학생들_뒷줄 오른쪽에서 두 번째가 김희준 신부

정으로 성직교육을 편성함에는 무리가 있다는 지적이 많았으나, 김희준과 구건조는 이미 예외적인 경우로, 그들의 영적인 능력과 소질, 열성, 품성 등이 이미 높이 평가되었기에 가능한 일이었습니다.〈'Annual Meeting', MC. Vol. 26. No. 149(Jul, 1916), p. 65〉

이후 1914년 4월 30일에는 공식적으로 강화수도원 학생 11명을 입학시켜 조마가 주교가 축복식을 거행하였습니다. 김희준은 성직 과정 준

▲ 첫 한국인 성직 서품_1914년 6월 7일, 성삼주일에 한국성공회 선교 25년 만에 처음으로 김희준(오른쪽)과 구건조(왼쪽) 그리고 미야자와 씨가 부제로 서품되었다.

비자로서 학생들을 위해 '유대역사'(포로기부터 현대까지)를 한문으로 된 교재를 가지고 가르쳤고, 한학자였던 구건조는 논어, 경전, 유학과 기독교의 비교연구를 가르쳤습니다.

14. 1914년 6월, 부제서품

강화수도원에서 성직과정을 마친 김희준은 구건조와 함께 서울 장림성당에서 조마가 주교로부터 1914년 6월 7일(성삼위일체주일)에 부제 서품을 받았습니다. 강화 출신의 두 부제 서품자를 위해 강화읍교회에서는 신자 37명이 상경하여 서품식에 참예하는 열성을 보였습니다. 김희준(마가) 부제는 충북의 진천교회로 발령받아 보좌부제로 시무하게 되었습니다.

(부제는 영어로 Deacon 으로 번역이 되는데, 이는 개혁교회의 집사 수준을 넘어서서 공식적인 성직과정이다. 부제로 서품된 후 일정한 기간이 지나면 사제서품 응시자격이 주어지고 사제고시에 합격하면 사제로 서품이 될 수 있다. 현재 서울교구는 신학대학원 3년, 부제 2년을 필히 사목해야 사제가 될 수 있다.)

15. 1915년 12월, 사제 서품

김희준 신부는 1915년 12월 21일(성도마첨례일-신앙의 성조들을 기억하며 특별한 날을 지정해 기념함)에 서울의 장림성당에서 조마가 주교로부터 사제 서품을 받았습니다. 김마가 신부를 축하하기 위해 강화읍교회에서는 신약전서, 공도문(공동기도서-전 세계 성공회 공동체-현재 추산 약 1억 명-는 공동으로 함께 만들고 쓰는 기도서를 5백 년간 사용하고 있다.), 찬미책(찬송가) 세 가지를 수공품으로 만들어 수놓은 책낭에 넣어, 많은 기도와 함께 선물하였습니다.

조선성공회에 한인으로서 최초의 사제가 된 김희준 신부는 서품 다음 날인 12월 22일, 서울 장림성당에서 조선성공회의 새 역사를 여는 첫 성찬례를 집례하였으며, 이어 강화읍교회, 수원교회와 서품 당시 부제로 사역하던 충북의 진천교회에서 예배를 집례하였다. 그리고 그는 곧 사제로서 첫 임지인 충북 음성교회의 관할사제(담임목사와 같은 개념)로 발령되었습니다.

16. 김희준의 딸 루시, 아가타

김희준의 장녀 루시는 1898년에 출생하였습니다. 천성이 총명하고 근면하여 어려서 이미 한문을 통달하였습니다. 루시는 16세가 되는 1913년에 경성여자고등보통학교에 진학하여 성공회 양덕원에서 기숙하면서 학업에 전념하였습니다. 같이 기숙사에 들어온 이부비와 장차 수녀(修女)를 지망할 것을 서로 언약하고 학업에 전념하던 중 17세 때 불행하게도 모친이 별세하게 됩니다. 그녀는 학업을 중단하고 귀가하게 됩니다.

효성이 지극한 딸은 아버지 김희준 신부와 가정 사정을 의논하면서 자기 심정을 토로합니다. "우리 가정은 위에는 조부모님을 모시고 아래는 어린 동생 2명과 사촌 동생 3명을 거느리는 대가족입니다. 만일 아버지께서 속현(續絃–아내를 여의고 재혼하는 일)하시게 되면 우리 가정이 평화롭게 유지되기란 매우 어려울 듯합니다. 아버지 생존 시까지는 소녀가 슬하를 떠나지 않고 조부모님을 봉양하고 동생들을 양육하겠습니다." 고 굳은 의지를 담아 말씀을 드렸습니다. 아버지는 불행한 딸의 갸륵한 효성에 감동하여 그 뜻에 따르기로 언약하였습니다.

루시는 부친 김희준 신부를 쫓아 충청북도 음성교회와 진천, 천안, 강화 남북부교회로 20년을 하루 같이 부친의 교역의 편의를 돕고 가정 살림을 도맡았습니다. 십수 년이 흐르던 어느 날 아버지 김희준 신부는 루시에게 더 이상 자신의 장래를 희생하지 말고 마땅한 곳에 출가할 것을 간곡히 종용하였습니다. 루시는 동생들이 더 자라서 장가들게 되면 수녀원에 자원하여 수도자로 살겠다고 아버지를 위로하며 아버지의 성직 생활의 뒷바라지를 정성껏 계속 이어가게 됩니다.

수년 후 동생 연성(다니엘)이 결혼하게 되자 가사를 동생의 아내에게 맡기고 그녀는 어려서부터 소망하던 수녀원에 입회하게 됩니다. 수도원에 입회하여 열심히 수련을 닦던 중 그녀에게 또 다른 불행이 닥칩니다. 극심한 병고(病苦)가 찾아와 그녀는 다시 귀가하게 됩니다. 집에서 수양하던 중에 결국 병마를 이기지 못하고 1933년 2월 22일에 하느님의 부르심을 받고 세상을 떠납니다. 루시는 어려서부터 자기를 희생양으로 바쳐 가정의 평화와 아버지의 성직생활 뒷바라지에 지성을 다하여 하느님의 가르침을 몸소 실천한 위대한 신앙인으로 살았습니다.

루시의 동생 아가타는 1936년 6월 1일에 강화읍교회의 여전도사로 부임하여 교회를 섬겼습니다.(강화백년사 124쪽)

17. 김희준 사제의 주요 사목 기록

1919년 1월 22일 강화 남부 전도구(전도구라는 단위는 한 지역교회를 말한다.) 온수리교회 보좌사제(부목사와 같은 지위)로 김희준이 첫 성찬예배를 봉헌하였다.

1925년 5월 구건조 신부의 후임으로 김희준 신부가 강화읍교회 관할 사제로 부임하였다. 1926년 9월 14일 강화유치원이 개원하였는데, 관할 사제인 김희준 신부가 원장을 겸임하였다.

1926년 5월 2일 정동 대성전 축성식을 하기 직전에 대성전이 조선성공회 전체의 모성전(母聖殿)이라는 의미에서 조선인 사제 6인(김희준, 구건조, 이원창, 김영선, 이승근, 김인순)이 시차를 두어 지방별로 본 성당과 지하성당에서 주일예배를 거행하였고 그후 오후3시 정각에 트롤로프 주교의 집례로 축성식을 거행하였다.

1930년 김희준 신부가 재임하던 강화 북부 전도구의 교세는 장년 412명, 유년 321명, 영성체 신자는 356명이었다.(영성체 신자-성체를 받아서 영하는 신자로 당시에는 세례를 받고 일정한 시간이 경과하여 견진례를 받은 이들에게만 성체를 영함이 허락되었다. 현재는 세례받은 신도는 모두 참예할 수 있도록 바뀌었다.)

1930년 조마가 주교(트롤로프)의 장례예배를 드레이크 신부, 김희준 신부, 김인순 신부가 공동으로 집례하였다.

1931년 10월 17일 정동 대성전에서 켄터베리 대주교에 쿠퍼의 주교 임명에 관한 '지령서'에 대한 한국 교회의 '봉답서'를 사목단 대표 김희준 신부와 신자대표 이진구의 명의로 '세실 주교를 명하여 조선 교구를 관할케 하시는 대주교에게 성심을 다하여 사의(謝儀)를 표'하는 내용으로 전달하였다.

1933년 11월 30일 조선성공회는 성 안드레(St. Andrews) 축일에 9

일간 특별기도회를 개최하여 49원을 모금하여 김희준 신부의 명의로 영국의 USPG(복음전파선교회, 현재는 SPG로 개칭)를 통해 아프리카로 보냄. 이 헌금은 아프리카의 지역교회를 설립하는 데 사용이 되었다. 선교의 결실이 대륙을 넘어 전 지구적으로 실행되는 매우 탁월한 결과로 평가되었다.

18. 김희준의 은퇴와 별세!

1938년 6월 30일 강화읍교회에서 72세의 노령으로 김희준 신부는 은퇴하였습니다. 은퇴 후 김희준 신부는 석포리교회 옆에 초가집을 짓고 2년간 머물렀습니다. 당시 석포리교회는 최모니카 전도부인이 시무하고 있었습니다.(전도부인-여전도사로 사제를 도와 신자교육, 심방, 전도, 관리 등의 일을 맡아서 하던 직분을 말한다.)

김희준 신부는 1946년 해방 이듬해 5월 11일, 80세의 일기로 주님의 부르심을 받고 별세하여 강화읍교회의 묘지인 '십자산 묘지'에 묻혔습니다. 강화읍교회는 1982년 6월 27일, 성당축성 80주년을 맞아 첫 한인 사제인 김희준(마가) 신부를 기념하여, 희준기념관(열람석 90석)을 신축하고 축성식을 거행하였습니다. 희준도서관은 지역의 학생들에게 개방되어 선교적 결실을 거두었습니다.

19. 마무리하며

2015년 9월 대한성공회 주관으로 전 세계 15명의 관구장 주교(관구-대개 한 나라 이상의 교회 단위를 말한다. 일례로 싱가포르 관구는 베트남, 말레이시아. 미얀마 등 11개 나라의 성공회를 총괄한다. 그 대표를 관구장 주교라 한다.)와 수십 명의 주교, 신도를 초청하여 대한성공회 선교 125주년 행사와 김희준 마가 신부 서품 100주년 기념식을 거행하였습니다. CBS, CTS, 국민일보, 기독교신문 등 국내외 30여 개의 교계 및 일반 방송 신문이 이 행사를 크게 소개하였습니다.

김희준 신부의 증손으로 김진현 신부(충북 내수교회), 김진세 신부(경기도 오산 소재 성공회 제자교회)가 현재 시무하고 있습니다.

약 력

1869년 12월 22일 경기도 강화에서 부(父) 김석구(金錫龜), 모(母) 주씨〈朱氏, 1928년 11월 20일 주로라(朱路羅)로 개명〉의 장남으로 출생함.

1897년 11월 7일 인천 성미가엘성당에서 영세와 견진 받음.

1899년 강화읍성당 건축시 조마가신부를 도와 공사감독.

1901년 1월 1일 전도사로 강화도 일대를 전도하기 시작함.

1908년 2월 황해도 백천교회 전도사, 진명학교 설립하여 교장이 됨.

1914년 1월 강화 미가엘수도원 입학.

1914년 6월 7일 부제서품 받고 진천교회에서 시무함.

1915년 12월 21일 사제서품 받고 음성교회에서 시무함.

1918년 4월 29일 진천교회 관할사제.

1919년 2월 21일 온수리교회 관할사제.

1923년 10월 충남 천안 부대리교회 관할사제.

1925년 5월 강화읍교회 관할사제.

1934년 10월 1일 강화북부전도구 보좌사제로 석포리교회 담당.
1938년 6월 30일 고령(高齡)으로 은퇴함.
1946년 5월 11일 77세를 일기로 소천함.

김진세 신부

1965년생. 서울에서 법과 신학을 전공
영국의 트리니티(브리스톨) 신학교 수학.
성공회 의정부 서인천 관할사제 역임 현재
성공회 제자교회 관할사제

인천 내리교회 담임목사를 역임하였던 3.1독립운동을 비롯한 기독교 민족운동에 투신하며 기독교 민족운동가로서 절조를 지킨 그는 자신만의 독특한 기독교민족운동의 사상이 있었다. 그는 기독교구국론(基督教救國論)을 견지(見地)하고 있는 것이다. 하지만 그의 기독교관(基督教觀)은 맹목적이거나 폐쇄적이지는 않다. 그는 나라와 민족을 구원해 낼 대안으로서의 기독교에 대하여도 끊임없는 자기 반성과 갱신을 요청하고 있다.

독립운동가였던
인천 내리교회 신홍식 목사

고성은 목사_광리교회 담임목사, 목원대학교 강사

1. 여는 말

▲ 인천내리교회 앞에서

일제 강점기에 명망(名望)있는 목회자요 신령(神靈)한 부흥사였던 신홍식은 1922년부터 1927년까지 인천 내리교회에서 목회 활동을 하였다. 그는 1919년 3.1독립운동시 민족대표 33인 가운데 한 분으로 참여하여 신문과정과 재판과정에서 당당하게 독립 의지를 표명(表明)함으로 기독교를 넘어서 일반인에게까지 민족대표로서 손색(遜色)이 없는 모습을 보여준 독립운동가였지만, 출옥 이후 독립운동가로 투신(投身)하지 않고 인천 내리교회를 통해 목회자의 자리로 돌아와 목회 활동을 전념했다. 그가 목회 전선에서 은퇴하며 그의 목회 활동을 술회한 "은퇴수감"에 보면 교회에서 배척운동이 일어나거나 교회를 쇠패케 하지 않고 오히려 교회에서 환영을 받았다고 술회하고 있는데,[1] 그러한 중에도 그가 목회자로서의 최고 절정을 이루었던 교회는 인천 내리교회였다고 할 수 있다. 이처럼 그는 인천 내리교회를 담임하면서 목회자로서도 최고조였지만 시대를 통찰할 줄 아는 역사학자로서, 또한 시대를 담아내는 문필가로서의 능력도 유감없이 발휘하기도 하였다. 그렇지만 그는 '나라와 민족' 문제에 대해서도 결코 외면하지 않았다. 특히 기독교 민족운동을 통해 민족의식을 고취(鼓吹)시킴으로써 독립운동가로서의 면모 역시 확연하게 보여주고 있다. 더욱이 국내에서 활동한 적지 않은 독립운동가들이 변절(變節)의 모습을 보여 주었지만 그는 절조(節操)있는 모습을 보여 주었다. 이같은 신홍식의 생애와 기독교민족운동을 회고하며 살펴보는 것은 매우 유의미한 일이 될 것이다.

2. 신홍식의 생애

1. 출생과 성장, 그리고 기독교 입문

신홍식(申洪植)은 부친 신기우(申驥雨)씨와 모친 최살랍(崔撒拉)씨 사이에서 1872년 3월 1일 차남이자 서출로 출생하였다. 그가 출생한 곳은 청주군 문의면 문산리 25번지이다. 신홍식의 초명은 홍식(弘植)이었는데, 이 초명은 그의 목회의 후반기인 감리사 시절까지 간헐적으로 사용하고 있었다.[2]

어려서부터 매우 총명하였던 그는 한시(漢詩)도 곧잘 지어 '대재'(大才)라는 칭찬속에 한학 공부에 열중하였다. 특히 그는 16세에 부친이 돌아가신 이후 가난한 환경 속에서도 오로지 자신의 입신양명(立身揚名)을 위해서 과거(科擧)를 유일한 삶의 목표로 삶고 25세까지 공부를 게을리하지 않았다. 그렇지만 국가가 이미 부정부패가 심각한 상황속에서 그는 과거를 통해서 초시(初試) 한 장 얻는 것조차 실패하였다. 더욱이 갑오경장으로 말미암아 과거제도가 폐지되면서 궁여지책으로 그는 장사꾼이라는 낯선 길을 선택하였다. 그렇지만 장사꾼의 길은 그가 가지고 있던 소자본마저도 탕진하게 되는 계기가 되었다. 그로부터 8~9년이라는 상당히 긴 세월 동안 방탕한 생활을 하였다. 그는 자신의 방탕한 생활 속에서 가정이 파괴되고 친구들도 다 떠나버린 어디 한 군데 기댈 곳이 없는 참담한 상황 가운데서 그의 고해(苦海)에 나타난 지남침(指南針)은 바로 기독교였다.

그는 참담한 자신의 삶의 상황 속에서 1904년 교회의 권세를 이용하여 토색을 하기 위한 아주 불순한 의도를 가지고 기독교에 입교를 하였

1) 신홍식, "은퇴수감,"「기독신보」1935년 5월 29일자, 5.

2) 신홍식의 제적등본 참조.

다. 그가 거짓 입교한 교회는 박씨 부인, 즉 김나오미에 의해서 1903년 봄에 자생적으로 설립된 청주읍 북 감리교회였다. 아주 불순한 의도를 가지고 기독교에 입교한 그에게 새로운 삶의 변화를 일으키게 역할을 한 것은 다름아닌 성서였다. 그는 성서를 읽고 상고하는 중에 "하나님의 존재도 알게 되었고, 인도(人道)도 찾아냈으며, 정의(正義)도 깨닫게 되었다"고 고백하고 있다.[3] 새로운 삶의 변화가 일어난 그는 1906년 서원보(W. C. Swearer)선교사로부터 세례를 받았다.[4]

2. 목회자로서의 활동

신홍식은 성경을 통해 회개한 이후 방탕 시절 자신의 모습과 같이 죄악파도(罪惡波濤)중에서 헤매이는 조선 민족을 차마 버려 둘 수 없어서 교역(教役)에 투신하게 되었다고 고백하고 있다. 이러한 고백으로 미루어 볼 때 그의 목회 활동은 처음부터 민족적인 차원에서 시작되었다고 할 수 있을 것이다. 그는 1906년 미 감리회 소속 목회자로 충북 보은 구역(區域, Circuit)에 권사로 파송됨으로 목회자로서의 첫 발을 내딛게 되었다.[5] 이렇게 목회자로 목회에 발을 내딛은 그는 한일병탄을 전후한 시기에 협성신학교(현재 감리교신학대학교)에도 입학하여 공부하였는데, 1913년 6월 13일 제2회로 졸업도 하였다.[6] 특히 그는 졸업식 때 "역사에 하나님을 나타내심"이라는 졸업 연설을 하였는데, 이 연설을 통

▲ 노년기 신홍식의 가족

3) 신홍식, "은퇴수감,"「기독신보」1935년 5월 29일자, 5.
4) 이병헌 편저, 『삼일운동비사』(서울: 시사시보사출판국, 1959), 483.
5) 『기독교조선감리회제칠회 동부 중부 서부연회회록』(1939), 206.
6) "신학교졸업식,"「그리스도회보」1913년 6월 23일자, 3-4.

해 그는 하나님의 역사를 나타내는 기관을 크게 정치와 종교로 구분하였고, 자신은 종교로서만 하나님을 나타내고자 결단하였다.[7]

한편, 그가 목회자로 첫 파송을 받았던 보은구역은 1909년 북 장로회와의 선교지 분할 협정으로 말미암아 북 장로회로 이관되었다. 이로 인해 그는 1909년 직산구역에 전도사로 파송[8]을 받아 목회활동을 했고, 1912년 입장 및 목천구역 담임자로 파송을 받았다.[9] 그런 가운데 1913년 6월 경성 정동예배당에서 개최된 제6회 미 감리회 조선연회에서 해리스 감독(Bishop M. C. Harris)의 주례로 집사 목사 안수를 받았고,[10] 이 연회에서 직산 및 진천구역 담임자로 파송을 받았다.[11] 1914년 연회에서는 공주동지방 순행목사 및 연기구역[12]에 담임자로 파송을 받아 개구역을 담임하는 동시에 공주동지방까지 순회하는 목회 활동을 하였다. 이처럼 분주한 목회 활동을 전개할 때 영적인 갈급함이 상존하던 바 1915년 1월 16일부터 26일까지 공주동지방 대사경회가 개최되었을 때, 이 집회에 참석한 신홍식 목사를 비롯한 120명 모두 성서속 오순절 마가의 다락방 사건처럼 성령충만을 받았다.[13] 성령충만을 체험한 신홍식 목사는 1915년 2월 공주서지방 공주읍교회(현재 공주제일교회)에서 개최된 부흥회시 주역 중 사람으로 활약하였고,[14] 또한 1915년 2월 공주서지방 갈산교회(현재 홍북 갈산교회)에서 개최된 부흥회에서도 오익표 전도사와 함께 부흥회를 인도한 가운데 입신, 방언과 함께 놀라운 회개 운동이 발생하였다.[15] 이를

7) "교즁휘문,"「그리스도회보」 1913년 9월 1일자, 2-3.
8) 『기독교조선감리회제칠회 동부 중부 서부연회회록』(1939), 206.
9) 『조션예수교감리회년회일긔』(1912), 21; Official Minutes of the Annual Session of the Korea Mission Conference of Methodist Episcopal Church(이하 KMEC), 1912, 27.
10) 『조션북감리회년회오회일긔』(1913), 8-9; KMEC, 1913, 11-12.
11) 『조션북감리회년회오회일긔』(1913), 18; KMEC, 1913, 24.
12) 『조션미감리교회년회일긔(뎨칠회)』(1914), 21; KMEC, 1914, 20.
13) 죠션미감리교회년회회록(뎨팔회)』(1915), 35-36; KMEC, 1915, 34, 36; Lillian May Swearer, "The Working of the Spirit in Choong Chung Province," The Korea Mission Field , 1915년 5월호, 127.
14) 노블부인 편, 『승리의 생활』(경성: 조선기독교창문사판매부, 1927), 66-67.
15) 조기원 편저, 『갈산교회 80년사』(충남 홍성: 기독교대한감리회 갈산교회, 1986), 65.

통해 소위 '충청도 부흥운동'의 주역으로 활약하였다.

▲ 평양 기홀병원 앞에서

이렇게 충청도 부흥운동의 주역으로 활동하던 그는 1915년 4월 경성 정동교회 예배당에서 개최된 제8회 미 감리회 조선 연회에서 해리스(Bishop M. C. Harris)감독의 주례로 장로 목사 안수를 받았고,[16] 이 연회에서 공주동지방뿐만 아니라 강릉지방 순행목사로 파송을 받았다.[17] 지방 곳곳을 순회하던 신홍식 목사는 1916년 연회에서 공주읍(현재 공주제일)교회에 담임목사로 파송을 받아 한곳에 머물며 목회 활동을 하였다.[18] 특히 그는 공주읍교회에서 사역하게 될 때 영적인 카리스마를 갖춘 신령한 목사로서 신유의 역사를 나타내기도 하였다.[19]

이처럼 충청도 초기 교회 형성에 지대한 공헌을 한 신홍식 목사는 1917년 물설고 낯설은 관서 지역의 대표적인 교회라고 할 수 있는 평양 남산현교회에 담임목사로 부임을 하였다.[20] 그는 남산현교회에 시무하면서 3.1 독립운동에 참여한 것을 계기로 정치적 기관으로서 하나님을 나타내는 일에 비로소 동참하게 되었다고 할 수 있다. 그는 3.1 독립운동에 33인 가운데 한 분의 이민족대표로 참여하여 정치범으로 삼 년여간 수감생활을 하였다.[21]

16) 『죠션미감리교회년회록(뎨팔회)』(1915), 10-11, KMEC, 1915, 4.

17) 『죠션미감리교회년회록(뎨팔회)』(1915), 20; KMEC, 1915, 23-24에 신홍식 목사는 강릉지방은 임명기록이 없고, 공주동지방만 순행목사 임명기록이 있어 강릉지방 순행목사 임명은 더욱 면밀한 검토가 필요하다고 보여진다.

18) 『죠션미감리교회년회록(뎨구회)』(1916), 21; KMEC, 1916, 32.

19) 이교영, "신목ᄉᆞ의 신셩홈," 「기독신보」1918년 10월 18일자, 3; 그가 목회한 공주제일교회에는 현재 신홍식 목사의 동상이 세워져 있다.

20) 기독교미감리회조선연회록(제십회)』(1917), 57; 송경재, 『기독교대한감리회 공주제일교회 팔십년사』(공주: 기독교대한감리회 공주제일교회, 1985), 69.

21) 『기독교조선감리회제칠회 동부 중부 서부연회회록』(1939), 206.

삼 년여간의 수감생활을 통해 형기를 채운 그는 1921년 11월 4일 오전 11시에 경성감옥에서 만기출옥을 하였고,[22] 그 이듬해인 1922년 2월 인천 내리교회에 부임하였다.[23] 그는 내리교회에서 목회할 때 한 가지 방향은 내리교회의 내실있는 성장을 추구하여 영적 및 인적 회복을 이루었다.[24] 또한 그의 또 다른 목회의 방향은 지역과 함께하며 지역을 선도하는 목회 활동을 전개하였다.[25] 특히 그가 내리교회를 담임할 때인 1925년 음력 8월 15일에 주안역 앞에 위치한 홍카밀라 전도부인 자택에 주안 기도처(현재 주안교회)를 설립하였다. 이로써 그는 복음의 확장을 위해 인천 지역에 한 교회를 설립하는 데 산파 역할을 담당하였다.[26] 더 나아가 그는 인천내리교회 담임자로만 머물지 않고 부흥사로서, 역사학자로서, 문필가로서 다양한 능력을 표출하였다. 일찍이 충청도 지역을 무대로 부흥사로서 활동한 바 있던 그는 이제 교단과 지역을 넘어서서 홍성, 성환, 전주, 군산, 서울 등 여러 지역에서 미 감리회의 명성 있는 부흥사로서 활동하였다.[27] 또한 신홍식 목사는 1923년 『인천내리교회역사』를 편찬하였는데, 이 개교회사가 편찬될 수 있었던 것은 1900년대 중반부터 홍승하가 수집한 자료가 큰 밑거름이 되었다고 할 수 있지만 이러한 자료들을 편집하고 자신의 친필로 기록한 것도 높이 평가되어야 한다고 사료된다.[28] 더 나아가 신홍식

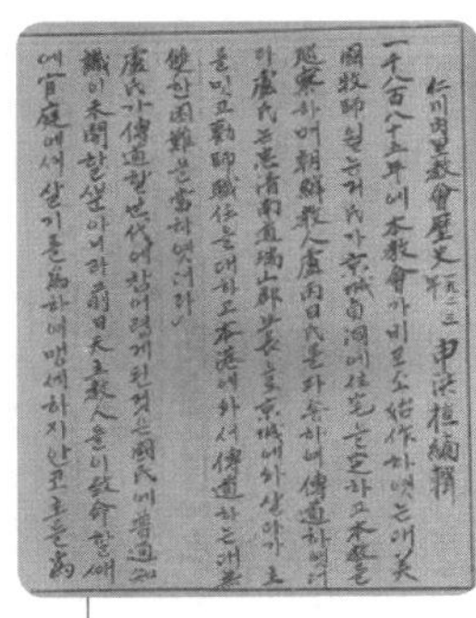

▲ 신홍식 목사가 집필한 인천내리교회 역사

22) "독립선언관계자 십칠인의 만기출옥," 「동아일보」1921년 11월 5일자, 3.
23) "내리신구목사송영," 「동아일보」1922년 2월 15일자, 4.
24) 고성은, 『신홍식의 생애와 민족 목회 활동연구』 (춘천: 삼원서원, 2012), 113-122.
25) 고성은, 『신홍식의 생애와 민족 목회 활동연구』, 122-127.
26) 주안감리교회 역사편찬위원회 편,『주안감리교회 90년사』(인천: 기독교대한감리회 주안교회, 2015), 143-145 참조.
27) 고성은, 『신홍식의 생애와 민족 목회 활동연구』, 285-288 참조.
28) 홍기표, 『내리구십오년사』(인천: 기독교대한감리회 인천내리교회, 1980), 164.

목사는 그의 옥중 종교체험인 "영적재판(靈的裁判)"이라는 글을 1925년 「기독신보」에 기고한 이후 그의 문필력이 발휘되기 시작한 가운데 사회주의 유입으로 반기독교 운동이 확산되던 시기인 1926년 「기독신보」에 기고하였던 "대장부(大丈夫)가 되자"라는 글과 1927년에 그의 아호(雅號)인 동오(東吾)라는 필명으로 「기독신보」에 기고 "신통여행(神通旅行)"이라는 글을 보면 문필가로서의 뛰어난 재능을 엿보게 된다. 나아가 이러한 글들을 통해서 그는 시대를 통찰할 줄 알며, 시대 속에서 할 말은 하는 담대한 성격의 소유자라는 인상을 받는데, 기독교에 대해서도 끊임없는 반성과 갱신을 요청하고 있다. 예컨대 그의 "대장부가 되자"라는 글을 보게 되면, 그는 반 기독교운동을 반박하는 입장을 취하면서도 이러한 반 기독교운동이 오히려 기독교에 대해서 반성제(反省劑)를 주는 것으로서 기독교에 대해서도 반성의 기회로 삼아야 한다고 요청하고 있다.[29]

3. 감리사로서의 활동과 은퇴

그는 인천 내리교회에 시무하는 가운데 1927년 6월 경성 정동예배당에서 개최된 미 감리회 제20회 조선연회에서 흔히 '감리교회의 꽃'이라고 일컫고 있는 감리사(監理司, Superintendent)로 파송을 받았다.[30] 즉 그는 원주지방(地方, District) 내에 횡성구역을 담임하면서 1927년 연회부터 1929년 연회까지 원주지방 감리사 겸 강릉지방 감리사로서 활동하였는데,

▲ 신홍식 감리사 성역 25주년 기념

29) 신홍식, "반기독교운동에 대훈 감상–대장부가 되자," 「기독신보」1926년 3월 10일, 4; 신홍식, "반기독교운동에 대훈 감상– 대장부가 되자(이)," 「기독신보」1926년 3월 24일, 4; 신홍식, "반기독교운동에 대훈 감상 대장부가 되자(삼)," 「기독신보」1926년 4월 7일, 4.

30) 『조선기독교미감리교회연회록(제이십회)』(1927), 26, 28;"지방인사소식," 「동아일보」1927년 7월 6일, 4.

이는 현재 강원도 일부와 충북 일부를 아우르는 광활한 지역을 관리하게 된 것이다. 그는 양지방 감리사로 부임하면서 원주지방 목계구역[31]에서 선교사와 교단으로부터 독립된 자치적인 조직과 자유신앙을 기치로 하여 평신도들을 중심으로 조직한 기독교자치기성회(基督教自治期成會)를 통해서 자유독립운동을 전개하기 위한 목적으로 시작하였다.[32] 결국 이 막중한 과제는 해결하지 못하고 목계구역 교회들은 미감리회를 이탈하여 김장호 목사를 주축으로 창설되었던 조선기독교회에 가입하였다.[33] 이처럼 큰 시련 속에 시작한 양지방 감리사 직무를 최선을 다해서 수행하였다. 그러다가 1929년 미 감리회 조선연회에서는 박영석이 강릉지방 감리사로 파송[34]되어 목회의 짐이 한결 수월해진 가운데 신홍식은 원주구역 담임자로 전임하였고, 원주지방 감리사의 직무는 계속하여 맡았다.[35] 비록 그가 강릉지방을 떠났으나 1930년 2월 12일에 강릉지방과 원주지방이 연합하여 그의 성역 25주년을 축하하는 행사를 원주읍교회(현재 원주제일교회)에서 거행하였다.[36]

두 지방의 축하를 한 몸에 받았던 그는 감리사로 시무하면서 지방내 교회들을 영적으로 돌아보는 부흥회를 인도하였다.[37] 특히 그는 한국 교회의 부흥운동이 본질적인 부흥운동의 궤도에서 이탈된 변형된 부흥운동의 현상을 목도한 가운데 노블(W. A. Noble) 선교사가 고안하여 미 감리회 목회자들 사이에서는 이미 시도하고 있었던 '둥근자리 기도회(일명 원탁기도회)'[38]를 한 단계 도약시켜 1930년대 둥근자리 부흥회를 원주 지방

31) "충주목계교회 『자유독립』 운동," 「조선일보」 1927년 8월 30일자, 2. 당시 목계 구역은 충주군 엄정면 목계동교회, 용산리교회, 유봉리교회, 금가면 문산리교회, 동량면 대사리교회, 소대면 구룡동교회, 앙성면 용포리교회 등 일곱교회로 조직되었다.

32) "충주목계교회 『자유독립』 운동," 「조선일보」 1927년 8월 30일자, 2.

33) "조선기독교독립기념축하회," 「기독신보」 1933년 12월 6일자, 2.

34) 『조선기독교미감리교회연회록(제이십이회)』(1929), 34.

35) 『조선기독교미감리교회연회록(제이십이회)』(1929), 36-37.

36) "신감리사교역이십오년기념," 「기독신보」 1930년 3월 12일, 4.

37) 고성은, 『신홍식의 생애와 민족 목회 활동연구』, 288-290.

내에서 시도하였다.[39] 물론 그는 지방을 벗어나 춘천, 북간도 등 외부 지역에서도 부흥사로 간헐적으로 활동하기도 하였다.[40] 또한 그는 문필가로도 계속하여 활동하면서 1929년 1월「기독신보」에 기고한 글들을 한데 모아『령젹지판』이라는 책을 간행하였고,[41] 그 직후인 1929년 5월 그의 참회록 성격을 지닌『長壽翁, An Old Christians Story』이란 책을 저술하여 간행하기도 하였다.[42] 이외에도 1931년에「기독신보」에 "조선교회의 사회의식문제"라는 글을 기고하여 조선사회에서 기독교 문화의 창출을 시도하기도 하였다.

한편, 그는 1927년 조선 남·북 감리회 통합을 위한 미 감리회 조선연회의 연합위원가운데 한 분으로 선출되어 양 감리회 통합에 일익을 담당하기도 하였다.[43] 이런 통합 노력의 결실로 1930년 12월 남·북 감리회가 합동하여 개최한「기독교조선감리회」제1회 총회에서 신홍식 목사는 독특한 자신만의 목소리를 내었다. 예컨대 제1회 총회에서 비록 제안이 부결[44]되기는 하였지만, 교리적 선언의 원안에 "성령(聖神)의 잉태(孕胎)와 십자가(十字架)의 유혈속죄(流血贖罪)와 부활승천(復活昇天)과 최후심별(最後審別)" 이라는 보수적인 근본주의 색깔을 지닌 내용을 첨가하자는 제안을 하기도 한 반면에 총리사(總理師, General Superintendent) 출마 자격에 있어서는 목회자에게 뿐만 아니라 평신도에게도 똑같은 기회와 자격을 주어야 한다는 의견에 동조하는 상당히 민주적이고 개방적인 태도를 취하기도 하였던 것이다.[45] 그는 이 총회에서 초대 총리사에 출마하였지

38) "경성지방북감리교회 교역자특별기도회,"「기독신보」1929년 9월 11일자, 8; 조기원 편저,『갈산교회 80년사』, 63.

39) 고성은,『신홍식의 생애와 민족 목회 활동연구』, 298-300.

40) 고성은,『신홍식의 생애와 민족 목회 활동연구』, 289.

41) 신홍식,『령젹지판』(경성: 조선야소교서회, 1929), 1-36.

42) 신홍식,『장수옹』(경성: 조선야소교서회, 1929), 1-39.

43)『조선기독교미감리교회연회회록(제이십회)』(1927), 19;『조선기독교미감리교회연회회록(제이십일회)』, (1928), 17;『조선기독교미감리교회연회회록(제이십이회)』, 4.

44)『기독교조선감리회제일회총회회록』(1930), 28-29.

만 매우 저조한 성적으로 낙선하였다.[46] 비록 총리사 선거에서는 낙선하였으나 총리원 이사로서 선출되어 활동하였다.[47] 더욱이 그는 기독교 조선감리회로 합동된 이후 이 산하에 조직된 동부연회에서 가장 유력한 목회자로서 조선선교50주년기념사업요원 33인 중에 한 분으로 선정되어 영적사업위원으로 수고하였다.[48] 더 나아가 그는 1936년 4월 12일 경성 정동예배당에서 제막식을 거행한 '감리교회 조선선교50주년기념비' 건립위원회 7인 위원 중 1인으로 그 이름을 영원히 새기는 역사적 인물이 되었다.[49] 이외에도 기독교조선감리회 중견 목회자였던 그의 활동 반경은 자신이 속한 기독교 조선감리회에 머물지 않고 기독교 조선감리회 대표로 한국기독교의 연합기관인 조선기독교연합공의회의 위원으로도 참여하여 활동하였다.[50]

이처럼 기독교 조선감리회를 대표하는 목회자로 분주하게 활동하였던 그에게 병이 찾아왔다. 즉 그는 1933년 4월 급성 풍단병을 앓았고,[51] 결국 1935년 기독교조선감리회 제5회 동부·중부·서부연합 연회시 목회 일선에서 자원 은퇴를 하였다.[52] 그는 자원 은퇴를 한 후 일단 원주에 머물렀다. 원주에 머물러 있는 동안 비록 자원 은퇴를 하였으나 교계에 대한 관심도 잊지 않았다. 그리하여 기독신보 이사로서 활동한 바 있던 신홍식은 「기독신보」를 살리기 위해 주식회사 기독신보사를 창립될 때 발기

45) 묵봉, "긔독교조선감리회창립총회측면관(완)," 「종교교육」 제2권 제4호(1931년 4월), 37-38.
46) 『기독교조선감리회제일회총회회록』(1930), 34, 55.
47) "조선감리회 총리원 조직," 「동아일보」1930년 12월 14일, 3; "조선감리회총회(이)," 「기독신보」1930년 12월 17일, 4.
48) "오십주년기념위원회의 결의사항," 「감리회보」1934년 12월호, 30.
49) "감리교회조선선교 오십주년기념비 제막식," 「감리회보」1936년 5월호, 2-3; "기독교선교오십주년 기념비석제막식," 「동아일보」1936년 4월 1 1 일, 2.
50) "제11회 연합공의회총회," 「기독신보」1934년 9월 16일자, 1;"조선기독교연합공의회정총," 「조선일보」1934년 9월 22일자, 3.
51) "신홍식 감리사 병세위독," 「감리회보」1933년 5월호, 3.
52) 『기독교조선감리회 제오회 동부·중부·서부연회 회록』(1935), 84.

인으로 참석하기도 하였고,[53] '적극신앙단' 사건으로 말미암아 교계가 갈등과 반목이 끊이지 않을 때 「기독신보」에 "긴급동의(緊急動議)는 각성(覺醒)"이라는 글과 "오지자웅(烏之雌雄)"이라는 글을 통해 교계의 갈등과 반목에 대해서 가슴 아파하기도 하였다.

이렇게 교계의 갈등과 분열을 걱정하던 그는 1937년 원주를 떠나 고향인 청주로 낙향하였는데,[54] 낙향한 이후의 신홍식의 행적을 추적하는 것은 쉽지 않다. 가족들의 증언을 통해서 알려지고 있는 것은 신홍식이 자신에게 찾아온 병마와 싸우는 힘겨운 세월을 보냈다라는 정도이다. 유일하게 조치원 장로교회에서 1938년 1월 31일부터 "예수교인의 자격"이라는 제하 속에 전도 대강연회를 행하였다[55]는 기록 외에는 어떤 행적도 찾아볼 수 없다. 병마와 싸우는 중에서도 이같은 행적은 신홍식의 영원한 교역의 모습을 엿보게 해주고 있다. 이렇게 병환으로 고생하던 그는 일제에 의해 발각된 흥업구락부 사건이 일단락된 직후인 1939년 3월 18일 청원군 가덕면 인차리 173번 자택에서 하나님의 부름을 받았는데,[56] 그의 유언(遺言)은 "민족의 독립을 위해서 최선을 다하라"는 것이었다.

3. 신홍식의 3·1독립운동에서의 역할

1. 민족대표로서의 역할

종교적 기관으로서 하나님을 나타내려는 삶을 살고자 결단하였던 그가 정치적 기관으로서 하나님을 나타내려는 3.1독립운동에 참여하게 된 것은 여러 가지 요인들이 복합적으로 작용하였다. 첫째 신앙적인 요인으

53) "본사주주공모," 「기독신보」1936년 2월 5일자, 1; "주식회사 기독신보발기문," 「기독신보」 1936년 2월 12일자, 1; "주식회사 기독신보발기문," 「기독신보」1936년 2월 19일자, 1 참조.
54) "신홍식목사석별회," 「감리회보」1937년 6월 16일자, 7.
55) "신홍식목사전도대강연," 「동아일보」1938년 2월 4일, 7.
56) "신홍식목사별세," 「감리회보」1939년 4월 1일, 8.

로 그는 심중에 한일병탄에 대한 불만이 있으면서도 한일병탄이 하나님의 뜻이라고 받아들이고 모든 것을 참아왔지만, 진정한 하나님의 뜻은 독립이라는 것을 깨닫게 된 것이다. 둘째, 환경적인 요인으로 한일병탄 이후 일제의 조선에 대한 무단 통치의 반응이라는 점을 분명히 하고 있다. 셋째, 시대적인 요인으로 그는 미국 윌슨 대통령이 제창한 '민족자결주의'에 대해서 인지하고 있었고, 동경에서 발생한 2.8독립운동에 대해서도 인지하고 있었으며, 국내에서도 독립운동의 움직임이 있다는 것을 감지하고 있었다는 것이다. 넷째, 지역적인 요인으로 그는 배일사상이 투철하고, 독립운동의 요람이었던 서북지역의 정서에 영향을 받았다고 할 수 있다.

▲ 출옥시 경성감옥 앞에서

이러한 다양한 요인들이 잠재되어 있었던 신홍식은 손정도를 통하여 기홀병원에 입원해 있던 이승훈과의 만남이 3.1독립운동에 참여하는 결정적 계기가 되었는데, 이같은 이승훈과의 만남에 대하여 와전된 일화가 전해져 오고 있다.[57] 와전된 일화에 의하면, 3.1독립운동에 함께 할 동지를 얻기 위해서 평양에 온 이승훈 장로가 평양 기홀병원에 입원하였을 때 신홍식 목사, 길선주 목사와 몇몇 장로들이 같이 있었는데, 그들이 한결같이 자신들은 종교인이기 때문에 독립운동에 참여할 수 없다고 하였고, 이때 이승훈이 "나라없는 놈이 어떻게 천당엔 가 이 백성이 모두 지옥에 있는데 당신들은 천당서 내려 보면서 그곳에 앉아 있을 수가 있소"라는 책망이 계기가 되어 독립운동에 참여하게 되었다는 것이다. 하지만 재판과정에서의 신홍식의 진술들을 살펴보면 신홍식이 평양 기홀병원에 입원

57) 이병헌 편저, 『삼일운동비사』, 349-50; "선언동기의 진실한 고백 조선민족대표 사십칠인의 공판," 「동아일보」1920년 7월 16일자, 2; "손병희 일파의 대공판(사)," 「매일신보」1920년 7월 16일자.

한 이승훈 장로를 찾아가 단 둘이 만나게 되었을 때, 이승훈의 권유가 있기 이전에 먼저 신홍식이 자발적인 참여 의사를 밝혔다는 것이다. 3.1독립운동에 있어서 미 감리회와 남 감리회를 통틀어 감리회 목사로서는 처음으로 참여 의사를 밝힌 것이다.[58] 그 이후 그는 상당히 능동적이고 적극적으로 3.1독립운동에 참여하였다. 그리하여 이승훈이 서울로 상경한 직후 서울로 상경한 신홍식은 이승훈과 박희도를 연결하는 역할을 하기도 하였으며,[59] 서울에서의 몇차례 회합을 통해 평안도에서 동지를 모집하는 책임을 맡기도 하였다.[60]

한편 3.1독립운동시 민족대표들이 독립 출원 방법에 있어서 독립 선언이었느냐 혹은 독립 청원이었느냐 하는 문제가 현재까지 논란거리가 되고 있지만, 정부에 제출한 것은 독립 청원서였을지는 몰라도 태화관에서 진행된 것은 형식적이나마 분명히 독립선언식이었다. 그런데 민족대표 33인 중 한 분인 신홍식은 그의 진술서를 엿보면, 독립 출원의 방법으로 독립 청원론의 입장을 드러내고 있다.[61] 하지만 분명한 것은 그는 서울로 상경하여 몇 차례의 회합을 통해 확실히 3.1독립운동 전개 방법에 대한 결론이 나지 못한 상태에서 평양에 돌아왔는데, 며칠 후 평양에서 안세환을 통해서 3.1독립운동 전개 방법에 있어 천도교와 합동이 이루어진 것과 독립 출원의 방법으로 독립선언서가 발표되는 것을 분명히 인지하고 있었다.[62] 이러한 인지속에 정부에 제출할 독립청원서에 날인할 인장을 중화구역의 전도사인 이창주를 통해서 박희도에게 전달하였으며,[63] 2월 28일

58) 이병헌 편저, 『삼일운동비사』, 349–50; "선언동기의 진실한 고백 조선민족대표 사십칠인의 공판," 「동아일보」1920년 7월 16일자, 2; "손병희 일파의 대공판(사)," 「매일신보」1920년 7월 16일자, 3.

59) 이병헌 편저, 『삼일운동비사』, 433–34.

60) 이병헌 편저, 『삼일운동비사』, 291, 363, 447, 531, 535, 728, 734.

61) 이병헌 편저, 『삼일운동비사』, 605.

62) 이병헌 편저, 『삼일운동비사』, 480, 485–486.

63) 이병헌 편저, 『삼일운동비사』, 486에 신홍식의 인장을 박희도에게 전달한 중화군의 이창갑(李昌甲)전도사는 『기독교미감리회조선연회록(제십삼회)』(1920), 29에 게재된 중화구역을 맡고 있던 이창주(李昌周) 전도사의 오기로 파악된다.

자진하여 서울로 상경하여 3월 1일 명월관 지점인 태화관에서 행해진 독립선언식에 참석하였다는 것이다.[64] 이날 태화관에서 신홍식은 다른 민족대표들과 함께 체포되어 수감된 후[65] 진행된 신문과정과 재판과정에서 독립 출원 방법이었던 독립선언에 대하여 한마디 불평이나 혹은 잘못되었다는 진술을 하고 있지는 않다. 더군다나 신홍식은 신문과정과 재판과정을 거치면서 더욱 분명하게 독립에 대한 의지를 표명하였다. 일례로, 그가 재판과정에서 진술하고 있는 "다시 한 번 조선을 조선사람의 조선으로 회복해야겠다고 생각하고 있었소…." 라는 진술[66]이라든지 혹은 "조선 독립의 사상이 날로 더 가슴에 부글부글 끓게 되었소."라는 진술은[67] 그의 독립사상을 과감하게 피력한 것이라 할 수 있다.

이와 같이 재판 과정을 통하여 당당한 독립사상의 의견을 피력한 바 있던 그는 미결수로서 서대문 형무소에서 수감생활을 하던 중 기결수가 된 이후에도 잠시 서대문 형무소에 머물다가 1921년 2월 마포 공덕동에 있는 경성감옥으로 이감되었는데, 이감된 후 민족대표들은 특별히 한 곳에 몰아서 한 칸에 세 사람이 있게 했다고 한다.[68] 이들의 하루 일과는 아침 일곱 시에 기상하여 일곱 시 반에 조반을 마치고 여덟 시부터 일을 시작하여 열두 시까지 하고 열두 시에 점심을 먹고 오후 한 시까지 휴식을 취했다. 그리고 재차 일을 시작하여 오후 네 시에 마치는데 그 일은 전부 방에 앉아서 그물을 뜨는 일이었으며, 오후 네 시 이후에는 혹은 운동

64) "독립선언사건의 공소공판 독립의 의지,운동의 동기," 「동아일보」1920년 9월 24일자, 3; 이병헌 편저, 『삼일운동비사』, 486.

65) "「독립운동사」에 잘못있다 —그날의 비화를 말하는 이규갑옹," 「경향신문」 1969년 3월 1 일자, 7.

66) "선언동기의 진실한 고백 조선민족대표 사십칠인의 공판," 「동아일보」1920년 7월 16일자, 2; "손병희 일파의 대공판(사)," 「매일신보」1920년 7월 16일자, 3.

67) "독립선언사건의 공소 공판," 「동아일보」1920년 9월 24일자, 3; "손병희외 사십칠인 공소불수리사건," 「매일신보」1920년 9월 25일자, 3.

68) "만이개년의 춘을 영 하는 독립선언사건수인의 생활," 「동아일보」1921년 3월 1일자, 3; 동아일보 80년사 편찬위원회, 『민족과 더불어 80년–동아일보 1920–2000』(서울: 동아일보사, 2000), 166–168; "수인의 사식문제," 「동아일보」1921년 3월 3일자, 3.

도 하고 혹은 책도 읽다가 저녁 일곱 시가 되면 모두 잠을 청하는 일정으로 이루어졌다. 이들이 읽은 서적은 대개 종교서적과 수신에 관한 것이었는데, 천도교 대표들은 염주를 차입하여 그것을 가지고 기도하며, 기독교 대표들은 말없이 묵도를 올리고, 성경을 항상 읽으며 철학이나 어학 같은 것이 많았다. 사식의 반입은 감옥 규칙상 금지되었다. 다른 기독교계 대표들과 마찬가지로 신홍식도 미결수 시절 서대문 형무소에서, 또한 기결수 시절 경성 감옥에서 빼놓지 않는 일과가 있었다. 그것은 다니엘처럼 2년 가까이 하루에 세 번씩 기도하는 일과 성경을 읽는 영성생활이었다. 이렇게 기도하는 중에 그는 육적 재판만 받은 것이 아니라 영적 재판을 받는 신비로운 종교체험도 하였다.

2. 평양지역 3.1독립운동의 배후자 역할

신홍식은 3.1독립운동시 민족대표 33인으로 서명하고 태화관 독립선언식에 참석하였을 뿐만이 아니라, 평양에서 일어난 3.1독립운동에 있어서 배후 주동자로서의 역할을 하였다.[69] 다른 무엇보다도 그가 담임하고 있던 평양 남산현교회는 평양지역 독립운동을 논의하는 아지트의 역할을 하였다.[70] 그리고 서울에서의 회합을 통해 평안도 동지 모집 책임을 맡은 신홍식은 민족대표에 서명할 동지를 얻기 위해 이향리 아펜젤러기념교회 김찬흥 목사, 이문리교회 주기원 목사, 신양리교회 김홍식 목사 등과 접촉하였다.[71] 비록 이들은 독립선언서에 민족대표로서 서명하지는 않았으나 평양지역 감리교회의 3.1독립운동을 주도하게 되었다.

이 과정에서 신홍식은 독립선언서에 민족 대표로서 서명할 동지를 모집하고 획득하는 일에 그친 것이 아니었다. 그는 진남포 삼숭학교 교장인

69) 정일형, 『오직 한 길로』(서울: 신진문화사, 1970), 32.
70) 이병헌 편저, 『삼일운동비사』, 813; 박찬일, 『심은대로-청해 박현숙 선생이 걸어온 길』(서울: 숭의여자중·고등학교, 1968), 68.
71) 이병헌 편저,『삼일운동비사』, 478;734.

홍기황과의 우연한 만남을 통해 진남포에서 3.1독립만세운동이 일어나게 한 중개자로서의 역할도 했다. 즉 신홍식은 2월 18일 평양에 거주하고 있던 가족들을 만나기 위해 평양에 오게 된 홍기황을 우연히 마주친 기회를 이용하여 그에게 독립운동이 전개될 것이라고 언질을 하였다. 또한 2월 26일경 독립운동에 대한 최종적인 계획에 대해서도 언질을 하였다.[72] 이것이 발단이 되어 진남포에서 3.1독립운동이 일어날 수 있었다.

한편, 신홍식은 평양지역 3.1독립운동을 준비하는 작업도 은밀하게 진행시켰다. 즉 숭의여학교 교사였던 박현숙에게 태극기를 제작하도록 요청한 것이다.[73] 이를 통해 박현숙은 숭의여학교 송죽결사대를 중심으로 하여 태극기를 제작하였다.[74] 또한 신홍식으로부터 3.1독립운동을 인지한 김찬흥 역시 이향리 출신으로 청상과부가 되어 일명 '박과부'로 통하던 남산현교회 권사 안정석에게 독립운동에 사용할 태극기를 제작해 달라는 요청을 하였다. 이에 안정석은 광성학교 교사와 학생들이 태극기를 제작하는 일에 태극기 제작 비용과 함께 학생들에게 식사 접대도 하였다.[75]

이처럼 평양지역에 독립운동을 전개할 수 있는 만반의 준비를 마친 가운데 신홍식은 민족대표 33인으로서 서울로 상경하여 평양에 없었다. 하지만 3월 1일 오후 1시 천도교는 벽암리 천도교당에서, 장로교회는 장대현교회 옆 숭덕학교 교정에서, 그리고 감리교회는 남산현교회에서 고종황제의 봉도회에 이어 독립선언식을 행하였는데, 이때 특히 남산현교회에서는 봉도회 도중 청년들이 일어나 「혈성가」라는 노래를 불렀다는 일화도 전해지고 있다.[76] 이 노래는 일부의 가사가 군데 군데 전해져 오고 있기는

72) 대한민국문교부국사편찬위원회 편, 『한민족독립운동사자료집 12 (삼일운동 II)』(서울: 탐구당, 1990), 139, 187–188, 191–192, 197–198, 200.

73) 오재식 편저, 『민족대표삼십삼인전』(서울: 동방문화사, 1959), 276; 박찬일, 『심은대로–청해 박현숙 선생이 걸어온 길』, 62–63, 68–69, 94, 97; 이선근, 『대한국사 9권–망국의 치욕과 저항: 병합–삼일운동』(서울: 신태양사, 1973), 391.

74) 고성은, 『신홍식의 생애와 민족 목회 활동연구』, 168–170.

75) 3.1여성동지회 문화부 편저, 『한국여성독립운동사』(서울: 3.1여성동지회, 1980), 411.

하지만 3.1독립운동과 관련해서 이 노래의 전모가 밝혀졌으면 한다.

전국적으로 3.1독립운동이 일어난 가운데 다른 어느 지역보다도 가열찬 독립운동을 전개하였던 평양지역은 3.1독립운동으로 인해 천도교나 장로교회가 입은 피해도 막심했지만 감리교회가 입은 피해도 막심하였다. 3.1독립운동 직후 평양지방회가 개최되었을 때 한국인 목사 가운데 한 분이 "금번 지방회는 감옥에서 개회하면 좋겠다"는 의견까지 개진될 정도로 투옥된 목회자와 평신도가 적지 않았다.[77] 평양지역 감리교회에서 수난당한 목회자와 평신도들이 적지 않았지만, 특히 평양지역 3.1독립운동에 주도적인 역할을 하여 평양경찰서에 수감되었던 평양 남산현교회의 부담임인 박석훈 목사는 석방 직후 고문의 후유증으로 인하여 순국하였다.[78]

그런 가운데 태화관에서 일경에 의해 체포된 신홍식이 재판 과정에서의 민족대표로서 당당한 진술을 하는 것을 평양 시민들이 신문을 통해 알게 되었고 많은 갈채를 보냈다고 한다. 이로 인해 그가 경성감옥에서 1921년 11월 4일 만기 출옥하여 5일 평양역에 도착하게 되었을 때 다수의 사람들이 모여 환영하였다고 보도하고 있는데,[79] 신홍식의 장녀인 신애라의 증언에 의하면 엄청난 인파가 몰려 신홍식을 환영하였다고 한다. 이에 따라 평양경찰서에서는 다시 3.1독립만세운동이 재현될 것을 우려하여 평양의 교계 목회자들을 불러 신홍식에 대한 공식적인 환영회를 하지 말라는 주의를 했다고 보도하고 있다.[80] 이렇게 그는 평양에서 민족대표로 각인(刻印)되어 있었던 것이다.[81]

76) 3.1여성동지회 문화부 편저, 『한국여성독립운동사』, 472.
77) 『기독교미감리회조선연회록(제십이회)』(1919), 82.
78) "박석훈씨 영서," 「기독신보」1919년 11월 26일, 5; 『기독교미감리회조선연회록(제십삼회)』(1920), 42; 김요나, 『한국 교회 순교자 전기 11-박석훈 목사, 최상림 목사』(서울: 대한예수교장로회총회 순교자 기념사업부, 1999), 165; 박상준, 『산밑의 백합화』(서울: 예찬사, 2005), 507-508.
79) "신홍식목사환양," 「동아일보」1921년 11월 12일자, 4.
80) "목사에게 시국경고," 「기독신보」1921년 11월 16일자, 2.
81) 오재식, 『민족대표삼십삼인전』, 277.

3. 충청도 지역 3.1독립운동의 정신적 지주 역할

신홍식이 3.1독립운동에 민족대표로서 서명한 것은 충청도 지역 3.1독립운동에도 상당한 영향력을 미쳤으리라 추정할 수 있다. 신홍식은 충청도 청주에서 태어나서 성장하였다. 더군다나 같은 청주 출신으로 타향에서 복음을 받아들이고 목회 활동을 정춘수나 신석구와는 달리 고향인 청주에서 복음을 받아들였고, 충청도 여러 지역에서 목회 활동을 하였으며, 특히 제1차 충청도 부흥운동의 주역으로 활동한 가운데 공주읍교회를 담임하였다. 그러므로 그는 그 누구보다 충청도 지역 초기 교회 형성에 지대한 공헌을 한 목회자였다.

이처럼 충청도 초기 교회 형성에 지대한 영향을 끼쳤던 그가 3.1독립운동의 33인 민족대표가운데 1인으로 참여하게 된 것은 선교지 분할 협정에 의해 충청도 지역에서 가장 강력한 세력을 형성하고 있었던 감리교회 및 감리교인들에게 상당한 반향을 불러 일으켰다는 것은 분명하다고 사료된다. 특히 당시 영명학교 학생으로 공주지역 3.1독립운동에 참가하였던 양재순은 신홍식의 지시를 받은 김필수의 방문으로 공주 만세운동이 전개될 수 있었다고 증언하고 있다.[82] 이같은 그의 증언은 3.1독립운동 직전 김필수가 공주를 방문한 적이 있어 어느 정도 신빙성은 있다고 할 수 있다.[83] 또한 영명여학교를 졸업하고 원명학교 교사로 재직하던 중 공주 3.1독립운동에 참가하였던 김현경 역시 민족대표인 신홍식과 연결짓는 증언을 하고 있다.[84] 이외에도 사애리시(Alice H. Sharp)선교사의 수양아들이자 신홍식의 의형제로서 공주지역 3.1독립운동에 연루되었던 오익표는 그 후손들에 의해서 민족대표인 신홍식과 연결짓는 진술을 하고 있다.[85]

82) 강부형, "만세를 불러라," 「크리스찬타임지」53(1989년 3월), 31-32; 영명 100년사 편찬위원회 편, 『영명 100년사』(공주: 공주영명중·고등학교, 2007), 566, 586.

83) "여행과 예사," 「기독신보」1919년 2월 26일자, 3.

84) "'구국의 별'이 지금은 구멍가게 노파," 「동아일보」1974년 3월 1일자, 7;"세방살이 '기미 처녀투사'. 만세 때 충남 연락책……79세 김현경 여사," 「조선일보」1975년 3월 1일자, 7.

85) 송선호, 『충북의 애국지사』(청주: 광복회 충북지회, 1987), 75.

이렇게 공주지역 3.1독립운동에 참가하였던 이들이 신홍식과 연결짓는 증언을 하고 있는 것은 공주지역 3.1독립운동시 신홍식이 정신적인 지주의 역할을 하였다는 것을 대변해 주고 있으며, 또 다른 측면에서 보면 3.1독립운동에 있어서의 33인 민족대표의 중요성을 대변해 주는 근거가 될 수 있을 것이다.

▲ 2017년 공주제일교회에 건립된 신홍식 동상

이를 반영(反映)이라도 하듯이 충청지역 곳곳에 그의 동상이나 흉상, 그리고 좌상이 건립되어 있다. 즉 서울에 소재한 그의 모교인 감리교신학대학교에 그의 흉상이 세워져 있으며, 그가 출생한 지역인 청주지역의 삼일공원에 동상, 청주 좋은교회에 흉상, 대청호 미술관 앞 야외조각공원에 좌상이 건립되어 있으며, 그가 소천한 지역인 청주 가덕중학교에도 흉상이 설립되어 있다. 최근에는 그가 목회하였던 공주제일교회에서도 공주기독교박물관 리모델링 작업과 함께 신홍식 동상을 건립했는데, 다만 이 동상은 그의 큰 키가 제대로 반영되지 못하여 아쉽다.[86]

4. 신홍식의 기독교 민족운동

1. 기독교 사회운동 전개

1920~1930년대의 대표적 기독교 사회운동이 있다면 절제(節制)운동, 청년(靑年)운동, 농촌(農村)운동을 들 수 있을 것이다. 이러한 기독교 사회운동을 전개한 흔적들을 신홍식에게서 찾아볼 수 있다. 신홍식에게 있어서 처음에 이런 운동들은 민족적인 관념(觀念)이 내재되어 있기는 하

86) 류형기, 『은총의 팔십오년 회상기』 (서울: 한국기독교문화원, 1983), 48-50참조.

였으나 목회로 실천되었고, 3.1독립운동 참여 이후 기독교 사회운동 차원에서 승화(昇華)되어 전개되고 있음을 목도할 수 있다. 특히 그가 3.1독립운동에 참여함으로 겪은 옥중생활을 통해서 경험한 종교 체험을 서술한 "영적 재판" 이라는 글을 보면 "요셉처럼 함정에 빠져서 호읍(呼泣)하는 동족을 보고도 손을 들어서 내밀지 아니하였습니다. 말로는 희생한다 하면서도 내용으로는 생명을 아끼었습니다."라고 민족을 향해 깊은 참회도 하고 있다.[87] 이후 그는 평소에 기독교인들에게 "기독교인의 한 사람임과 동시에 조선인의 한 사람이라는 것을 결코 잊어서는 안 된다."라고 강조하였다.[88] 그리고 그가 평소에 강조한 대로 죄악에 빠진 민족, 함정에 빠진 민족, 심지어 죽은 민족으로까지 진단한 우리 민족을 다시 살릴 실제적 방안으로 절제운동, 청년운동, 농촌운동을 실천하였던 것이다.

첫째로 그의 절제운동은 기독교 입문 이전 방탕한 삶을 살았던 그가 1912년 미 감리회 조선연회에 절제위원회가 창립될 때부터 절제위원으로 꾸준히 참여하며 목회활동의 연장으로 이어갔다. 특히 1920년대부터 파멸로 치닫고 있는 조선 민중을 살리고자 전개된 다양한 절제운동중에서도 특별히 금주운동에 대하여 외면하지 아니했다. 1927년 「기독신보」에 금주·금연 사상이 담긴 "신통여행"이라는 동화(혹은 소설)를 발표하기도 하였고,[89] 금주 강연회에 연사로 나서는 등 실천적인 절제 운동가로 활동하였다.

둘째로 그의 기독교 사회운동 가운데 가장 현저하게 나타나는 것이

87) 신홍식, "영적재판(오)," 「기독신보」1925년 3월 25일자, 5; 신홍식, 『령젹지판』, 23.

88) "각계인물," 「조선일보」 1931년 11월 5일자, 3.

89) 동오, "신통려힝(일)," 「기독신보」1927년 1월 26일자, 7; "신통려힝(이)," 1927년 2월 2일자, 7; "신통려힝(삼)," 1927년 2월 16일자, 7; "신통려힝(사)," 1927년 2월 23일자, 7; "신통려힝(오)," 1927년 3월 2일자, 7; "신통려힝(육)," 1927년 3월 9일자, 7; "신통려힝(칠)," 1927년 3월 16일자, 7; "신통려힝(팔),"1927년 3월 23일자, 7; "신통려힝(구)," 1927년 3월 30일자, 3; "신통려힝(십일)," 1927년 4월 27일자, 7; "신통려힝(십이)," 1927년 5월 11일자, 7; "신통려힝(십삼)," 1927년 6월 8일자, 7; "신통려힝(십사)," 1927년 6월 15일자, 7; "신통려힝(십오)," 1927년 6월 22일자, 7. 그의 연재 열 번째가 수록되어 있으리라고 추정되는 1927년 4월 13일자는 기사 중 당국의 기휘에 저촉되는 바가 있어 압수처분을 내려 유실되었다.

청년운동이다. 그에게 있어 "청년"(靑年)은 교회와 민족에 있어서 독특한 개념으로 자리하고 있다. 즉 청년은 교회와 민족에게 구원을 가져다 줄 메시야였다. 그리하여 그의 청년운동은 감리회 청년단체인 '엡윗청년회'라는 통로를 통해서 청년들에게 민족사상을 심어

▲ 인천 본보기 소년회

주고, 「기독신보」라는 기독언론을 통해서 기독교인들, 특히 기독청년에게 영혼과 민족혼을 일깨우는 설교를 부단히 하게 된 것이다. 그는 인천 내리교회를 담임할 때는 엡윗청년회의 후진회 성질을 지니고 있는 본보기 소년회를 1923년 창립[90]하기도 하고 엡윗청년회도 1923년 남녀병합을 하는 새로운 변화[91]를 시도하였는데, 그가 인천내리교회 '엡윗청년회'에서 행한 강연회 연제들을 보게 되면 민족사상과 밀접하게 연관되어 있음을 직시할 수 있다. 나아가 원주지방 및 강릉지방 감리사로 재직하던 중 청년들의 신망을 두텁게 받았던 그는 1928년 성문당에서 발행한 『조선(朝鮮)의 강단(講壇)』이라는 설교집에 기고한 "누가갈꼬"라는 설교문을 보게 되면, 그는 함정에 빠진 민족과 혼돈에 빠진 종교, 그리고 반기에 싸인 교회를 위해서 기독청년들이 나서야 될 것을 강력하게 천명하고 있다.[92] 이러한 민족사상이 담긴 설교는 그의 은퇴 직전까지 계속되고 있었는데, 그가 은퇴 직전에 「기독신보」에 기고한 "올라가신 예수를 바라보자"와 "기독

90) "인천본보기소년창립," 「조선일보」1923년 9월 25일자, 4.

91) "인천엡윗청년회는 남녀회를 통일코저 협의중," 「조선일보」 1923년 11월 20일자, 4; "엡윗청년회통상회," 「조선일보」 1923년 11월 25일자, 4;"인천의법," 「조선일보」 1923년 12월 10일자, 4.

92) 김춘배 편, 『조선의 강단』(경성: 조선야소교서회, 1928). 74-79; 한국기독교선교100주년기념대설교전집 출판위원회 편, 『한국기독교선교백주년기념 대설교전집 1권』(서울: 박문출판사, 1974), 466-469; 이러한 신홍식 목사의 설교문에 대하여 엄요섭은 민족사상의 설교로 분류해 놓고 있다. 한국기독교선교100주년기념대설교전집 출판위원회 편, 『한국기독교선교백주년기념 대설교전집 2권』(서울 박문출판사, 1974), 500.

청년에 기대함"이라는 설교문을 보게 되면 민족사상이 거의 직설적인 표현으로 드러나고 있다. 에베소서 4장 1절에서 10절과 사도행전 1장 9절에서 11절까지, 그리고 골로새서 3장 1절에서 2절을 본문으로 한 "올라가신 예수를 바라보자!"라는 제하의 설교에서 그는 "조선교회의 잠자는 자들이여! 용기를 내어서 교회를 끌고 올라가서 그리스도께 권능의 지팡이를 받아가지고 악마의 진을 질그릇 부수듯이 깨트리고 죽은 민족을 구원하여 이 땅에 천국을 건설하자!"고 역설하고 있다.[93] 또한 열왕기상 17장 17절로부터 24절과 18장 30절로부터 46절을 본문으로 한 "기독청년에게 기대함"이라는 제하의 설교에서 신홍식은 기독청년들에게 교회와 민족을 위해 엘리야가 되고, 해상의 구름이 될 것을 요청하고 있다.[94] 이러한 설교들은 직접적으로 독립에 대한 염원을 표현하고 있다고 해도 과언은 아니며, 그 역할을 '기독청년'에게 요청하고 있었다.

셋째로 그의 농촌운동은 1928년 미 감리회에 농촌부가 조직되면서 본격화되었다고 할 수 있는데, 그가 시무하던 원주지방 및 강릉지방도 미 감리회 조선연회의 결의대로 농촌부를 조직하게 되었다. 더 나아가 1929년 2월 개최된 지방사경회 기간에 노블(W. A. Noble) 선교사가 농촌사업 강화에 대한 강연을 한 것이 계기가 되어 원주지방에서는 토지 매수를 목적으로 하여 농민단체인 농무회(農務會)를 결성하였는데, 이때 감리사인 신홍식이 농무회의 회장직을 맡게 되었다. 특히 그의 농촌운동은 농촌 계몽운동으로 대변할 수 있는데, 그는 원주지방 및 강릉지방의 감리사로 시무하면서 야학을 포함하여 수처의 교육기관을 설립하였다는 기록이 발견[95] 되고 있지만, 아직까지 그가 세운 교육기관의 흔적이 구체적으로 드러나고 있지 못한 상황이다.

93) 신홍식, "올라가신 예수를 바라보자," 「기독신보」1935년 1월 30일, 3.

94) 신홍식, "기독청년에게 기대함," 「기독신보」1935년 4월 3일, 6; 신홍식, "기독청년에게 기대함(2)," 「기독신보」1935년 4월 10일, 6.

95) "원주지방전감리사 신홍식 목사 성역삼십주년기념식," 「기독신보」1935년 11월 20일자, 2.

2. 흥업구락부 사건

1920~30년대 기독교 민족주의 운동 단체로는 기호파 세력이 중심이 되어 조직된 이승만의 동지회계인 흥업구락부(興業俱樂部)와 서북파 세력이 중심이 되어 조직된 안창호의 흥사단계인 수양동지회(修養同志會)라는 양대 산맥이 있었는데, 이러한 양대 산맥은 1930년대 후반 일제에 의해 적발되었다.

이 양대 산맥 가운데 기호 출신이었던 신홍식은 신흥우의 주도하에 1925년 3월 22일[96] 경성부 사직정 215번지 그의 자택에서 공식적으로 태동한 흥업구락부에 참여하였다. 즉 신홍식의 경우에는 인천 내리교회 담임목사로 시무하던 시기인 1925년 5월 12일 백인기 별장에서 모인 제2회 예회시 김일선, 정춘수와 함께 흥업구락부원이 되었다.[97] 그가 참여한 흥업구락부는 표면상으로는 '흥업', 즉 산업을 일으킨다는 의미처럼 위장하였으나 실상은 '대업' 즉 조선 독립을 추구하는 정치적 비밀 결사 단체였다.[98] 조선 독립을 추구하는 정치적 비밀 결사 단체인 흥업구락부에 참여한 그는 초창기 세 차례 회합에 참여하였을 뿐 뚜렷한 활동의 흔적은 보이고 있지는 않지만 그가 흥업구락부원이 되었다는 것 자체만으로도 그의 조국 독립에 대한 의지만큼은 충분히 가늠해 볼 수 있다.

신홍식이 참여하였던 흥업구락부는 1920년대 후반에는 그런대로 활발하게 움직였으나 1930년대 접어들면서 유명무실해졌다. 그런 중 일제에 발각된 이른바 연희전문학교를 중심한 '적화(赤化)교수그룹사건' 일명 '경제연구회 사건'이 궁극적으로 흥업구락부가 일제에 발각되는 계기로 작용하였다. 일제에 적발된 흥업구락부 사건은 서대문경찰서에서 중점적

96) 김상태 편역, 『윤치호 일기1916~1943』(서울: 역사비평사, 2001), 254-255; "흥업구락부사건 금 삼일 일부 해금," 「동아일보」1938년 9월 4일자, 2에는 1925년 3월 23일에 창립한 것으로 기록하고 있다.

97) 정병준, 『우남 이승만 연구』(서울: 역사비평사, 2005), 717; 전택부, 『인간 신흥우』(서울: 대한기독교서회, 1971), 244-245 참조.

98) "흥업구락부사건 금 삼일 일부 해금," 「동아일보」1938년 9월 4일자, 2.

으로 다루었으나 흥업구락부원에 대한 검거 작업은 전국적으로 이루어졌다.[99] 여기에 대한 단초를 신석구에게서 찾을 수 있다. 흥업구락부원이었던 신석구가 1938년 7월 신사참배 반대로 천안경찰서에 수감된 것으로 익히 알려져 있으나,[100] 이는 신사참배 반대 때문이 아니라 흥업구락부 사건과 관련하여 천안경찰서에 수감되었을 개연성이 농후하다고 보여진다. 마찬가지로 청주에 낙향해 있던 신홍식도 흥업구락부원으로서 검거되었을 것이라고 추정되고 있다. 즉 신홍식의 장녀인 신애라는 "돌아가실 무렵 인력거로 청주경찰서에 불려가거나 병환이 더 중하여서는 매일같이 고등계 형사가 집에 찾아와 무엇인가를 엄중히 심문하고 있었다."라는 것은 아마도 흥업구락부 사건과 관련을 맺고 있는 것으로 추정할 수 있다.[101] 이로 미루어 볼 때 병환 중에 있었던 신홍식은 구속되지는 않았던 것으로 보인다.

그런데 1937년 수양동지회의 사건이 발생[102]하여 일제에 의해서 경성지회로부터 전국적으로 검거작업이 이루어진 가운데 기소가 되어 복역한 인사들도 있지만 사상 전향을 하여 기소유예를 받게 된 인사들 가운데 갈홍기 목사를 비롯한 18명이 1938년 '대동 민우회'라는 우익단체에 가입하겠다는 취지의 성명서를 6월 18일 발표하였다. 이 성명서는 1938년 8월 16일자 「기독신문」에 보도되고 있는데, 이때 자신들의 이름을 거명하고 있다.[103] 반면 이 사건 직후 흥업구락부 사건을 겪은 흥업구락부원들은 흥업구락부를 해산하고 축적된 활동자금은 국방비로 헌납하겠다는 성명서를 1938년 9월 3일자로 구체적인 이름들을 거명하지 않은 채 흥업구락부원 일동으로 발표하였다.[104] 표면적으로 보면 흥업구락부원들 가운데

99) 윤치영, 『윤치영의 20세기』(서울: 삼성출판사, 1991), 132.
100) 이덕주, 『출이독립』(서울: 신앙과 지성사, 2018), 155.
101) 오재식 편저, 『민족대표삼십삼인전』, 279.
102) "수양동우 사건확대 이광수등 칠명을 인치," 「동아일보」1937년 6월 9일자, 2.
103) 김승태,『한국기독교의 역사적 반성』(서울: 다산글방, 1994), 393-396 참조.

단 한 사람의 기소자도 없고, 흥업구락부원 전부 기소 유예처분이 내려졌다는 것이다. 특히 흥업구락부원의 사상전향서, 즉 성명서는 서대문경찰서에 수감된 인사 가운데 유억겸과 이관구가 작성한 것이라고 밝히고 있는데,[105] 이로 미루어 볼 때 사상전향서가 서대문경찰서에 수감된 인사들을 중심으로 이루어졌다는 것을 알 수 있다.

그러므로 서대문경찰서 이외에 타 경찰서에 검거된 흥업구락부원에 대해서는 함부로 속단(速斷)할 수 없을 것 같다. 특히 신홍식은 목회 현장에서 떠나 낙향한 가운데 한 자연인으로만 남아있는 상황이었고, 더군다나 「감리회보」에 보면, 그는 감리사 시절부터 급성 풍단병으로 고생한 이후 계속해서 병환(病患)에 시달리는 가운데 그의 낙향도 그의 병환과 관련이 있고, 그의 죽음 또한 노환(신장염)으로 말미암았다고 전해지고 있어 그가 상당히 오랫동안 병약한 상태에 있었다는 것은 자명한 사실이다. 이러한 그의 병환은 흥업구락부 사건과 관련해서 오히려 유익(有益)한 것이었다고 할 수 있을 것이다. 어쨌든 그의 성격상 죽음을 목전에 두고 사상전향서에 서명하지는 않았을 것으로 추정된다. 그러므로 그는 3.1독립운동 민족대표답게 그의 생애를 통해 절조를 지킨 분으로 평가할 수 있을 것이다.

5. 닫는 말

필자는 여는 말에서 밝힌 바와 같이 인천 내리교회 담임목사를 역임하였던 그의 생애와 기독교 운동에 대하여 면밀하게 회고하며 살펴보았

104) "흥업구락부사건 금 삼일 일부해금," 「동아일보」1938년 9월 4일자, 2; "흥업구락부사건 지금것 이런 사건 잇은 것은 유감 삼교경무국장 담화," 「동아일보」1938년 9월 4일자, 2; "성명서," 「동아일보」1938년 9월 4일자, 2.

105) 정병준, 『우남 이승만 연구』(서울: 역사비평사, 2005), 717; 전택부, 『인간 신흥우』(서울: 대한기독교서회, 1971), 244-245 참조.

다. 3.1독립운동을 비롯한 기독교 민족운동에 투신하며 기독교 민족운동가로서 절조를 지킨 그는 자신만의 독특한 기독교민족운동의 사상이 있었다. 첫째, 그는 '나라와 민족'을 구원해 줄 대안으로서 '기독교'를 제시하고 있다. 마치 자신의 방탕한 생활 속에서 새로운 활로를 열어준 것이 기독교였던 것과 같이 죄악과 도탄에 빠진 민족의 현실 속에서 민족을 살리고 구원해 줄 대안으로 기독교를 제시하고 있다. 한마디로, 그는 기독교구국론(基督教救國論)을 견지(見地)하고 있는 것이다. 하지만 그의 기독교관(基督教觀)은 맹목적이거나 폐쇄적이지는 않다. 그는 나라와 민족을 구원해 낼 대안으로서의 기독교에 대하여도 끊임없는 자기 반성과 갱신을 요청하고 있다. 또한 '나라와 민족' 문제에 대해서는 다른 종교와의 연대의 가능성을 열어두고 있다. 물론 그 자신이 3.1독립운동에 있어서 다른 종교와의 연대를 주선한 것은 아니었다 할지라도 다른 종교와의 연대가 이루어진 3.1독립운동에 적극적으로 참여하고 있다는 것에서 분명히 확인되고 있다.

둘째, 기독교의 가장 궁극적인 가치는 천국(天國)에 있는데, 신홍식은 내세(來世)의 천국이라는 전통적인 천국의 틀을 뛰어넘어 현세(現世)에서 천국을 건설하고자 하였다. 그가 현세에 건설하고자 하였던 천국에 대하여 다양한 해석이 가능하지만 시대적인 상황을 감안한다면 그것은 바로 일제로부터의 해방(解放)이라는 것이다. 그리하여 그는 기독교의 가장 궁극적인 가치와 민족의 가장 근원적인 가치를 접목시켜 실현하고자 하는 통로로 기독교민족운동을 전개하고 있다.

▲ 1929년 조선야소교서회에서 발행한 그의 저서 「영적재판」과 「장수옹」

셋째, 그의 기독교민족운동은 막연하게 전개된 것이 아니다. 그는 특정적(特定的)으로 '청년'을 대상으로 하고 있다는 점에서 특기할 만하다. 더욱 확정적으로 가리키자면 그 청년은 '기독 청년'이다. 그에게 있어 '기독 청년'은 나라와 민족을 구원해 줄 메시야였다. 그는 나라와 민족을 구원해 줄 '기독 청년'이 나타나기를 기대하고 확신하였던 것이다. 그리하여 이러한 기대감과 확신 속에서 그는 자신이 한 알의 밀알이 되어 '기독 청년'들을 향해 영혼과 민족혼을 일깨우는 기독교 민족운동을 부단히 행하였다.[106)]

106) 고성은, 『2006년 이달의 독립운동가 – 신홍식 선생』(사단법인 대한민국순국선열유족회/월간순국, 2006년 3월), 33–34.

약 력

1872년 3월 1일	충북 청주군 문의면 문산리 25번지에서 신기우와 최살랍 사이에서 차남으로 출생하다.
1886년 7월 20일	부친 신기우 별세하다.
1891년경	전주 이씨와 결혼하고 그 후 이혼하다.
1901년	김원백의 장녀인 김이백가와 재혼하다.
1902년	장남 신대호 출생하다.
1903년 3월 15일	장녀 신애라 출생하다.
1904년	미감리회 청주읍교회에 출석함으로 기독교에 입교하다.
1906년	서원보(W. C. Swearer) 선교사에게 세례를 받다.
1906년	미 감리회 소속 목회자로 보은구역에 처음 파송되다.
1909년	직산구역 담임자로 파송되다.
1912년	입장 및 목천구역 구역장으로 파송되다.
1913년	직산 및 진천구역 구역장으로 파송되다.
1913년 6월 10일	미감리회 제6회 조선연회에서 집사 목사 안수받다.
1913년 6월 13일	협성신학교(현재 감리교신학대학교) 졸업하다.
1914년	연기구역 구역장 및 공주동지방 순행목사로 파송되다.
1915년 1월	구미동교회(현 백암교회) 사경회에서 기도하던 중 성령체험한 후 충청도 부흥운동에 부흥사로 활동하다.
1915년 4월 25일	미감리회 제8회 조선연회에서 장로 목사 안수받다.
1915년 4월	공주동지방 순행목사로 파송되어 활동하다.
1915년 7월 29일	삼녀 신세라가 출생하다.
1916년 3월	공주읍교회에 담임목사로 파송되다.
1917년 6월	평양남산현교회에 담임목사로 파송되다.
1919년	3.1독립운동 민족대표 33인으로 서명하고, 평양지역 3.1독립운동에 배후자 역할, 그리고 충청도 3.1독립운동에 정신적 지주 역할을 하다.
1920년 10월 30일	경성복심법원에서 3.1독립운동 사건으로 2년형을 선고받다.
1921년 11월 4일	경성감옥에서 2년 8개월여의 수감생활을 마치고 만기로 출옥하다.

1922년~1927년	인천 내리교회 담임목사로 시무하다.
1923년 4월 2일	차남 신창호 출생하다.
1923년	친필로 『인천내리교회역사』를 편찬하다.
1925년 4월 16일	장남 신기호 내리교회 교우 조재정의 딸 조기호와 혼인하다.
1925년 5월 12일	흥업구락부 제2회 예회시 흥업구락부원으로 활동하다.
1926년	영화남학교 교장 대리로 시무하다.
1927년 6월	미 감리회 제20회 조선연회에서 횡성구역 구역장 및 원주지방 및 강릉지방 감리사로 파송되다.
1928년 7월 31일	장녀 신애라 윤진억과 혼인하다.
1928년 11월	횡성구역 구역장을 내어 놓고 원주로 이주하여 원주지방 감리사로만 시무하다.
1929년~1935년	원주구역 구역장 및 원주지방 감리사로 시무하다.
1929년	그의 명저인 『영적재판』과 『장수옹』을 조선야소교서회에서 간행하다.
1930년 2월 24일	신대호의 장남 신덕수 출생하다.
1930년 12월	기독교조선감리회 제1회 총회에서 총리원 이사로 선출되다.
1931년 6월	기독교조선감리회 제1회 동부·중부·서부 연합연회에서 중앙협의회 이사로 선출되다.
1931년 9월 13일	장남 신대호 폐결핵으로 소천하다.
1932년 3월 24일	차녀 신한나 최대순과 혼인하다.
1933년 4월	제3회 동부연회에서 재단법인 이사로 선출되다.
1933년 11월	감리사회에서 감리교신학교 이사로 보결되다.
1934년~1935년	감리교회 조선 선교 50주년 행사시 기념사업요원 33인 중 1인으로 선정되어 수고하다.
1934년~1935년	「기독신보」 이사로 활동하다.
1934년 5월 10일	모친 최살랍이 별세하다.
1934년 10월	기독교조선감리회 제2회 총회에서 총리원 이사로 선출되다.
1935년	기독교조선감리회 제5회 동부·중부·서부연합 연회시 목회 일선에서 자원 은퇴를 하고 원주에 거주하다.
1936년 4월 12일	정동교회에 건립된 감리교 조선선교 50주년 기념비 비석 후면에 그의 이름이 등재되다.
1937년	고향인 청주로 낙향하다.

1938년	흥업구락부 사건으로 심문을 당하다.
1938년 10월 1일	총리원에서 20년이상 장기근속 교역자로 선정되어 표창을 받다.
1938년 10월 22일	삼녀 신세라 허한동과 혼인하다.
1939년 3월 18일	충북 청원군 가덕면 인차리 173번지 자택에서 별세하다.
1942년 4월 24일	차남 신창호 소천하다.
1962년	대한민국 정부 건국 공로훈장 복장(현 건국훈장 대통령장)이 추서되다.
1962년 3월 2일	장손 신덕수 김영례와 혼인하다.
1963년 6월 10일	부인 김이백가 별세하여 신홍식이 안장되어 있던 원 묘소에서 수미터 이동하여 신홍식과 합장하다.
1978년 3월 1일	감리교신학대학교에 동교 출신 3.1독립운동 민족대표 흉상 제막식을 거행하다.
1980년 5월 22일	장손 신덕수 신희원을 양자로 입양하다.
1980년 6월 28일	가덕중학교 신홍식 흉상 제막식을 거행하다.
1980년 8월 15일	청주시 삼일공원에 ‘청주출신 민족대표’ 6인 동상 제막식을 거행하다.
1980년 10월	기독교조선감리회 창립 50주년 기념총회시 기념메달을 수여받다.
1985년 4월 5일	기독교대한감리회 100주년 기념대회에서 54인 가운데 1인으로 공로 표창패를 받다.
2005년 2월 28일	제3회 민족대표 33인 재조명 학술회의에서 고성은이 “3.1독립운동과 기독교계의 민족대표–동오 신홍식을 중심으로”라는 논문을 발표하다.
2005년 4월	청원군 주관으로 문의문화재단지 옆에 있는 청주시립대 대청호 미술관 야외조각공원에 신홍식을 비롯한 청원(현재 청주)출신 애국지사 7인 상을 건립하다.
2005년 7월 24일	청주 좋은교회에서 신홍식, 신석구, 정춘수 목사 흉상 제막식을 거행하다.
2006년 3월	국가보훈처, 광복회, 독립기념관 공동으로 ‘이달의 독립운동가’로 선정되다.
2008년 3월	국가보훈처 인천지청에서 ‘이달의 독립운동가’로 선정되다.
2012년 5월 12일	한국기독교역사학회 제304회 학술발표회에서 고성은이 『신홍식과 3.1독립운동』으로 주제 발표하다.
2012년 6월 18일	고성은 목사의 저작인 『신홍식의 생애와 민족 목회 활동 연구』 출판 감사예배를 마포중앙교회에서 개최하다.

2015년 5월 27일	손부인 마포중앙교회 김영례 권사 별세하다.
2016년 7월 23일	장손인 신덕수 별세하다.
2017년 8월 1일	공주제일교회에서 공주기독교박물관 리모델링 작업과 함께 신홍식 동상을 건립하다.

고성은 목사

현, 기독교대한감리회 광리교회 담임목사
현, 목원대학교 강사(한국교회사)
현, 한국기독교역사학회 지역이사
현, 기독교대한감리회 총회 역사보존위원회 위원
현, 평양 성화신학교 명예동문
기독교대한감리회 홍성지방 감리사 역임
기독교대한감리회 서울신학원·충청신학원·대전성서신학원 교수 역임
충청남도 3.1운동 및 대한민국 임시정부 수립 100주년 기념사업
추진위원회 추진위원 역임

"오늘 이 말씀에 나오는 악한 종이 바로 나외다. 내가 그리스도의 은혜로 죄 사함을 받은 것이 1만 달란트 빚 탕감 받은 것보다 더 크거늘, 내가 여러분에게 돈을 빌려주고 그 돈을 받으려 하는 것이 1백 데나리온 빚을 탕감해 주지 못한 것보다 더 악한 짓이요. 그러다 내가 천국을 가지 못할 것이 분명하니 오늘부로 여러분들에게 빌려준 돈은 없는 것으로 하겠소."

기억하고 싶은
목회자들

"가서 네 소유를 팔아 가난한 자들에게 주라 그리고 와서 나를 따르라"

말씀대로 살고자 빚 문서를 불태운 부자, 종순일 목사

종광희 집사_인천창영감리교회

1. 프롤로그

역사의 우물을 복원하는 일

신앙의 '2세대'를 대표하는 이삭이 한 일은 '1세대' 아브라함이 팠던 우물을 복원하는 것이었습니다. 아버지가 죽은 후 아버지가 팠던 우물을 적대 세력들이 메워 버렸는데, 이제 아들이 그 우물을 복원하고 우물 이름까지 아버지가 붙였던 것으로 회복시켰습니다. 이삭은 아버지의 우물을 복원하는 과정에서 아버지가 우물에 남긴 흔적을 발견하였고 그 밑바닥에 이르러 아버지가 마셨던 생수(요 4:10)도 마실 수 있었습니다. 그 순간 하늘에서 음성이 들려왔습니다.

나는 네 아버지 아브라함의 하나님이니 두려워하지 말라 내 종 아브라함을 위하여 내가 너와 함께 있어 네게 복을 주어 네 자손이 번성하게 하리라

-창세기 26장 24절

이삭이 우물 밑바닥에서 만난 것은 아버지가 마셨던 생수만이 아니었습니다. 아버지를 인도하셨던 하나님을 만난 것입니다. 아브라함의 하나님이 이삭의 하나님이 되었고, 계속해서 이삭의 하나님이 야곱의 하나님이 되었습니다. 이런 식으로 과거 조상의 하나님은 오늘을 사는 후손들의 하나님이 되고, 조상들을 인도하셨던 하나님과 오늘 우리를 인도하시는 하나님은 같은 분이기에 영원히 살아계신 하나님은 '산 자'의 하나님이 되신다는 것입니다.

-한국교회 처음이야기/이덕주 지음

이 글을 쓰면서 기대한 것은 제가 태어나기 꼭 100년 전, 친할아버지(종순일 목사)의 하나님을 만나는 것입니다. 제 나이 마흔이 되기까지 한 번도 들어보지 못한 할아버지의 선교 이야기를 들었을 때, 할아버지의 하나님을 향한 사랑에 크게 감동했습니다. 하지만 한편으로는 부끄러웠습니다. 후손 중에 그 믿음을 감히 따라갈 사람이 없었기 때문입니다. 할아버지의 발자취를 따라가며 한국교회의 초대 교인으로서 처음 사랑과 처음 행위를 기억하고 그 흔적들을 마음에 새기고자 합니다.

2. 사역

1. 말씀대로 살고자 빚 문서를 불태운 부자

"가서 네 소유를 팔아 가난한 자들에게 주라 그리고 와서 나를 따르라"

1900년 무렵, 강화도 북부 해안 홍의마을에 종순일(種純一, 1876~1950)이란 교인이 있었습니다. 전통 유학자 출신으로 땅도 많고 여유 있던 부자로, 그가 사는 마을에 그에게 돈을 빌려다 쓰지 않는 사람이 거의 없을 정도였습니다. 그런 그가 마을 훈장 박능일이 전하는 복음을 듣고 기독교인이 되었습니다.

하루는 성경 마태복음 18장에 나오는 예수님의 비유를 읽었습니다. 임금에게 1만 달란트 빚진 자가 그 빚을 탕감받고 나가다가 자기에게 1백 데나리온 빚진 자를 만나 그의 빚을 탕감해 주지 않고 옥에 가두었는데, 그 사실을 안 임금이 화를 내며 그를 잡아 다시 옥에 가두었다는 내용의 말씀이었습니다.

마을 부자 종순일은 이 말씀을 읽고 며칠 동안 고민하다가 주일 오후 예배를 마치고 자신에게 돈을 빌려 간 마을 사람들을 집으로 불러들였습니다. 마을 사람들은 '빌린 돈을 갚으라는 것인가? 아니면 이자를 높이려는가?' 하는 불안하고 두려운 마음으로 모였습니다. 종순일은 성경을 펴서 마태복음 18장 말씀을 읽은 후에 다음과 같이 선언하였습니다.

"오늘 이 말씀에 나오는 악한 종이 바로 나외다. 내가 그리스도의 은혜로 죄 사함을 받은 것이 1만 달란트 빚 탕감 받은 것보다 더 크거늘, 내가 여러분에게 돈을 빌려주고 그 돈을 받으려 하는 것이 1백 데나리온 빚을 탕감해 주지 못한 것보다 더 악한 짓이요. 그러다 내가 천국을 가지 못할 것이 분명하니 오늘부로 여러분들에게 빌려준 돈은 없는 것으로 하겠소."

그는 빚 문서를 꺼내 모두가 보는 앞에서 불살라 없앴고 그 자리에 동석했던 교회 전도사가 증인이 되었습니다. 빚 독촉을 받는 것은 아닌가, 두려운 마음으로 왔던 마을 사람들은 놀란 눈으로 그를 바라보았습니다. 그리곤 감격하여 눈물을 흘렸다고 합니다.

▲ 빚 문서를 꺼내 불살라 없앴다.

"요즘 없는 빚도 있다고 우겨서 남의 돈을 빼앗는 세상인데 어찌하여 예수교라 하는 사람은 자기 돈까지 버려 남을 도우니 참 이상한 일이다."

예수 믿는 사람의 착한 행실에 감복한 사람들이 교회에 나오기 시작

▲ 강화도 홍의교회

▲ 현 강화도 홍의교회

했고, 이렇게 해서 홍의 마을은 '교인 마을'이 되었습니다. 이 사건을 계기로 1900년 4월, 홍의 마을의 복음화는 급속하게 이루어졌습니다.

인천 강화도 홍의감리교회는 할아버지(종순일 목사)께서 처음 하나님을 만난 교회입니다. 홍의교회는 1896년도에 세워졌으며 당시 선교사의 도움없이 예배당을 건축했고, 1년 만에 성도가 80명이 넘을 정도로 교회 부흥과 잠재력이 있음을 보여주었습니다. 홍의교회의 처음 교인이었던 할아버지(종순일 목사)는 이 교회를 통해 하나님을 만났고 말씀 속에서 감동을 받았습니다. 성경을 '문자적으로'(in a literal sense) 읽었고 기록된 말씀을 실천하였습니다. 당시 선교사들은 이 같은 문자적 신앙을 미신적이라며 우려했지만 우리 선조들의 성경 신앙은 성경을 읽으면서 받은 감동을 문자적으로 실천하는 감동에 의한 실천적인 믿음이었던 것입니다. 할아버지께서 빚진 자들의 빚을 아낌없이 탕감할 수 있었던 것은 이러한 믿음에서 발현된 것입니다. 성경을 읽되 이해하기 보다는 행하기 위해 읽고, 그 결과 머리가 아닌 몸으로 성경을 읽는 한국교회 특유의 신앙 전통을 실천하신 것입니다. 아는 것은 많지만 행함이 없어 영생 문제로 불안해서 예수님을 찾아왔던 율법 교사에게 예수님이 일러주신 해결책과도 같은 것이었습니다.

네 대답이 옳도다. 이를 행하라 그러면 살리라 - 누가복음 10장 28절

▲ 강화도 북부 해안 홍의마을_1900년 4월

2. "네 이름이 무엇이냐"

(1) 강화 교인들의 '돌림자' 개명

야곱의 이름이 바뀌었습니다. 단순히 호칭이 바뀐 것이 아니라 삶의 자세와 질이 바뀌었습니다. 자신의 앞길을 방해한다고 생각되는 사람들의 '발뒤꿈치'(야곱)를 잡아채며 살았던 그가 이제는 하나님의 위대한 승리를 위해 자신을 희생하는 사람으로 변하였습니다. 이처럼 성경에서 개명(改名)은 하나님을 만나면서 바뀌고 변화된 삶을 상징합니다.

그 사람이 그에게 이르되 네 이름이 무엇이냐 그가 이르되 야곱이니이다. 그가 이르되 네 이름을 다시는 야곱이라 부를 것이 아니요 이스라엘이라 부를 것이니 이는 네가 하나님과 및 사람들과 겨루어 이겼음이니라.

–창세기 32장 27–28절

1890년대 후반, 강화도 북단 홍의마을에 복음이 들어왔을 때, 그 마을 훈장으로 있던 박능일이 먼저 복음을 받아들이고 서당을 예배당으로 삼아 시작한 것이 홍의교회의 출발입니다. 그 마을 사람들이 훈장님 말씀에 따라 예수를 믿기 시작했는데, 그때 처음 믿은 사람들이 세례를 받으

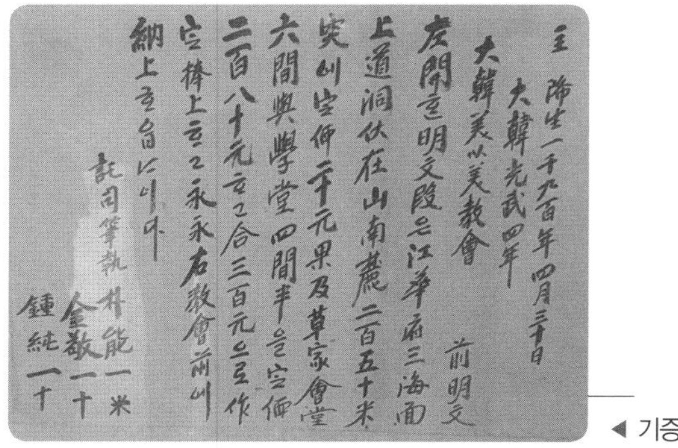
主 降生一千九百年四月三十日
大韓光武四年
大韓美以美教會
前明文
右開明文段은 江華府三海面
上道洞伏在山南麓二百五十米
實에 當價千元果及草家會堂
六間與學堂四間半을 當價
二百八十元 合三百元으로 作
定捧上永永 右教會前에
納上 旨니이다
証司筆執 朴能一 米
金敬一 十
鍾純一 十

◀ 기증문서

면서 이름을 바꾸었습니다.

"우리가 예수 믿고 교인이 된 것은 옛사람이 죽고 새 사람이 되었음을 의미한다. 새로 태어난 아기에게 이름을 지어주 듯 거듭난 우리가 새 이름을 갖는 것은 당연하다."

이들은 세례가 갖는 '신생'(新生)의 신학적 의미를 정확히 알고 이름을 바꾸기로 하고, 한국의 전통 작명법을 따라 '돌림자' 전통으로 개명했습니다.

"우리가 비록 집안은 다르지만 한날, 한시에 세례를 받아 한 형제가 되었다. 그리고 우리가 이 마을에서 처음 믿었으니 모두 한 '일'(一) 자를 돌림자로 하여 이름을 바꾸자." 성(姓)은 부모님이 준 것이라 바꿀 수 없었고, 이름의 마지막 글자를 한 '일'자로 통일하였으니 가운데 자만 정하면 되었습니다. 그래서 신앙적으로 좋은 의미를 지닌 사랑 '애'(愛), 믿을 '신'(信), 능력 '능'(能), 착할 '순'(純), 충성 '충'(忠), 받들 '봉'(奉), 은혜 '은'(恩), 같은 자를 적은 종이를 주머니에 넣고 기도한 후에 하나씩 뽑았습니다. '애' 자가 뽑히면 '애일', '신' 자가 뽑히면 '신일' …… 이런 식이었습니다. 홍의교회에 처음 복음을 전한 훈장은 박능일이 되었고 권신일, 종순일, 김경일, 장양일, 주광일, 권인일, 권문일, 권청일, 김부일 같은 홍의교회 개척 교인들이 이렇게 이름을 바꾸었습니다.

이들은 교회 안에서 쓰는 이름만 바꾼 것이 아니라 호적과 족보까지 새 이름으로 바꾸었습니다. 제 할아버지(종순일 목사)께서도 예외는 아니었습니다. 위 이야기를 처음 접하게 되고 할아버지의 처음 성함이 궁금했습니다. 지역 주민센터에 가서 제 아버지의 제적 등본을 열람해 보았습니다. 1876년 출생 당시 할아버지의 성함은 '종경삼'(種景滲)이었음을 발견할 수 있었습니다. 지금으로부터 100년 전 한국 개신교 초기의 역사를 눈으로 확인하는 순간이었습니다. 한국 개신교 초기 역사의 '산 증인'이라고 해도 과언이 아닐 것입니다.

할아버지(종순일 목사)께서는 개명을 통해 야곱처럼 하나님을 만남으로서 바뀌고, 변화된 삶을 살고자 다짐하고, 처음 사랑을 행위로 보여주셨습니다. 또한 '한날, 한시에 처음으로 함께 하나가 되었다.'는 의미에서 한 '일' 돌림자를 씀으로 신앙 공동체 의식을 강하게 드러내고자 하신 것입니다.

(2) 왜 강화 교인들은 '검정 개'라 했는가?

그런데 복잡한 문제가 생겼습니다. 같은 집안의 아버지와 아들, 삼촌과 조카가 같은 날 세례를 받은 것입니다. 하지만 예외는 없었습니다.

"육적으로는 부모지간, 숙질지간이지만 영적으로는 같은 하나님의 자녀가 아닌가? 같은 돌림자를 쓰는 것이 마땅하다."

이렇게 생각하고 행동한 결과 부자간, 숙질간에 같은 돌림자를 쓰게 되었고, 이는 하나님을 믿지 않는 사람들로서는 이해할 수 없는 현상이었습니다. 전통적으로 돌림자는 친족 간의 촌수와 항렬을 알려 주는 단서로 상, 하 간의 서열이 분명하여 '윗대'의 돌림자를 '아랫대'에서 쓸 수 없었기 때문입니다. 그런데 그 질서가 교회에서 깨진 것입니다. 이처럼 파격적으로 이름을 바꾼 교인들을 보고 믿지 않는 사람들은 '예절도, 촌수도 모르는 상것들'이라며 '검정 개'라고 손가락질했습니다. '검다'라는 표현은 실용성을 중시한 교인들이 흰옷을 벗고 검게 물들인 옷을 입고 다녔기 때문에 붙여진 이름이고, '개'라는 표현은 항렬을 무시하고 같은 돌림자를 쓰는 '무례'와 '몰상식' 때문에 붙여진 것이었습니다. 이 부분에 대한 교인들의 의식 또한 분명했습니다.

"우리는 신앙적으로는 하나님의 같은 자녀일 뿐이므로 육적인 질서를 쫓기 보다는 영적 질서를 따를 것이다."

어떤 것도 교인들의 의지를 꺾지 못했습니다. 오히려 홍의마을에서 시작된 개명 전통은 강화도 전 지역으로 확산되어 선교 초기 '일'자 돌림으로 개명한 강화도 일대의 교인들은 60여명에 달했고, 이들 개명한 교인들은 이름을 바꾼 만큼 신앙에서도 철저하였습니다.

당시 신분제였던 반상(班常)을 초월해 하나님 안에서 평등함을 일깨우고, 성경대로 살고자 했던 할아버지(종순일 목사)와 초대 교인들의 신앙은 오늘날 우리들에게 큰 도전과 깨우침을 주고 있습니다.

(3) 재현된 빚 탕감 잔치

"네 가진 것을 팔아 가난한 사람들에게 주고 너는 나를 따르라."

그것으로 끝난 것이 아니였습니다. 할아버지(종순일 목사)께서는 "네 소유를 팔아 가난한 자에게 주고 나를 따르라."(마 19:21)는 말씀을 읽고 재산을 처분하여 마을의 가난한 사람들에게 나눠 주고 나머지는 교회에 헌납했습니다. 그리고 존슨 선교사의 추천을 받아 신학 공부를 하면서 전도사로 목회를 시작했습니다.

"예수님께서 제자들을 둘씩 짝지어 각 지방과 고을에 보내셨다."(눅 10:1)는 말씀을 읽고 아내와 함께 괴나리봇짐 하나씩 메고 아직 복음이 들어가지 않은 강화도 남부 길상면으로 가서 전도하였고, 그 결과 길직, 길촌, 온수, 선두, 넙성, 덕진 등지에 교회가 설립되었습니다. 그리고 석모도와 주문도, 영종도와 같이 교통이 불편한 외딴 섬을 돌며 십수 처 교회를 개척하였습니다.

1917년 할아버지(종순일 목사)께서는 감리교에서 목사 안수를 받고 강화 남서쪽 주문도 진촌교회(현 서도중앙교회)에 부임했

▲ 땅 끝을 찾아

습니다. 그가 택한 곳은 '땅끝'이었습니다.

당시 진촌교회에서는 주문도에서 배 사업을 크게 하던 조선 말기 감역 벼슬을 했던 박두병, 박순병 형제가 권사로서 기둥 역할을 하고 있었습니다. 그런 진촌교회에 박두병·박순병과 같은 집안사람으로, 아버지가 박두병에게 '2천 원'(현 시가로 1억 원 정도) 빚을 진 채 별세하여 그 빚을 고스란히 유산으로 물려받은 가난한 교인이 있었습니다. 그는 아버지 빚을 갚기 위해 8년 동안 쓸 것을 쓰지 않고, 먹을 것을 먹지 않고 절약하여 16원을 모았으니 그런 식으로 하면 평생 가도 갚을 수 없을 것은 분명했습니다. 도저히 갚을 수 없는 빚 걱정에 마음 편할 날이 없었습니다.

그러던 중 1917년 음력 정월 박두병 권사의 집에서 할아버지(종순일 목사)의 인도로 속회 예배가 열렸는데, 모임이 끝날 무렵 그는 자신을 위해서도 기도해 주기를 바라며 교인들을 집으로 초청했습니다. 그리고는 이렇게 말했습니다.

"여러 어르신, 아버님께서 지신 빚을 갚기 위해 8년 동안 애써 모았으나 16원 밖에 모으지 못했습니다. 이런 식이라면 제가 죽기 전에 빚을 다 갚지 못하게 될 뿐더러 빚 때문에 도무지 제 맘이 편치 못하여 기도도 할 수 없으니 어찌 하면 좋습니까? 여러 어르신의 처분을 따르겠습니다."

한동안 침묵이 흘렀고, 이 침묵을 깬 것은 할아버지(종순일 목사)였습니다. 할아버지께서는 성경을 펴서 마태복음 18장 20절 이하 말씀을 읽고 나서 '두 세 사람이 마음을 합하여 기도하면 하나님께서 응답하실 것'과 '1만 달란트 빚 탕감을 받고도 1백 데나리온 빚을 탕감해 주지 않은 신하가 받은 형벌'에 대해 이야기해 주었습니다. 그리고 다시 한동안 침묵이 흘렀습니다. 침묵을 깨고 동생 박순병이 입을 열었습니다.

"형님, 오늘 이 자리에서 이 문제가 난 것도 하나님의 뜻인 듯합니다. 형님은 그 돈을 받지 않아도 사는 데 지장이 없지 않습니까? 받아야겠다는 형님 마음과 갚아야 된다는 저 사람의 근심이 서로 다르니 어찌 합심하여 기도가 되겠습니까? 기도할 때 서로 거리낌이 없어야 하나님께서도 기뻐하시지 않겠습니까?"

그 말에 박두병권사도 감동을 받아 빚을 탕감해 주겠다고 선언하였고 박순병 권사도 이어 말했습니다.

"형님이 2천 원 빚을 탕감해 주었으니 저 사람 부친이 내게 진 빚 60원을 어찌 받겠소?

나도 그 빚을 탕감해 주렵니다."

아버지 빚을 물려받았던 가난한 교인은 물론이고 그 자리에 있던 마을 사람들 모두 감동하였습니다. 누구보다 감격한 이는 할아버지(종순일 목사)였습니다. 17년 전 고향에서 처음 성경 말씀을 읽고서 홍의마을 사람들의 빚을 탕감해 주었던 사건이 목회지 주문도에서 할아버지의 설교를 듣는 교인들 가운데 그대로 재현되었기 때문입니다. **그렇게 탕감은 탕감으로, 용서는 용서로, 긍휼은 긍휼로, 사랑은 사랑으로 이어지고 부활하는 법입니다.**

이런 일이 있은 후에 마을 사람들은 모두 감동하였고, 교회를 보는 눈이 달라졌습니다. 오래지 않아 당시 섬 주민 181호 가운데 134호가 교회에 나오게 되었으니 전 주민의 75%가 교인이 되는 일이 일어났습니다. 지금도 면소재지인 주문도가 '술집과 다방이 없는' 성역으로 남게 된 데는 이러한 감동적인 복음 역사가 크게 작용하였던 것입니다.

▲ 서도중앙교회 구 예배당

서도중앙교회는 1902년 설립되었으니 100년의 역사를 훌쩍 넘었습니다. 1997년 7월 인천시 문화재 자료 14호로 지정된 이 교회의 원래 이름은 진촌교회, 정면에서 보면 2층 종루(鐘樓) 형태의 지붕을 갖고 있으며, 본당 쪽은 일반 한옥 형태로 팔각지붕입니다.

1923년에 교인들의 건축헌금으로 지어진 한옥 예배당으로, 평면 구성은 중세 초기 서양교회 형식입니다. 재미있는 것은 창의 구조에 숨겨진 과학원리다. 통풍을 원활하게 하기 위해 좌우 창은 서로 어긋나게 설치했습니다. 한국 전통 목조건물의 가구 형식을 바탕으로 서양교회를 건축했다는 데 큰 의미를 지니고 있다.

3. 에필로그

할아버지, 종순일 목사의 '처음 사랑'

조선이 근대화로 나아가는 격변기(1880년~1910)에 부유한 양반 집에서 태어난 할아버지의 삶을 상상해 보았습니다. 당시 주변 열강에 의해 개항에 대한 부담이 컸던 조선은 새로운 문물의 유입이냐, 전통적인 유교 가치의 존속이냐 그 사이에서 갈등이 컸습니다. 한번도 겪어보지 못한 역사의 소용돌이 속에 나라도 백성도 한없이 혼란스러울 수밖에 없었을 것입니다. 뿐만 아니라 새로운 사상(서학)의 유입은 기존의 신분 질서를 흔들었기에 권력을 지키려는 자와 권력을 무너뜨리려는 자들과의 다툼은 개인의 안위와 생명을 위협하기에 이르렀습니다. 한시도 조용할 날이 없던 구한말, 사람들은 새로운 세상을 꿈꾸며 참된 삶의 가치를 물을 수밖에 없었습니다.

이런 시대를 살았던 할아버지(종순일 목사)의 삶도 예외는 아니었습니다. 할아버지의 발자취를 좇으며 기독교 복음의 무엇이 할아버지를 감동시킨 것일까 생각하게 되었습니다. 당시 양육강식이 부른 끊임없는 열강들의 전쟁을 보며 할아버지는 인간의 생명과 그 소유가 하나님의 것임을 깨닫게 된 것입니다. 또 사람들이 서로를 도구로 이용하고 짓밟아 권력의 자리에 오르려는 이기심 많은 존재임을 알고 오직 구원이 하나님에게서 난 것임을 확신하셨습니다. 나라의 흥망성쇠(興亡盛衰) 앞에 민족을 지킬 수 있는 힘은 조선 땅에 복음을 뿌리내리게 하는 것 밖에 없다고 생각하신 것입니다.

참된 생명의 삶을 찾는 데 목마른 할아버지에게 하나님은 찾아오셨고 눈물의 사명을 주셨습니다. 눈물로 연단된 삶, 눈물로 하나님과 소통하는 삶을 통해 하나님의 깊은 은혜를 깨닫게 하셨고, 성경 말씀 한 자 한 자를 마음에 새겨 참다운 회개에 합당한 열매를 행함으로 맺게 해 주셨습니다. 따라서 할아버께서 가진 소유를 아낌없이 나눠 줘도 아깝지 않았던 것은 이보다 더 큰 하나님의 사랑이 할아버지 마음 안에 가득했기 때문입니다. 남부럽지 않게 누릴 수 있었던 세상 권세를 내려놓을 수 있었던 것도 권세가 인간이 욕심으로 쌓은 것이기에 쉽게 무너질 수 있는 것임을 깨달았기 때문이고, 강한 무기와 군사가 나라를 지키는 것이 아닌 복음이 민족을 지킬 수 있다고 생각한 것은 창조주 하나님을 믿기에 담대할 수 있었던 것입니다. 이러한 할아버지(종순일 목사)의 믿음이 한국교회 '처음 사랑'이며 '처음 행위'가 일어났던 선교 초기의 살아있는 역사임을 보게 되었습니다. 또 잊어서는 안 될 소중한 신앙의 유산임을 깨닫게 되었습니다.

이러한 열정과 희생을 바탕으로 '땅끝까지 이르러 내 증인이 되라'는 성경 말씀에 순종하여 이 나라의 '땅끝'을 찾아 복음을 전하는 데 일생을 바친 할아버지(종순일 목사)께서는 1926년 목회 일선에서 은퇴하셨고, 그 후 인천 부평과 송림동에서 자녀들과 함께 지내시면서 조용한 말년을 보내셨으며, 1950년 7월 10일 하나님의 부름을 받으셨습니다.

지금으로부터 약 140년 전의 할아버지의 역사를 더듬어 알기란 쉽지 않았습니다. 놀라운 것은 할아버지와 손녀인 제 나이가 거의 100년 차이가 나는 것입니다. 제가 마흔이 되어서야 할아버지 이야기를 듣게 되었고, 초대 기독교 역사를 연구하시는 감리교신학대학 이덕주 교수님의 수고로 할아버지에 관한 사료를 얻게 되었습니다.

위 글에 소개된 할아버지의 '빚 탕감' 일화는 기독교 서적이나 신문에 자주 오르게 되면서 많은 기독인들에 귀감이 되었고, 지금도 강화도 초대 기독교 유적지 탐방을 가면 빼놓지 않고 전하는 이야기 중에 하나입니다. 처음에 이 일화를 접했을 때는 할아버지에게 약간 서운함도 있었습니다. 넉넉하지 못한 형편에서 성장했던 터라 그 당시 할아버지의 '빚 탕감' 행동은 아쉽기도 했습니다. 지금은 웃지만 말입니다.

그런데 할아버지 삶의 역사를 정리하면서 믿음의 눈으로 보니 할아버지는 정말 위대한 신앙의 유산을 남겨 주셨습니다. 그것도 자손 대대로 믿음의 계보를 이어가며 축복의 통로가 되도록 만들어 주셨습니다. 놀라운 것은 할아버지가 만난 하나님을 자신의 하나님으로 고백한 자녀들에게만 그 유산이 보배가 되었다는 점입니다. 저는 이것이 이 글 서두에 말한 '역사의 우물을 복원하는 일'이라고 생각합니다. 할아버지는 이 비밀을 숨겨 놓고 살면서 보물 찾기 하듯 저희에게 찾는 기쁨을 알려 주셨습니다. 이를 깨닫고 나니 무척 감사했습니다. 할아버지께서 마신 생수의 시원함이 많은 영혼의 갈증을 풀어 주었듯이 할아버지의 '처음 사랑', 저희 후손들의 삶에서 회복되어 '영원히 마르지 않은 우물'이 되기를 기도하겠습니다.

자료 1 종순일 목사 설교

눈물(淚)의 사명

"눈물 흘리며 씨를 뿌리는 자(者) 기쁨으로 추수(秋收)하리로다." −시편126:5

대저(大抵) 이 세상(世上)은 눈물 많고 한숨 많고 슬픔 많은 세상이외다. 시인(詩人)이 이 세상을 눈물 골짜기라고 노래합니다. 우리가 그 말을 들을 때에 단순히 시적이요, 실제는 되지 아니한다고 생각함은 크게 오해인 줄 압니다. 사람의 일생에서 눈물을 흘리지 않는 날이 많은지 눈물을 흘리는 날이 많은지 그 일수를 일기에 기록하여 보면 확실히 눈물을 흘리는 날이 많은 것은 사실일 것입니다. 일본 동경의 기후를 말하면 동경은 비오는 날이 청명한 날보다 많은 줄로 생각합니다. 이와 같이 우리 사람의 평생에 눈물이 많은 것은 반드시 다시 그 이유가 있습니다. 무엇입니까? 눈물에는 반드시 직책(職責)과 사명(使命)이 있는 줄로 생각합니다.

그러면 이에 대하여 세 가지로 나누어서 말하겠습니다.

제 일은 인생은 흡사 금,은과 같습니다. 금,은은 불에서 연단하여야 비로소 훌륭한 금과 은이 되는 것입니다. 인생이 출생한대로 아이들과 같이 그대로 변하지 아니하면 하나님의 자식이 될 자격은 있지마는 그 아이를 금, 은과 같이 시시로 연단하지 아니하면 훌륭한 사람은 될 수가 없습니다. 근심, 고통, 곤란을 많이 당하면 당할수록 눈물은 많이 흘릴 것입니다. 그 눈물은 금이 불로 연단 받음과 같이 눈물에 의하여 사람이 단련을 받습니다. 예로부터 영웅호걸이라 하는 사람들의 전기를 보면 한 사람도 눈물을 흘리지 아니한 사람이 없습니다. 그러므로 위인이나 호걸에게는 언제든지 눈물이 따라다닙니다. 눈물없이 큰 사업을 성공한 사람은 없을 것입니다. 요셉이 형제에게 시험을 받아서 이집트에 팔려가 혹독한 고통 가운데서 눈물을 흘리었습니다. 그러나 이 눈물이 최후에는 요셉으로 하여금 이집트의 총리가 되게 하였습니다. 다윗이 사울에게 쫓기어 심산유곡(深山幽谷)에 몸을 감추고 자기 아들로 인해 고통을 당한 그 눈물이 대 시인으로 만든 것 아닙니까? 또 루터가 단호(斷乎)하게 부르짖으며 위임스회장(보름스 회의장)에서 천하의 운명을 자기 일신에 담당하고 흘린 눈물이 종교개혁자가 되게 한 눈물이 아닙니까? 이스라엘 민족이 하나님을 부르짖으며 흘린 눈물은 이집트의 노역 중에서 나오게 된 것입니다. 실로 눈물은 인생의 시금석(試金石)이올시다.

제 이는 눈물만큼 동정 있는 사람이 되게 하는 것이 없습니다. 영국의 대설교가 바카(패커) 박사는 동정을 얻음에는 눈물을 많이 흘리는 자에게 가지 아니치 못하리라 하였습니다. 아직 고생을 맛보지 못한 사람을 위하여 하나님을 위하야 기쁘게 맛보셨습니다. 그리스도께서 나사로를 위하여 흘린 눈물은 대표적이올시다. 예수께서는 세상에 고(苦)라는 고생을 사람을 위하여 기쁘게 맛보셨습니다. 그리스도를 동정의 사람이라 하면 그리스도는 저절로 고생의 맛을 아신 것이 될 것이외다.

제 삼은 눈물은 인생을 하나님과 교통케 하는 대사명을 가졌습니다. 사람이 자기가 생각한 대로 성공하고 싶었지만, 그렇게만 된다면 그때가 곧 하나님과 멀어지는 때이올시다. 말함보다 증거올시다. 재산이 많은 부자라든지 정치가와 같이 세상일에 마음을 온통 빼앗긴 이런 사람들 중에는 종교가가 적습니다. 그러나 사람의 생애에 비상한 고통이 올 때에 반드시 땅을 내려다보는 것보다 하늘을 쳐다보는 것과 같습니다. 따라서 인생의 운명을 맡으신 하나님을 공경할 것이 옳습니다. 그렇지 아니하면 그 하나님의 보호하심을 받지 못할 것이올시다. 눈물만큼 하나님께 사람으로 하여금 의지하게 하는 것은 없을 줄 생각합니다. 부귀영화(富貴榮華) 누리며 사는 아내가 자기 남편의 방탕한 생활을 슬프게 여겨서 비단옷을 입는 것보다 남루한 옷을 입을지라도 그 남편을 하나님에게 가깝게 하고자 원하는 것은 그 아내의 사랑이올시다. 신체는 건강하되 방탕(放蕩)하게 세상을 보내는 남편을 보는 것 보다는 차라리 병석에 누웠더라도 하나님을 의지하는 지아비를 보기 원할 것은 아내의 정입니다.

아무리 힘들게 밀려드는 눈물일지라도 위에 말씀한 것과 같이 눈물에는 큰 사명이 있는 줄 생각합니다.

병석에서도 위안이 있네
나를 대신해 피를 흘리신
구주의 은혜를 생각하면
고통에 쌓여도 잊지 못해

자료 2 한국교회 처음 사람들

[한국교회 처음 사람들] 16강
이름을 바꾸고 1백 데나리온 빚진 자를 탕감해 준 종순일 –이덕주 교수

자료 3 종순일 목사의 미담

대한그리스도인 회보

THE KOREAN CHRISTIAN ADVOCATE.

H. G. APPENZELLER, - Editor.

WEDNESDAY, June 6, 1900.

강화신식

팔일관등

위 기사는 1900년 6월 6일 수요일 대한 그리스도인 회보에 실린 종순일 목사의 미담이다.

> 양력 사월분에 강화 홍의 교우 종순일 씨가 자기 죄를 하나님께서 용서하여 주심을 깨닫고 무한 감사하며, 또 성경 말씀을 생각하고 스스로 말하되 하나님께서 나의 천만 냥 빚을 탕감하여 주셨으니, 나도 남이 내게 빚진 것을 탕감하여 주리라 하고, 빚진 사람들을 모두 청하여 놓고 성경 말씀으로 연설하여 전도한 후에, 빚 준 문서를 그 사람들 앞에서 즉시 불을 놓으니, 탕감하여 줌을 입은 사람들이 크게 감복하여 영화를 하나님께 찬송하고 서로 말하되 세상 사람은 밖에 없는 빚도 있다하여 그의 재물을 취하는 자 있거늘 예수교를 믿는 사람은 자기 돈까지 버려 남을 도우니 참 거룩한 일이다 하였더라.

종순일 목사의 차남 故 종명준 성도, 자부 故 반정순 권사(인천창영감리교회)의 자녀들

▲ 고택원 목사(큰손녀사위), 종광순 사모(큰손녀)

▲ 고택원 목사
현, 미주새한장로교회 담임(1989~)
미국 필라델피아 지역 /
KAPC(미주한인예수교장로회) 소속, 총회장 역임

▲ 왼쪽부터
둘째 손녀사위, 둘째 손녀 | 김용숙 장로, 종광복 권사_인천도화감리교회
셋째 손녀사위, 셋째 손녀 | 황인일 장로, 종광임 권사_인천창영감리교회
넷째 손녀사위, 넷째 손녀 | 박문섭 집사, 종광애 권사_인천도화감리교회
다섯째 손녀사위, 다섯째 손녀 | 황성연 집사, 종지선 권사_군포혜림감리교회
여섯째 손녀사위, 여섯째 손녀 | 김도원 집사, 종광희 집사_인천창영감리교회

약 력

1876년 인천 강화군 서도면 주문도에서 출생.
1896년 박능일, 권신일과 함께 홍의교회 설립.
1899년 피뫼교회와 달오지교회 개척 설립.
1900년 서울 달성예배당(상동교회)에서 개최하는 신학회 참석, 연수교육 수료.
강화구역 길상을 중심으로 강화 남부와 주문, 볼음, 아차, 삼산 등과.
영흥, 덕적, 영종 등 개척 선교에 헌신함.
1917년 감리교단에서 목사 안수 받음.
1917년 강화 주문도 진촌교회(현 서도중앙교회) 부임.
1926년 목회 은퇴.
1950년 74세 일기로 소천.

종광희 집사

인천창영감리교회
감리교 신학대학 기독교교육 전공
가톨릭대학교 교육대학원 독서교육 전공
현, 한우리 독서 코칭센터 운영
독서교육 콘텐츠 개발 및 독서 프로그램 운영
'리딩웰 진로독서연구회'전문 강사.
독서 리더십 양성교육 및 초 · 중등 독서교육 전문 강사.

허간 목사는 1923년에 16기로 평양 신학교를 졸업하고 황해도 여러 지역에서 목회하다가 남북 분단 이후 1947년에 고향 백령도로 돌아와 중화동교회 담임목사로 부임하였다. 85세가 되던 1969년까지 23년 동안 중화동교회에서 목회하며 백령도 일대에 여러 교회를 개척하였다. 백령도가 한국 기독교의 섬으로 지정될 수 있었던 밑바닥에 고향 교회를 지키려고 애썼던 허간 목사의 노고가 깔려 있다고 할 수 있다.

백령도를 한국 기독교의 섬으로 터 닦은 허간 목사

허경진 박사_연세대학교 교수

1. 머리말

대한예수교장로회(합동) 제104회 총회(2020)에서 백령도를 "한국 기독교의 섬"으로, 중화동교회를 한국기독교역사사적지 제15호로 지정하였다. 허간(許侃,1885~1972) 목사는 1896년에 백령도에 기독교를 받아들여 중화동교회를 설립한 허득(許得) 공의 장손이자, 1900년에 언더우드 선교사에게 세례를 받은 중화동교회 첫 번째 세례교인, 첫 번째 집사, 첫 번째 장로이기도 하다.

허간 목사는 1923년에 16기로 평양신학교를 졸업하고 황해도 여러 지역에서 목회하다가 남북 분단 이후 1947년에 고향 백령도로 돌아와 중화동교회 담임목사로 부임하였다. 85세가 되던 1969년까지 23년 동안 중화동교회에서 목회하며 백령도 일대에 여러 교회를 개척하였다. 백령도가 한국 기독교의 섬으로 지정될 수 있었던 밑바닥에 고향 교회를 지키려고 애썼던 허간 목사의 노고가 깔려 있다고 할 수 있다.

2. 사역

1. 조부 허득 공이 소래교회에 사람을 보내어 중화동교회를 세우다

백령도가 「심청전」의 배경이라는 것만 보아도 알 수 있듯이, 항상 배를 타고 살았던 백령도 주민들은 미신숭배가 심하였다. 심청이 몸을 던졌다는 장산곶 앞 바다 당사못이 백령도 용기포(용틀바위) 굴에서 마주 바라다 보이는 위치에 있다. 심청이 연꽃을 타고 떠올랐다고 전하는데, 장사꾼들이 떠날 때, 돌아올 때, 반드시 들린 곳이 백령도다. 흔히 중화동이라고 부르지만, 허간 목사와 허응숙 목사 사촌 형제가 태어나고 자라난 호적상의 본적이 바로 연화리(蓮花里)이다.

백령도는 서해 끝에 있는 섬이므로, 외국 배를 들어오지 못하게 했던 쇄국시대에도 선교사들이 비교적 안전하게 접근할 수 있었다. 귀츨라프 선교사가 백령도 건너편 장연에 정박하기 전인 1816년에 이미 영국 군함 리라호 함장 맥스웰(M. Maxwell)과 바실 홀(B. Hall)이 백령도 근방인 대청도에 와서 성경을 전달하고 갔으며, 1865년에는 토마스 선교사가 백령도에 정박하여 주민들에게 한문 성경을 나눠 주었다. 그러나 백령도에 교회가 시작된 것은 선교사의 선교에 의해서가 아니라, 백령도 유지 허득 공의 자발적인 요청에 의해서였다.

좌의정을 지낸 문정공(文正公) 허침(許琛)의 후손 가운데 한 파가 황해도 허정(許井)에 정착하였으며, 그 가운데 허종(許鍾, 1752~1816)이 백령도(白翎島) 첨사(僉使) 이씨(李氏)의 책실(冊室)로 백령도에 들어가면서, 황해도 허씨에서 백령도 허씨가 나누어졌다. 허종의 증손자 허득(許得)이 백령도 일대에 기독교를 전하였다.

허간 목사의 조부 허득(許得, 1827~1913) 공은 한학도 많이 공부하고, 서울에 자주 오가며 견문을 넓혔다. 백령도가 국경 요새인 점을 감안하여 군함 제조, 군인 양성, 군마 사육 등 국방사업에 협조하여 정부에서 통정대부(정3품)에 임명받고 동지(同知) 직함을 받았다. 백령도에 부임하는 첨사들은 모두 허동지(許同知)를 찾아 자문을 구하고 지도를 받았다.

1894년 전라도 고부에서 시작된 농민 봉기가 전국적으로 번지자, 백령진 첨사의 자문을 맡던 허득 공도 장연군 관아로 가서 관군과 협력하였다. 동학군에 쫓긴 백성들이 소래교회로 피신하자, 동학군이 소래교회 쪽으로 접근하였다. 동학(東學)이라는 이름 자체가 기독교의 서학(西學)에 대항한 것이었으므로 같은 편은 아니었지만, 소래교회에 시무하던 맥켄지 선교사가 총(銃)을 내려놓고 호의적인 반응을 보이자, 동학군도 해를 끼치지 않고 물러났다.

맥켄지 선교사는 참형 직전의 동학의 접주(接主)를 구하여 그 집안을 기독교 가정으로 개종시키기도 하였다.[1] 허득 공은 몇 년 뒤에 바다 건너 소래교회에 사람을 보내어서 백령도에 교회를 세워달라고 청하였다.

허득 공의 교회 설립은 갑신정변(1884년) 이전에 서울에 오가며 개화파 인사들과 교유할 때에 알게 되었던 충남 공주 출신의 진사(進士) 김성진(金聲振)이 백령도로 유배 온 사건에서 시작된다. 김성진은 정부를 전복시키고 요인들을 암살하여 개화파 정부를 세우려다가 실패하고 백령도로 유배되어 왔다. 주모자 5명 가운데 송진용과 홍현철은 교수형에 처하고 황학성과 김성진은 유배형에 처한 사실이 『고종실록』 34년(1897) 7월 16일 기사에 실려 있다.

서울에서 진사로 활동하던 지식인 친구를 만난 허득은 김성진을 훈장으로 모시고 중화동에 서당을 차렸다. 허득 공의 손자인 허간 목사와 허응숙 목사가 이 서당에서 김성진에게 한문을 배웠다. 그런데 김성진이 성경과 찬미가 책을 가지고 와서 허득과 도민들에게 복음을 전하기 시작했다. 김성진은 원래 기독교인이 아니었는데, 언더우드 선교사의 증언에 의하면 김성진의 기독교인 사위가 장인의 짐 보따리에 성경과 찬미가 책을 넣어주었다고 한다. 김성진은 소일거리 삼아 성경책을 읽어보고 허득과 토론하다가 둘 다 기독교인이 되었다.

허간 목사는 붓으로 『중화동교회 약사』를 기록하면서, 13세 때에 보고 들었던 기억을 이렇게 기록하였다.

> 기울러저가ᄂᆞᆫ 정부와 政治(정치)을 바로 잡으려고 상서와 충언을 하다가 간신도배들의게 애매히 잡혀셔 혹 사형 고문 당하다가 配所(배소)로 此島(이 섬)에 와셔 류하ᄂᆞᆫ 지사 4, 5분이 잇션ᄂᆞᆫ데, 其中(그 중) 충청도 공주에 거주하시던 지사이시던 金成振(김성진 진사)라ᄂᆞᆫ 선생이 본

1) 장연군중앙군민회, 『장연군지』 종교편, 장연군중앙군민회, 1995, 256쪽.

동 허득(동지)씨 댁에 와셔 류하며 청소년들의게 한문을 訓學(훈학)하시면셔 허득씨 노인과 상의하기를, “내가 서울셔 新約(신약 순한문)이라난 책을 사 가지고 왓ᄂᆞᆫ데 四書(사서)와 三經(삼경)과 대조해보니 전부 내용이 셩경이 이 책들의 근본이 되ᄂᆞᆫ 것 갓소이다. 故(고)로 예수교를 밋어야 현재와 장래에 유망 유효하겟스니 예수을 밋게해 봅셰다.” 한즉 허득씨도 智士(지사)라, 밋기로 두 분이 결졍을 하고, 一八九六年(1896년)[2] 六月頃(6월경)에 洞中人(동중인) 등을 회집한 후에 예수를 밋어야 될 이유를 설명하니, 모힌 인사들이 다 可(가)하다고 결정하고 서울노 사람을 보내셔 예수 밋ᄂᆞᆫ 선생도 청해 오고 예수교 책도 사오게 하기 위하여 洞中(동중) 청년 중 김달삼 군을 택정한 후 1896년 7월 초순에 여비를 모아 주며 보내려 할 ᄶᅵ에 엇던 분의 말이 “장연 대곶면(현금 대구면) 소래에도 서양인이 와셔 예수교을 젼하더라”고 하니, “그러면 소래로 가셔 알아보고 사실리면 그곳에셔 젼도인과 책을 사 가지고 오게 하되, 만일 그럿치 못하면 셔울노 가라”고 하면서 장연 소래로 길달삼 군을 보냇다.[3]

2) 처음에 六자로 썼다가 나중에 七자로 고쳤으며, 언젠가 다시 六자로 고쳤다. 허간 목사도 어린 시절의 기억이 확실치 않았던 듯한데, 김성진 진사가 백령도에 1897년에 유배되었으니 七자가 맞다. 그렇다면 중화동교회 설립연도도 1897년이 맞는 셈이다. 이 글에서는 일단 『백령 중화동교회 백년사』(중화동교회 1996) 「연혁」을 존중하여 1896년을 설립연도로 쓴다.

3) 허간 목사가 『중화동교회 약사』를 쓴 시기가 밝혀져 있지 않지만, “왓ᄂᆞᆫ 데” 식으로 쌍시옷을 쓰지 않거나 아래아자를 전체 문장에서 쓴 것을 보면 아주 오래 전의 기록임을 짐작할 수 있다. 1917년에 허간 목사가 태탄교회에 청빙받아 백령도를 떠나던 시기까지는 중화동교회가 허간 목사 중심으로 백령도에 여러 교회를 설립하는 과정이 자세히 기록되었지만, 그 이후는 중화동교회 역사 중심으로 간략하게 기록되다가, 1928년 허인장로 장립식에서 마무리되었다. 이 시기에 전체를 기록했을 수도 있고, 허간 목사가 1947년에 중화동교회로 돌아와 당회장이 되면서 초기 역사를 기록했을 수도 있지만, 맞춤법을 보면 1928년에 기록했을 가능성이 더 크다.

▲ 허간 목사가 설립 과정을 붓으로 기록한 『중화동교회 약사』_19세기 맞춤법으로 썼다.

한학을 하던 허득 공이 하루아침에 조상 제사를 폐지하고 예수를 믿기로 한 사연을 확실히 알 수는 없지만, 그 이유는 두세 가지로 짐작할 수 있다. 지금까지 읽고 생활신조로 삼았던 사서 삼경과 성경이 근본적으로 통한다는 점, 동학군에 맞서서 정부군을 도와 활동하는 가운데 기울어져 가는 정부 대신에 기독교가 장래에 유망 유효하리라고 믿은 점, 섬에만 갇혀 있지 않고 서울에 드나들며 새로운 세상을 확인했던 점 등이다.

허득 공은 백령도에서 존경받던 유지였기에, 중화동 마을 주민들을 모아서 "예수를 믿어야 할 이유"를 설명하자 모두들 찬성하였다. 허득 공의 맏아들이자 허간 목사의 부친인 허근(許根)이 백령도의 좌수(座首) 풍헌(風憲) 직을 맡아 마을 행정 지도층이었으므로 여론이 쉽게 모아진 것이다.

김성진 진사는 서울에만 선교사와 성경이 있다고 생각하여 청년 대표를 뽑아 보내려 하였지만, 허득 공으로부터 바다 건너편 장연 소래에도 선교사가 와서 교회가 세워졌다는 말을 듣고 김달삼 청년을 소래교회로 보냈다. 여비와 책값까지 모아서 보냈다고 하였으니, 선교사나 전도인의 전도를 받지 않고 주민들이 비용까지 걷어서 자발적으로 예수를 받아들여 교회를 설립한 것이다. 이 이야기는 언더우드 선교사가 미국 잡지에 쓴 글에도 자세하게 실려 있다.[4)]

2. 언더우드 선교사에게 16세에 세례를 받고 교회 유사가 되다

소래교회에서 서경조 장로와 홍종옥 집사와 오씨 교인이 김달삼 군과 함께 와서 전도하자 중화동 주민들이 다 믿기로 결심하고, 한문을 가르치며 유교를 보급하던 서당을 교회당으로 삼아 1896년 8월 25일에 창립예배를 드렸다. 이날부터 소래교회에서 온 전도인 3명이 밤낮 전도하고 주민들과 토론하면서 교인이 늘어났다.

중화동에는 음력 9월 9일마다 해신(海神)에게 제사를 지냈으므로, 이 해에도 술을 빚고 소를 잡으려고 사 놓았는데, 이 제사가 신앙에 적합한

4) 이만열 · 옥성득 편역, 『언더우드 자료집 Ⅲ』, 연세대학교출판부, 2007, 182-184쪽.

지 서경조 장로에게 물어보았다. 서장로가 "이왕 담은 술은 걸러서 마을 사람들이 마지막으로 마시고, 소는 내가 사겠다."고 하였다. 해신에게 제사를 지내지 않고 하나님께 예배를 드리며 9월 9일이 지난 뒤에 전도인들은 고향으로 돌아가고, 교역자가 없는 중화동교화 예배를 70세가 넘고 성경 지식도 거의 없는 허득 공과 김성진 진사가 인도하였다.

이듬해 8월 20일에 남자 3명, 여자 2명이 김경문씨 배를 빌려 평안남도 진남포에 가서 면화를 사 오다가, 황해도 풍천 진강포 앞에서 풍랑을 만나 배가 부서지고 중화동 주민 5명이 모두 익사하였다. 9월 그믐께 진강포 주민이 일부러 찾아와서 해난사고 소식을 알려주어, 시험에 든 많은 주민들이 교회를 떠나 신당으로 가서 해신에게 제사하였다. 결국 교회에는 허득, 허근(허득 장남, 허간 목사의 부친), 최영우, 김흥보, 허권(허득 4남, 허응숙 목사의 부친) 등 다섯 가족만 남아 마을 주민들의 핍박을 견뎌가며 예배를 드렸다. 이 와중에 성전을 지어 교인 사이에 결집력이 강해졌다.

> 이상 오가족만 변치 아니하고 그 핍박과 골란 중에 밋고 나아오니 교회는 매유 미약하게 되었다. 연고로 五家 식구들니 근근히 서당방에셔 예배를 보며 지내던니 1897년에 김성진선생은 유배기한이 다 되어 자기 고향으로 도라가시고, 허노인의 인도로 겨우 지내면셔 송천예배당을 짓고 남은 餘材(여재)가 잇다는 말을 듯고 그 재목을 갓다가 1899년(기해) 8월에 현재 대지에 초가 6간을 건축하난데 5인의 가구 합 30여명이 성력으로 건립하다. 신 예배당을 건입하니, 교인의 깃붐은 비할 데가 업셨다. …
>
> 그러나 인도인이 업서 골난 중에 허득씨 혼자셔 인도하난 중에 지내가 1900년 9월에 한국에 초차로 나온 선교사로 경성 와 거류하는 元杜尤(언더우드) 목사씨셔 자기 부인과 장자 漢京(한경) 군을 다리고 내림하여 허득씨 댁에셔 처음으로 세례 及(및) 학습문답을 하난데, 초차 세례

받은 人은 허득, 허근, 최영우, 허륜, 허간, 허권, 김홍보 이상 7명이 교인이 되엿다. 이로부터 지교회가 성립되다. 임시로 직원을 션명하니 인도인의 허득씨, 유사에 최영우, 허륜, 허간이더라.

우상 숭배를 거부하였다가 해난사고로 핍박당하던 다섯 가정이 백령도 최초 세례교인이 되고 유사가 되어 교회 형태를 갖추게 되었다. 허간 목사는 이때 15세 소년으로 세례를 받았다. 허간 목사는 할아버지 집에서 언더우드 선교사에게 세례를 받았다고 간단히 기록했는데, 언더우드 부인은 좀 더 자세하게 기록하였다.

우리는 언덕 위에 세워진 작은 교회(중화동교회)를 방문했다. 그곳에는 몇 명의 신도들이 세례를 위한 시험과 세례식을 기다리고 있었다. 그들은 아주 무지했지만, 무척이나 가르침 받기를 열망하고 있었다. 소래에서 나와 함께 있던 김씨 부인과 나는 그 여인들을 가르치느라고 매우 바쁘게 지냈다. 조선의 여느 여인들과 마찬가지로 그들은 특히 찬송가를 즐겨 불렀으며, 찬송가를 무척 배우고 싶어 했다. 가사는 비교적 배우기가 쉬웠지만 곡조는 그렇지 않았다. 우리는 그들이 찬송가를 배움에 따라서 우선 신성한 진리를 알게 되며, 그것을 다른 사람에게 공표할 수 있다는 점에서 찬송가를 배우는 데 좋은 점이 있다고 생각했다.
우리는 조류를 따라가기 위해서 다음날 아침 일찍 떠나야 했기에, 전날 밤 그 작은 교회에서 작별예배를 가졌다. 예배가 끝나고 인사말을 한 후 나는 짐을 싸기 위해 작은 방으로 갔다. 언더우드씨는 어느 기독교인 가정을 방문해서 지도자들과 상담하고 마지막 조언을 했다. 약 10시쯤에 김씨 부인이 한 여인을 데리고 내 방으로 와서 아주 겸손하게도 나에게 "늦은 시각이긴 하지만 한 가정을 방문해서 마지막으로 조금 더 가르쳐 주지 않겠느냐"고 하면서 가련하게 말했다. "우리는 너무나도 무지하지만 우리를 가르치고 인도해 줄 사람이 없습니다." 물론 나는 흔쾌히 그들을 따라갔으며, 그들은 나를 한 농부의 오두막집으로 안내했다.

그 집은 그 동네에서도 가장 가난하고도 가장 초라한 집이었으며 방 한 쪽 구석에는 일꾼이 누워 잠들어 있었고, 다른 한 쪽에는 방에서 유일한 빛인 등잔이 받침접시 안에서 희미하고 가느다랗게 타고 있었다.

우리가 등잔 밑에 앉자 가난하고 고된 일을 하는 여인들이 우리 둘레 가까이 다가앉았다. 그들의 얼굴과 손은 온통 걱정과 고통, 험난한 생활과 기쁨이 없는 삶을 나타내주는 표지였다. 그러나 그들은 자신들을 변화시키는 영광스런 희망으로 기뻐했으며, 이런 믿음은 지식을 알고자 하는 많은 조선의 여인들이 가지고 있는 나무 같은 딱딱하고 완고한 모습을 내던졌다.

우리가 주님과 그의 가르침을 이야기하고 찬송가를 되풀이하고 있었을 때, 문밖에서 기침 소리가 들렸다. 거기에는 여러 명의 '남자 형제들'이 춥고 얼어붙을 듯한 11월의 찬 공기 속에 서서 우리의 이야기를 듣고 있었다. 일반적인 조선의 관습과 편견에도 불구하고 어느 여인이 그들에게 들어오라고 청했다. 나도 물론 남자들을 가르쳐 보지 않았을 뿐만 아니라, 가능하면 남자들 눈에 띄지 않도록 해 왔다. 그러나 이 경우에는 달리 방법이 없었으므로, 그들은 들어와서 합류할 수밖에 없었다. 열심히 듣는 검은 얼굴들, 진지하게 귀를 기울이고 있는 모든 사람들, 신성한 진리를 더 많이 알고자 열망하고 의에 목마르고 굶주린 사람들의 모습은 내가 결코 잊을 수 없는 광경 중에 하나였다. 그리고 작고 어둡고 초라한 방, 모두들 비추며 타오르는 단 하나의 등잔불, 그 등잔불처럼 보잘 것 없고 연약한 것이 바로 나였으며 나에게는 그 모든 것이 신의 빛으로 보였다. '내 양을 먹이라' 이것이 그 분의 마지막 명령이었지만, 아직도 많은 사람들이 오두막과 작은 마을에서 보잘 것 없고 배고픈 작은 양들이 굶주리고 있었다.[5)]

이듬해부터 허간 목사를 비롯한 청장년 교인들이 이웃 마을에 전도를 시작하면서 백령도가 한국기독교의 섬으로 태동하기 시작하였다.

5) L. H. 언더우드 지음, 신복룡 최수근 역주, 『상투의 나라』, 집문당, 1999, 281-283쪽.

3. 이웃 마을에도 교회를 개척하고 학교를 설립하다

사곶에 많이 살던 김씨들이 중화동교회에 찾아와 예수를 믿기 시작했는데, 비바람이 불건 눈보라가 치건 점심을 싸 가지고 30리 길을 걸어서 주일예배에 참석하였다. 1901년 가을에 장연송화시찰회에서 서의동교회 한정일선생을 전도인으로 파송하여 본교회와 사곶, 가을리 교인들을 지도하고, 장촌, 진촌, 화동 등의 마을에도 전도하여 교인이 크게 늘어났다. 화동에서는 최씨 친척들이 중화동교회를 찾아왔다.

1904년에 허간, 허륜(許倫) 등의 청년들이 진촌(鎭村) 잿등에서 대중집회를 하여 여러 사람이 믿기로 하였으나 워낙 거리가 멀어서, 우선 이윤범, 장성록 두 사람이 매주일 중화동교회에 가서 예배를 드리고 다른 사람들은 저녁에 이윤범 성도의 집에 모여서 예배를 드렸다. 아마도 그날들은 설교 내용을 전달했을 것이다.

1905년에 사곶에서 오는 교인들이 늘어나 사곶교회를 분립하고, 진촌 교인들도 그 교회에 다니게 하였다. 10월에 당회장 샤프(Sharp, 史佑業) 선교사가 중화동교회를 방문하여, 최영우, 허륜, 허간 3인을 제1대 집사로 선임하였다.

1908년에 허간과 허륜 두 사촌 형제가 사곶교회와 협의하여 신학문 가르칠 학교를 설립하기로 결정하고, 장연군 이인규 군수에게 학교 설립 진정서와 설립 신청서를 제출하여, 백령해서제일학교 인가를 받았다. 이들 형제가 소래교회 해서제일학교에 가서 배웠던 신학문을 섬 안의 청소년들에게 전하게 된 것이다. 중화동예배당 동편의 방 두 개에서 허인 교장과 허간 교사가 가르쳤는데, 10세에서 24세까지 35명이 모여들었다. 그러나 1910년에 국권을 강탈당한 뒤로는 일본 경찰의 간섭이 심해지고 학교 경영도 어려워져서, 1911년 봄에 문을 닫았다.

허간 목사가 소래교회에서 설립한 해서제일학교와 재령성경학교를 졸업하고 전도인의 자격을 얻게 되자, 황해노회 장연송화시찰에서 허간 목사를 조사(助事 전도사)로 중화동교회에 파견하였다. 중화동교회에는 이미 사촌 형 허윤이 1912년에 제1대 영수(領袖)로 취임하고, 어머니(이근신)와 작은어머니(백권신, 허응숙 목사의 모친)이 1914년에 제1대 권찰로 선임되어 교회 형태를 갖추었으므로, 본 교회 출신이 조사로 부임하자 빨리 부흥하였다. 허간 목사는 사곶교회를 겸임 시무하면서, 거리가 떨어진 진촌, 화동, 가을리, 연지동의 처소회도 방문하며 예배를 인도하였다.

1917년 봄에 당회장인 샤프 선교사가 중화동교회에 와서 공동의회를 열고 장로 투표를 하여 허간 목사가 피선되었다. 10월에 황해노회 시취를 거쳐, 31세에 중화동교회 초대 장로로 장립받았다. 최영우 집사를 영수로 선임하여, 처음으로 당회가 조직되었다. 화동 처소회도 초가 6간으로 예배당을 지어 백령도가 한국 기독교의 섬으로 자리 잡았다. 그러나 장연송화시찰회에서 장연군 태탄교회를 보존하기 위해 목회자로 파견하였으므로, 허간 목사가 중화동교회를 떠나 황해도 목회를 시작하게 되었다.

4. 조선 총독 데라우치에게 소송하여 국유화된 백령도 땅을 되찾다

백령도는 세종 16년(1434)에 사람이 들어와서 토지를 개간하며 자기 소유 토지에서 농사지어 먹고 살아왔으나, 중국과 국경지대라 정부에서 수군(水軍) 요지로 정하고, 수군 상비병 90명과 도민 가운데 남자 청년들을 수군으로 있게 하였다. 목장을 설치하여 군마(軍馬)도 100여 필이나 길러서, 많은 부분은 역둔토(驛屯土), 즉 국유화 토지였다. 지세(地稅)와 소작료(小作料)를 납부하며 사용했던 것이다.

조선시대 장연에는 백령도 한 곳에 목장이 있었고, 가까운 섬 초도에는 풍천 소속의 목장이 있었는데, 백령도 목장이 이 지역에서 가장 컸다. 전국의 목장을 관리하던 사복시(司僕寺)에서 제작한 『목장지도』에 백령도 목장 그림과 설명이 있다.

▲ 목장지도. 장연부 목장 한 곳. 백령도 : 동서 30리. 남북 10리. 둘레 100리. 말(암수 합하여) 46필. 소 암수 합하여) 194마리. 목자(牧子) 78명.

역둔토를 개인 소유로 인정했기에 토지를 자유로 사고팔며 살았는데, 일본이 강제로 합병한 후에는 조선총독부가 설립한 동양척식회사에서 자유 매매를 엄금하였다. 1910년 10월부터 소작증을 각자에게 배부하더니, 지금까지 내던 지세와 소작료 합한 것의 6배 이상을 내게 하였다. 도민들은 조국이 일본에 합병된 것만으로도 분개하던 중이라, 민심이 폭발하여 겨울부터 백령도 땅 전부를 민유지로 찾으려는 움직임이 일어났다.

이 막중한 대사를 26세 청년 허간이 담당하였다. 전 도민이 "중화동교회의 허간(許侃)이 아니면 할 만한 분이 없다"고 강권하였으니, 도민 총의의 부탁이었다. 허간 목사 자신도 의분에 떨쳐 일어나, "이 일은 개인의 이익이 목적이 아니라 백령도 전 도민의 사활이 걸린 문제인 만큼 내가 책임지겠다"라고 헌신하였다. 중화동교회가 사회문제에 나선 것이다.

국유지(國有地)가 된 섬 안의 토지를 민유지(民有地)로 전환하려면, 조선 총독 데라우치(寺內正毅)를 고발하여 재판에서 이겨야만 했다. 허간 목사가 1911년 3월에 정식으로 전 도민(島民)들을 집합시켰다. "허간을 이 소송(訴訟)의 대표자로 위임하며, 재판 비용은 각 토지 소유자가 책임진다"라는 계약서에 도민 500여 명이 서명 날인해서 허간 목사에게 위임하였다.

허간 목사는 그해 4월 초에 우선 장연 군수에 진정서를 제출한 뒤에, 황해도지사와 조선 총독 데라우치(寺內正毅)에게까지 진정서를 제출하며 활동을 개시하였다. 국권(國權)과 함께 상실(喪失)된 백령도의 땅을 원래 상태의 민유지로 돌이키기까지 2~3년이면 되리라고 예상하였다.

그러나 재판이 뜻대로 되지 않아, 5년이 넘게 흘렀다. 허간 목사는 그 사건에 몰두하여 장연읍과 황해도청, 그리고 서울까지 수십 차 왕래했는데, 유력한 지사들이 5~6명씩 동행하여 왕래하기도 했지만, 혼자 다닐 때가 더 많았다.

진정서나 탄원서, 자술서(自述書) 등을 관계 관청에 제출한 것이 무려

28차이며, 직접 총독(總督)이나 도지사(道知事) 및 도청(道廳) 직원(直員)에게 찾아가서 면담을 신청하여 담판한 때도 많았다. 이렇게 노심초사로 도민을 위하여 희생적으로 활동한 결과, 1915년 10월에 조선 제2대 총독 하세가와(長谷川好道)의 명의로 명령장(命令狀)이 내려왔다.

"백령도 토지에 대하여 신(新) 목장지역(牧場地域)과 구(舊) 관사지대(官舍地帶) 외에는 전부 도민 총대표 허간의 진정서와 탄원서에 의하여 민유지(民有地)로 허락하며, 각 자작인(自作人)이 소지한 대로 소유지(所有地)로 등기(登記)하라."

허간을 비롯한 백령도 주민들은 기쁨으로 이 서류를 받았다. 이 사건에 5년이 걸렸고, 비용도 그 당시 돈으로 7000여 원을 들였다. 민유지로 바뀐 토지는 논과 밭 합하여 14,000여 마지기이다. (밭은 1마지기에 400평, 논은 120평.) 이 넓은 토지를 도민 각자에게 분배하였다. 국유화된 토지를 도민들에게 돌려주면서, 미신 때문에 교회를 떠났던 일부 교인들도 하나님의 역사를 보고 다시 중화동교회로 돌아왔다.

5. 전광석화 같은 웅변으로 청년들을 설득하다

당시의 많은 목회자들이 그러했던 것처럼, 허간 목사도 웅변술이 뛰어났다. 그가 이야기를 하면 많은 사람들이 설득되었다. 하세가와 총독을 상대로 백령도 토지를 반환해 달라고 소송할 때에도 웅변술로 백령도 주민들의 생각을 설득하여 대부분의 주민들이 소송에 참여하게 만들고, 장연 군수와 황해도지사, 조선 총독 등도 결국은 그에게 설득당하여 땅을 돌려주었다.

이후에도 가는 곳마다 주민들을 설득하는 데에는 일등이었다. 그랬기에 중화동교회 조사로 부임한 그를 황해노회 장연송화시찰회에서 불러들여 1917년에 교회 분규가 일어난 장연군 태탄교회 조사로 파견했던 것이다.

이 시절 그의 웅변 솜씨가 1920년 9월 14일 자 『동아일보』에 실려 있다. 이날 신문에는 「기독청년회 창립회」라는 제목으로 여러 지방의 활동을 소개하였는데, 「장흥구락부(長興俱樂部) 강연」이라는 제목의 기사에 허간 목사의 웅변 활동이 실린 것이다.

> 본월 1일 송화군 장흥구락부 주최로 당지(當地) 한술극씨(韓術極氏) 가(家)에서 강연회를 개(開)한 바, 연사(演士) 허간(許侃)씨는 「장흥구락부 요구」라는 문제로, 류원봉(柳遠鳳)씨는 「장흥구락(長興俱樂)」이라는 문제 하에 전광(電光)의 설(舌)로 파도(波濤)의 변(辯)을 주(注)하야 음애한곡(陰崖寒谷)의 몽매한 이목을 경동(驚動)케 하야 박장(拍掌) 갈채성(喝采聲)은 당내(堂內)을 진동하얏고, 당일 찬조금이 사백여원에 달하얏스며, 입회원이 백여 명에 달한 성황(城隍)을 정(呈)하얏다더라 (松禾)

구락부(俱樂部)는 클럽(Club)의 일본식 발음을 한자로 표기한 것인데, 1920년대에는 친일파, 기독교, 독립지사, 유학생, 사회주의, 유년 단체들이 다양한 구락부를 조직하여, 전국 각지에서 구락부가 유행하였다. 평양신학교 교수였던 킨슬러 선교사가 조직한 성경 구락부는 1929년에 시작되었으니, 송화군의 장흥구락부는 자발적인 기독교인들의 구락부인 셈이다.

1920년 9월 1일 송화군에서 모였던 장흥구락부는 지명을 딴 이름이 아니어서 강연 장소를 알 수 없다. 교회 소속도 아니어서 개인 집에서 모인 듯하며, 강연 제목도 기독교와 관련이 있다고는 말하기 힘들다. 그러나 「장흥구락부 요구」라는 제목을 보면 장흥구락부가 앞으로 어떤 일을 해야 할 것인지, 부원 대표로 비전을 제시한 것만은 분명하다.

"전광(電光)의 설(舌)로 파도(波濤)의 변(辯)을 주(注) 하야"라는 표현을 쉽게 풀어쓰면 "번개같이 빠른 혀로 물 쏟아지듯 그침 없이 연설하였다."라는 뜻이다. 박수갈채를 받으며 신입회원이 백여명 늘어났고 찬조금도 400여 원이나 들어왔다고 하였다. 2년 전에 교인 몇이 안식교(安息敎)로 분립해 나가면서 소란이 많았던 교회를 1년 4개월 만에 예배당이 비좁아져 기와집 20칸으로 증축한 것은 교인들이 단순한 웅변이 아닌 설교와 기도에 은혜를 받았기 때문이다.

6. 황해도 목회와 감옥에서 맞이한 팔일오 조국 광복

허간 목사의 호는 백석(白石)인데, "백령도(白翎島)의 (모퉁이)돌"이라는 뜻이다. 백석, 흰 돌은 「요한계시록」 2장 17절에서 유래한 호이기도 하다. 고향 백령도를 떠나 황해도에서 목회하면서도 백령도를 잊지 않겠는 뜻이기도 한데, 일제 강점기 황해도 목회는 감옥에서 시작하여 감옥에서 끝났다.

7세 되던 1891년에 동네 서당(書堂)에서 한문을 배우기 시작하여 겨울 석 달, 혹은 이듬해 정월까지 배우기를 1898년까지 하다가, 예수를 믿으면서 "구학문은 쓸데없다"라고 하여 한학(漢學) 배우기를 그만두었다. 21세 되던 1905년에 중화동교회 초대 집사로 피임되어 교회 일을 시작했다. 장연군 대구면 송천리 소래교회에서 설립한 사립 해서제일학교 고등과에 22세 되던 1906년 9월에 입학하여 1907년 3월 말에 졸업했다. 사촌 아우 허응숙 목사보다 늦게 입학했지만, 졸업은 빨리 한 셈이다.

1916년 3월에 조선예수교장로회 평양신학교에 입학하면서 중화동교회 조사로 부임했다가, 1917년 11월에 "신학공부를 위해서 백령도 두 교회를 사면하라"라고 황해노회에서 결정하자, 시무하던 두 곳 교인들이 "사면은 절대 불가하다"라고 항의하였다. 그러나 황해노회 장연송화시찰회에서 허간 목사를 장연군 태탄, 무산, 금동, 사동, 조당 등 5개 처 교회 조사로 임명하자, 결국은 백령도 시무를 사면하였다. 장연군에 독신으로 부임하여 태탄교회 오내호 영수(領袖) 댁에서 하숙하면서, 다섯 교회를 순회 시무하였다. 태탄교회는 2년 전에 교인 몇이 안식교(安息敎)로 분립해 나가면서 소란이 많았으므로 시무하기 어려운 교회였기에, 통솔력이 있는 허간 목사를 파견한 것이었다.

1919년 3월 1일 만세시위운동으로 체포당할 위험이 닥치자 사방으로 피신하다가, 6월 28일에 부친이 별세했다는 부고를 받고 백령도로 돌아왔다. 순사(巡査)들의 감시가 심했지만, 친구 유의원이 백령면 주재소 순사로 있으면서 도와주어, 그의 묵인과 후원으로 부친 장례를 치렀다.

1919년 10월에 전 가족이 태탄으로 이사하였다. 당시 가족은 모친, 아내, 장녀 신복(18세), 장남 태원(14세), 질녀 성애(13세), 2녀 신애(9세), 3녀 신영(6세), 2남 태운(3세), 본인까지 모두 9명이었다. 이해에 태탄교회가 크게 부흥하여 교인이 증가하면서 교회당이 비좁아져, 집회가 곤란할 형편이 되었다. 1920년 3월부터 태탄교회 예배당을 기와집 20칸으로 증축하였다.

1921년 2월에 평양신학교에서 수업을 받다가, '3.1만세운동에 참여한 죄'로 형사에게 체포되어 끌려나갔다. 평양경찰서부터 심한 고문을 받았다. 장연경찰서까지 와서 각종 심문을 받으며 고생하다가, 해주재판소에서 징역 2년 반을 언도받았다. 집행유예 5년으로 가석방되어 며칠 뒤에 풀려났으나, 경관들의 감시를 견디지 못하여 태탄교회를 떠났다.

1921년 가을에 재령군 북율면 미생촌 교회로 독신 이거하여 시무하는 중, 겨울에 교회가 크게 부흥되어 300여 명 교인이 600여 명으로 늘어났다. 1922년 1월부터 목수 6명과 개축 공사를 시작하여 건평 70여 평의 기와집 예배당을 준공하였다.

1923년 5월에 제24회 황해노회가 재령서부교회에 모였을 때 목사장립을 받았다(당시 39세). 미생촌, 상거동, 강동촌 세 교회를 임시목사로 시무하였다. 1925년 6월에 재령의 세 교회 시무를 사면하고 장연의 태탄, 이도교회 위임목사로 시무하였다. 첫 목회지로 돌아온 것이다.

1929년 10월에 평양신학교 연구과에 입학하여 2년 동안 수업하였다. 1932년에 이도교회와 중편교회는 사면하고 태탄교회만 목회하였다. 1933년에 태탄교회가 부흥되어 기와집 20여 칸 예배당이 좁아지자, 벽돌로 14칸을 증축하였다. 34칸 건평 72평이었다.

1937년 12월에 황해노회장으로 취임하였다. 일본이 중일전쟁(中日戰爭)을 일으키고 신사참배(神社參拜) 강요에 총회가 굴복하는 등, 어려운 1년을 보냈다. 1939년에 태탄교회를 사면하고, 대구면 구미포, 봉태, 송탄교회 임시목사로 시무하였다.

1942년부터 한국 장로교 첫 번째 교회인 송천교회(소래교회) 당회장이 되었다. 동시에 대구면과 백령면 전 교회의 당회장이 되었다. 일제 탄압이 가장 극심하던 이 시기에 목회자가 비게 된 고향 백령도 교회들의 행정을 맡은 것이다. 1945년 7월 2일 장연경찰서에 사상범으로 예비검속되어, 또다시 철창생활을 하였다.

1945년 8월 15일에 사법주임(司法主任)이 찾아와서 말하였다.

"그간 고생이 많았소. 문배에 있는 딸네 집에 가서 조반을 잡숫고, 본댁으로 돌아가시오."

이유를 알지 못하여 물었더니, "해주 본서에서 당신을 석방하라는 지시가 왔으나, 그 이유는 우리도 모르오" 하였다. 딸네 집에 갔더니, 부인도 와 있었다. 12시에 라디오 방송을 듣다가 "일본왕이 항복 선언을 했다"고 하자, 그때에야 진상을 알았다. 10월에 소래교회로 살림을 옮기고, 공산당 치하에서 목회를 시작하였다.

7. 황남노회를 조직하고 피난 온 목회자들을 돌보다

북한 지역에 공산정권이 수립되어 목회하기가 차츰 위험해지자, 1947년 6월에 서울에 사는 작은아들 태운에게 가려고 동지 4명과 함께 목동포에서 야간에 탈출하여 옹진군 용천면 제작포에 도착했다. 이 와중에도 한국 최초의 교회인 소래교회 당회록만은 가지고 내려왔다. 곧바로 서울에 올라와, 뜻이 같은 동지들과 함께 토마스 목사의 순교기념사업으로 전도대(傳道隊)를 조직하였다. 악기(樂器)와 취사도구를 가지고 옹진으로 떠났다. 옹진(甕津)은 황해도였지만 삼팔선 이남(以南)에 있었다.

1947년 8월 20일경 전도대가 옹진군 북면에 교회를 설립하기 시작하여 백령면, 용천면, 서면, 옹진읍 연안 각지를 순회하며 전도하여 많은 교회를 설립하였다. 백령도 내 7개 교회에서 허간 목사를 지방 책임목사로 청하여, 11월부터 시무하였다. 송천에 남아 있던 아내는 몰래 떠나려다가 발각되어 가산을 몰수당하고, 3.8선을 구사일생으로 넘어왔다. 11월 20일에 백령도에 들어와 가족들과 상봉하여 함께 살았다.[6)]

황해노회 지역이 거의 북한 수중에 들어갔으므로, 허간 목사는 1948년 5월에 인천제2교회 이승길 목사를 비롯한 목사 장로 여러 사람과 뜻을 합하여 황남노회(黃南老會)를 조직하였다. 총회장을 역임한 이승길 목사는 인천지방을, 허간 목사는 옹진, 백령 양지방 교회를 통솔하였다. 제4회까지는 이승길 회장, 허간 부회장으로 체제를 구축한 뒤에 제5회는 허간 회장, 이승길 부회장, 제6회는 이승길 회장, 허간 부회장, 제7회는 허간 회장, 이승길 부회장 식으로 번갈아 노회장을 맡아 황남노회를 지역 노회로 정착시켰다. 1948년 11월에 황남노회성경학교를 설립하고, 몇 차례 교장으로 봉사하는 한편, 백령도 내 4개 교회 당회장으로 순행하며 돌보았다.

1950년 6월 25일 북한이 전쟁을 일으키고 인민군이 6월 27일 백령도에 상륙하자, 미처 피신하지 못하고 공산군에게 체포되어 1개월간 고역을 치렀다. 구사일생으로 두문패(자유롭게 오가지 못하고 감금된 생활)를 하고 귀가하여 칩거 중, 9월에 국군이 대청도에 상륙했다는 말을 듣고 9월 20일 대청도로 피난 가서 생명을 보전했다.

6) 이상, 국유화된 백령도 땅을 조선총독부로부터 되찾은 이야기와 황해도 목회 부분은 『황해도교회사』, 『한국기독교회사 총람』, 『풍천읍교회 백년사』, 『북한교회 사진명감』, 『해방전 북한교회 총람』 등의 저자 이찬영 목사와 필자가 함께 저술한 『만성 허응숙목사』(보고사, 2020)에서 인용하였다.

1950년 10월 17일 국군이 백령도에 상륙하자, 허간목사도 백령도로 돌아와 치안 총책임을 맡고 시국수습대책 위원회를 조직했다. 1.4후퇴 때에 이북의 수많은 목회자와 교인들이 백령도로 피난오자, 그들을 돌봐주었다. 1951년 2월 백령도에서 해군 서해 부대에 속한 선무대(宣撫隊) 대장으로 피임되어 일했다.

1953년 4월에 백령도 장촌과 북포리 두 마을에 교회를 세우고, 1954년 3월에는 소청도(小靑島)에 교회를 신설하였다. 이상 3개 처 교회에 당회장으로 순찰 지도하였다. 피난민들이 몰려들면서 전쟁고아들이 많아지자, 1957년 1월 7일에 자육원(慈育院)을 재단법인으로 인가를 받아 복지사업을 펼치며 교회의 사회적인 책임을 다하기에 힘을 썼다. 정규 학교에 진학하지 못한 소년소녀들을 가르치기 위해 성경구락부를 설치한 것도 이때의 일이다.

▲ 중화동교회 성경구락부 학생들. 뒤에 한복을 입은 허간 목사가 서 있다.

70세가 넘은 1956년 9월 황남노회장에 피선되어 봉직하였으며, 중화동교회와 연지교회 시무 중에 화동교회, 장촌교회, 중앙교회, 사곶교회 당회장을 겸임하였다. 도시화 현상으로 농어촌 교회의 목회자가 비게 되자, 인천에서 제8교회를 개척하던 사촌 아우 허응숙 목사를 불러들여 진촌교회를 담임케 하였다.

허간 목사가 백령도 여러 교회의 당회장을 맡다 보니, 농한기인 겨울에 겨울성경학교를 설치하여 목회자 없는 교회 교인들의 성경교육도 중화동교회에서 연합으로 실시하였다. 진촌교회 허응숙 목사가 강의 중에 사

◀ 옛 중화동교회에서 겨울성경학교를 마치고 학생들과 사진을 찍은 허간 목사(오른쪽), 허응숙 목사(왼쪽). _교회 건물은 120년 전 그 자리이고, 층계도 그대로이다.

▶ 새로 지은 중화동교회에서 치러진 허간 목사 장례

모가 소천한 것도 이 시기의 일이다.

1967년 6월부터 중화동교회 성전을 개축하고, 86세 되던 1970년 중화동교회 원로목사로 추대되어, 현역에서 물러났다. 고향 교회의 목회를 맡은 지 22년 만에야 후임자에게 목회를 부탁하고 편히 쉬게 된 것이다.

1972년 3월 3일에 향년 88세로 세상을 떠났다. 황남노회장으로 집행하였으며, 중화동교회 옆에 있는 양천허씨 선영에 안장하였다.

8. 2020년에 백령도가 한국 기독교의 섬으로 지정되다

허간 목사는 중화동교회 제1회 세례교인이자 제1대 유사, 제1대 집사, 제1대 장로, 첫 번째 본 교회 출신 조사(助事)이자 목사이다. 중화동교회 개척 시기에 젊은 나이에도 항상 제1대 칭호를 받을 정도로 전도와 봉사에 앞장섰고, 사곶, 화동, 진촌교회를 개척하고 설립하는 일에도 참여하였으며, 처소회 예배를 인도하여 다같이 백 년 넘은 교회가 되었다.

북한이 공산화한 뒤에 월남하여 중화동교회 목사로 부임한 뒤에도 1953년에 장촌교회, 백령중앙교회를 설립하였다. 한국전쟁이 방금 휴전한 시기라서 북한 땅을 눈앞에 바라보는 최전방 백령도에는 군인이 민간인만큼이나 많았으므로, 장촌교회는 해병 군목 전덕성 목사와 함께 설립하였다. 중앙교회는 박승근, 이정희, 심선환, 이영환, 신국성 성도들과 함께 북포리와 가을리에 전도한 성과인데, 12월 27일 가을분교 교실에서 시작한 교회가 한 달 뒤인 1월에 제직회를 조직할 정도로 빠르게 성장하였다. 담임 목회자 없이 5년 동안 허간 목사가 당회장을 맡아 겸임 목회를 하다가, 1959년에는 진촌교회 담임목사인 사촌 아우 허응숙 목사가 당회장을 맡아 목회하였으며, 1960년에 비로소 예배당을 신축하고, 중화동교회 출신 박상걸 강도사가 부임하여 목사 안수를 받았다.

허간 목사는 15세에 중화동교회 첫 번째 예배당인 초가 6간 신축에 참여했으며, 목사로 재직하던 1953년에 36평 기와집으로, 1969년에 45

평 시멘트 벽돌 건물로 다시 짓고, 86세에 마지막 헌당식을 한 뒤에 소천하였다.

2017년 옹진군 공식 통계에 의하면 백령도 면적 51.09㎢에 3,231가구, 남자 3,391명, 여자 2,303명, 합계 5,694명의 주민이 살고 있으며, 숫자가 확실치 않은 군인이 주둔하면서 주민들과 함께 예배를 드리고 있다. 기독교인의 비율이 90%라는 통계부터 60%라는 통계까지 기준에 따라 다양하지만, 면 단위로는 한국 최고라는 사실을 자타가 인정하고 있다.

1996년 중화동교회에서 편찬한 『백령 중화동교회 백년사』 95쪽 「우리 마을 자랑」에는 「주일성수와 십일조」라는 작은 제목을 내세웠다.

> 우리 중화동교회의 자랑이자 우리 중화동 마을의 자랑이 있다. 그것은 우리마을 사람 모두가 예수믿고, 우리마을 가정은 모두다 예수믿는 가정이다. 우리마을은 예수 안믿는 사람이 한 사람도 없고, 예수 안 믿는

▲ 중화동교회 예배당 옆에 세워진 백령기독교역사관

▶ 중화동교회 앞마당에 우리나라에서 가장 오래 산 무궁화꽃이 피어 있다. 천연기념물 제521호. 오른쪽에 백년 넘은 층계와 함께 교회 역사를 증언하고 있다.

가정이 한 가정도 없다. 그래서 우리 중화동은 100% 교인이고 100% 주일성수한다. 주일날이면 아무리 고기가 많이 잡히는 날이라도 고기잡이 나가는 배가 없이 어선들도 주일을 지키며 안식한다. 그리고 아무리 바쁜 농사철이라고 해도 논밭에 나가 일하는 사람 없고, 논과 밭도 주일을 지키며 안식한다. …
주일날이면 제일 맛있는 음식을 만들어 이웃과 함께 나누어 먹으며 마치 잔치날과 같이 주일을 지킨다. 이것은 누가 시키는 것도 아니고 누가 강조해서도 아니다. 주일날은 나의 날이 아니고 주님의 날이며 주일날은 예배드리는 일 외에 다른 일은 안하는 것으로 알고 있기 때문이다. 또 하나의 자랑은 우리교회는 온 성도가 십일조를 드린다는 것이다. ... 그래서 우리 마을은 32가정에 어린이까지 90명이 사는 마을이지만 완전 자립교회로 부요한 마을로 행복하게 살고 있다.

중화동교회는 백령도에 자생적으로 세워진 첫 번째 교회이자 백령도 내 10개 교회의 모교회이다. 12개 교회 가운데 군인교회 2개를 제외한 10개 교회가 모두 합동측 인천노회 소속으로 신앙을 지키고 있다. 대한예수교장로회 (합동) 제104회 총회(2020년)에서 백령도를 한국기독교의 섬으로, 중화동교회를 한국기독교역사사적지 제15호로 지정한 것은 수많은 목회자와 교인들의 기도와 헌신이 합심한 결과이지만, 고향 교회의 발전에 한평생을 바친 허간 목사의 헌신도 잊을 수 없다.

약 력

1885년	백령도 연화리에서 태어나다.
1900년 9월	중화동교회를 방문한 언더우드 선교사에게 세례를 받다.
1904년	진촌(鎭村) 잿등에서 전도집회를 하여 처소회를 세우다.
1906년 9월	해서제일학교 고등과에 입학하여 1907년 3월에 졸업하다.
1908년	백령해서제일학교 인가를 받아 교사가 되다.
1911년	국유화된 도민들 땅을 찾기 위해 총독부와 투쟁하다.
1915년 10월	총독 하세가와(長谷川好道)의 명의로 원상복귀 명령을 받아내다.
1916년 3월	평양신학교에 입학하고, 중화동교회 조사로 부임하다.
1917년 봄	당회장 샤프 선교사가 공동의회를 열어 장로 장립을 받다.
11월	장연군에서 태탄교회 등 다섯 교회에서 목회를 시작하다.
1921년 2월	평양신학교에서 수업을 받다가, '삼일만세운동에 참여한 죄'로 체포되어, 해주재판소에서 징역 2년 반, 집행유예 5년을 언도받다.
1923년	평양신학교를 졸업하고, 재령서부교회에서 열린 제24회 황해노회에서 목사장립을 받다.
1937년 12월	황해노회장으로 취임하다.
1942년	소래교회 당회장이 되다.
1947년 6월	월남하여 토마스 전도대(傳道隊)를 조직하다.
1948년 5월	이승길 목사와 함께 황남노회(黃南老會)를 조직하고, 백령도내 4개 교회 당회장으로 순행하며 돌보다.
1953년 4월	백령도 장촌과 북포리 두 마을에 교회를 세우고, 1954년 3월에 소청도(小靑島)에 교회를 신설하다.
1967년 6월	중화동교회 성전을 개축하다.
1970년	86세, 중화동교회 원로목사로 추대되어 현역에서 물러났다.
1972년 3월 3일	향년 88세로 소천하여, 중화동교회 옆 양천허씨 선영에 안장되다.
2020년	대한예수교장로회(합동) 제104회 총회에서 백령도를 한국기독교의 섬으로, 중화동교회를 한국기독교역사사적지 제15호로 지정하다.

허경진 박사

남장로교 선교부에서 세운 목포 정명여중 사택에서 피난시절 출생
인천중학교, 제물포고등학교, 연세대학교 국문과를 졸업
목원대학교 국어교육과, 연세대학교 국문과 교수 역임
현재 한국연구재단에서 3년 지원을 받아 6개국에 흩어져 있는
선교사 편지를 수집 번역하여 〈내한 선교사 편지 데이터베이스〉를 구축

결사대장 애국지사 유봉진 전도사는 기독교 민족운동가이자 교육운동가요 사회운동가이다. 그는 평생 나라를 위해 몸 바쳤으며, 복음 전파를 위해 헌신하였다. 그의 이력서에서 밝혔듯이 17세에서 60세 까지 종교생활과 교육운동으로 43년을 봉사근무로 점철된 나라의 지도자였다.

강화 3.1 독립운동 결사대장 애국지사 유봉진 전도사

이은용 장로_강화중앙감리교회

여는 말

한 번도 다른 나라를 빼앗은 적이 없고, 한 번도 다른 나라에게 빼앗긴 적 없는 조국이 1910년 8월 일제에 의해 강제 병탄을 당하였다.

우리 민족은 일본 압제의 설움을 더 이상 참을 수 없어 독립을 위해 분연히 일어나 1919년 3월 1일 전국 방방곡곡에서 '대한독립만세'의 함성을 울렸다. 이는 잠자던 민족혼을 다시 일깨우는 것이었으며, 민족의 새로운 희망을 여는 순간이었다.

3.1독립만세운동에 기독교인들이 앞장섰다. 민족대표 33인중 16인이 기독교인이었으며, 3.18 강화읍 장터 만세시위도 기독교인들이 주동하였다. 길상지역의 교회가 먼저 계획하고 강화읍교회를 비롯해 전 강화 주민들이 호응함으로써 지방에서는 전국 최대 규모로 전개되었다.

이 글은 강화 3.18 만세시위를 계획하고 시위에 앞장섰던 유봉진 전도사의 독립운동, 교육운동, 그리고 복음운동을 조명하고자 한다.

1. 강화진위대와 청년 시기

유봉진(劉鳳鎭)은 본관이 경주(慶州)로 1886년 3월 30일 강화읍 관청리에서 부친 유홍준(劉泓俊)과 모친 김전리(金全理) 사이에서 둘째 아들로 출생하였다. 부친 유홍준은 강화진위대 참위(소위)로 참령(소령) 이동휘(李東輝)의 휘하에 있었다.

소년 유봉진은 7세에 강화읍 궁곡본동 사립학방에 입학하여 12세까지 공부하고, 13세에 강화공립보통학교에 전교하여 2년간 수학하였다. 졸업 후 15세부터 18세까지 강화진위대 군인이 되어 상등병으로 서도 주문도에서 근무하였다.[1] 이 시기에 진촌교회 부설로 학교가 개설되자 '영

생학교(永生學校)'라는 학교이름을 지어주었다.[2)]

17세가 된 유봉진은 1900년 9월 강화읍에 잠두(강화중앙)교회가 세워지자 1902년 박능일 전도사를 찾아가 알현하고, 교회에 입교하여 신앙생활을 시작하였다. 그의 신앙의 열정이 투철하여 1909년 24세의 젊은 나이에 잠두교회 탁사로 임명되어 봉사하였다.[3)] 이 무렵부터 60세까지 43년간 종교에 봉사했다고 밝히고 있다.

1904년 19세에 부천군 북도면 북도면장 및 봉리장려학교 교사로 임명되어 1년간 근무하다가 1905년 20세에 강화읍으로 돌아와서 상업에 종사하였다. 잠두교회 탁사로 교회 일에 열심 하였다.[4)]

1907년 8월 9일, 대한제국 군대가 강제 해산 되던 날, 병정들과 함께 탄약고를 파괴, 총탄을 탈취하여 무장하고 갑곶항에 출전하였다. 강화군대 해산 차 파견된 일본군이 상륙하려하자 교전하여 6명을 사살하고 8명을 부상시키는 대승을 거두었다. 이와 같이 그는 의협심이 강하고 애국정신이 투철한 인사였다.[5)]

그는 진위대 병정이전에 옛 한국정부 경관으로 시작하여 강화 진위대 소속 군인으로 있었던 것으로 보이는데[6)] 한일병탄 이후 이등박문(伊藤博文)을 처단할 목적으로 보호순사를 지원했다가 채용되지 않아 뜻을 이루

1) 유봉진의 조카 유보라의 증언(2003. 3. 7). 유봉진의 부친 유홍준은 한국군대(강화진위대) 해산 이후 목회자의 길로 들어서서 1910년대에 수원지방 청양교회에서 목회를 하였고, 유봉진의 동생 유부영(劉富榮)도 합일학교와 강화 보창학교를 거쳐 서울 배재학당을 졸업(1915년)한 후 수원 삼일학교 교사로 봉직하였다.; "수원교보 일속", 〈그리스도회보〉 1912. 8. 30; 〈劉富榮 培材學堂 學籍簿〉(1914년); 〈미감리회 조선연회회록〉1918. 38쪽; 이덕주, 「강화3.1독립만세운동과 그 정신적 가치」, 『강화3.1운동과 그 정신』, 2017. 9. 29. 48쪽.

2) 『新編 江華史 增補』상, 796쪽; 〈유봉진 이력서〉, 『인천인물 100인』, 도서출판 다인아트, 2009. 96쪽.

3) 유승훈, 「선교전략적 측면에서 본 강화 감리교 성장에 관한 연구」, 필리핀 크리스찬 대학교 유니온 신학대학, 1992. 40쪽.

4) 〈劉鳳鎭 이력서〉.; 유승훈, 앞의 논문, 40쪽.

5) 『新編 江華史 增補』상, 792쪽.

6) 이덕주·조이제, 앞의 책, 318쪽.; 군 입대 전에 잠시 경찰관서에서 일한 것으로 보이나 시기나 기간 등은 분명치 않다.

지 못하였다.[7] 다행히 안중근(安重根)이 그 보다 먼저 이등을 사살하여 자기가 못한 것을 심히 애석하게 여겼다고 한다.[8]

2. 마리산 기도운동 지도자

23세 때인 1908년 길상면 온수리 512번지로 이거하여 은세공업에 종사하면서 이웃동네 피뫼교회(현 초대교회)에 출석하였다.

1913년 5월 27자로 경기도 수원군 북부 보시동 19통 11호에 살고 있는 부친 유홍준으로부터 강화군 길상면 온수리 501번지로 분가하였는데, 결혼식과 동시에 분가된 것으로 보인다. 부인은 길상면 장흥리 출신 조인애(曺仁愛, 1887. 12. 12.)로 3살 위이다.[9]

1903년 원산에서 시작된 부흥의 불길은 1907년 평양 대부흥회로 이어졌고, 부흥의 불길이 전국으로 퍼졌다. 영적 대각성과 성령의 불기둥이 1915년에 이르러 강화 마리산에서 일었다.

강화 흥천교회 전병규 전도사와 두곡교회(현 내리교회) 정윤화 권사의 권면을 받은 장봉도 옹암교회 김순서씨가 1915년 5월 10일 부흥회를 시작한 것이다.[10] 이 기도회가 마리산기도회 발전하면서 매년 열리는 것으로 정례화가 되었고, 강화도 전교회들이 참여하여 성령의 불길을 당겼다.

유봉진은 피뫼교회의 조종열, 다료지교회(현 선두교회)의 황유부, 두곡교회(현 내리교회)의 정윤화 등과 함께 부흥회의 인도자로 활동하였다.[11]

그에 대한 일화가 전해 내려오고 있다. 마리산에 올라가 40일 금식기도를 마치고 기진하여 젊은 사람들의 등에 업혀 내려오는 도중이었다. 비

7) 〈崔公燮 신문조서〉, 『韓民族獨立運動史史料集』26, 214쪽.
8) 전택부, 『토박이 신앙산맥』3, 대한기독교출판사, 1992, 46~47쪽.
9) 결혼 날자는 호적부상 분가 일자이므로 차이가 있을 수 있음을 밝힌다.
10) 한상운, 『새벽기도』, 한국새벽기도운동본부, 2014, 273~275쪽.
11) 이덕주 · 조이제, 앞의 책, 278~279쪽.

가 억수로 쏟아져 동행한 모든 사람들이 비에 온 몸이 흠뻑 젖었으나 유봉진은 비 가림이 없는데도 전혀 비에 맞지 않는 기이한 현상이 발생하여 동행자들이 큰 은혜를 받았다는 것이다.[12] 이 일이 있은 후로 유봉진에 대한 교인들의 신망이 높아졌다.

3. 강화읍장터 만세 시위 준비

1919년 3월 18일 일어난 강화의 독립만세운동은 유봉진으로부터 시작되었다. 3월 6일 길상면 선두리 다료지교회 출신으로 서울 연희전문학교에 다니던 황도문(黃道文)이 서울의 만세운동에 가담한 후 온수리 유봉진의 점포에 찾아 왔다.

황도문은 자기가 가지고 온 〈독립선언서〉와 〈독립신문〉 등을 보이며 서울의 상황을 설명하고, 강화에서도 만세운동을 전개할 것을 건의하였다.[13] 이야기를 전해들은 유봉진은 강화에서도 만세시위를 거행할 것을 결심하였다. 곧바로 그와 함께 선두리의 유희철(劉熙哲)과 염성오(廉成五)를 찾아가 의논하고 동의를 얻었다. 다시 약품을 구할 겸 길직리의 의생(醫生) 장윤백(張允伯)을 찾아가 서울의 상황을 설명하고 '조선독립운동'을 할 것을 요청하여 찬성을 받아냈다.[14]

이어 3월 8일 화도면 상방리의 이진형(李鎭亨) 목사를 찾아가 의논하여 동의를 얻어 내고, 다음날 9일(주일)에 피뫼교회에서 길상면의 교회 지도자와 유력 인사들을 불러 회합하기로 하였다. 이진형의 집을 기준으로 서쪽은 이진형 목사가 맡아 유력한 교회 지도자들에게 연락하고, 동쪽은 유봉진이 맡았다.

12) 유봉진 전도사의 손자 유의명 목사와의 국제전화 증언(2003년 2월 27일 21:00).
13) 〈劉鳳鎭 신문조서〉, 『韓民族獨立運動史史料集』26, 270쪽.
14) 〈劉鳳鎭 신문조서〉, 『韓民族獨立運動史史料集』26, 276쪽.

유봉진은 선두리의 유희철, 황유부, 조상문과 기독교인은 아니지만 면장을 역임한 적이 있는 황명희(黃明熙)와 홍관후(洪寬厚) 등 5명, 그리고 장흥리의 한문규(韓文圭), 초지리의 교회당에 통지하였다.[15]

3월 9일 오후 3시경 길직교회의 첫 모임은 전날 모였던 네 사람 외에 길직리에 사는 장윤백·조종환·조종열·장명순·장동원·장흥환·장기흥·장상용·장삼수·장덕기·장흥환과 선두리에서 온 황유부·황도문·염성오·유희철·황명희·홍관후, 온수리의 유봉진, 상방리의 이진형 등이 회합하였다. 이들은 모두 길직·직하·다료지·산뒤교회의 중직 교인들이었으며, 동시에 마리산 기도운동의 주역들이었다.

이 모임에서 서울에서 온 황도문과 조종환이 서울의 시위상황을 설명하였다.[16] 조종열의 동생이자 전주 신흥학교(新興學校) 교사 조종환은 시위의 필요성을 역설하였다. 그는 〈每日申報〉 한 장을 보이며 미국에서 활동하는 이승만이 파리강화회의에서 조선독립을 청원하였고, 민족대표 33인이 조선독립을 선언하였으며, 거대하게 시위가 전개되고 있다고 설명하였다.

지금 전국 각지에서 만세 시위가 벌어지고 있으니, 강화에서도 시위운동을 일으켜야 한다고 제의하자 참석자 전원이 동의하였다.

조종환이 이날 회합에서 "경성에서는 운동자 중에 사상자가 나서 그 구호금이 필요하며 유지들이 돈을 내야한다"고 호소하였다. 이에 유봉진이 동의하며 먼저 3원을 내자 많은 사람이 따랐다. 장윤백 20원, 황유부 13원, 염성오 10원, 한문규 2원, 장흥환이 일금을 출연하여 조종환에게 전달했다.[17]

유봉진은 3월 11일 밤 자기 집에서 혼자 태극기를 만들었다. 각지를

15) 〈劉鳳鎭 신문조서〉, 『韓民族獨立運動史史料集』26, 276쪽; 『新編 江華史 增補』상, 793쪽.
16) 이덕주·조이제, 앞의 책, 308~309쪽; 『新編 江華史 增補』상, 794쪽.
17) 〈劉鳳鎭 신문조서〉, 『韓民族獨立運動史史料集』26, 278~279쪽.

순회하면서 3월 18일 강화읍 거사계획을 전파하고 독립만세운동 참여를 독려하기 위한 준비물품인 것이다. 이를 지켜보던 부인 조인애(曺仁愛)가 무슨 일이냐고 묻자. 그가 "금번 나라를 위한 운동을 하는데 '결사대장'이란 기를 만들고 있다."고 말하니, 부인은 "남편이 죽으면 자기도 같은 운동을 해서 죽을 결심"이라고 말하였다.[18]

그러나 유봉진의 손자 유의명씨의 증언에 의하면, 양아들 유학봉도 양아버지인 유봉진과 그의 부인 조인애, 학봉의 처 양순식을 비롯한 유학문, 유학서 등 형제들과 함께 태극기를 만들었고, 또 3.1독립만세운동에 유(劉)씨 형제들이 적극 가담하지 않은 것으로 비밀을 굳게 지켜 체포되지 않았다고 한다.[19]

3월 12부터 염성오 등에게 황도문이 작성한 〈강화도민에게〉라는 권유문을 돌리게 하고, 군내 각지로 돌며 거사계획을 알리고 참여를 독려하였다.[20]

3월 16일 일요일 밤, 서도면 주문도(主文島)예배당에서 120여 명의 교인들이 모인 가운데 신약전서에 있는 "의리를 구하라"란 글귀를 설명하였다. 또 "파리강화회의는 민정을 돌아 본 것으로서 조선의 민정을 돌보지 않는 것이 아니다. 거기서 조선인민이 독립을 바라는가 아닌가를 침묵하고 있어서는 안 되니, 크게 독립만세를 불러서 소요를 일으켜야 한다.

나는 그 운동을 위해 결사대원이 될 것이니 천명(天命)을 다하지 못할 것이며, 언제 죽을지 모른다. 금후는 천국에서 만나게 될 것이다."라고 하면서 가슴을 열어서 보였다. 종이에 「江華郡吉祥面溫水里何番地 劉奉鎭 獨立決死隊」라고 써서 윗옷에 붙여서 여러 사람에게 보였다. 그러면서 결사대에 찬성하는 자가 있으면 손을 들라고 하였다. 이에 영생학교(永生學

18) 〈劉鳳鎭 신문조서〉, 『韓民族獨立運動史史料集』26, 271쪽.
19) 유봉진 전도사의 손자 유의명 목사와의 국제전화 증언(2003년 2월 27일 21:00).
20) 『新編 江華史 增補』상, 794쪽; 이덕주 · 조이제, 앞의 책, 308쪽.

校) 교사 최공섭(崔公涉) 등 6~7명이 찬동하고 손을 들었다.[21)]

그리고는 단독으로 찬송가 “내 평생 소원은 이것 뿐 주님이 하는 일을 완수하고 이 세상과 작별하는 날 주님에게 돌아간다.”라는 찬송가를 불렀다.[22)]

그날 밤 유봉진은 주문도 교인 박용세(朴容世)의 집에서 묵었다. 전날 밤 손들었던 최공섭과 함께 다음날 3월 17일 배를 타고 주문도를 출발하여 삼산면 하리 선착장에 도착하였다. 하리에서 군중들에게 3월 18일 강화읍 장날 만세시위에 참가할 것을 연설하고, 다시 내가면 외포리 항구에 도착하여 시위 참가 연설을 하였다. 거기서 이들 일행은 그곳에서 헤어졌다. 유봉진은 온수리 자택으로 가고 최공섭은 강화읍으로 갔다.[23)]

4. 독립결사대와 강화장터 만세 시위

독립결사대장 유봉진이 말하는 ‘결사대’란? “죽음을 결심하고 일하는 것이며, 나아가 죽는 것이다. 또, 안에서는 침묵하여 일하는 것이니 결사대의 성명을 알면 안 된다. 만약 결사대 가운데 어떤 자가 체포당할 때는 전부의 성명을 자백할 것이니 가입자의 성명은 알 필요가 없다.”고 하며,

21) 『江華史』, 1976, 608~609쪽. 영생학교(永生學校)는 1907년 서도면 주문도에 박용세(朴容世)가 설립한 학교로 다음해에 인가를 얻어 기독교회 감독 관리아래에 두었고, 기독교회의 보조로 기반이 든든하였다. 학제는 4년제로 여자부를 세워 남녀 교사 5명이 가르쳤는데, 10여회 졸업생을 배출하였으나 후에 공립보통학교가 신설됨에 따라 폐지되었다. 이 학교의 이름을 강화진위대 상등병으로 주문도에 주둔하고 있던 유봉진이 지어주었다.

22) 〈崔公燮 신문조서〉,『韓民族獨立運動史史料集』26, 204~205, 214쪽; 〈劉鳳鎭 신문조서〉, 『韓民族獨立運動史史料集』26, 272쪽.

23) 〈崔公燮 신문조서〉, 『韓民族獨立運動史史料集』26, 204~205, 205~206쪽.; 『新編 江華史 增補』상, 796쪽; 유봉진은 최공섭의 진술과 달리 3월 17일 온수리에 도착한 것이 아니며, 17일 밤 주문도를 출발하여 오전 2시 석모도(席毛島) 상리(上里)에 도착해 착륙하여 석포리 까지 걸어서 배를 타고 오전 10시에 내가면 외포리에 도착해 그는 온수리로 가고, 최공섭은 강화읍으로 갔다고 진술하고 있다. 유봉진은 온수리 자택에서 처와 양아들에게 ‘결사를 맹세하여 유언을 한 마디 남기려’고 집에 갔다고 한다. 한편, 거사시간이 오후 1시 30분으로 정하였으므로 시간에 늦지 않으려고 자기가 기르는 백말을 타고 급히 달려가 시간을 지켰다 〈劉奉鎭 신문조서〉, 『韓民族獨立運動史史料集』26, 271쪽.

단원들에게 결사대의 정의와 결사대로서 지켜야할 금기사항을 알려주었다.[24)]

유봉진이 생각하는 결사대원은 결사대장 본인을 비롯해 유희철, 황윤실, 조상문, 장동원, 장명순 황일남 등 7명이고, 운동자 전원이 결사대원이라고 한다.[25)]

3월 18일 오전, 유봉진이 온수리 자택에 도착하니 부인 조인애(曺仁愛)는 이미 만세시위에 가담하기 위해 강화읍으로 출발하여 없으므로 며느리를 불러 놓고, "이번 독립만세운동에는 살아서 돌아오지 않을지 모르니 잘 참고 내외가 뜻을 맞추어 잘 살아라."고 유언을 남겼다. 아들에게는 "내가 읍내에 급행할 것이니 말안장을 잘 정비하라."일러 준비를 마치자 곧 바로 강화읍으로 말을 달렸다.[26)]

이날 오후 1시 30분경 유봉진은 신문리에 사는 처형 조경애(曺慶愛)의 집에 들러 점심을 먹고, 강화장터 만세시위에 예정시간 보다 약간 늦게 가담하였다.[27)] 그는 백말을 타고 '결사대장'이라고 쓴 태극기를 휘날리며 달려왔다. 앞장서서 '조선독립만세'를 외치며 군청통 중서(中西)상점 앞의 종루(鐘樓)에 올라가 종을 쳐서 시위 군중을 집합시켰다. 시위군중의 사기가 충천하였으며,[28)] 윗 장터, 아래 장터에 시위군중이 가득차고 함성이 울려 퍼졌다.

경찰서 측은 순사보 8명을 출동시켰다. 그러나 성난 군중들이 김덕찬(金德贊), 염이선(廉履善) 등 4명의 조선인 순사보에게 독립만세를 부르라고 강요하는 바람에 만세를 부르고 돌아가려 하였으나, 난폭한 군중들이

24) 〈崔公燮 신문조서〉, 『韓民族獨立運動史史料集』26, 206쪽.

25) 〈劉鳳鎭 신문조서〉, 『韓民族獨立運動史史料集』26, 277쪽.

26) 〈劉鳳鎭 신문조서〉, 『韓民族獨立運動史史料集』26, 271쪽.

27) 〈劉鳳鎭 신문조서〉, 『韓民族獨立運動史史料集』26, 273쪽.

28) 〈劉鳳鎭 신문조서〉, 『韓民族獨立運動史史料集』26, 274쪽.; 유봉진은 염성오에게 종을 치러가겠다고 말하고 만세를 부르던 중 염(廉)형사에게 붙잡혀 설유를 듣고 석방되었다가 곧바로 일본인 순사에게 붙잡혀, 만세운동을 하지 말고 귀가하라는 힐책을 받았으나 듣지 않고 종을 쳤다.00) 회제

발로 차며 구타하였다.

이때 상황을 유봉진의 1919년 5월 17일 강화경찰서 신문진술을 인용하여 정리해 보자. 신문리 시장에서 시위를 시작하였으나 군중들이 우왕좌왕하며 무질서하자 유봉진이 시위대를 모이게 하기 위하여 종각으로 종을 치러 가는 도중이었다.

관청리 시장에서 군중 20여명이 한 순사보[金德贊]에게 너도 조선인이니 만세를 부르라고 강요하고 있고, 순사보가 이에 응하지 않자 군중이 폭행하려 하였다. 순사보는 한 민가로 도망가는데 군중이 추적하여 그 순사보를 끌어내어 타살하겠다는 등 협박하였다. 유봉진이 이를 보고 제지하여 경찰서로 되돌아가게 하였다.

그러나 또다시 군중들이 도주하는 순사보를 포위하고 만세 부를 것을 강요하였고, 순사보가 칼을 빼들고 저항하면서 옛 궁궐터로 도주하였다. 시위대가 다시 이들을 추격하므로 유봉진이 시위대를 제지하고 순사보가 무사히 도주하도록 해주었다.[29)]

그리고 그는 경찰서를 찾아가 경찰관에게 "지금 여기까지 군중이 찾아온 목적을 말하겠다. 한 순사보가 칼을 빼면 군중을 부상시킬 것이며, 이와 같이 경찰이 총기를 가지고 만일 발포하면 많은 사상자가 날 것이니 군중에게 폭행을 하지 않음으로써 발포를 미연에 방지해야 한다." 경찰관은 "그러면 군중을 이쪽 방향으로 해산시킬 수 있다"고 말하여 서로 협상이 되자, 유봉진은 군중들에게 타일러 한편으로 보내고, 순사보들은 저 반대편으로 보냈다.

이로써 양측 간에 과격한 충돌을 피하고 사상자가 발생하지 않도록 막았다. 결국 그는 시위대의 결사대장으로서 시위도중 시위대와 경찰관 사이에서 사상의 위험을 방지하며 질서 있는 시위를 진행하도록 지도력

29) 이때 시위를 진압하였던 한국인 출신 일본순사는 김덕찬·염이선·유재면·김순덕 등이었다; 이덕주·조이제, 앞의 책, 311쪽.

(leadership)을 발휘하였다.[30]

유봉진은 향교 앞에서 고익진과 함께 높은 단위에 서서 "나라를 되찾자"는 연설을 하였다. 뒤이어 최창인(崔昌仁)이 연설을 하였다. 시장 앞에서 또 다시 독립연설회를 열었다.

그리고 다시 시위 군중을 이끌고 군청으로 가서 이봉종(李鳳種) 군수에게 태극기를 들게 하고 독립만세를 부르라고 강요하고 "만일 만세를 부르지 않으면 가지 않겠다. 군청을 파괴하겠다."고 협박하여 만세를 부르게 하였다.[31] 이때 시위 군중들이 "때려라! 죽여라!" 폭언을 하며 과격해지자 진정시키며 시위를 이끌었다.

3시간 동안 독립연설회와 만세를 부르던 유봉진과 시위대는 오후 5시 쯤 되어서 경찰서를 포위하였다. 결사대원 황일남과 조상문이 "결사대원 3명을 구출할 필요가 있다."고 권유하여 단행하기로 결심했다.[32] 유봉진이 한 손에 태극기를 들고 한 손에는 돌을 들고 앞장섰다.

이봉석은 장터에서 칼을 빼어들고 시위대를 협박하던 한국인 순사 김덕찬(金德贊)을 내 놓으라고 소리쳤고, 이사국(李思國)은 "시위체포자 석방하라. 억류된 운동자를 석방하지 않으면 경찰서에 난입하겠다."고 협박하였다.

유봉진은 시위대가 폭력을 행사하려는 것을 만류해 가며 과격해가는 분위기를 진정시켰다. 평화적으로 이끄는 가운데 한국인 경무과장 이해용(李海用)에게 '조선독립만세'를 부르게 하는 한편, 유희철, 조기신, 장상용 등 시위체포자 3명을 석방시켰다.[33] 1만여 명이 운집한 시위 군중을 이끄는 가운데 단 한명의 사상자도 발생치 않은 그의 탁월한 통솔력을 보여주

30) 〈劉鳳鎭 신문조서〉, 『韓民族獨立運動史史料集』26, 275쪽.

31) 〈崔公燮 신문조서〉, 『韓民族獨立運動史史料集』26, 214쪽; 『江華現代人物便覽』, 2015, 141쪽; 이덕주·조이제, 앞의 책, 311쪽; 『新編 江華史 增補』상, 797쪽.

32) 〈劉鳳鎭 신문조서〉,『韓民族獨立運動史史料集』26, 274쪽.

33) 〈崔公燮 신문조서〉, 『韓民族獨立運動史史料集』26, 214쪽; 『新編 江華史 增補』상, 798쪽.

는 것이다.

유봉진은 이날 시장의 연설에서 "지금 파리 강화회의에서 이승만(李承晩)이 독립운동을 하고 있는데, 우리도 운동해야 한다.

나는 일찍이 이등박문(伊藤博文)을 죽일 작정으로 동인의 보호순사를 지원 했다가 채용이 되지 않았는데, 나보다 더 위대한 사람이 이등박문을 살해했으므로 나의 목적을 달성할 수 있었으니, 이제는 오는 19일 온수리에서 독립운동을 할 작정이니 모이라"고 열변을 토하였다.[34)]

유봉진은 이날 늦은 밤에도 시장에서 연설을 하였다. "조선은 종래 민지(民智)가 낮았으나 현재는 독립할 정도가 되고 경성(京城) 기타에도 이 운동이 크게 일어나고 있다. 더욱이 이(李) 태왕 전하의 죽음은 병사(病死)가 아니고 독살이란 풍설이 있다. 이것은 하늘이 명하는 바로 독립의 기운이 익어가고 있으니 열렬한 운동을 해야 한다. 내일 정오까지 길상면 온수리에 모여 만세를 부르자."고 큰 소리로 연설하였다.

이때 강화여관주인 김부사(金富師)가 "이렇게 운동하면 인천, 경성에서 많은 경찰관과 군대가 오면 큰일이니 빨리 해산함이 좋겠다"고 연설하였다. 이후 만세를 한 번 더 부르고 밤 11시경이 되어서 해산하였다.

5. 일본군 파견과 시위대 피체

3월 19일 강화의 시위를 진압하기 위하여 인천에서 경찰 9명과 용산에 주둔하고 있는 헌병대 40명이 급파되었다.

이를 예측한 유봉진은 3월 18일 시위 다음날 고려산(高麗山)에 잠복했다가 강화를 탈출하였다. 인천으로 가서 부천군 북도면 장봉도를 거쳐 마리산 옆의 산세가 험준한 초피산의 굴속에 들어가 기도하며 은신해 있

34) 〈崔公燮 신문조서〉, 『韓民族獨立運動史史料集』26, 204~205쪽.

었다.[35] 초피산 속에 있는 동안에 함께 사는 양아들 유학봉이 마리산에 나무하러 가면서 먹을 것과 옷가지를 전달하고 바깥 동정을 알려주며 서로 연락을 유지하였다.[36]

그러나 일본의 경찰이 부모를 경찰서에 억류하고 악형을 가함으로 5월 17일 산에서 내려와 밤 9~10시 경에 온수리 141번지에 사는 친구 유경순(劉敬順)의 집에 숨어들어 갔다. 그는 유경순에게 산 너머 시장의 자기 집에 가서 갈아입을 옷을 가져다 달라고 부탁하고, 무릎을 꿇고 하나님께 기도하였다.

기도 내용은 "조선의 독립이 빨리 이루어 되게 해달라는 것"과 "현재 경찰에 구금중인 독립운동가들이 무사히 귀가할 수 있도록 도와 달라"는 것이었다. 그리고 "하나님이 명하시는 대로 지금 경찰관 주재소에 출두하겠다."는 내용이었다.[37]

기도를 마친 후 그 곳에서 하룻밤을 지내고, 다음 날 아침 경찰서에 자진 출두할 계획이었다. 그러나 기도하는 도중 경찰에 체포되고 말았다.[38] 누군가가 밀고하였을 것으로 보인다.

그는 체포당하면서 몸에 품고 있던 몇 가지 문서를 압수당하였다. 마리산 도피 중에 작성한 편지글과 수첩이다. 편지글은 일본 총독(總督)에게 보내는 글, 강화경찰서장에게 보내는 글, 매국노 이완용(李完用)에게 보내는 글 등 모두 3통이었다.

자기가 목격한 사실과 의견을 적은 것이다. 총독에게는 조선을 조선에게 돌려 달라는 것이고, 이완용에게는 조선독립을 위해 소요할 때 방해하는 행동을 하지 말라는 것이고, 경찰서장에게는 3월 18일 강화장터 시

35) 초피산은 산세가 험준하여 위에서 돌을 굴리면 돌 소리가 한 없이 깊은 소리가 날 정도여서 일본 순경들이 접근하지 못하였으므로 숨어서 기도할 만 하였다.

36) 유봉진 전도사의 손자 유의명 목사와의 국제전화 증언.(2003년 2월 27일 21:00).

37) 〈劉敬順 신문조서〉, 『韓民族獨立運動史史料集』26, 279~280쪽.

38) 〈劉鳳鎭 신문조서〉, 『韓民族獨立運動史史料集』26, 269~279쪽; 〈劉敬順 신문조서〉, 『韓民族獨立運動史史料集』26, 279~280쪽. ; 『삼일운동과 기독교 관련 자료집』 제2권 인물 편, 2017, 344~345쪽.

위 때 인치되었던 자(결사대원)를 되돌려 준 데에 대한 인사와 지금 또 한 번 만세를 부르겠으니 아무쪼록 편의를 제공하라는 내용이었다.

그리고 수첩 속에는 신문에 보도하기 위해 적었는데, "조선 독립에 관한 노래 가사, 독립주창자 겸 결사대표 유봉진, 조선독립기, 경기도 강화군 길상면 온수리 501번지라고 쓴 기(旗)의 도면" 등이었다. 그는 이번 기회에 독립이 될 것이라고 굳게 믿었다. 그리고 독립이 되면 순무사(巡撫事)가 되어 도면의 태극기를 제작하여 각지를 순시하며 양민을 표창할 계획이었다.[39]

그는 일경에 체포되어 신문 당할 때에 '독립운동자 유봉진'이라고 종이에 크게 서서 가슴에 붙여주지 않으면 말 한마디 대꾸도 하지 않았다. 나아가 일본 경찰 신문(訊問)에서 "앞으로 조선독립운동을 계속할 것인가"하는 질문에 "기회만 있으면 하겠다."고 답하여 그의 강렬한 독립의지를 표명하였다.[40]

강화 3.1독립만세운동 때 청년으로 유봉진의 지휘하에 가담하였다가 일경에 체포되어 옥고를 치렀던 조봉암의 증언을 들어보자.

> "…… 유 선생의 지도방침은 철저한 평화적 시위였기 때문에 수 천 명이 태형(볼기맞는 형벌)을 당했을 뿐, 감옥살이를 한 사람은 비교적 많지 않았다. 유 선생은 마니산 꼭대기에 숨어서 만세운동을 지휘했고, 왜놈들에게 체포되어서도 '독립운동자 유봉진'이라고 종이에 크게 서서 가슴에 붙여주지 않으면 말 한마디 대꾸도 하지 않았다. 유 선생은 오년 징역살이를 했고 우리 애기패들은 일 년 살았다."[41]

그가 시위를 평화적으로 지휘한 결과로 사상자가 없었고 시위 종료

39) 〈劉鳳鎭 신문조서〉, 『韓民族獨立運動史史料集』26, 277, 290쪽.
40) 〈劉鳳鎭 신문조서〉, 『韓民族獨立運動史史料集』26, 290쪽.
41) 조봉암, 「내가 걸어온 길」, 『희망』, 1957년 2, 3, 5월호.; 약 38년 전의 일이었으므로 숫자는 다소 차이가 있는 것 같다(필자 주).

후에도 중죄에 처한 사람이 적었다는 것이며, 일제 경찰의 위협에도 굴하지 않고 가슴에 '독립운동자 유봉진'이라고 붙이게 함으로써 민족적 자존심과 애국심을 지켰다. 실제로 강화 시위대의 큰 희생이 없이 평화적으로 진행되었다는 사실은 유봉진의 지도력이 위대하였다는 사실을 말하는 것이다.

일제에 피체된 유봉진은 경찰서에서 물고문, 죽창 등으로 극심한 고문을 당하였다. 손바닥을 대창으로 찔러 손이 맞창 나 손등으로 대나무가 뚫려 나올 정도로 혹독하게 고문당하였다. 고문이 얼마나 극심하였던지 매를 맞다가 죽었다는 통보를 받고 장례를 치르려 하였는데 기적적으로 살아났다고 한다.[42)]

그는 그해 12월 18일 경성지방법원 1심 재판에서 징역 2년을 언도받고, 상고하여 1920년 3월 12일 경성복심법원에서 소위 소요 및 출판법·보안법 위반 혐의로 징역 1년 6개월로 선고되었다. 다음해 9월 중순에 만기 출소하여 길상에 내려왔다.[43)] 당시 길상면 선두리 선두항에 도착하는 유봉진을 맞이하기 위해 수많은 인파가 몰려와 대대적으로 환영하였다. 이때 상황을 〈동아일보〉가 다음과 같이 보도하였다.

> 昨年 三月 萬歲事件으로 一年半의 長久한 歲月을 鐵窓下에서 受苦하던 江華郡 吉祥面 劉鳳鎭氏는 今番 滿期 出獄되야 當地에 到着한 바 親戚知舊와 其他 一般人事가 船頭에 多數出迎하야 果是 人山人海를 成하얏더라.[44)]

작년 3월 강화만세운동으로 인하여 1년 반의 장구한 세월을 옥고를 치르고 나오는 유봉진을 열렬히 환영하였다는 이야기이다. 정부는 그에게

42) 유봉진 전도사의 손자 유의명 목사와의 국제전화 증언(2003년 2월 27일 21:00).
43) 이덕주·조이제, 앞의 책, 319쪽.
44) 〈東亞日報〉, 1920. 9. 24.

1980년에 대통령 표창과 1990년에 건국훈장 애족장을 추서하였고, 부인 조인애에게도 1992년 4월 대통령표창을 추서하였다.[45)]

6. 독립운동에서 교육운동으로

유봉진은 교육운동에도 매우 활발하였다. 31세 때 길상면 선두리 월오학교 부교장으로 일했다. 3.1독립만세운동으로 감옥살이를 하고 나온 36세 때에는 옹진군 북도면 시도리의 사립 신창학교 설립자 겸 교장으로 근무했다. 40세 때엔 강화군 화도면 내리의 폐교된 사립 니산학원(尼産學院)을 개교해 스스로 2년간 근무하기도 했다.[46)]

그는 3.1독립만세운동 이후 교육운동과 목회자의 길을 걸었다. 이전에 교회 지도자로서 마리산기도회를 인도하였고, 부천군 장봉도 장흥학교 교사와 길상면 선두리 월오학교 부교장을 역임한 교사경력을 바탕으로 옥살이를 하고 나온 후부터 교육운동과 목회활동에 전심을 다했다.

7. 유봉진 전도사의 목회활동

1921년 8월에 이진형 목사가 일경에 체포되어 의주경찰서에서 조사를 받고 석방되자 곧바로 강화남구역 '길상엡웟청년회'를 조직하여 순회강연회를 열었다. 1921년 8월 15~20일까지 6일간 산후교회·월오교회·길직교회·직하교회·초지교회·장흥교회 등 6개 교회에서 열렸으며, 연사로 이진형·박기천 목사와 결사대장 유봉진 등이 참여하였다.[47)] 이 교회들은 1919년 3월 18일 강화만세운동에 적극적으로 가담하였던 교회들이다.

45) 國家報勳處,『獨立有功者功勳錄』; http://www.mpva.go.kr/narasarang/gonghun_list.asp;
46) 〈劉鳳鎭 이력서〉.
47) 〈基督申報〉, 1921. 9. 21.

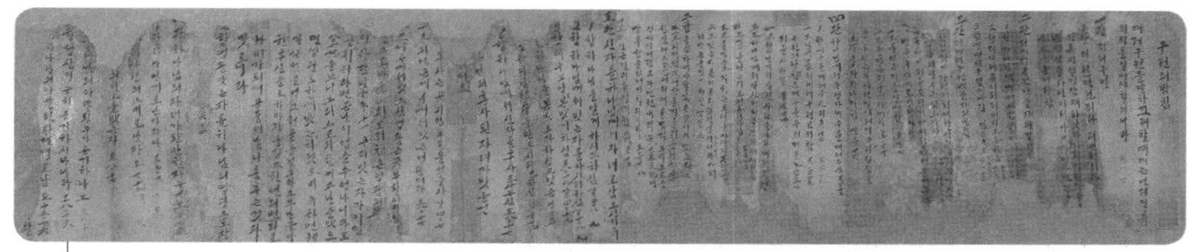

▲ 부흥회 설교 노트

1923년 2월에 1주일간 강화읍교회에서 열린 부흥사경회에서 저녁시간은 유봉진이 부흥집회로 인도하였다.[48] 4년 전 3.1독립만세운동 때 백말을 타고 시위를 지휘했던 유봉진의 강연을 듣기 위해 많은 사람들이 몰려 왔다. 그는 또한 '마리산부흥회'를 꾸준히 인도하여 강화 교회의 영적 지도자로 위치를 확고히 하였다.[49]

그는 50세 되는 1935년 무렵에 고향 강화를 떠나 수원군 송산면 사강리 543번지 사강교회 전도사로 시무하는 동생 유부영과 함께 섬겼다. 이어 1937년 충청남도 아산군 온양면 온천리교회 전도사직으로 파송되었다. 1939년 6월 23일 유부영 전도사가 장호원교회로 이임하자, 다시 유봉진 전도사가 다음날 사강교회 전도사로 부임하였다.[50]

유봉진 전도사는 귀신 쫓는 능력이 아주 강하였다. 사강교회는 유봉진 전도사의 일화가 전해지고 있는데, 다음은 예문택 옹의 증언이다.

> "하루는 큰 전도사님[유봉진 전도사]이 헝겊으로 머리를 사매고 오셨지요. 제가 '전도사님, 왜 머리를 사매고 다니세요?'하고 물었죠. 그런데 말씀을 안 하시는 거여요. 나중에 들어보니 마도쪽에 귀신 들린 이가 있는데 전도사님이 들어가 기도하려 하자 퇴침으로 머리를 때려 피가 났다는 거여요. 그때 뭐 약이 따로 있었나요. 가까스로 손으로 피를 막고 예배를 드린 후 나중에 쑥 같은 약초를 개어 머리를 싸매고 오신 거죠.

48) 이덕주·조이제, 앞의 책, 315쪽.
49) 이덕주·조이제, 앞의 책, 325쪽.
50) 김진형, 『사강교회95년사』, 사강교회, 1997. 130쪽.; 조선총독부 관보 제3862호 소화 14년 12월 5일.

▲ 1939년 감리교신학교에서 있었던 교역자수양회_가운뎃줄 오른쪽에서 세 번째가 유봉진 전도사

저는 큰 전도사님이 마귀 쫓는 것을 정말로 보았습니다. 마귀 들린 이가 뛰는데 정말로 마루 천장에 닿더라구요. 하루는 방으로 뛰어 들어오는데 펄펄 뛰더라구요. 그때 방에 큰 전도사님과 우리 아버님이 계셨는데, 우리 아버님이 어떻게 해서 그에게 올라타고 전도사님은 머리채를 잡으시고 기도하셨지요.

한참을 기도하는데 놔달라고 몸부림치는 거여요. 전도사님이 항복해야 놓아준다고 하니까 항복한다고 해요. 그래서 어디로 갈 거냐니까 부천으로 간다고 해서 부천으로 가지 말고 만주벌판으로 가라고 했더니 그러겠노라고 하는 거예요. 그래서 놔주었더니 우리 집 앞 벽오동나무 밑에 가서 선지피 같은 것을 토하고 확 늘어지더라구요. 들어서 마루에 뉘었더니 언제 그랬냐는 식으로 말짱하게 일어나는데, 그걸 보고 어릴 때 무섭기도 하고 겁도 나더라구요. 그때는 마귀 들린 이들이 왜 그렇게 많았는지요…… 항간에 그를 보고 도술 부린다고까지 했으니까요."[51]

51) 김진형, 『사강교회95년사』, 사강교회, 1997. 130~131쪽.; 예문택 씨는 사강교회 교인이다.

유봉진 전도사는 1915년 마리산 기도운동의 주역이자 지도자로 능력 있는 목회자로 명성을 떨쳤다.

그는 1941년 경기 남 교구 주문교회로 부임하여, 1942년까지 서도면 주문교회(서도중앙교회) 제14대 담임으로 시무하였다. 그러나 그는 일제의 교회 탄압에 항거하여 교직을 사임하였다.[52] 그 이유는 이렇다.

> "1943년에 교회 상부에서 교역자로서 할 수 없는 두 가지 지시가 있었다. 양심상 도저히 받아들일 수 없어 주님의 사명을 해직하고 집으로 돌아왔다.
> 첫째는 일본 마귀를 성전지대 내에 설치하고 교역자로서 인도 봉사케 하는 일.
> 둘째는 교회 내에 있는 청년으로 나이가 병정에 적합한 자를 교회 담임자가 출전케 하는 일인데, 진정코 주님 전에서 행할 수 없어 해직으로 거절하였다."[53]

일본의 탄압이 극에 달하던 시기로 교회의 시련도 혹심하였다. 그의 민족정신과 영적 지도자로서의 신앙양심, 그리고 철학을 엿볼 수 있는 증언이다.

8. 해방 후의 민족운동

목회 일선에서 은퇴하고 난 2년 후 감격의 광복을 맞았다. 정부수립을 준비하던 1947년 4월 29일, 당시 돈 100원을 이승만에게 보내어 감사

52) 기독교조선감리교단 교사임명기, 1941. 39쪽.; 《기독교대한감리회 중부연회총람》, 1992.; 서도중앙교회, 《진촌교회 연혁》; 미국에 거주하는 유봉진 전도사의 손자 유의명 목사와의 국제전화 증언.(2003년 2월 27일 21:00), 유봉진이 후손이 없자 선두리의 유학봉을 양자로 들였으며, 유의명은 그의 아들이 된다.

53) 〈유봉진 이력서〉. 1945년 12월 28일 작성. 3쪽.

▲ 1946년 11월 김구 선생(앞줄 의자에 앉은 이 오른쪽)이 강화를 방문했을 때 강화중앙교회 조상문 목사(뒷줄 왼쪽 세 번째)와 합일학교 송의근 교장(유봉진의 뒤쪽 두 번째 검은 두루마기 입은 이, 강화중앙교회 권사), 유봉진 전도사(앞줄 세 번째 흰두루마기 입은 이) 등 유지들이 함께 기념사진

장을 받기도 하였다. 그리고 이승만에게 '헌책상달(獻策上達)'을 보내 민심안정을 위한 여러 가지 대책을 권하기도 했다. 치솟는 물가를 바로 잡기 위한 방안을 건의하고, 독립건국을 위해 건국비를 각 도·부·군에 지시하여 징수하고, 특히 해산된 강화군대를 회복시키고 각 도·부·군에 경찰협조기관 경호단을 조직할 것이며, 또 중학교가 없는 각 도·부·군에 중학교를 설치하여 청소년 양성에 지장이 없도록 하자고 권했다.[54] 이와 함께 미군정청의 하지 중장에게도 편지를 보냈는데, 역시 물가안정과 경호단 조직 등 비슷한 내용이었다.

목회 일선에서 은퇴한 후에는 강화읍 신문리에서 한약방을 운영하면서 강화중앙교회에 출석하였는데,[55] 학교 설립을 돕는 일과 교회와 나라

54) 〈유봉진 이력서〉, 『인천인물 100인』, 98쪽.

55) 황종현의 딸 황순애의 증언(2002년 10월 5일); 강화읍 신문리에서 한의원을 운영하던 유봉진에게 치료를 받았던 안성수씨의 증언(2017년 2월 26일)

▲ 유봉진 전도사 만년 시절

▲ 유봉진 전도사 연설

를 위해 늘 기도하였다. 이시기에 양녀를 키워서 출가시기도 하였으며, 1945년 그의 나이 60에 둘째 부인으로부터 친자 제중(濟衆)을 얻었다. 노년에는 서울로 이사하여 '제중한의원(濟衆韓醫院)'을 개원하고,[56] 아들 제중과 함께 살다가 서울 이거 2년 만인 1956년 9월 2일 70세의 일기로 별세하였다. 그의 본처 조인애는 양손자 유의명 목사와 온수리에서 살다가 1961년 2월 82세의 일기로 별세하였다.[57]

맺는 말

애국지사 유봉진 전도사는 기독교 민족운동가이자 교육운동가요 사회운동가이다. 그는 평생 나라를 위해 몸 바쳤으며, 복음 전파를 위해 헌신하였다. 그의 이력서에서 밝혔듯이 17세에서 60세 까지 종교생활과 교육운동으로 43년을 봉사근무로 점철된 나라의 지도자였다.

56) 대중(大衆)을 구제(救濟)하는 의원(醫院)이라는 뜻으로 한의원 개원.
57) 유봉진 전도사의 손자 유의명 목사의 국제전화 증언(2003. 2. 27. 21:00).

表彰狀

劉鳳鎭

貴下께서는 恒常 憂國愛族의 一念을 堅持하시어 己未獨立運動時에는 郡民의 先鋒으로서 熱烈히 日帝와 鬪爭하여 이 偉大한 功績이 오날의 光復을 가저오게 한데 對하여 深甚한 謝意를 表하며 玆에 記念品을 贈呈함

檀紀四二八六年三月一日

江華郡民代表

江華郡守 尹甲老

▲ 유봉진 전도사 표창장

▲ 유봉진 전도사 옥중 사진

1907년 강화진위대 해산 시 일본군과의 전투 참여하였고, 1919년 3월 18일 강화읍 장터 독립만세운동을 선두에서 지휘하다가 일본군에 피체되어 1년 6개월간 서대문형무소에서 감옥생활하다.

교육운동으로 31세 때 길상면 선두리 월오학교 부교장, 36세 때 옹진군 북도면 시도리의 사립 신창학교 설립자 겸 교장, 40세 때엔 강화군 화도면 내리의 폐교된 사립 니산학원(尼産學院)을 개교해 스스로 2년간 근무하기도 했다.[58]

복음운동으로 1915년부터 마리산 부흥회 강사로 활동하였다. 1921년 강화남구역 '길상엡윗청년회'를 조직하여 순회 강연회를 열었고, 그해 8월에 길상지역 6개 교회에서 강연회를 열었으며, 연사로 이진형·박기천 목사와 결사대장 유봉진 등이 참여하였다. 1923년에는 강화중앙교회에서 부흥회를 인도하기도 하였다. 50세 되는 1935년 무렵부터는 교단에서 전도사로 파송되었는데, 사강교회, 온양 온천리교회, 서도 진촌교회 등에서 시무하였다. 진촌교회 시무시기에 일제의 탄압에 항거하여 지시사항을 거부하고 사직함으로 대항하였다.

해방 후에는 나라사랑의 정신이 투철하여 건국준비위원장으로 활동하였다.

정부는 그에게 1990년에 건국훈장 애족장을 추서하였고, 부인 조인애에게는 대통령 표창을 하였다.

약 력

1886년 3월 30일(1세)	인천광역시 강화군 강화읍 관청리에서 출생하다.
1892년~1897년(7~12세)	강화읍 궁곡본동 사립학방에서 수학하다.
1898년~1900년(13~15세)	강화공립보통학교로 전교하여 2년간 수학하다.
1900년~1903년(15~18세)	구 한국군 강화진위대에 입대하여 부친 유홍준(劉泓俊) 참위(소위)와 함께 군인 생활을 하다.
1902년(17세)	강화읍 잠두교회(현 강화중앙교회) 박능일 전도사를 찾아가 기독교에 입문하고, 신앙생활을 시작하다.
1903년 5월(18세)	이동휘 참령이 강화진위대장으로 부임하다.
1904년(19세)	부천군 북도면장, 봉리장려학교 교사로 임명되어 1년간 근무하다.
1905년 2월 2일(20세)	강화진위대가 대대급에서 소대급 규모의 분견대로 축소 개편되다.
1905년(20세)	고향 강화읍으로 돌아와 상업에 종사하다. ※ 이 무렵에 강화읍 관청리 240번지의 둘째 숙부 유홍규(劉弘奎)에게 양자로 들어가다. 양어머니 김(金)씨 부인은 간호사의 출신으로 인텔리였으며, 돈이 많았다. 그는 이 돈을 물려받아 후에 길상면 온수리로 이거하여 은가공업을 운영하다(아들 유제중의 증언, 2021. 5. 7).
1907년 8월 9일(22세)	강화진위대 해산을 기하여 군기 및 탄약고를 파괴하고, 총기와 탄환을 탈취하여 무장하고, 갑곶항 전투에 출전하다. 강화군대 해산을 위해 출동한 일본군이 상륙하려하자 교전하여 대승을 거두었으나, 화력의 열세로 퇴각하여 강화읍이 점령당하다. 이후 일본군의 색출로 잠두교회 김동수 권사 3형제 등 많은 군인과 주민이 순국하였으나 피신하여 화를 모면하다.
1908년(23세)	강화군 길상면 온수리 512번지로 이거하여 상업에 종사하다.
1909년(24세)	강화읍 잠두교회 탁사로 봉사하다. 진위대장 출신 이동휘와 참위 출신 부친 유홍준은 권사로 시무하다.

1913년(28세)	길상면 장흥리 조인애(曺仁愛, 1887. 12. 12)와 결혼하다.
1913년 5월 27일(28세)	수원군 북부 보시동19통 11호 유홍준으로 부터 강화군 길상면 온수리 501번지로 분가하다.
1915년(30세)	강화 마리산기도운동 지도자(부흥사)로 활동하다.
1916년(31세)	강화군 길상면 선두리 월방학교(월오지, 다료지, 선두리) 부교장으로 근무하다. ※ 이 무렵에 길상면 선두리 출생 유학봉을 양자로 들이다.
1919년 3월 6일(34세)	선두교회 출신 연희전문학교 황도문(黃道文)으로부터 서울의 3.1만세 시위 소식을 전해 듣고 강화 만세시위를 결심하다.
1919년 3월 9일(34세)	피뫼(길직)교회에서 강화 3.18강화장터 만세시위 첫 회의하다.
1919년 3월 18일(34세)	강화읍 장터 만세시위를 주동하여 지방단위로는 최대 규모의 평화적 시위를 이끌다.
1919년 3월 19일(34세)	일본군의 강화 진군으로 고려산으로 피신하였다가 부천군 장봉도를 가쳐 마리산 줄기 초피산의 굴에 은거하여 기도하며, 야간 횃불 시위를 지휘하다.
1919년 5월 17일(34세)	길상면 온수리 141번지 우경순의 집에서 일경에 피체되다.
1920년 3월 12일(35세)	경성복심법원에서 소요 및 출판법, 보안법 위반 혐의로 1년 6개월을 선고받고 복역하다.
1920년 9월(35세)	서대문 형무소에서 형기를 마치고 만기출소하다.
1921년(36세)	부천군 북도면 시도리로 이거하여, 사립 신창학교 설립자 겸 교장으로 근무하다.
1924년(39세)	강화군 길상면 온수리 512번지로 되돌아와 상업을 경영하다.
1925년(40세)	강화군 화도면 내리의 폐교된 사립 니산학원을 개교하고 2년간 자원 근무하다.
1935년(50세)	수원군 송산면 사강리 543번지 사강교회 전도사로 동생 유부영과 함께 재직하다.
1937년(52세)	충청남도 아산군 온양면 온천리 41 온양온천교회 전도사로 파송되어 시무하다.
1939년 6월 24일(54세)	경기도 수원군 송산면 사강리 543번지 사강교회 전도사로 파송되어 2년간 재직하다.
1939년 11월 2일(54세)	감리교회 교역자 수양회에 참석하다.

1941년~1942년(56~57세)	강화군 서도면 주문리 주문교회 주관자 전도사로 파송 되어 2년간 재직하다.
1943년(58세)	일제의 기독교탄압이 극도에 달하던 1943년에 교회 본부로부터 부당한 지시가 내려왔다. 그것은 첫째, 일본마귀[신사]를 성전지대 내에 설치하고 교역자가 인도 봉사(奉祀)토록 하는 일. 둘째, 교회에 출석하는 청년 중 병정으로 적당한 자를 교회 담임자가 출전[일본군]케 하는 일이었다. 그는 교역자의 양심과 주님 전에서 행할 수 없는 일이라 거절하고 교역자직을 사직한 후, 목회일선을 떠나 온수리 자택으로 돌아오다.
1944년(59세)	강화읍 신문리에 한약방을 운영하면서 모 교회 강화중앙교회에 출석하다.
1945년 12월 28일(60세)	대한민국 임시정부 주석 등 요인(이승만 박사, 김구 주석, 하지 중장)에게 이력서와 헌책(獻策)을 상달하다.
1945년(60세)	친자 제중이 탄생하다.
1953년 3월 1일(68세)	강화군(군수 윤갑노)으로부터 기미독립운동 유공자 표창장을 받다.
1954년(69세)	아들 제중이 9세(합일초등학교 2학년) 때 교육을 위해 서울 아현동으로 이사하다. '제중한의원'을 개업하고 생활이 어려운 사람들에게 무료로 치료하다. 아현교회에 출석하다.
1956년 9월 2일(71세)	서울 아현동에서 향년 71세의 일기로 별세하다.
1961년2월	부인 조인애 여사는 양손자 유의명 목사와 온수리에서 살다가 82세에 별세하다.
1980년	정부로부터 대통령 표창을 추서 받다.
1990년	정부로부터 건국훈장 애족장을 추서 받다.
1992년 4월	정부로부터 부인 조인애가 대통령 표창을 추서 받다.
2021년 11월 1일	사단법인 강화3.1운동기념사업회로부터 '올해의 강화독립운동가'로 선정되다.

이은용 장로

행정학 박사
강화3.1운동기념사업회 이사장
강화기독교연구소 소장
강화중앙감리교회 장로

이 목사가 평소 목회생활에 중시했던 것은 첫째, 설교 준비는 철저히 하고 설교할 때는 온 정력과 최선을 다해야 한다. 둘째, 기도는 게을리 하지 않아야 하고, 하늘을 향해 간구와 애원의 기도가 있을 때에야 능력을 공급받을 수 있다. 셋째, 심방하는 일에 부지런해야 한다. 이 목사는 자신이 주장한 바대로 목회생활에 충실하여 은혜로운 교회로 성장시켰다.

이승길 목사의 전기
『나의 갈 길 다 가도록』

이건영 목사_인천제2교회 담임목사

1. 출생과 성장

1. 어린 시절과 교회생활

1887년 7월 13일, 황해도 황주군 구성면 서정리에서 이승길(李承吉) 목사는 태어났다. 그는 어려서부터 다른 아이들과 달리 건강하고 몸집이 컸으며 영특하기로 온 동네에 소문이 자자했다. 서당에서 한문을 배울 때에도 어린 나이답지 않은 깊은 사고력과 사물에 대한 호기심은 주위 사람들의 눈길을 끌었다.

소년 승길이 9살 되던 해인 1896년에 그가 살던 황주군 구성면에는 큰 변화가 일어났다. 그것은 하나님의 복음의 빛이 비춰진 것이다. 1926년에 발행된 《조선예수교장로회사》 기록에 의하면 "선교사 이길함에 의하여 처음 신자가 생겼으며 초가 한 채를 매입하여 홍촌교회를 세우게 되었고, 조병렬이 처음으로 영수가 되었다." 홍촌교회는 황주군에 세워진 최초의 교회였고, 전체 황해도에서 28번째로 세워진 교회였다.

아홉 살 소년 승길은 황해도 초기 교회의 초기 교인으로서 부모를 따라 서정리에서 2km나 떨어진 홍촌교회에 처음으로 출석하였다. 승길의 부모는 이길함 선교사가 평양에서 마포삼열 목사와 함께 선교지를 정하고 선교활동을 시작할 때부터 예수를 믿기로 결정하고 아들을 데리고 교회에 다녔다. 소년 승길이 14세에 학습을 받고, 15세에 선교사 한위렴 목사로부터 세례를 받았다.

일찍이 신문화에 대한 올바른 인식과 자녀의 기독교 교육의 중요성을 깨달은 승길의 부모는 승길을 3년간의 한학 공부와 소학교 3년을 마친 후, 숭실중학교에 입학시켰다. 소년 승길은 15세에 부모를 떠나 평양에서 기숙사 생활을 하며 마포삼열 선교사, 윤산온 선교사, 이길함 선교사, 한위렴 선교사, 곽안련 선교사들로부터 기독교 교육을 받았고 나라를 사랑하는 애국정신도 배우기 시작하였다. 또한 그 시절 씨름선수로도 이름을 날린 것은 빼놓을 수 없는 이야기이다. 15세의 중학생이 씨름판에 나가서 장정들과 겨루어 이기니 모든 사람들은 아이 장사가 났다며 떠들썩했다.

그는 웅변에도 뛰어난 소질이 있었다. 숭실중학교 교내 웅변대회에서 청중들을 사로잡았다. "고양이와 쥐가 싸운다면 고양이가 이기는 것은 자연스런 이치입니다. 그렇다고 해서 쥐들이 고양이를 피하기만 한다는 것은 어리석은 일입니다. 약하고 불리한 쥐라고 하여도 단단한 각오로 여럿이 힘을 모아 공격한다면 고양이를 이길 수 있습니다. 그렇게 하려면 많은 희생이 따르게 마련입니다. 그러나 어떤 희생을 치루더라도 없애야 할 고양이는 없어지도록 해야 합니다." 일본의 식민지 아래에서 이렇게 대담한 웅변은 모든 사람들이 품고 있던 응어리를 단번에 없애버리고도 남는 것이었다. 이런 일이 있은 후, 선생님들이나 여러 학생들은 승길이가 앞으로 큰일을 할 사람이라고 조심스럽게 대하기 시작했다. 공부에도 열중하며, 선후배를 사랑으로 대하고, 운동에도 뛰어난 승길은 만능 학생이었다. 방학이 되면 어김없이 고향으로 내려가 농사일을 돕고 주일학교 어린이들을 가르치는 훌륭한 교사 일도 하였다.

2. 소학교 교원시절

그는 19세가 되던 1905년에 숭실학교를 졸업했다. 젊고 패기 넘치는 나이에 그는 교사로의 길로 뛰어들었다. 그 이유는 당시의 시대적인 불행에서 벗어나는 길은 오직 교육밖에 없다고 생각했기 때문이다. 그가 처음으로 부임한 학교는 사리원 광성교회 안에 있는 광성소학교였다. 그는 교단 위에서 학생들에게 학문을 가르칠 뿐 아니라, 나라를 사랑하는 마음을 길러주려고 노력하였다. 또한 직접 독립운동에 참여하였다. 그래서 낮에는 학교에서 학생들을 가르쳤고, 밤이 되면 집집마다 방문하여 사상교육과 독립의 중요성을 인식시키는 일을 하였다. 이러한 방법으로 독립운동을 하니, 누구도 독립운동을 한다는 의심을 하지 않았다.

방학이 되면 서울로 가서 상동감리교회의 전덕기 목사를 중심으로 항일투쟁 전선에 뛰어들었다. 그때 함께 참여하였던 사람으로는 이동녕, 이준, 이승훈, 정순만 등이 있다. 소학교 교사로서 그는 안명근 사건, 서해교육총회 사건, 고종황제께 올리는 상소문 등의 사건에 개입하여 담대하고 용맹스런 투사의 모습을 보였다. 독립자금을 마련하기 위해 밤낮으로 부유한 집을 찾아다니며 협조를 구했다. 그는 학생들 사이에서나 여러 교사들 사이에서 열렬한 애국자로 인정받았다. 그는 1905년 4월에 교사로서의 첫 발을 내디딘 후, 1910년 일제에 의해서 만들어진 안명근 사건에 엮여서 검거되기까지 5년간을 교사로서 봉직했다.

2. 독립운동에의 참여

1. 해서교육총회 사건과 청년시절

1907년은 한국교회 내에 독립적으로 노회가 조직되어 교회의 독자적 발전을 기약한 희망적인 해였다. 그러나 한편으로는 일제가 교회를 탄압하기 시작하는 때였다. 뜻 있는 교회 지도자들과 민족 지도자들은 일본의 본격적인 침략을 막기 위해서 교회가 학교를 세워 교육사업을 통해 구국운동을 일으키려고 하였다.

교회의 교육운동이 다른 목적이 있음을 알아챈 일본 침략자들은 여러 가지 방법으로 교회 지도자들을 괴롭히기 시작했다. 그래서 일으킨 사건이 '해서교육총회 사건'과 '105인 사건'이다.

'해서교육총회'는 1908년 경 황해도에서 조직되었다. 중심인물은 김구, 최광옥, 도인권, 이승길, 김홍량 등 한국기독교계에서 쟁쟁한 지도자들이었다. 회장에는 백범 김구, 서기에는 이승길이 선출되었다. 당시 이승길은 22세였다. 해서교육총회는 황해도에 있는 학교들의 교육시설 확

충사업과 강습소를 열어 계몽운동에 힘썼다.

사상계몽과 학교를 통한 독립운동의 기미를 알아 챈 일본이 1910년 12월에 안명근의 독립운동자금 모금 사건이 탄로 나자, 해서교육총회 사건을 만들었다. 즉, 해서교육총회를 해산시킬 목적으로 약 160명 전원을 안명근 사건과 결부시켜 검거 투옥한 것이다. 김구, 안명근, 이승길 등은 혹독한 고문으로 허위자백을 강요받았고, 내란미수죄로 회원 40여 명은 제주도와 울릉도로 유배되었다. 이때 김구와 이승길 등 10여 명의 지도자들은 15년 이상의 중형을 받았다.

2. 한국독립운동사에 기록된 이승길

의병활동이 쇠약해진 후 항일독립운동은 애국적 신문화운동과 비밀결사가 중심이 되었다. 한일합병을 전후하여 평안도, 황해도에서는 신민회와 기독교인을 중심으로 신문화운동을 통한 독립운동이 뿌리 깊게 퍼지고 있었다. 조선총독부가 평안도, 황해도의 신문화운동을 발본색원하고자 사건을 날조하여 반일본인사, 기독교인, 신민회원 등을 일망타진한 것이 안악 사건, 105인 사건이다.

● 안명근 사건

안명근은 황해도 신천 사람으로 안중근 의사의 사촌동생이다. 항일독립운동의 모습이 비밀결사를 중심으로 이루어지던 때에 안명근은 자금을 모으고 무기를 구입하여 황해도 내 각 지방에서 전신, 전화 등 모든 연락통로를 차단한 다음 황해도에 있는 일본인들을 모두 처단하려는 계획을 세웠다. 안명근 의사는 준비단계로 안악, 신천 등지의 애국지사 박만준, 이승길, 배경진, 한순직 등과 모였다. 그러나 사리원에서 일제에 체포된 후, 뒤이어 배경진 이승길 등도 체포되었다. 이렇게 안명근의 투쟁계획이 드러나자, 황해도 지방의 배일문화운동을 말살하기 위해 기회를 엿보던 조선총독부 경무총감부는 사건을 날조하였다. 황해도 일대의 지식층과 재산가 160여 명을 검거하였다. 그 중에는 김홍량, 김구, 최명식, 이승길, 도인권, 김용제 등이 있었는데, 이들은 주로 안악의 양산학교와 면학회를 중심으로 교육을 통하여 애국적 문화운동에 종사하던 명사들이었다. 이들에게 '강도 및 강도미수죄', '내란미수죄', '모살미수죄' 등 죄명으로 사건을 날조하여 16명을 재판에 회부하였다.
재판에 회부되었던 명단과 형기는 다음과 같다.

종신형 안명근
15년형 김 구, 김홍량, 배경진, 이승길, 박만준, 원행섭
10년형 도인권
7년형 김용제, 최명식, 양성진, 김익연
5년형 최익형, 고봉수, 박형병, 장윤근, 한정교

이 외에도 40여 명이 제주도와 울릉도 등지에 유배되었다.

《한국독립운동사 제2권》, 국사편찬위원회 p. 77~84

3. 안명근 사건 판결문

판사 김정목, 김 택, 안치윤, 이용성, 이용상, 육종면

안명근 33세
황해도 신천군 두나일소면 청계동 1통 4호
농업, 해주읍 출생
강도 및 강도미수

이승길 25세
동도 봉산군 사리면 일리
학교 교사, 황주군 출생
강도

피고 안명근과 이승길은 각기 이원식에게 단총을 들이대고 수일 내로

전계자금 1만 원을 제공할 것을 협박하여 승낙을 받았다.

그 뒤 이승길, 배경진은 이원식에게 약속한 금액을 낼 것을 재촉했으나, 쉽게 해결이 되지 않으므로 안명근은 계속하여 앞서 계획과 이원식에 대한 가해행위를 알고 있는 피고 최익형을 동지로 가담시켜 동년 12월 26일경 이원식의 집으로 함께 가서 약속금 지연에 대한 추궁을 하고 만약 속히 돈을 내놓지 않으면 가족을 모두 죽이겠다고 협박했다. (중략)

명치 44년 9월 4일 경성공소원 형사부

독립운동사 자료집 11권》 의열투쟁사 자료집, 독립운동사 편찬위원회 p 545~551

4. 백범 김구 일지에 기록된 이승길

을사늑약이 체결되어서 대한의 독립권은 깨어지고 일본의 보호국이 되었다. 이때 사방에서 의병의 혈전이 시작되었다. 그러나 의분만 있을 뿐, 군사 지식이 없기에 도처에서 패전하였다. 이때에 나는 경성대회에 출석하였다. 대회는 상동교회에서 열렸는데, 표면은 교회 사업을 의논한다 하나 속은 순전한 애국운동의 회의였다. 의병을 일으킨 이들이 구(舊) 사상의 애국운동이라면, 예수교인은 신(新) 사상의 애국운동이라 할 것이다. 그때에 상동에 모인 인물은 전덕기, 정순만, 이준, 이동녕, 최재학, 계명륙, 김인집, 옥관빈, 이승길, 차병수, 신상민, 김태연, 표영각, 조성환, 서상팔, 이항직, 이희간, 기산도, 김병헌, 유두환, 김기홍 그리고 나 김구였다. 우리가 회의한 결과 작성한 것은 도끼를 메고 상소하는 것이었다. 1회, 2회로 사오 명씩 계속 상소하여 죽든지 잡혀 갇히든지 몇 번이고 반복하자는 것이었다.

상소를 하러 가기 전에 성순만의 인도로 우리 일동은 상동교회에 모여서 한 걸음도 뒤로 물러가지 말고 죽기까지 일심하자고 맹약하는 기도를 올리고 일제히 대한문 앞으로 몰려갔다. (중략)

《백범일지》, 도서출판 국사원, 서울 1947. 12. 15. p. 179-181

후에 알고 보니 황해도를 중심으로 다수의 애국자가 잡힌 것이었다. 이것은 왜가 한국을 강제로 빼앗은 뒤에 그것을 아주 제 것으로 만들어 볼 양으로 우리나라의 애국자인 지식계급과 부호를 모조리 없애버리자는 계획의 제1회였다. (중략) 이번 통에 잡혀온 사람은 황해도에서는 안명근을 비롯하여 신천에서 이원식, 박만준, 신백서 (중략) 봉산에서 이승길, 이효진 그리고 배천에서 김병옥, 연안에서 편강렬 등이 있고 (중략) 잡혀와서 다들 유치되어 있었다.

《백범일지》, 도서출판 국사원, 서울 1947. 12. 15. p. 200-201

5. 씨름판의 장사와 독립군 군자금

황해도와 평안도에서는 음력 5월 5일 단오가 되면 온통 축제분위기로 들뜨기 마련이다. 여자들은 그네뛰기대회로, 남자들은 씨름대회를 하는데, 1등을 하는 여자에게는 금가락지가 주어졌고, 장사에게는 살찐 송아지 한 마리가 주어졌다.

그런데 씨름대회가 열렸다 하면 소리도 없이 나타나서 송아지를 타가는 씨름장사가 있었다. 그가 바로 이승길이었다. 훗날 이승길 목사는 씨름으로 송아지를 타던 한창 때의 시절을 이렇게 이야기하곤 했다. “그때는 1년에 송아지 다섯 마리는 거뜬히 탔지. 열다섯 살 숭실학교 다닐 때부터 10여 년간 씨름판을 휩쓸었으니 내가 탄 소만도 50마리가 넘을 것이야.”

그렇게 많은 송아지를 타서 무엇을 했는지 물으면 “스무 살 전에는 송아지를 타서 가정 살림이나 학비에 썼었지. 그러나 나라의 독립에 대해 새로운 인식이 생기고 난 후부터는 독립군 군자금에 헌납했어. 씨름판에 나갈 때마다 군자금 헌납을 위한 것이라고 다짐하며 참가하면 역전승이라도 해서 꼭 승리했지. 그런데 송아지를 타면 그것을 팔아서 군자금으로 보내곤 하니까 사람들을 대접할 기회가 없었어. 그래서 마을 사람들과 친척들, 그리고 씨름 관계자들로부터 구두쇠니, 깍쟁이니, 노랑이니 하는 소리를 많이 듣게 되었지."라고 대답하셨다. 그래서 언젠가는 사람들이 하도 구두쇠라고 하여 할 수 없이 송아지 한 마리를 마을 사람들에게 내놓고 푸짐한 잔치를 벌였던 때도 있었다고 한다. 그가 씨름판에 나가서 소를 가져오는 일은 당연한 일이었고, 또한 가져온 소는 팔아서 군자금으로 보내는 일도 자연스러운 일이었다.

6. 고등계 형사에게 책망

안명근 사건으로 15년 형을 받고 해주형무소에 수감되었을 때 일이다. 어느 날 고등계 형사가 심문하기 위해 이승길 선생을 끌어왔다. 형사들은 아이 달래듯 하기도 하고, 심한 욕설과 매서운 채찍으로 심문하였다. 악이 오른 형사 하나가 이승길 선생의 옷 속에 담뱃불을 집어넣었다. 그러나 이승길 선생은 얼굴 표정 하나 일그러지지 않은 채로 곧게 앉아 있었다. 의연한 자세를 잃지 않는 선생을 향해 자기 분을 이기지 못하고 욕설과 함께 구둣발로 찼다. 그제야 묵비권을 행사하던 이승길 선생이 조용히 입을 열었다. "너 참 좋은 직분 맡았구나." 차분하고 무게 있는 음성에 형사는 더욱 화가 치밀어 다시 있는 힘을 다해 발로 찼다. 이승길 선생은 신음 소리 없이 쓰러졌다가 다기 일어나 몸을 세웠다. "너 참 장래성이 있구나." 흐트러지지 않는 음성에 형사는 겁이 나기도 했지만, 자기 겁이라도 쫓아내듯 정신없이 이승길 선생을 때리기 시작했다. 한참 후, 이승길 선생은 다시 일어나 "너 참 좋은 곳에 가겠다." 위엄이 서린 이승길 선생의 이 말이 떨어지자, 형사는 두려움과 공포마저 느끼며 몸을 움츠렸다.

좋은 직분을 맡았다는 말은 사람이나 때리는 직업을 가졌으니 얼마나 고통스럽겠느냐, 그 일에 손을 떼고 선한 사업에 몸을 바치라는 책망이다. 그리고 장래성이 있다는 말은 두 가지 뜻이 있는데 첫째는 이 땅에서 말로가 좋지 않다는 뜻이고, 또한 죽어서도 좋은 곳에는 못 가겠다는 뜻이 있었다. 셋째는 두 번씩이나 책망을 받고서도 회개할 줄 모르니 너 같은 사람은 지옥으로 가는 것이 마땅하다는 뜻이 있었다. 얼마나 여유 있고 무서운 이승길 선생의 책망이었던가.

7. 8년간의 형무소 생활

안명근 사건으로 김구, 김홍량 등과 같이 15년 형을 받았던 이승길은 7년 감형을 받아 8년 동안 형무소 생활을 하게 되었다. 그는 8년 동안 해주형무소와 서울 서대문형무소를 전전하며 귀한 젊음의 시간을 보내야만 했다. 건장하고 힘이 있는 청년이었지만, 감옥생활의 고통을 이겨내기란 쉬운 것이 아니었다. 일본 형사들은 자기들의 목적 달성을 위해 수단과 방법을 가리지 않고 고문을 가해왔다.

어느 날은 경찰서 지하실로 끌려갔다. 심문하는 형사에게 "이 사람아, 나는 조선의 독립을 찾겠다고 너희 섬사람들과 싸우고 있는데, 내가 말할 상대는 너 같은 형사가 아니라 너희를 황제 폐하라는 사람이다. 그러니 황제를 만나게 해 주기 전에는 한 마디 말도 할 수가 없으니 더 이상 묻지 말게."

형사는 이승길의 손발을 묶고 나무에 달아매고 채찍으로 사정없이 때렸다. 그의 코에는 고춧가루가 뿌려지고 입에는 수도 호스가 물려졌다. 이런 고문이 어찌 한두 번으로 끝났을까! 여름에는 인분통 옆에서, 겨울에는 차디찬 콘크리트 바닥에서 지내기가 일쑤였다. 여덟 번의 365일이 지나가기까지 건장하였던 육신은 쇠하여 갔지만, 가슴 속에 불타는 신앙심과 밝은 정신은 날로 강해만 갔다. 8년의 형무소 생활은 후에 목회생활을 하는 데에도 큰 영향을 주었고, 신앙 능력을 키우는 데에도 큰 도움이 되었던 것이다.

8. 정방산 사건과 이 목사

정방산은 20대의 청년 이승길이 독립운동을 할 때 오르던 산이며, 60

대의 목사가 되어 나라를 위해 큰일을 계획했던 곳이다. 60세의 이승길 목사는 박경구 목사와 최문환 선생과 뜻을 같이 하여 일을 계획했다. 이 일을 정방산 사건이라고 한다. 이 사건은 해방 이전에 국내에서 일어난 독립운동 중 빼놓을 수 없는 사건이다. 1944년 7월, 황주군에서 목회하는 목사, 전도사들에게 정방산으로 모이도록 공문을 띄웠다. 여름 수양회가 열리는 줄 알고 모였던 이들에게 특별한 뜻을 전하였다. "우리나라는 지금 일본의 학정 아래 있습니다. 그러나 제가 믿기로는 얼마 지나지 않아 일본은 망할 것입니다. 오늘 우리들은 일본이 망한 후 우리들이 이끌어 나가야 할 나라의 일을 상의하기 위하여 모였습니다 ……. 우리들이 일본이 망한 후, 우리가 책임져야 할 나라 일을 예비해 놓지 않는다면 큰 혼란과 무질서 속에 빠질 것입니다. 치안 문제도 중대하지만 국외에서 독립운동을 했던 애국지사들의 문제도 정말 중요하다고 생각합니다. 그들이 돌아와서 나라 일을 시작하려 할 때에 우리들이 아무 준비도 못 하고 있다면 그분들도 실망하실 것이고, 큰 효과를 얻을 수 없을 것입니다. 우리들은 이 나라를 이끌어 나갈 영적인 지도자입니다. 이것을 모두 명심하시기 바랍니다." 모인 이들은 이승길 목사의 인도로 뜨겁게 기도하였고, 앞으로 되어질 일들을 논의하였다.

이 모임에 의장은 이승길 목사였고, 서기는 강경구 목사(6.25 전날 밤 장연읍교회에서 공산당들에게 끌려가 순교를 당함)였다. 그러나 모임이 무르익어갈 즈음, 일본 경찰과 헌병이 들이닥쳤다. 겸이포중앙교회에서 이 목사 밑에서 일하던 이 전도사가 고문을 이기지 못하여 정방산 모임을 발설하고 말았기 때문이다. 그로 인해 모였던 20여 명의 교역자들이 체포되었다. 그리고 이승길 목사는 1년 2개월간 평양 형무소에 수감되어 있으면서 죽음에 이르는 온갖 고문으로 고생하다가 8.15 해방과 함께 석방되었다. 그가 석방되던 날 겸이포 주민들은 물론 전 황해도의 주민들이 현수막을 들고 나와 그를 환영하며 맞이하였다. 이승길 목사는 해방을 맞아 뜨거운 감격에 눈물을 흘리며 하나님께 감사의 기도를 드렸다.

3. 목회사역

1. 평양신학교 시절

이승길은 35세에 장로가 되었다. 그는 1921년 평양신학교에 입학하여 남은 생애를 주님께 헌신하기로 작정했다. 그는 신구학문을 겸비했을 뿐 아니라, 공부를 향한 열심이 대단했고, 경건생활도 다른 모든 학생들의 본이 되었다. 안명근 사건으로 수감되었던 8년 동안 성경을 통해 많은 은혜를 받았고, 뜨거운 체험을 하였다.

교장인 마포삼열 목사는 학생 이승길을 극진히 사랑했으며, 장차 한국교회의 큰 일군이 될 것이라고 기대를 걸었다. 곽안련 목사가 이승길 장로를 앞으로 불러내어 갑작스럽게 설교를 요청했을 때, 한 시간 수업시간 내내 어찌 열심히 설교를 하는지, 그리고 그 내용이 얼마나 진지했던지 아무도 멈출 수가 없었다. 교수님의 칭찬과 설교학 시간만 되면 이 장로의 설교를 듣자는 학생들의 요청이 많이 들어왔다.

이승길 장로는 신학교를 졸업하고 2년 후에 황해 노회장으로 피선되었다. 그리고 12년 후인 51세에 총회장으로 피선된 것을 보면, 신학교 학생 시절 그의 인품과 덕망이 뛰어났음을 알 수 있다.

2. 원산 광석교회 목회

이승길 목사는 황해도 장연읍교회에서 10년간의 목회를 한 후 함경남도 원산 광석교회에서 목회를 하게 되었다. 황해도에서 청년시절 젊음을 바쳐 독립운동을 했기 때문에, 일제의 감시가 항상 뒤따랐다. 그래서 아주 멀리 모르는 지방에 가서 목회를 하자는 생각이 있었다. 더 깊은 의도는 원산에 가서 해외 이주 애국자들을 만나 그들과 나라의 일을 의논하려고 하는 것이었다.

광석교회는 이 목사의 열심과 하나님의 크신 도우심으로 크게 부흥될 수 있었다. 그리하여 당시 원산에서 제일 큰 교회로 500여 명이 모일 수 있었다.

국내 독립 운동가들은 여름이 되기까지 전국 각지에서 군자금을 모았고, 여름이 되면, 명사십리 해수욕장을 찾는 것으로 가장하여 원산에 머물면서 독립군에게 군자금을 전하곤 하였다. 이러한 모든 활동의 중심이 광석교회였다. 이 목사는 원산지역에서 많은 구국열사들과 만나면서 광석교회에서 4년간의 목회생활을 하였다.

3. 겸이포중앙교회 목회

이승길 목사는 원산 광석교회에서 4년간의 목회를 마치고 겸이포중앙교회로 가게 되었다. 당시 교세는 장년 150여 명, 주일학교 학생이 250여 명, 전체가 400명이 조금 넘었다. 그 후 이 목사가 10년을 시무하는 동안 2천여 명이 모이는 큰 교회로 부흥하게 되었다. 예배당을 신축하였고, 유치원도 부설하였다. 이 교회를 시무하는 동안 평양노회장에 2번 피선되었고, 평양신학교 이사와 대한예수교장로회 25회 총회장까지 피선되는 영광을 누렸다. 여기에서 지낸 10년은 이승길 목사의 목회생활 40여 년 동안에 최고봉을 이룬 시기였고, 50대 목회자로서의 역량을 최고로 나타냈던 시절이었다.

그런데 10년의 겸이포중앙교회 시무 기간 중, 큰 환난을 맞게 되었다. 일본이 한국교회에 신사참배의 문제로 온갖 핍박을 가했던 것이다. 일본의 핍박이 극도에 달할 때는 이승길 목사가 평양노회장이요, 총회장이었을 때이다. 이 목사는 교인들에게 신사참배는 성경 말씀에 어긋나는 일이며, 십계명 중 제 1, 2, 3계명에 어긋나는 일이기에 결코 참배해서는 안 된다고 주장하였다. 이 목사는 이 큰 환난을 견디며 교회를 지키다가

1944년 5월에 정방산 사건을 일으키게 된 것이다.

4. 인천에 나타난 황해도 호랑이

이 목사는 1950년 6.25 사변이 발발하기 전까지 황해도 옹진반도와 연백군 일대에서 토마스전도단을 결성하여 활동했다. 6.25가 터지기 제주도로 피난을 갔다가 인천상륙작전이 성공하자, 인천으로 올라와 전도활동을 시작했다.

1885년 4월 5일 부활주일 새벽, 장로교 선교사 언더우드 목사와 남감리교 아펜젤러 목사 부부가 인천에 도착했다. 인천은 감리교 선교구역이 되어 내리감리교회를 중심으로 창영감리교회, 율목감리교회, 화수감리교회 등 큼직한 교회가 10여 곳에 세워졌다. 따라서 6.25 사변 전까지 인천에는 장로교회가 거의 없었다.

이승길 목사는 인천에 도착하자마자, 평안도에서 월남해 온 이기혁 목사 등과 함께 교회를 개척하기 시작했다. 이기혁 목사는 인천제일교회를 세웠고, 이승길목사는 1951년 9월에 인천제2교회와 연을 이어 제3, 4, 5, 6, 7, 팔복교회, 중앙교회 등을 세웠다. 현재 인천에는 장로교회가 감리교회보다 교회 수로나 교인 수로나 훨씬 더 많은 것을 볼 수 있다. 이렇게 장로교회가 인천에서 크게 부흥할 수 있었던 것은 이승길 목사의 공이 컸다고 하겠다.

인천에서 이승길 목사와 관계있는 교회만 하여도 송월동교회, 학익교회, 도산교회, 계산동교회, 서곶교회, 수봉산교회 등 여러 곳이 있다. 이 교회들은 이승길 목사로부터 직간접적으로 영향을 받았다.

이승길 목사가 인천에 처음 왔을 때는 64세였다. 인천은 이 목사가 말년에 마지막 정열을 쏟아 주의 복음을 전한 곳이었다. 그 복음의 씨가 뿌리를 내리고 열매를 맺어 오늘은 인천노회를 이룰 수 있었고 교회의 성장을 가져올 수 있었다.

1. 장로교회 명총회장

이 목사는 1924년 평양신학교를 졸업하고, 그 해에 황해노회에서 목사안수를 받았다. 그리고 장연읍중앙교회에서 10년간 목회생활을 했고, 평안남도 겸이포중앙교회에 부임하면서 평양노회장을 지내게 되었다.

또 1936년 전남 광주 양림교회에서 총회가 열렸을 때, 장로교 총회장으로 피선되었다. 이승길 목사는 총회에서 부서기로 두 번의 임기를 지내긴 하였지만, 부회장도 되지 않고 그대로 회장으로 피선된 데에는 이 목사의 깊은 영향력 때문이리라.

25회 총회는 한국교회 역사상 가장 문제가 많았고 어려운 때였다. 찬송가 편찬으로 이남과 이북의 교회들이 분열의 위기에 처했다. 성품이 원만하며 모든 이들에게 호감을 주는 이승길 목사가 270여 명의 지지를 받고 총회장으로 피선되자 총회는 서서히 변화를 나타내기 시작했다. 이승길 목사의 당선 소감과 호소의 이야기로 모든 총대들은 소리 높여 회개하였고, 분열 직전의 총회는 하나가 되었다.

2. 신사참배 반대

안광국 목사의 《한국교회 선교 100년 비화》에 「신사참배 문제로 교회 수난」 이란 제목으로 이승길 목사에 대해 다음과 같이 기록하고 있다. "1936년 12월 평양노회장 이승길 목사는 평양 장대재교회에서 임시노회를 소집했다. 노회원들은 모두 장대재교회로 모여들었다. 당시 평양경찰서장은 임시노회가 모이지 못하게 하려고 해산명령을 내렸다. 이때 노회장 이승길 목사는 경찰의 해산명령에도 불구하고 노회장이 소집하는 것이니 모이라고 소리를 쳤다. 그러나 모든 회원들은 흩어져 버리고 말았다."

또한 같은 사건에 대해 강신명 목사는 1974년 9월 27일자 중앙일보의 「남기고 싶은 이야기들」에서 비극의 총회라는 제목으로 실었던 적이 있다. "일제는 신사참배가 단순한 국가의식이라고 하여 학교에 먼저 신사참배를 강요하고 간접적으로 교회에도 압력을 가하고 있었다. 당시 장로교 평양노회장 이승길 목사는 이 문제를 의제로 임시노회를 장대현교회에서 소집했다. 일본경찰은 신사참배의 문제가 자신들의 방침과 반대 방향으로 진전되는 것을 원하지 않았다. 형사들을 동원하여 회원들을 해산시키는 한편 노회장인 이승길 목사를 경찰서로 연행해 갔다."

이승길 목사는 구속될 것을 각오하고 두툼한 한복과 버선, 고무신을 신고 일경과 항쟁했다. 본래 이 목사는 몸이 큰 데다 머리를 빡빡 깎고 다니셨고 힘깨나 쓰는 분이었다. 그렇기 때문에 그가 평양교회의 선봉에 서서 투쟁할 때 그의 모습은 성직자라기보다 장군다운 위용이 있었다. 위의 내용은 안광국 목사와 강신명 목사의 목격담을 그대로 적은 것이다. 이승길 목사는 평양노회장으로 신사참배라는 거대한 우상과 맞서서 용감히 항쟁했다.

3. 황남노회 조직과 육성

1945년 8월 15일 해방과 함께 주의 일군들은 복음을 자유롭게 전할 수 있었다. 이승길 목사는 옹진반도와 연백군을 중심으로 전도사업에 나섰다. 당시에 같이 일을 나섰던 사람으로는 토마스 목사의 연구에 심혈을 기울였던 오문환 선생을 위시하여 김락영 장로, 청년 이삼성 등이 있다. 뜻을 모아 주의 사업에 앞장선 이들은 토마스 전도단을 조직하였다. 그리고 전도단장으로 이승길 목사가 추대되었다. 또한 이승길 목사는 백령도와 연평도 연백과 옹진군을 중심으로 황남노회를 조직하기에 이르렀다. 과거에 감리교가 크게 교세를 떨친 옹진구역에 장로교회를 세웠다.

4. 경력으로 본 이승길 목사

이승길 목사는 대한예수교 장로교회의 큰 일군이다. 총회장, 평양노회, 황해노회, 황남노회 등에서 영적 지도자로서의 역량을 발휘했다. 43년의 목회자 생활 중에 노회장 12번, 부노회장 4번, 총회 부서기 2번, 총회장 2번을 역임했다.

5. 월남한 후의 일

1. 김구 선생과 이승길 목사의 우정

김구 선생은 나라를 위해 몸 바칠 애국청년을 찾고 있었다. 그러던 차에 소학교 교사 이승길을 만나본 김구 선생은 그의 깊은 신앙심과 애국심을 알아보고 함께 일할 동지로 인정하기에 이르렀다. 당시 김구 선생은 33세였고, 이승길 목사는 22세의 젊은 나이였다. 김구 선생은 청년 이승길을 믿었고, 독립을 위한 모든 일을 상의하였다. 황해도 북쪽 지역(황주, 안악, 신천, 봉산, 은율 등)은 이승길에게 맡기어 애국운동을 일으키도록 하기도 했다.

김구 선생은 청년 이승길을 이준, 이동휘 등 독립 운동가들에게 소개하였다. 그리하여 서울 상동교회에서 애국자들이 모였을 때, 이승길은 황해도 대표로 초청을 받아 참석할 수 있었다. 김구 선생이 상해 임시정부에서 독립운동을 할 때, 이승길은 목사로서 김구 선생을 위하여 늘 기도했다.

8.15 해방이 된 후 1947년 2월, 72세의 김구 선생은 나라의 지도자로서, 61세의 이승길 목사는 예수교장로회 지도자로서 김구 선생의 집에서 다시 만났다. 30년 만에 재회하는 감회는 실로 컸다. 김구 선생은 이승길 목사에게 나라를 위해 힘써 일해 보자며 도와달라고 요청을 했다. 이 목사는 자신은 목사인 까닭에 나라를 위한 일보다 하나님을 위한 일을 해

야 한다고 말하며, 나라를 위해 끊임없이 기도하겠다고 대답했다. 이 목사는 10여 일간을 김구 선생의 집에 머물렀다.

이 목사는 김구 선생이 참된 그리스도인이 되도록 항상 권면하였다. 훗날 김구 선생이 예수를 믿고 세상을 떠난 것은 이 목사의 권면과 기도로 이루어진 것이었다. 김구 선생이 안두희에게 암살당했다는 소식을 듣게 되었을 때, 이 목사는 며칠간 식음을 전폐했다. 그 모습에는 이제까지 이 목사에게서 찾아볼 수 없었던 슬픔이 서려 있었다. 장례를 마칠 때까지 상제와 같은 모습으로 지냈다. 목회생활 중 김구 선생에 대해서 많은 이야기를 했고, 이승만 대통령 재임시절 나라가 위경에 있을 때, 김구 선생이 계셨더라면 하는 아쉬움이 늘 있었다.

2. 대학신문 발행인 이승길 목사

이승길 목사는 8.15 해방이 되자 서울에 월남하여 김구 선생이 거처하는 경교장 앞 서대문여관에 머무르면서, 대학신문의 발행을 도맡아 하게 되었다. 당시에 일을 도왔던 사람으로는 이삼성 집사가 있었다. 대학신문은 대학생들을 상대로 하여 기독교 사상을 전달하는 것을 그 주요 내용으로 하고 있었다. 그 당시는 해방 직후이어서 서로 애국자임을 자처하며 나섰고, 정치적으로도 혼란스러웠고, 사상적으로 우익과 좌익의 충돌이 심했던 때였다. 이런 상황에서 신문을 통해 지성인들의 마음을 일깨우고자 했던 것은 놀라운 선경지명이라고 할 수 있다.

이 목사는 1년간 신문을 발행하는 일에 전념한 후, 다른 사람에게 넘겨주기로 하였다. 하나님께서 원하시는 것은 대학신문을 만드는 것이 아니라, 사람들에게 복음을 전하는 것이라고 여겼기 때문이다. 신문사 사원들과 몇몇 신앙의 동지들에게 자신의 뜻을 밝힌 후, 이튿날 옹진으로 떠났다.

3. 토마스 기념전도단 조직

이 목사는 하나님의 일꾼으로 복음을 전하는 일에만 열중하기 위해 옹진으로 출발했다. 이 목사는 토마스 목사를 기념하기 위한 전도단을 조직했다. 토마스 선교사는 1859년부터 황해도 해안으로 와서 복음을 전하기 시작했고, 그 결과 훗날 옹진군 백령도에는 타 지역에 비해 일찍 교회가 세워졌으며, 도내의 복음화가 이루어졌다. 이 목사는 토마스 선교사가 주로 전도하였던 그 지역을 전도의 대상으로 삼았던 것이다.

이 목사와 토마스 기념전도단 일행은 악기를 짊어지고 서울을 출발했다. 17명의 대식구는 서울을 출발하여 버스도 타고 배도 타고 걷기도 하며 10여일의 긴 여행 후 황해도 옹진군 옹진반도에 있는 옹진읍에 도착하게 되었다.

토마스 전도단 단원들 가운데 훗날 목사가 된 사람들이 많았다. 이삼성 목사, 당시 20대 서북청년단원이었던 정문호 목사, 인천학익교회 전종훈 목사도 당시 토마스 전도단 시절 주님을 위해 평생을 바치기로 결심하였던 것이다. 특히 전종훈 목사는 이 목사 생존 시에 총애를 받았으며, 결혼 주례와 목사안수까지 받았다. 토마스 전도단은 옹진반도에 14개의 교회를 세웠다.

이 목사가 전도를 하면서 가장 힘썼던 것은 미신타파, 우상타파였다. 노인들과 미신을 섬기는 마을 아낙네들은 돌을 던지며 반대하고 마을에서 내쫓았지만, 젊은 층에서는 큰 찬사를 보냈다. 당시 정부에서 미신타파 사업에 중점을 두어 학교에서 가르쳤기 때문에, 토마스전도단이 가는 곳마다 젊은이들이 모였고, 미신타파하는 예수쟁이들이라며 응원을 보냈다. 우상숭배자들 앞에서 산당에 불을 놓는 모습에 감히 아무도 대항하지 못했다. 이 목사는 "참 신은 하나님뿐이시라"고 이야기를 했다.

4. 옹진읍에 교회 개척

옹진반도는 감리교 전도지역이었다. 이 목사가 옹진읍에 와서 머물자, 옹진감리교회 도인건 목사가 찾아와 항의를 하였다. 하지만 이 목사는 복음을 전하러 온 것이라고 하며 협조를 구하였다. 그리고 일본 사람이 요릿집으로 쓰던 적산가옥을 수리하여 교회로 개조한 후 첫 예배를 드렸는데 모인 교인이 80여 명이었다. 교인 대부분이 월남해 온 장로교인들이었다. 교회 이름을 옹진읍중앙장로교회라고 지었다. 밤에는 교회를 증축하고, 낮에는 노방전도를 나갔다. 이승길 목사는 1년간 옹진에 머물면서 교회를 300여 명이 모이는 큰 교회로 발전시켰다.

5. 부흥회 인도는 이렇게

평양신학교 시절 설교를 잘 하기로 소문났던 이 목사는 부흥회 인도에도 유명했다. 이 목사의 설교는 성경 중심이었다. 성경 본문을 읽고 절절히 분해해 나가는 설교였다. 부흥회 낮 예배시간에는 로마서 공부를 했다. 이 목사의 로마서 강해는 참으로 은혜로웠다. 특히 예정론에 대해서 설명할 때에는 듣는 교인들의 마음에 하나님의 선택하심과 구원에 대한 확신을 심어주었다. 이 목사는 특유의 투박하고 느릿한 엄숙한 분위기에 친밀감 넘치는 어투로 듣는 사람의 마음을 사로잡았다. 누구든지 듣기에 어렵지 않았고, 유머 섞인 설교였던 것이다.

이 목사는 부흥회에 가면 음식에 대해 신경을 많이 썼다. 식사를 준비하시는 분에게 자신의 식성을 미리 알려주었다. 매끼 통닭 한 마리에 녹두부침 두 짝, 숭늉에 누룽지 한 대접, 밥 한 그릇씩 드셨다.

이승길 목사가 인도하는 부흥회는 교인이 넘쳤고, 울며 회개하는 성령의 역사가 일어났다. 이 목사는 부흥회 때에 겉으로만 끓어오르는 것을 과히 좋아하지 않았다. 그래서 마룻바닥을 치며 울며 기도하는 교인들을 보면서 "성도님, 마룻바닥을 치지 말고 가슴을 치며 진심으로 회개하시오.”라고 말했다.

어느 할머니 성도는 며느리에게 학대받는 것이 서러워서 기도하고 있었다. 이 목사는 이렇게 조언했다. “할머님, 젊어서 며느리 노릇 잘 하셨더라면 오늘 같은 일은 없었을 것입니다. 그러나 지금이라도 하나님의 은혜를 받으시려면 며느리에게 주님의 사랑을 보이십시오.” 이 목사가 인도하는 부흥회 곳곳마다 놀라운 부흥의 역사를 이루게 되었다.

6. 인천제2교회 목회

1. 인천제2교회 시절

이 목사는 6.25 피난길에서 돌아와 인천에 정착하였다. 그 이유는 인천이 황해도 피난민이 많이 모였던 곳이었기에, 피난 나온 황해도민을 위해 일하고 싶은 생각이 간절했기 때문이다.

인천제2교회는 1948년 6월 13일, 김덕수 전도사가 노방전도를 하면서 시작되었다. 한편으로는 노방 전도를, 한편으로는 40여 평의 땅에 인

◀ 인천제2교회 첫 예배당_1952년 준공

▶ 이승길 목사 위임식 _1955년 11월 6일

천제2교회를 건축하기 시작했다.

1952년 봄. 버려졌던 교회가 준공되었고, 흩어졌던 교인들이 다시 모였다. 그때 이후로 인천제2교회는 해마다 부흥을 거듭하였다. 환갑이 넘은 이 목사는 자신의 마지막 목회인 것을 깨닫고 있는 힘을 다해 최선의 목회가 되도록 힘을 썼다. 이 목사는 15년 동안의 인천제2교회 목회 중 한국교회의 보수신앙을 고수하려고 하였고, 이러한 철저한 신앙 안에서 1천여 명이 모이는 큰 교회로 성장시켰다.

2. 부목사에게 설교권을

1954년 박도삼 목사가 경상북도 괴평교회에서 시무하고 있을 때, 이승길 목사로부터 부목사로 와달라는 청을 받게 되었다. 하지만 주변의 목사들은 이 목사가 부목사에게 설교권을 주지 않을 것이니 가지 말 것을 간청했다. 하지만 박 목사는 결심을 하고 인천제2교회 부목사로 올라왔다. 유명한 목사이기에 부목사에게 설교권을 주지 않으리라고 여겨졌던 이 목사는 신년설교, 추수감사절 설교, 성탄절 설교는 물론 주일 낮 예배 설교까지 인도하도록 했다. 부목사 때에 설교를 많이 해 보아야, 단독목회를 할 때에 힘이 된다는 것이다. 이 목사는 박도삼 목사를 지극히 사랑할 뿐 아니라, 목사로서의 자질도 성장시켰던 것이다.

이 목사는 후배 목사가 교회를 방문하면 무슨 일이 있더라도 주일 설교나 수요일 예배 설교를 하도록 하는 것으로 유명했다. “목사는 늘 설교 준비를 하고 다녀야 합니다. 자, 오늘 설교를 부탁합니다.” 이렇게 후배 목사를 키워주며 격려하기를 아끼지 않은 모습에서 이 목사의 인품을 엿볼 수 있다.

3. 전도관은 이단집단

전도관의 바람이 인천에 불어왔다. 일부 교회는 전도관 때문에 큰 피해를 입었고, 심지어 교인의 대부분을 전도관에 빼앗기기도 했다. 이 목사는 강단 위에 오를 때마다 전도관이 이단임을 강조했고, 교인들에게 휩쓸리지 않도록 경고했다.

이승길 목사는 8년 동안 옥고를 치르면서 성경을 철저히 탐독했다. 그래서 비성경적인 신앙윤리에 찬성할 수 없었던 것이다. 예수를 잘 믿는 것 같던 평신도, 장로, 집사, 권사는 물론 목사들마저도 전도관으로 따라가는 것을 심각한 상황으로 여겼다. 그러나 이것은 그들만의 잘못으로 보지 않았다. 교회의 지도자들이 양떼들을 참 진리로 가르치지 못한 것을 지적하였다. 성경 중심으로 설교하지 않고, 남의 설교를 베끼는 식의 설교를 했던 교회들을 책망하였다.

뿐만 아니라, 이 목사는 그 누구에게든지 이단 집단에 가지 못하도록 막았다. 구경해봤자 이단이요, 어떤 교회는 교인이 500명 중 70명만 남기고 전부 박태선에게 갔다는 이야기를 하며 우리 교인들은 구경도 하지 말 것을 설교 중에도 반복하여 경고하였다.

이 목사가 시무하던 인천제2교회는 거리상으로 전도관과 가장 가까운 위치에 있었음에도 불구하고 한 생명도 잃어버리지 않고, 참 진리로 지킬 수 있었던 것은 이 목사의 성경에 바탕을 둔 신앙 능력과 끝없는 기도가 있었기 때문이리라.

4. 인천의 18금과 부산의 18금

학익동교회 전종훈 목사와 제7교회 백인성 장로 등 여러 명이 전도관에 대한 이야기를 하던 중, 이 목사는 "인천의 18금과 부산의 18금이 다르다니, 모를 일이지?"라고 말했다. 그 뜻을 묻자, "거짓이 없는 금이라면 어딜 가나 항상 금이 아니겠소. 조금이라도 달라진다면 그건 가짜겠지요. 이 말은 전도관이 분명한 신앙운동이라면 그 바탕이 성경에서 나와야 된다는 것이지요. 그리고 변함없는 진리로부터 나왔다면 전도관이 주장하는 예수님과 우리가 믿는 예수님이 같아야 되지 않습니까? 그런데 전도관에서 주장하고 가르치는 예수는 우리들의 예수와 다르고, 분명하신 말씀에 비추어 봐도 다릅니다. 그렇기 때문에 우리는 전도관을 인정할 수 없는 것입니다. 그곳에서 은혜를 받았다는 말은 거짓이며 마귀의 역사일 뿐입니다. 우리는 전도관에 대해 비판해야 합니다. 철저하게요. 질적으로 다른 것에 동조하거나 호의를 보일 수는 없습니다." 이 목사의 설명을 들은 사람들은 모두 고개를 끄덕였다.

전도관이 성경적 지식이나 교리적 이해가 부족한 가운데 사람들을 미

◀ 증축한 예배당_1959년

혹하던 때에, 많은 믿는 사람들조차도 제대로 분별하지 못하였다. 신앙에 조금이라도 관심이 있다는 사람들은 전도관에 대해 말하면서 서로 이단이니 아니니 자기의 주장을 굽히지 않았던 시기였다. 이때에 이 목사는 분명하고도 뚜렷한 확신으로 전도관은 이단의 집단이라고 규정하였던 것이다.

처음엔 이단의 세력이 부쩍 성장하여 진정한 교회보다 흥하게 보인다 하더라도 오래 가지 못하기에 염려하지 말라고 하였다. 우리가 해야 할 일은 하나님께 전심으로 매달리며, 참된 말씀으로 대적하는 것이라고 하였다. 박태선이 처음 출현하여 사람들을 미혹시킬 때, 이 목사는 전도관의 부당성을 주장하여 올바른 길로 인도하는데 열심을 다하였다.

5. 동네 영감 말도 듣는데

인천제2교회 안에는 부설기관으로 마르다 모자원이 있었다. 모자원의 교인 중 한 명이 전도관 집회에 참석하려는 것이었다. 이 사실을 이 목사가 알게 되었다. 이 목사는 자신의 양떼에 대한 실망감으로 크게 호통을 쳤다. “모자원에서 밥 주고 옷 주며 예수 믿게 했더니, 전도관으로 가시겠습니까? 도움 받은 후에는 동네 영감의 말도 들어주는데, 목사의 말은 안 들어주십니까?” 이 목사는 당장에 모자원에서 내쫓으라고 했다. 하지만 곧 부목사를 불러서 위로하는 말로 잘 타일러서 감싸주도록 하였다. 겉으로는 엄하고 무서운 것 같으나, 마음 속 깊은 곳에는 따뜻한 사랑과 인자함이 서려 있었던 것이다.

6. 종소리가 안 들려서

교회 지척에 있는 모자원에 있는 분들은 거의 다 새벽예배를 나왔다. 그런데 한 분이 계속 나오지 않아 이 목사가 물었다. 여성도는 교회 종소리를 듣지 못해서 못 나온다고 대답하는 것이다. 이 목사는 버럭 소리를 지르며 “내가 말하는 소리는 들립니까? 그 귀에 대포나 쏘면 듣겠습니까?" 했지만, 여전히 마음에 찔림을 받지 못하고 핑계를 대었다. 이 목사는 "게으른 신앙생활을 하다가 지옥 가는 것이 대포 맞고 죽는 것보다 더 무서운 것을 알아야 합니다."라고 말했다. 이 목사는 새벽기도를 무척 강조했다. 영적 성장의 필수조건으로 기도를 강조했고, 새벽기도의 시간을 다른 어떤 시간보다 귀중히 생각했다.

7. 예수님이 쿨쿨 주무셨다는 말은 잘못

이 목사는 때때로 부목사에게 설교권을 주어 부목사가 목사로서의 자질을 키우도록 했다. 그리고 성경 말씀에 근거하고, 성경 말씀을 중심으로 설교를 하라고 당부했다. 인천제2교회 부목사인 박도삼 목사가 설교할 때의 일이다. 그 날은 '예수님이 바다를 꾸짖으시니'라는 제목으로 설교를 하였다. 성도들은 은혜로운 설교에 감사했다. 그런데 예배를 마치고 이 목사는 박 목사를 불렀다. "오늘 설교는 정말 은혜로웠습니다. 박 목사 수고하셨어요." 하며 만족스러운 듯 칭찬의 말을 했다. "그런데 ……. 성경말씀에 없는 이야기를 하시더군요." 박 목사는 긴장된 얼굴로 바라보았다. "예수님께서 쿨쿨 주무셨다는 구절이 마태복음 몇 장 몇 절에 있나요?" "쿨쿨 이요?" "내가 박 목사님께 항상 말하지 않았나요? 성경에 나온 말씀 외에는 더 첨가하지도 빼지도 말라고요. 설교자가 그걸 잊어선 안 됩니다. 별 것 아닌 것 같지만, 항상 주의해야 합니다." 후에 박도삼 목사가 대설교가로 성장할 수 있었던 것도 이 목사의 가르침과 성경 중심의 설교에 힘입었다고 하겠다.

8. 금혼식과 성역 42주년

1957년 11월 1일. 이승길 목사의 결혼 50주년과 목회 41주년, 그리고 이 목사의 진갑날을 기념하기 위해 인천제2교회에 천여 명의 사람들이 모였다. 젊은 나이에 독립운동을 하다가 하나님의 부르심을 받고 30세부터 복음사업에 헌신했던 일, 전도자로서 시작하여 황해노회에서 목사 안수를 받았던 일, 장연읍중앙교회에서 10년, 원산 광석교회에서 4년, 겸이포중앙교회에서 10년, 옹진에서 3년, 인천제2교회에서 12년, 41년간의 목회생활. 이 목사는 이 모든 일들이 하나님의 섭리와 은혜 가운데서 이루어진 것을 깨달았다.

50년을 해로한 부부는 옛날 결혼할 때 입었던 옷으로 차려 입었다. 고한규 장로의 주례사가 있었다. "…… 신부 김유선 양의 뒷받침으로 신랑 이승길 군은 오늘에 이르러 성공한 목회자로서 사람들의 존경을 받을 수 있다고 생각합니다 ……. (중략)" 이 목사의 오랜 친구인 김락영 목사의 축사가 있었다. 이날에는 많은 선물들과 축의금, 축전이 있었다. 그러나 가장 이채로웠고 식장을 빛낸 것은 당시 부통령이었던 함태영 목사가 보내온 족자였다.

7. 일생에 얽힌 일화들

1. 목사님 말씀대로 되었어요

황해도 겸이포중앙교회에서 시무하던 시절. 이 목사가 가장 정성과 헌신으로 봉사하던 때이다. 유치원을 경영하며 어린이 교육에 큰 관심을 가졌는데, 유치원 건축에 한 사람의 반대자가 있었다. 교회의 이 장로였다. 그는 교회에서 가장 돈이 많았던 사람이다. 이 목사의 부탁에도 끝까지 거절하다가 결국은 교회를 떠났다. 그 이후 교인들은 힘을 합쳐 유치원을 세웠다.

5년이 지난 후, 이 목사는 황주읍에서 부흥집회를 하게 되었다. 그때에 이 장로의 아내를 만나게 되었다. 아내는 "떠나기 전에 목사님께서 화가 나셔서 책망의 말씀을 하셨었는데, 그 말씀대로 된 것이지요. 사업은 실패했고, 아들은 죽었고, 며느리는 두 손자를 나 모른다 하고 다른 집으로 시집갔어요. 두 늙은이는 죽지 못하고 살아 있어 솜을 틀면서 겨우겨우 생계를 유지하고 있습니다." 이 목사는 큰 교훈을 얻었다. 그래서 후배 교역자들에게 항상 충고하는 말이 있었다. "목사는 저주하는 말을 해서는 안 돼. 교인들 앞에서 아무리 목사와 교인들을 괴롭힌다 하더라도 저주 섞인 말은 하지 않아야 돼." 그리고 부흥회 때나 설교 때 이런 말을 했다. "목사와 교회에 욕먹을 짓은 하지 맙시다. 예수님 믿으면서 욕먹을 짓은 하지 마십시다. 우리들의 물질과 건강은 하나님께 봉사하도록, 선한 일을 하도록 주신 것입니다."

2. 목회 성공의 비결은

이 목사는 목회성공의 비결에 대해 자주 질문을 받을 때면, 이렇게 대답하였다. "목사가 한때 목회를 잘 하는 것으로만 성공이라고 할 수는 없습니다. 목사는 세상 떠날 때까지 목회를 하는 것이라고 생각합니다. 그리고 후세에 목사를 평가할 때 그 목사의 살아온 생애가 전혀 무시될 수는 없지요." 그가 강조하는 것은 평생목회였다. 한때의 헌신이 아니라, 전 생애 동안 봉사와 헌신을 하는 것이다. 이 목사가 재미있는 이야기로 들려준 것은 "목회에 성공하려면 한 마디로 중국 사람들 채소밭 김매듯이 하면 된다."는 것이다. 즉 어떤 채소든 한 번 재배하기 시작하면 채소밭에서 하루 종일을 보낸다. 잡초가 자라지 못하도록 손질한다. 목사가 교회를 돌볼 때 바로 이런 열심 있는 마음이 요구된다는 것이다.

이 목사가 평소 목회생활에 중시했던 것은 첫째, 설교 준비는 철저히 하고 설교할 때는 온 정력과 최선을 다해야 한다. 둘째, 기도는 게을리 하지 않아야 하고, 하늘을 향해 간구와 애원의 기도가 있을 때에야 능력을 공급받을 수 있다. 셋째, 심방하는 일에 부지런해야 한다. 이 목사는 자신이 주장한 바대로 목회생활에 충실하여 은혜로운 교회로 성장시켰다.

3. 목사가 무슨 장관이 되나요

이 목사가 1953년 66세 되던 해에 뜻하지 않았던 방문이 있었다. 대통령이 보낸 경무대 비서였다. 대통령이 이 목사를 장관으로 추대하고자 하여 이 목사의 의중을 확인하러 온 것이다. 이 목사가 젊은 시절에 애국운동에 힘을 썼기 때문에 자유당 시절 이 목사를 장관으로 추대하려고 한 것이다. 하지만 그는 정중하게 거절하였다. "저는 목사입니다. 목사가 무슨 장관입니까? 목사는 목사의 일이 있는 것이지요?" 이 목사는 가끔 그때 일을 떠올리면서 "내가 목사가 아니었다면 장관이 될 뻔했습니다. 나는 대통령의 인정보다 하나님의 인정을 받고 싶어서 장관 자리를 포기했지요." 이 목사의 모습은 휴식하는 성자와도 같았다.

8. 가정

1. 결혼과 부인 김유선

이승길 목사는 19세에 18세의 김유선과 결혼을 했다. 그가 맞이한 부인 김유선은 숭의여학교 1회 졸업생 중 1등으로 졸업한 유능한 인재였다. 신앙과 생활에서 서로 같은 점이 많았던 두 사람의 결합은 정말 아름다운 것이었다. 이 목사는 한국교회에서 큰일을 많이 감당하였기 때문에, 가정일이나 자녀교육에 세밀하지 못했던 점이 있다. 부인 김유선 여사는 자녀교육에 정성을 쏟았고, 남편을 내조하는 일에 빈틈이 없었다. 고달프고 힘든 생활 중에도 해주 감옥으로, 서울 서대문형무소로 1주일에 한 번씩 면회를 거르지 않았다. 남편을 그렇게 사랑했기에 금혼식에서 "최선을 다해 남편을 사랑했노라."고 이야기 할 수 있었다.

1908년 5월 27일에 숭의여학교 1회 졸업식이 있었다. 졸업생 명단은 김애리, 김보원, 김유선, 김경희, 김신보였다. 김유선은 졸업식 직후 1912년부터 3년 동안 숭의에서 교편을 잡았으며, 1915년부터 3년간 숭현에서 봉직했다. 1932년부터 44년까지 창성유치원 원장으로 활동했으며, 이승길 목사와 결혼하여 일생을 해로하였다.

2. 부흥회 후에 얻은 두 아들

이승길 목사는 19세에 결혼을 했지만 34세가 되어도 아이가 없어 외롭고 쓸쓸한 가정이 될 수밖에 없었다. 그리하여 평양신학교에 입학하여 목사가 되기로 했고, 부인 김유선은 일본으로 신학을 공부하기 위해 떠나게 되었다. 1년 후 귀국하였는데 전도사 일을 보는 남편을 뒷바라지하기 위해서였다.

김익두 목사님이 인도하는 부흥회 시간에 두 부부가 열심히 기도하였다. 김익두 목사가 이승길 전도사 앞으로 다가와 "자네 아이를 낳지 못한다지. 그것이 사실이가?" 물었다. 아기를 꼭 갖고 싶다는 간절한 대답에 "이 전도사, 자네 부부의 허리띠를 풀어 내게 주게."라고 하였다. 영문을 알 수 없었지만, 순종하여 허리띠를 풀어 김 목사에게 건네주었다. 김 목사는 두 사람의 허리띠로 매듭을 만들었다. 처음 매듭은 예쁘게 잘 되었다. 그런데 다음 매듭은 어설프고 잘 안 되었다. 잠시 깊은 생각을 한 후에, "참 이상하군. 큰 아들은 잘생기고 잘 살겠으나, 둘째 아들은 큰 아이만 못하겠는 걸." 이라고 말을 한 후 두 사람에게 손을 얹어 간절히 기도하였다. 얼마 후에 이 목사는 36세에 첫 아들을 낳았다. 그가 인천제2교회 장로이며, 경기도 교육위원회 교육감을 지낸 이준경 장로이다. 둘째 아들 이준성은 형만 못하여 신체적으로나 생활 능력으로 약한 면이 있었다. 그러나 항상 두 아들을 주신 하나님께 감사드리며 자랑스럽게 생각했다.

3. 점심 옥바라지

이승길 목사는 이 목사가 1944년 정방산 사건의 주모자로 체포되어 평양형무소에 수감되어 8.15 해방으로 출옥되기 까지 1년 2개월 동안 옥살이를 하였다. 부인 김유선은 옥바라지를 극진히 했다. 점심이 되면 손수 밥을 지어 집을 나섰다. 황해도 황주읍에서 평양형무소에까지 점심을 나르기 위해서였다. 어렵게 면회를 허락받았지만, 일본 헌병들은 점심을 자기들끼리 나누어 먹어버렸다. 부인 김유선은 그것을 알고 있었지만, 기쁜 표정으로 안으로 들어가 빈 그릇을 찾아왔다. "고맙습니다. 목사님께서 맛있게 잡수셨다니요. 내일 또 오겠습니다."

이런 날들이 10일나 계속 되었다. 점심을 빼앗아 먹은 헌병들은 은근히 점심시간을 기다리게 되었고, 보호실에 있는 이 목사에게도 친절하게 대하게 되었다. 그날은 밥과 반찬을 두 그릇씩 준비했다. 하나는 큰 것을, 또 다른 하나는 좀 작은 것으로 했다. "작은 것은 목사님께 드리고, 큰 것은 수고하시는 분들께 드리려고요. 그동안 제가 목사님께만 점심을 드리느라 여러분들은 드리지 못했군요. 오늘부터 충분히 준비해 오겠습니다." 일본 헌병은 양심의 가책을 느껴 김유선에게 사과를 하고, 그 다음부터는 아무 일 없이 점심 바라지를 계속할 수 있었다. 사상범에게 면회마저도 금지된 상태에서 점심까지 사식을 준다는 것은 보통 일이 아니었다. 이 일로 간수들은 회의를 열게 되었다. 찬반 토론 끝에 결국 점심을 받을 수 있도록 허락하였다.

1944년 가을 어느 날, 시계가 느린 줄도 모르고 점심을 늦게 짓기 시작했다. 시간이 늦어져서 기차는 이미 떠났다. 부인은 매일 오는 사람이 오지 않으면 걱정을 할 것 같아 걷기 시작했다. 50리 길을 걷는 듯 뛰는 듯하여 5시간 만에 형무소에 도착하였다. 간수는 기다렸다는 듯이 반갑게 맞았다. "무슨 일이 생기셨나요? 왜 신은 신지 않으시고 오셨나요?" 부인 김유선은 싸들고 간 점심을 전해 주고는 가볍고 홀가분한 발걸음으로 돌아왔다. 황주읍에서 평양까지, 모르는 철도원이 없었고 모르는 승객도 없을 정도였다. 남편이 하나님의 큰 종으로 형무소에서 고생하는 것을 보며 자신의 고달픔과 피곤함은 아무 것도 아니라는 생각으로 그 먼 길 오가는 것을 낙으로 삼았던 것이다.

4. 어머니 가신 후에

"어머니에 대하여 한 마디로 표현하기란 정말 어렵지만 온화하고 다정한 미소를 띤 모습이 머리에 떠오른다. 인자하신 성품으로 모든 사람들의 추앙을 받으셨고, 불의와 잘못은 결코 용서하지 못하신 강직한 면도 있었다. 또한 어머니는 일생 동안 아버지를 위한 내조로서 일관하셨다. 어머니는 여학교에서 교사생활을 하며 8년 옥중의 아버님의 뒷바라지를 했다. 나의 기억으로는 어머니의 사진첩에서 신학교 시절의 사진을 많이 보았다.

나는 지금도 자식들을 교육하는데 참 신앙으로 교훈하셨던 일들을 생생하게 기억한다. 중학교 3학년 때 같은 반 친구가 등교를 해보니 세상을 떠났다. 이 사건은 어린 나에게 큰 충격이었고, 죽음과 삶에 대해 회의하고 고민하였다. 부모님은 나의 자초지정을 듣고 아무 말도 하지 않고 편히 쉬게 해주셨고, 다음날 이 세상의 삶은 마치 여행하는 사람이 잠시 쉬고 머무는 여관과 같은 곳이니 모든 삶의 문제를 주 안에서 해결하라는 말씀을 해주셨다. 이 말씀은 지금까지 나의 인생관이 되었다."

이 준 경

9. 최후

1. 신앙은 보수로

이승길 목사는 철저한 보수신앙의 사람이었다. 주일 성수와 십일조 생활, 그리고 술, 담배에 대해서는 과하다 할 정도로 배격하였다. 자유주의 신신학의 물결이 교계를 휩쓸 때 굳건한 신앙을 지켰으며 조금도 동요치 않았다. 신비주의의 열광으로 교인들이 들뜰 때에도 철저한 보수신학을 가르치고 성경대로 교인을 이끌어 나갔다.

"목사의 설교 중에 헤겔, 칸트, 소크라테스, 공자, 맹자라는 등의 말이 자주 오르내리면 교인들의 영적생활에 큰 유익이 되지 않아요. 목사의 입에서는 하나님, 예수님, 성령님 그리고 성경에 대한 이야기들이 나와야 합니다. 모든 인용의 말들도 성경 본문을 통해서 해야 합니다."

이 목사는 후배들에게 항상 이같이 충고를 했고, 성전에서 경건한 태도도 중요시했다. 이 목사가 유독 보수신앙을 가르쳤다고 하는 증거는 세 가지가 있다. 첫째, 황남노회는 교단 분열 시에 분열이 없었던 점이고, 둘째, 박태선이 전도관 운동으로 많은 교인들을 미혹할 때에도 이 목사가 인도하던 교인들은 전도관에 따라가지 않았던 점이며, 셋째는 신비주의자나 산기도꾼들이 없었던 것이다.

2. 목사님 가시다

이승길 목사는 1964년 성탄을 앞두고 노환으로 자리에 누우셨다. 이 목사는 병상에서도 한국교회를 염려했고 특히 신학생인 박용규 전도사가 개척하여 큰 부흥을 이룬 계산동교회 관심을 두었다. 이 목사는 늘 곁에 있었던 김천수 장로 곁에서 아무 말도 남기지 않은 채 조용히 소천하였다. 수의는 58년 동안 함께 산 김유선 사모님과 전종훈 목사가 입혔다. 장례는 5일 동안 치러졌다. 이 목사의 마지막 가는 길 영구차 뒤를 따르는 조객들이 1km도 넘게 늘어섰다. 박용규 전도사가 이 목사의 사진을 받들고 영구차 뒤를 따랐고, 그 뒤로 이삼성 목사, 박도삼 목사, 전종훈 목사, 홍태우 목사, 김락영 목사와 유족들이 열을 지어 따라갔다. 이 행렬이 지날 때 숭의동 로터리는 교통이 마비되기까지 했다. 길게 늘어진 장례행렬은 이승길 목사의 마지막 가는 길을 아쉬워하는 것 같았다.

◀ 제47회 총회 기념 대회
_1962년 9월 22일

▶ 인천제2교회 장로장립 및 취임식

▲ 이승길 목사(1대 당회장) 성역 40주년 및 70세 생일 축하_1957년

대한예수교장로회 인천제2교회 약사

1948년 6월 13일	김덕수 전도사 노방전도로 시작.
1948년 9월	인천시 중구 숭의동 425번지에 제2교회 설립.
1949년 4월	현 주소지를 당시 식산은행 소유 대지 663평 매입.
1949년 5월	교회건축 착공.
1949년 9월 12일	정초식, 40평 예배당 신축
1950년 6월 25일	6.25사변으로 완공을 보지 못하고 피난.
1951년 4월	이승길 목사 부임하여 예배당 완성공사에 착공.
1952년	예배당 완공.
1953년	어려운 모자를 위한 마르다 모자원 신축 개원.
1953년 8월	이삼성 목사 부목으로 부임.
1955년 4월	박도삼 목사 부목으로 부임.
1955년 2월 12일	제2대 장로 이택주, 이준경, 오종칠, 화두영 장로 장립.
1955년 11월 6일	이승길 목사 위임식 거행.
1957년 5월 9일	제3대 장로 김천수, 이봉섭 장로 장립.
1959년	예배당 증축.
1965년 2월 18일	이승길 목사 소천.
1965년 2월 21일	대한예수교장로회 황남노회장으로 장례식 거행.
1966년 4월 29일	이삼성 목사 위임식.
1968년 10월 10일	제4대 장로 한덕홍, 임성일 장로 장립.
1972년 3월 13일	구 예배당(80평) 철거.
1972년 3월 22일	새 예배당 신축 기공 예배.
1972년 12월 31일	새 예배당 준공.
1973년 9월 13일	새 예배당 헌당식 거행. 제5대 정변환, 최성대, 이근성, 김윤호 장로 장립.

▲ 대한예수교장로회 인천제2교회

약 력

1887년 7월 13일	황해도 황주군 구성면 서정리에서 출생.
1894년	한학을 공부함.
1896년	부모님을 따라 교회에 출석.
1900년	학습 받음.
1901년	선교사 한위렴 목사에게 세례 받음.
1901년	황주 양덕학교를 졸업하고 평양 숭실학교 입학.
1905년	소학교 교원 생활.
1905년 12월 15일	김유선과 결혼.
1910년	한일병탄 반대 운동으로 15년 징역형 받고, 7년 감형(김구 등 32인).
1916년	8년 만에 출옥 후, 재령군 좌전교회에서 전도사 임명 받음.
1921년	사리원 광성교회에서 장로 안수.
1921년	평양신학교 입학.
1924년 12월	평양신학교 17회 졸업.
1924년 12월	황해노회에서 목사 안수.
1926년	황해노회장 피선.
1930년부터 10년간	장연읍교회 시무.
1935년	평양노회장.
1936년	광주 양림교회에서 25회 총회장 피선.
1937년	평양노회장 재선.
1939년	폐교되었던 평양신학교 설립자 대표.
1940년	겸이포중앙교회를 6.25 전까지 시무.
1941년	황동노회장 피선.
1942년	황동노회장 재선.
1944년	정방산 사건으로 일본 헌병에게 피검되어 평양형무소에 수감.
1945년	8.15에 출감.
1948년	월남하여 토마스 목사 기념 전도단 조직 옹진군, 연백군 전도.
1949년	황남노회 조직하고 1회 노회장 피선.

1951년 9월	인천제2교회 개척 전도.
1952년	기독교 봉사회 한국지부 중앙위원 피선.
1953년	세브란스의대 재단이사 피선.
1953년	마르다모자원 설립.
1954년	황남노회장 재선.
1957년 11월 1일	성역 41주년, 결혼 50주년, 출생 70주년 기념식 거행(인천제2교회).
1962년 9월 22일	총회 창립 50주년 기념대회에서 증경 총회장으로 표창 받음.
1965년 2월 18일	79세로 영면.
22일	황남노회 장례로 인천시 연수동에 안장.
1971년 12월	훈장.

이건영 목사

인천제2교회 담임목사
인천기독교연합회 총회장
교회갱신협의회 대표, 이사장
인천경찰청 경목위원장
제물포아카이브 이사장
인천노회장
인천신학교 학장, 이사장 역임
현, 삼일특수교육센타 이사장
cts 경인지부 이사장
월드비전 비전목사
기독교티비 씨채널 희망텃치 진행자

허 목사는 이때 황해도 안악군에서 목회하였으며, 시무한 교회는 저도교회(저도리)·풍곡교회(풍곡리)·광풍교회(광풍리)·만풍교회(생근리) 등인데, 서로 떨어져 있는 네 마을을 자전거를 타고 돌아다니면서 설교하고 교인들을 심방하며 목회하고 있었다. 이 교회들을 사임한 뒤에는 "허리가 아프다."라는 핑계를 대고 송화군 율리면 세진리 양의동에 있는 조석훈 목사의 과수원에 들어가 농사를 지으며 신사참배를 계속 거부하였다.

부름받는 곳마다 찾아가 70년 동안 목회했던 허응숙 목사

허경진 박사_연세대학교 교수

1. 성장과 신앙입문

토마스 선교사가 1865년 9월 13일 백령도에 도착하여, 주민들에게 한문 성경을 나눠주고 중국으로 돌아갔다. 그러나 주민들이 두려워서 버리거나 불태워버린 까닭에 전해지는 성경이 한 권도 없다. 허응숙(許應俶, 1889~1980) 목사는 어릴 때부터 이 이야기를 들으며 자랐다. 그로부터 30년 뒤 백령도에 유배 온 김성진 진사의 짐 속에 성경 한 권이 들어 있었다. 그는 기독교인이 아니었지만, 하나님을 믿던 그의 사위가 장인의 짐 속에 몰래 넣었던 성경책이 백령도를 한국 기독교의 섬으로 만들었다.

1. 조부가 소래교회에 요청하여 중화동교회를 세우다

허 목사의 조부 허득(許得) 공은 황해도에 살다가 백령첨사의 책실로 이 섬에 들어온 허종(許鍾)의 증손자인데, 통정대부(정3품) 동지(同知 동지중추부사 종2품) 직함을 받았다. 실제 벼슬은 아니었지만, 백령첨사가 폐지되어 관원이 없던 백령도에서 주민들의 존경을 받으며 여론을 주도하였다. 그의 맏아들 허근(許根)이 백령도의 좌수(座首) 풍헌(風憲) 직을 맡아 주민 행정을 책임지고 있었다.

허득 공은 갑신정변(1884년) 이전에 서울에서 개화파 인사들과 교유했는데, 갑신정변이 실패하자 고향으로 돌아와 조용히 지내고 있었다. 10여 년 뒤인 1897년 7월에 충남 공주 출신의 진사(進士) 김성진(金聲振)이 정부를 전복시키고 요인들을 암살하여 개화파 정부를 세우려다가 실패하고, 백령도로 유배 왔다.

기독교인이 아니었던 김성진 진사가 성경책을 가지고 백령도에 들어온 이유는 허득 공의 집에 하룻밤 머물렀던 언더우드 선교사가 미국 잡지에 소개하면서 널리 알려졌다.

그의 사위는 얼마 전에 기독교인이 되었으며, 장인에게 하나님과 그리스도와 죄와 구원에 대해서 자주 말했다. 나이가 지긋한 그 양반은 사위가 하는 말을 정중히 들었지만, 사실 아무런 효과는 없었다. 사위는 귀양 선고를 받은 장인의 짐 속에 성경 한 권을 넣었고, 그 관리는 여생을 보낼 섬으로 내려갔다.

그가 귀양을 간 섬은 흰 날개라는 뜻을 가진 '백령도(白翎島)'로 육지에서 약 30마일 떨어진 서해안에 있었다. 그곳은 유명한 장연군 건너편에 위치해 있었는데, 장연에는 여러 개의 자급하는 큰 장로교회들이 소래교회를 중심으로 번창하고 있었다. 섬에 도착한 후 그 관리는 소일 삼아 성경을 읽게 되었다. 얼마 지나지 않아 그 관리는 성경이 말하는 진리를 확신하게 되었고, 이 새로운 진리를 주변의 이웃과 섬 주민들에게 알리고 싶었다. 그는 그들을 만나 최대한 자세하게 자신이 성경에서 발견한 새 종교, 새 진리, 새 희망에 대해서 말하기 시작했다.[1)]

그가 가장 먼저 새 진리를 전한 사람이 바로 허득 공이다. 갑신정변 이전에 만나서 시국을 논하던 동지였으므로, 이들은 백령도에서 여론을 주도하는 층이 되었다. 그동안은 허득 공의 막내아들인 허권(許權)이 서당을 차리고 마을 어린이들을 가르쳤는데, 진사에 급제한 김성진이 새로운 훈장이 되었다.

김성진은 예전 훈장들처럼 『천자문』이나 사서 삼경만 가르치지 않고, 기독교의 진리도 가르쳤다. 언더우드 선교사는 허득 공과 김성진 진사가 구체적으로 백령도에 교회를 설립하는 과정을 이렇게 증언하였다.

그는 사람들에게 "만일 그대들이 진리를 알기 원하면 배를 타고 바다를 건너 소래 마을에 가서 그곳 교회의 서경조(徐景祚) 장로에게 더 물어보

1) 이만열·옥성득 편역, 『언더우드 자료집Ⅲ』, 「백령도에 복음이 들어간 내력」, 연세대학교출판부, 2007, 519-521쪽.

라"고 말했다. 그는 또한 기독교 진리를 조명해 주는 많은 책들이 있다고 말했다. 그래서 섬 주민들 일부가 이 책들을 사기 위해 돈을 들고 육지로 건너가서 소래교회를 방문했다. 교회 회중은 그들을 기쁘게 맞이했고, 마음껏 머물러 있도록 잘 대접했으며, 책들을 제공해 준 후 고향으로 돌아가도록 해 주었다.

그들이 가장 절실하게 요청한 것은 교사였다. 하지만 일이 많아서 서경조나 다른 영수들은 섬으로 건너가지 못했다. 그러나 섬 주민들은 더 많은 진리의 빛을 찾아서 자주 육지로 나왔다. 점차 많은 신자들이 함께 모였고, 그 관리를 영수로 세웠다. …… 성령의 임재가 매우 분명하게 나타나, 그들이 이구동성으로 말했다.

"구원을 얻으려면 무엇을 해야 합니까?"

그들은 바로 막걸리와 술을 바다에 쏟아 부었고, 이방 신에게 바칠 희생제물로 마련했던 돼지들을 팔아서 곡식을 샀으며, 모인 기독교인들에게는 참신을 예배하기 위한 예배당을 건축하도록 첫 기금을 주었다. 그리고 우상 숭배의 모든 흔적을 즉시 파괴했으며, 하나님을 예배하는 방법을 가르쳐 달라고 부탁했다.

서경조 형제는 그들과 많은 날을 함께 보내면서 진리를 가르쳤다. 그가 육지로 돌아올 무렵, 그는 예배당의 기초가 마련되는 것을 보았으며, 예배당 건축위원회는 필요한 물품을 사기 위해서 그와 함께 배를 타고 나왔다.[2)]

해신(海神)에게 제사하려던 비용으로 결국 중화동교회 첫 번째 성전인 초가 6간을 지었다. 마을 주민들이 돈을 거두어 마련했던 희생제물을 서경조 장로가 샀다고 했으니, 소래교회와 중화동교회 교인들이 합심하여 우상 숭배 비용으로 성전을 짓게 된 것이다.

한국은 선교사가 들어오기 전에 천주교나 개신교를 믿는 교인이 자생적으로 생겨나고, 그들이 신학적인 지식이 없는 상태에서 미사나 예배를

2) 이만열·옥성득 편역, 『언더우드 자료집 III』, 연세대학교출판부, 2007, 182-184쪽.

인도하며 초대 교회가 발전하였다. 중화동교회도 주민들이 소래교회에 사람을 보내어 기독교를 받아들였으며, 목회자나 전도인이 없는 상태에서 허득 공과 김성진 진사가 예배를 인도하였다. 서경조 장로나 언더우드 선교사가 찾아와 설교를 하였지만, 일시적인 행사였을 뿐이다.

2. 날 사랑한다는 예수가 누구신가

김성진 진사가 중화동에 서당을 열어 동네 아이들을 가르치고, 주일에는 예배를 드리기 시작하자, 아버지에게 한문을 배우던 허 목사도 김성진 훈장을 통해서 기독교를 만났다. 스승이 기도하는 모습을 처음 본 허 목사가 뒷날 이렇게 증언하였다.

> 나는 12살 때 마을 서당에서 할아버지로부터 한문을 배웠는데, 어느 날 웬 낯선 손님이 찾아와 할아버지를 만났다. 그 후부터는 그 노인이 서당 훈장이 되었기에 계속하여 그에게서 한문을 배웠다. 그런데 공부하려고 서당에 아침 일찍 가보면 훈장 어른이 엎드려 무어라 한참동안 중얼거리는 것을 보고 속으로 "아마 배가 아파서 그런가보다"라고 생각했다. 그 후 쉬는 시간에도 꼭 같은 자세로 책상에 엎드려 중얼거리는 것을 보고 "몹시 아프신가 보다"하고 은근히 걱정했는데, 후에 그것이 바로 기도드리는 것인 줄 알게 되었다.
>
> 그 후 서당에서 공개적으로 예배를 드리게 되어 12세 소년시절부터 신앙생활을 시작했다.[3]

허득 공과 김성진 진사는 예수를 제대로 믿어보겠다는 마음만 있었지 신학을 배운 인물이 아니므로, 이들이 인도하는 예배는 서양식이 아니라 유교식이었다. 설교도 유교의 사서 삼경과 기독교의 성경을 비교하여 교

3) 변순재, 이찬영, 「신맥(信脈)」, 『기독신문』 1986년 2월 1일자.

인들이 이미 체득하고 있던 유교 가치관과 기독교의 진리가 공통점이 있다는 식으로 설명하였다. 그랬기에 유교적인 생활에 익숙하던 교인들도 마음속에 갈등을 느끼지 않고 기독교를 받아들였다. 예배도 유교 제사의 연속이었다.

> 내(허응숙 목사)가 어릴 때 보니 기도할 때 기도문을 써서 제문 읽듯 낭송했는데, 한 번은 나의 조부 되시는 어른께서 기도를 맡았다. 그때가 마침 무더운 여름철인지라 창문을 열어 놓고 예배를 드리는 도중, 그만 바람이 불어와 읽고 있던 기도문서가 날아가 버렸다. 조부께서 "기도문이 날아갔다. 가서 주워 오너라" 하시자, 갓 결혼한 내 아내가 얼른 주워다가 드렸더니 다시 축문 외우듯 낭독했다.

이 시기에 선교사들은 기독교의 진리를 간결하게 전도하였다. 같은 시기에 군산과 전주에서 선교하던 남 장로교 선교사 전킨이 한국인에게 기독교의 교리를 가르치고나서 확인하는 첫 번째 질문은 바로 다음의 세 가지였다.

◀ 중화동교회 앞마당에 세우진 허득공 기념비. 손자 허간 목사와 허응숙 목사가 백령도에서 목회하였다. 마지막 줄에 "예수 잘 믿어라!"라는 유언이 새겨져 있다.

1. 예수님은 누구십니까?
2. 예수님은 어디 계십니까?
3. 당신에게 예수님은 누구십니까?

중화동교회에서도 "예수가 우리를 사랑한다.", "하나님이 우리의 아버지이다.", "하나님이 독생자를 세상에 보내서 우리 죄를 대신하여 죽었다."라고 가르쳤다. 그러나 더 이상 설명하지 않았다. 허득 공이나 김성진 진사가 그 이상 설명할 줄을 몰랐던 것이다.

할아버지가 "예수가 우리를 사랑하신다"라고 설교하자, 열 살 소년 허 목사의 마음속에 의문이 생겼다. "예수가 어떤 사람이기에 나를 사랑하나?" 부모도 자녀에게 "사랑한다"라는 말을 하지 않던 당시에 이 의문은 허 목사에게 80년 동안 신앙의 화두(話頭)가 되었다.

91세 된 1980년 7월 6일 자손들에게 회고담을 들려줄 때에도 이 이야기가 가장 먼저 나왔다.

> 열두 살 나서부터 할마니 따라 예배당에 가기 시작해서 누가 날 보고 "성경을 보아라", "기도를 해라" 가라친 이도 없고, 나 스스로가 어째 그런지 낮에는 한문 서당에 가 공부하고 밤만 되면은 피마주 기름 석화해서 조그만 성경 하나 구해서 성경을 보게 되면, 하루 저녁에 성경을 한 장, 두 장, 석 장, 넉 장 보는걸 어느 때나 하루 저녁도 건너지 않고 내가 성경을 보는데, 할마니가 나를 보고 친절히 권면하기를 "저녁을 먹고서는 나가 동무들과 놀기도 하고, 밖에서 장난도 하고 하지, 밤낮 앉고 글만 보면 정신 이상이 된다"고 그래.
> 그런 권면을 한 번도 아니고 여러 번 들으면서도 내가 성경을 보는데, 그러하는 어간에 그때는 예배당이 초가 예배당, 조그만 예배당이었는데 저냑 먹고서는 그 예배당에 가서 기도하기를 시작해서 한 시간이고 두 시간이고 기도하고 내려와선 또 성경보기를 그것이 한 습관적으로 되야

오는데 ……

내가 기도하는 어간에 누가 기도하는 걸 모았던 것도 아니나 하나 둘 모이는데 사촌 형수들도 있고 다른 사람들, 여자들도 있고 남자는 불과 한 사람 …… 우리가 솔포기 새에서 기도하면서 솔포기를 만지면서 그 기도 하는 걸로 일을 삼아 내려오다가 어언간 나는 이상스럽게 할마니 보고 물어봐.

"할마니! 예수 사랑이란게 무슨 말이요?"

할마니가, "나도 찬송을 해도 무신 말인지 모른다." 해서 그 뜻을 일러 주질 않아. 일생 "예수 사랑하심은 거룩하신 말이라"가 무슨 말인가 그걸 알려고 애를 많이 썼네. 그러다가 그 어느 때든지 가을 초가을, 장연 송천서 할마니 둘이 전도하러 백령 중화동교회에 왔어. 오자, 기도 많이 하고 한 방에서 지내는데, 나는 사랑에서 할아버지하고 (자다가) 아침 일찍 일어나서 그 할마니들에게 물어봐, ……

"예수 사랑이 뭡니까?"

초동댁이라 하는 이가 내 잔등을 두드리면서, "너 어덕케 그런 말을 하느냐?"

"예수 사랑이 무언지 몰라 도무지 갈쳐주는 이 없으니, 예수 사랑하심이 그 무신 말입니까?"

그 할마니가, "예수는 하나님의 아들로 사람의 몸을 입고 세상에 와서 사람 죽을 대신 예수가 죽고, 사람이 맞을 매를 예수가 맞고, 사람 대신에 고초를 당하고 죽었다가 부활하시고, 승천하신 그 사랑으로 말미암아 예수를 믿음으로 구원을 얻는다."는 말을 그 할마니가 갈쳐줬어.

그때부터 너무 황송해서 "예수는 나 위해서 그렇게 고생했는데, 나 모르는 일도 다 있다."하면서 그렁하는 어간에 기도를 얼마나 하댔는지, 그땐 뭐 기도, 성경 보는걸 도무지 모르는데, 교회 처음 나온 영수 집사들이 "너 기도 해보라." 그래. 나는 나대로 기도를 하면, "말은 어덴 말인지 도무지 알 수가 없고, 기도는 유창하게 하는데 도무지 알 수가 없구나." 라고 해.

솔숲에서 소년이 기도하다 보면 허득 공의 손자며느리인 사촌 형수들이 하나둘 모여들어 기도처가 되었다. 목회자가 없고 주일학교도 없어서 혼자 성경 읽고 기도하는 중에 암중모색하던 "예수 사랑"이 소래교회에서 찾아온 전도부인 할머니들에 의해 이해가 되었다. 허 목사가 열두 살 되던 1900년 가을에 언더우드 선교사가 세례식을 집전하러 중화동교회를 방문했다. 네 살 위인 사촌 형 허간 목사는 16세 나이로 세례를 받고 12세 소년 허응숙 목사는 세례를 받지 못했지만, 그 대신에 방언의 은사를 받았다. 어른들이 알아듣지 못할 기도를 유창하게 했던 것이다.

3. 사우업 선교사의 추천을 받아 22세에 서의동교회 전도인이 되다

허득 공의 4남 허권(許權, 1864~1936)은 한학에 조예가 깊어, 백령도에서 서당 훈장으로 오랫동안 가르쳤다. 허 목사의 한학(漢學) 실력은 가학(家學)이다. 허권은 아내 백권신(白權信)과의 사이에서 3남 2녀를 낳았는데, 장남은 만성(晩成) 허응숙, 2남은 백도(白島) 허성묵(許聖黙, 1892~1941), 3남은 백원(白園) 허성민(許聖敏, 1906~1950), 장녀는 허대청(許大青), 2녀는 허수신(許守信)이다. 아들 3형제가 모두 독립운동에 투신하여, 허 목사는 건국훈장(建國勳章) 애족장(愛族章), 허성묵 전도사는 건국훈장 독립장(獨立章)을 받았다.

양천 허씨는 원래 이름을 외자로 짓는 게 특징이었는데, 백령도 허 씨들은 기독교를 받아들인 뒤에 관습을 타파하자고 하여 이름을 두 자로 지었다. 허득 공의 손자들은 '사람인(亻)'자 항렬이어서 장남의 원래 이름은 숙(俶), 2남은 탁(倬), 3남은 걸(傑)이었는데, '거룩할 성(聖)'자를 넣어서 성묵(聖黙)과 성민(聖敏)으로 이름을 고쳤다.

'수신(守信)'이라는 딸의 이름도 글자 그대로 '믿음을 지키라'는 뜻이다. '권신(權信)'이라는 아내의 이름도 '하나님의 권세와 믿음'이라는 뜻이며, 맏며느리(허 목사의 아내) 최숙은(崔淑恩), 둘째 며느리 최은신(崔恩

信), 셋째 며느리 여신화(呂信和)의 이름에도 모두 신앙적인 '은혜 은(恩)' 자와 '믿을 신(信)'자들이 들어 있다. 허간 목사의 아내 이름도 은애(恩愛)였으니, 이 집안에서는 백년 전에 이미 기독교인들끼리 결혼해 순수한 신앙을 지키면서 살았음을 알 수 있다. 여성의 한자 이름이 거의 없던 시절에 특이한 전통이다.

소래교회 맥켄지 선교사가 병으로 세상을 떠나면서 유산을 기증하여 해서제일학교를 세웠다. 전도부인들에게 기독교의 진리를 배운 허 목사가 신학교에 가기 위해서 해서제일학교(海西第一學校)에 입학하여 공부했다. 해서(海西, 황해도)에서 제일 먼저 개교된 초기에는 지리학과 한글 중심으로 가르치고, 성경과 주기도를 가르쳤다.

북장로교 선교부가 황해도 재령에 선교부를 설치하고 헌트 선교사의 사랑방에서 1910년에 재령성경학교를 설립하자, 해서제일학교를 마친 허 목사가 입학하였다. 개교 후 첫 입학생이다.

학제는 한 학기 40일간, 겨울 농한기에 개최하여 농촌 청년들이 취학하기에 편리하도록 했으며 3년제 졸업이었다. 학과는 신구약 성경 전체를 비롯하여 소요리문답, 개인전도학, 교수법, 찬송가 등이었고, 한국교회사나 정치 헌법은 특강으로 교수했다. 허 목사는 1916년에 졸업했으며, 이 학교를 졸업한 황해도 출신으로는 이환수(청암교회), 장성칠(서대문교회), 박성겸(금성교회), 조봉하, 이두수, 박영환, 최재겸 목사 등이 있다.

전도인으로 목회 현장에 뛰어든 계기를 허응숙 목사가 70년 뒤인 1980년 7월에 증언하였다.

> 성경학교를 하다가 어언간 스물 세살, 두살 날 때에 장연읍 교회에서 김익두 목사가, 목사가 아니고 전도사로 일 볼 때에 와서 부흥회를 하는데, 거진 마쳐 가노라니까 서양 선교사 사우업이라는 이가 날 찾기에 가니까

“당신은 장연 서의동교회에서 전도인을 청구하니 거기 가시오.”
그래서 그저 “나같은 사람도 갑니까?” “어이 가라.” 그래서 거기 갈 줄로 알고 백령도로 기별만 하고. 그래서 서의동 교회에서 전도 일 보는데 …… 백령으로 가서
“할아버지, 할머니, 아무래도 나는 백령도에 있지를 못하고 육지에 나가 전도 일을 보기를 원해서 떠나는게 좋겠다.”
고 하는데, 할아버지는 채 허락을 안하는데 할머니가 “네 뜻이 그렇다면 그렇게 하자.” …… 스물 두살 났을 때부터 전도인으로 보는데 ……

서의동교회는 황해도에서 소래교회 다음으로 오래된 교회였는데, 한국식 이름으로 사우업(史佑業)이라 불리던 샤프(Sharp) 선교사가 22세 된 성경학교 학생을 전도인으로 파견하여 목회 수련을 쌓게 한 것이다. 허 목사의 맏아들 허태형 장로가 이 이야기를 백 년 뒤에 뉴욕 퀸즈교회 잡지에 소개하였다.

제일 먼저 황해도 장연군 산골 동네에 가서 동네 젊은이들에게 매도 맞아가며 전도하였는데, 그곳에 교회가 서고 장로님도 세우셨다. 그 장로님의 두 손자는 목사가 되셔서 지금 우리 아들 경화가 장로로 있는 뉴욕 교회의 장(영춘)목사님이시다. 이때를 계산하여 보면 (새로) 맞이하는 2009년이 바로 100년 되는 해이다.
–허태형, 뉴욕 퀸즈장로교회, 「2009년을 맞으며 100년 되는 옛이야기」, 『아가페』 제328호, 2009년 1월 10일

1910년 서의동교회에서 만났던 허응숙 전도인과 장치권 장로의 손자들이 백 년 뒤 미국 교회에서 다시 만나 목사와 장로로 선교한 것도 주님의 섭리이다. 이때부터 감옥에 갇힌 기간 외에는 전도인, 조사, 목사로 언제나 두세 교회씩 돌아다니며 목회하였다.

4. 삼일만세운동으로 징역을 살다가 신학교 입학이 늦어지다

문화읍교회 조사였던 허 목사가 재령성경학교를 마친 뒤에 신학교에 입학하려고 평양으로 찾아갔더니, 선교사가 "올해는 조선 사정이 어려워 신입생을 뽑지 않는다"라고 하였다. 고종이 세상을 떠나면서 독살설이 퍼져나가고 시국이 불안해진 것을 파악한 선교사들이 입학시험을 미룬 것이다.

황해도 신천군의 만세운동은 허 목사가 조사로 목회하던 문화읍에서 시작되었다. 문화읍의 민족 지도자들은 장날인 3월 10일을 기하여 만세시위를 하기로 결의하고 준비하였다. 오전 11시쯤 장꾼들이 많이 모여들기를 기다려 예수교인들 중심으로 300여 명의 군중이 읍내 동각리 장터로 모이고, 허 목사, 방형묵, 강영탁 등이 앞장서서 '대한독립 만세'를 외치며 우리 민족의 독립을 선언하였다.

허 목사가 큰 목소리로 독립선언서를 낭독한 뒤에 태극기를 높이 들고 만세를 연속적으로 외치며 행진하니, 장꾼들이 모두 호응하였다. 함께 만세 시위를 계획했던 문화읍교회 최현식 목사가 허 목사에게

"허 조사는 나이가 젊으니 잠시 피했다가, 나중에 돌아와서 교회와 교인들을 돌보라."

고 당부하였다. 허 목사는 백 리나 되는 길을 밤새 걸어서, 잠시 집으로 피신하였다. 그러나 허 목사의 아버지는 아들이 무사하게 돌아온 것을 다행스럽게 여기지 않고,

"나라를 위해서 독립만세를 부른 것이 뭐가 잘못했다고 달아났느냐? 부모를 걱정하거나 무서워하지 말고, 소신대로 행동하라."

고 야단을 쳤다. 꾸중을 듣고 문화읍으로 돌아온 허 목사는 이튿날 다시 만세운동을 주도하다가 체포되었다. 허 목사는 장터에서 수많은 주민들 앞에 나와 독립선언서를 낭독한 주동자였기 때문에, 첫날부터 "만세시위 배후를 밝히라"고 협박하며 고문을 받았다. 허 목사는 "나라 잃은 국민이 스스로 독립을 외친 것이지, 배후 주동자가 따로 없다"라고 버텼다.

조선인 순사에게 고문 받다가 귀를 심하게 맞아서, 결국 고막이 터졌다. 손톱과 발톱을 뽑는 고문까지 받는 바람에 발톱들이 뽑히거나 검게 죽어버렸다. 조선인 순사가 깐죽거리며 심문하자, 허 목사가 분을 이기지 못해 앉아 있던 의자를 들어 순사를 내리쳤다. 기골이 장대한 허 목사가 의자를 내리치는 바람에 순사는 나둥그러졌지만, 허 목사도 동시에 의식을 잃었다. 다른 순사들로부터 너무 두들겨맞는 바람에 의식불명이 된 것이다.

허 목사는 빼앗긴 조국을 찾기 위해 독립운동을 한 것이 죄가 아니라고 생각했으므로 지방법원의 유죄(有罪) 판결에 항소하였다. 1919년 7월 26일 고등법원 형사부에서 소위 보안법(保安法) 위반(違反) 혐의로 3년형이 확정되어 옥고를 치렀다.

> 위 보안법 위반 피고사건에 대해 다이쇼(大正) 8년(1919) 6월 12일 평양 복심법원에서 언도한 판결에 대해 피고 등으로부터 상고를 신청함에 따라 당원(當院)은 조선총독부 검사 구사바 린고로(草場林五郎)의 의견을 듣고 다음과 같이 판결한다.
> 주문 :
> 본건 상고는 이를 기각(棄却)한다.
> 피고(被告) 허응숙(許應俶) 상고 취의는, 피고는 "3월 10일 조선만세단에 참가하여 만세를 기쁘게 불렀는데, 이것은 강화회의에서 민족자결론을 발표함에 따라 우리 민족은 압제를 벗어나 자유를 얻기 위해 한 것이고, 일한(日韓) 합병(合併) 이후 선제(先帝) 폐하는 우리 조선의 미개함을 가엾어 하고 열심 극력으로 문명이 되게 하기 위해 교육한 결과 지금에 이르렀다는 생각에 감동하여 독립만세를 부른 것이니, 죄가 될 수 있는 것이 아니다"라고 말했다.
> 그렇지만 원심(原審)은 증거에 의해 원판시의 사실을 인정한 것이고, 그 사실에 의하면 각 피고의 소위(所爲)는 원심 적용 법조에 해당되는 범죄

> 임이 분명하다. 논지(論旨)는 결국 자기의 사실 및 의견을 전제로 하여 범죄가 되지 않음을 주장하는 것이니, 모두 상고(上告) 이유가 없다. 위 설명과 같이 본건 송고는 이유 없으므로, 형사소송법(刑事訴訟法) 제 285조에 따라 주문과 같이 판결한다.

나이가 가장 많아 주모자로 인정되어 가장 먼저 판결을 받은 최현식 목사도 1년 징역을 살고 석방되었는데, 만성은 3년 언도받은 기간을 대부분 감옥에서 보냈다. 그 바람에 평양신학교 입학이 한참 늦어져, 10년 어린 후배들과 함께 공부하게 되었다.

허 목사의 큰 동생과 작은 동생 모두 독립운동을 하려고 집을 팔아 만주로 떠났으므로, 허 목사는 농촌 목회 중에도 동생의 독립운동을 재정적으로 후원하기 위하여 동분서주하며 군자금을 모금하였다. 모금한 성금은 구월산 아지트를 통하여 상해 임시정부나 만주 신민부로 전달되었다. 구월산을 통하여 들어온『독립신문』도 주변 인사들에게 배포하였다.

허 목사는 3.1만세운동 주도와 삼 년 옥고(獄苦), 독립군 군사자금 후원이 인정되어 건국훈장 애족장을 받았고, 그 유해는 대전국립묘지에 안장되었다. 큰 동생 허성묵(허빈)도 해서제일학교를 졸업하고 양재학교 교사, 전도사를 하다가 만주로 가서 김좌진 장군과 함께 신민부(新民府)를 조직하여 선전부장, 교육위원장으로 활동하였다. 유해는 아직도 조국으로 돌아오지 못했다.

5. 부르는 교회마다 찾아가 목회하다가 18년만에 신학교를 졸업하다

허 목사는 서의동교회 이래 10년 동안 전도인으로 목회하다가 투옥되었다. 그동안 여러 차례 기회가 있었으나 충분한 기초 훈련을 쌓기 위해서 노회의 조사(助事) 시취(試取)를 미루었다. 그의 아호 '만성(晩成)'의 뜻과 같이 전도인 생활 10여 년이 지난 후에야 조사 시취를 한 기록이『조선예수교장로회 사기 하권』(1930년 간행) 152쪽에 보인다.

1921년(신유) 3월 21일에 송화군 풍해면(풍천) 성상리교회당에서 황해노회 제19회를 회집하니 회원은 선교사 2인, 목사 21인, 장로 42인이고, 임원을 선거하니 노회장 : 장덕상 목사, 서기 : 장홍범 목사, 회계 : 정찬유 장로가 피선되다. 신학 재적생 2인과 지원자 정택현, 허응숙, 오운호, 서경연, 백만수, 장응곤, 진학철 제군을 시취 허락하다.
허응숙은 시취하여 조사로 피임하다.

여러 사람이 신학교 입학 허락을 받았는데, 다른 분들은 모두 허 목사보다 신학교를 먼저 졸업하고 목사도 먼저 장립받았다. 장응권 24회(1929), 오윤호 25회(1930), 진학철 27회(1932), 정택현 27회, 서경연 32회(1937)인데 허 목사는 34회(1939)이다. 농촌의 연약한 교회만 시무하다 보니 평양에 있는 신학교에 다니기가 힘들었다.

허 목사의 평양신학교 수업 기간은 1922년에서 1939년까지 18년이었으니, 아마도 최장기 재학생이 아니었을까 생각된다. 당시 신학교 수업연한은 1년에 3학기를 수업했는데, 3년 수업제도이니 전부 9학기 수업이다. 계속 수업을 들어야 하는 학제가 아니고, 본인의 형편에 따라 언제든지 9학기만 수업하면 되는 편리한 학제였다.

허 목사는 9학기를 18년이나 걸렸으니 평균 2년에 1학기씩 공부한 셈이다. 농촌 교회를 두세 군데 목회하면서 공부하려니, 교회를 비워놓고 평양 기숙사에 머물러 있으며 공부할 수 없었기 때문이다. 교통이 불편했기 때문에 매주일 교회에 오가는 통학 수업은 불가능하였다. 농촌 교회에서 학비를 지원하기도 힘든 처지이기에, 교회를 부흥시키며 공부하려니 18년이 걸렸다. '만성(晩成)'이라는 뜻 그대로 늦게 이루어졌다.

평양신학교에 입학한 뒤에 허 목사가 사경회를 다닌 기록이 당시 『기독신보』 1922년 7월 12일 자(제344호) 기사에 보인다.

제목 : 태을리교회 사경시 미과(査經時美果)

내용 : 황해도 송화군 진풍면 태을리교회에서 손영곤, 허응숙을 청빙하여 사경회를 열어 백명씩 출석하였다. 신입 10명, 사숙 설립, 연보가 300원에 달하였다.

사경회(査經會)는 성경을 깊이 연구하여 가르치는 것이 주목적이지만, 태을리교회 사경회는 사숙(私塾), 즉 교회에서 사립학교를 설립하기 위한 특별 모임이었으며, 기도를 통하여 사립학교 설립 기금 300원이 작정된 듯하다.

풍천읍 양지동교회에서 1922년 11월 28일 16칸 기와 예배당 봉헌한 뒤에 1923년 1월 1일 사경회 강사로 윤문옥 목사, 허응숙 조사를 초청하였다. 낙심 중에 있던 자들이 회개하고, 새 신자가 많이 생겼다. 1925년 음력 10월 8일부터 15일까지는 상계영교회 부흥 전도회를 인도하였다.

2. 주요 사역

1. 자전거를 타고 다니며 두세 교회를 함께 목회하다

허 목사는 1923년에 송학교회 청빙을 받고 목회지를 옮겼다. 송화군 운유면 송학리에는 쿤스(E. W. Koons, 군내빈) 선교사의 전도로 복음이 들어와, 1901년에 서의동교회에서 송학교회가 분립되었다. 교회당 뜰에 국기 게양대가 있어 예배드리는 날을 알리는 십자가기(十字架旗)가 게양되었는데, 소래교회에서 시작된 십자가기 게양이 이어진 것이다.

허 목사는 운유면 당관리에 있는 금곡교회도 함께 시무하게 되어, 자전거를 타고 다니면서 넓은 지역을 심방하였다. 당관리에 사는 서씨 집안에 신자가 먼저 생겨서 풍천읍교회로 다니다가, 교인이 많이 늘어나서 금곡교회로 분립했다.

허 목사가 1925년부터 시무한 도은리교회는 송화군 상리면 도은리에 있었고, 석탄교회는 천동면 석탄리에 있었다. 둘 다 면사무소 소재지에 있는 교회요, 창립연도도 비슷하고 교세도 서로 비슷하여 쌍둥이 교회라고 불렸다.

이 두 교회는 봄·가을로 열리는 야외 예배도 언제나 연합으로 모였고, 또 부흥(復興) 사경회(査經會)를 해도 교인들이 서로 왕래하며 교회 봉사를 했기에 사이좋은 교회로 이름이 났다. 그러기에 목회자 한 사람이 두 교회를 동시에 시무했다.

허 목사가 열심히 목회한다는 소문이 나자 송화군 하리면에 있는 칠정교회(七井敎會)와 수사리교회가 청빙하였다. 송화군에 제일 먼저 교회가 선 곳은 허 목사가 마지막에 목회한 진풍면 덕안리교회이고, 송화군청 소재지인 송화읍교회는 1898년, 칠정교회는 8년 뒤인 1906년에 세워졌다.

허 목사가 시무하던 1929년 전후에 교회가 크게 부흥되었고, 여성도들이 성미회(誠米會)를 조직하여 교회 봉사에 주역을 담당했다. 성미 제도가 칠정교회에서 시작된 것은 아니지만, 허 목사 목회 시기에 성미회 활동이 활기를 띠면서 교회도 부흥되었다.

1930년에는 은율군 3개면에 흩어져 있는 계림교회, 누리교회, 가당교회를 순회하며 목회하였다. 1932년에는 은율군 이도면 지내리에 있는 내동교회 목회에만 전념하여 교세가 부흥되고, 교회 부속 사립학교인 은실학교를 설립하였다. 이웃동네인 별기동교회의 숭실학교와 나란히 쌍둥이 학교로 잘 운영되었다. 오리포와 조양동에 처소회(기도처)를 개척하였는데, 오리포 처소회는 나중에 단독 교회가 되었다.

1932년부터 은율군 장련면 율리교회와 이도면 내동교회를 순회 목회한 뒤, 1935년부터 안악군에 용산교회, 제도교회 늑동교회에서 시무하였다. 안악군은 황해도 북서부에 있는 군으로, 일찍부터 많은 민족 지도자들이 배출되던 고장이자, 기독교가 일찍이 선교된 지역이었다.

제도는 대행면 동부 끝에 있는 대동강 하류의 항구 마을이다. 건너편에 평안남도 진남포가 있기 때문에 정기 연락선이 왕래하여, 황해도와 평안도를 연결하는 요지였다. 교회 설립은 비교적 늦었으나 교통의 요지로 인구가 집중되고 허 목사가 열심히 목회하여 교회가 비약적으로 부흥되었다. 시무 장로가 여러 명이었고, 이 교회 출신 청년들 가운데 김승용, 김성묵, 김익수, 원성원, 강기홍, 홍태우 등이 후일 남한에서 목사가 되었다. 일제 말기라 교회 탄압이 더욱 심해지던 때이지만, 허 목사는 이를 잘 극복하며 교회를 부흥시켰다.

허 목사의 작은 아들 허태룡 장로가 용산교회 목회 시절 애국함이 분실된 사건을 후손들에게 말해 주었다.

> 왜놈들이 교인들더러 하나님께만 헌금하지 말고, 전쟁을 위해서 애국헌금도 하라고 강요하였다. 그래서 용산교회에도 애국함이 설치되었다.
> 아버지는 3.1만세운동을 주도하여 투옥된 이후에도 요시찰 인물로 선정되어서, 형사가 자주 찾아왔다. 이 무렵에는 총독부가 강요하는 창씨개명이나 신사참배를 모두 목숨을 걸고 거부하였기에, 순사들이 이따금 설교를 트집잡아 사리원경찰서 고등계로 소환하였다.
> 어느날 용산교회에 설치된 애국함이 없어져 모두들 걱정하였다. 이번에는 무슨 트집을 잡을는지 알 수 없었다.
> 내가 어느날 잠을 자다가 꿈을 꾸었는데, 교회 옆 밀밭 대여섯 고랑 너머에 내팽겨친 애국함이 보였다. 아침에 가보니, 정말 애국함이 있었다. 누군가가 애국함을 훔쳐다 돈은 꺼내고, 함은 열어젖친 채로 밀밭 고랑에 내버렸던 것이다.
> 아버지에게 애국함을 가져다 보이고 꿈 이야기를 하자, 아버지가 애국함을 아궁이에 넣고 불살라 버렸다. 형사가 또 와서 추궁한 끝에 사리원서 고등계로 불려갔지만, 끝내 아무말 하지 않고 넘겼다. 우리 집에 이런 일은 자주 있었다. 하루하루가 살얼음을 딛는 것처럼 불안하게 살았다.

도둑이 들어와서 애국함을 훔쳐 간 것인지 허 목사가 내다 버린 것인지 끝내 확인되지 못하고 전설만 남아 전해진다. 큰아들 허태형 장로도 아버지의 용산교회 시절 목회 모습을 이렇게 증언하였다.

> 성찬식에 쓰는 떡과 포도주는 교회에서 직접 만들어 썼으며, 돈을 주고 사 오지 않았다. 성찬(聖餐)이라는 글자 그대로, 하나님의 음식이라고 생각했기 때문이다. 사용하고 남은 떡이나 포도주는 우리가 먹거나 남에게 주지 않고, 반드시 땅을 파고 묻었다.
>
> 아버지는 교회에서의 행동과 집안에서의 행동이 한결같아, 가식이 없었다. 가족들도 (목사의) 이중적인 행동을 느끼지 못했다.
>
> 아버지가 용산교회 목회하던 시절에 제직회 하는 것을 우연히 보았는데, 집사 한 사람이라도 반대하면 어떤 일도 결정하지 않았으며, 다수결로 밀어붙이지도 않았다. 반대하는 사람이 있으면 그의 마음을 풀어주려고 애썼으며, 목사의 의견이라고 고집하지 않았다.
>
> 집사 한 사람이라도 목사더러 교회를 떠나라고 하면, 정말로 떠날 생각을 가지고 목회하였다. 실제로 그런 일이 생기면, 아무 때라도 정말 교회를 떠났다. 어머니와 그런 이야기하는 것을 집안에서도 자주 들었다.
>
> (나중의 일이지만 인천 제물포교회에서 목회할 때에 한 사람이 반대하여 사임하고, 고향 백령도의 진촌교회로 가셨다. 농촌 교인들이 줄어들어 목회자들이 섬에서 도시로 나오던 시절이지만, 아버지는 여전히 한 사람이라도 반대하면 부름받은 곳으로 떠났던 것이다.)

허 목사의 장손 허경화 장로는 유치원 다니던 용산교회 시절 친구들 따라 신사에 구경 갔다가 할아버지에게 종아리 맞은 기억을 80년 뒤에 증언하였다.

> 평양사범학교를 졸업하신 아버지가 평안도에 교사로 부임하게 되자, 할아버지께서 맏손자인 나를 데리고 사셨다. 1940년대 초반, 내가 유치원

에 입학하기 1년 전부터 기억이 또렷하다.

할아버지가 시골에 있는 여러 교회들을 순방하거나 부흥회를 마치고 며칠 만에 돌아오시면, 긴 칼을 찬 일본 순사들이 구두를 신은 채로 교회 사택에 들어와 할아버지를 무조건 잡아가셨다. 지서에 끌려가셔서 무슨 일이 있었는지, 나는 너무 어려서 알 수 없었다

하루는 유치원에 일찍 갔더니 문이 열려 있지 않았다. 그랬더니 나이 많은 친구가 나를 어디론가 끌고 갔다. 가보니 신사(神祠)였다. 나는 몰랐지만, 그 친구는 모찌떡을 얻어먹으러 갔던 듯하다.

유치원 아이 둘이 뒤에 서서 구경했더니, 일본 순사가 와서 앞으로 끌고 갔다. 그래서 우리는 꼼짝없이 끝까지 구경했다. (남들처럼 절을 했는지는 기억나지 않는다.)

결국 유치원에는 지각했는데, 이상하게 생각한 선생님이 할아버지에게 "손자가 오늘 유치원에 지각했다"고 알려드렸다. 저녁에 할아버지께서 "오늘 낮에 무슨 일이 있었느냐?"고 물어보셨다. 나는 감추지 않고, 친구 따라 신사에 구경갔다고 말씀드렸다.

"네가 하나님을 믿고 교회에 다니는 아이인데 일본 귀신에게 절했단 말이냐? 종아리를 걷어라."

나는 할아버지가 나를 세상에서 제일 사랑하신다고 생각했는데, 그날은 사정없이 종아리를 때리셨다. 그날 몇 대를 맞았는지 모르지만, 울지도 못하고 꾹 참았다.

80년 지난 지금까지도 그날의 기억이 또렷하다. 아픈 기억은 다 없어지고, 일본 귀신을 믿지 말라는 할아버지의 가르침은 평생 내 신앙의 교훈이 되었다. 천당에 가서 기쁘게 만날 날을 손꼽아 기다린다.

허 목사는 목사가 된 뒤에도 용산교회에 잠시 시무하면서 제도교회와 늑동교회를 시무하고, 만풍교회, 광풍교회, 난봉교회의 성전을 건축하였다.

2. 50세에 평양신학교를 졸업했지만, 신사참배를 거부하여 교회를 빼앗기다

허 목사는 신학교 졸업 후 제57회(1939년) 황해노회에서 목사 장립을 받았다. 목사 안수를 받은 뒤에도 용산교회에 계속 시무하다가 신천군 문화읍교회로 옮겼다.

허 목사는 처음 전도인으로 목회하던 시절에 문화읍교회 교인들을 이끌고 삼일만세운동을 주도하다가 3년 징역을 살았는데, 일제의 탄압이 심해지는 어려운 시기에 다시 청빙 받았다. 한 교역자가 같은 교회에 두 차례나 청빙 받고 시무하였으니, 교회와 교역자가 서로 잊지 못한 것이다.

이 교회 출신 청년들 가운데 후일 남한에서 목사가 되어 목회에 성공한 분들이 여러 명인데, 우상렬, 박도삼 목사 등이 황남노회에 소속되어 신앙의 스승 허응숙 목사가 82세에 마지막으로 개척한 동암교회를 물심양면으로 지원해 주었다.

허 목사는 18년 만에 신학교를 졸업하고 목사 안수까지 받았으니 더욱 목회에 전념하려는 참인데, 일제는 한국 기독교를 말살하려고 우상숭배인 신사참배(神社參拜)를 강요하였다. 선교사들은 신사참배를 반대하면서 숭실학교를 폐교하는 등 단호하게 맞서다가 강제로 출국(出國) 당하였다. 한동안 반대하던 장로교단도 1938년 9월 제27회 총회 때 신사참배가 우상숭배가 아니라 국민의 의무라고 주장하는 목사들이 앞장서서 신사참배를 결의함으로 굴복하고 말았다.

대부분의 목사들은 교회를 비우거나 어린 양들을 떼어놓고 목사 혼자 신앙을 지키며 은거하는 것이 합당치 않다는 명분을 내세워서 신사참배를 하였다. 그러나 허 목사는 교회와 양들은 하나님께 맡기고, 자신이라도 신앙의 절개를 지키기 위해 은둔생활을 결심하였다.

조선총독부에서 세운 허수아비 교단인 일본기독교 조선장로교단에서 목회자와 교인들에게 신사참배를 계속 강요하자, 허 목사는 결국 교회에 사면서(辭免書)를 제출하였다. 신천군 문화읍 장날 만세운동을 주도하다가 체포되어 3년 동안 감옥생활을 겪은 뒤에 줄곧 요시찰인물로 지목되었던 터라 목사 개인적으로는 신사참배를 거부하고 온갖 고생을 겪을 수 있지만, 교인들에게까지 신사참배를 거부케 하여 모두 순교(殉敎)의 길로 끌고 갈 수는 없었던 것이다.

1943년 9월 21일에 간행된 『조선총독부 관보(官報)』 제4993호에 「포교 담당자 변경계(布教擔當者變更屆)」가 공고되었는데, 신임 담당자는 모두 창씨개명(創氏改名)한 목회자들이다. 사면한 목회자 가운데는 창씨

同	同	同天柱面九伊里一二七		金鳩 裕環
同四月二十九日	同	同鳳山郡萬泉面楡亭里二四一ノ一		大平 達遷
同七月二日	同	平安北道義州郡松長面昌元洞三二三		白山 信一
同四月二十三日	東洋宣教會	黃海道延白郡延安邑舘泉里一九五		平沼 信義

●布教擔任者變更屆 布教規則第十條ニ依リ布教擔任者變更屆ヲ提出シタル者左ノ如シ

屆出年月日	所屬教宗派及布教所ノ名稱	所在地	舊擔任者氏名	新擔任者住所氏名
昭和十八年二月二十七日	日本基督教朝鮮長老教團楓洞教會堂	黃海道安岳郡大遠面可陽里	孔 章亮	黃海道安岳郡安岳邑[illegible]里 伊東 政鉉
同	同堂谷教會堂	同堂田里	同	同 同
同	同猪島教會堂	同大杏面猪島里	許 應儆	同 同
同	同楓谷教會堂	同楓谷里	同	同 同
同	同上茂洞教會堂	龍門面上茂里	孔 章亮	同 同
同	同大烽教會堂	同銀紅面藥烽里	同	同 同
同	同斗羅教會堂	同斗陽里斗羅洞	同	同 同
同	同光楓教會堂	同大杏面光楓里	許 應儆	同 同
同	同豫山教會堂	同生芹里	元 泰道	同 同
同	同內洞教會堂	同銀紅面寶光里內洞	元 景煥	同 同
同	同萬豊教會堂	同大杏面生芹里	許 應儆	同碑石里一六九 [illegible] 榮潤

◀ 허 목사가 황해도 4개 교회를 사임하고 후임 목사가 10개 교회를 접수한다고 공고한 조선총독부 관보.

개명한 인물이 하나도 없는데, 관보에 기록된 순서에 의하면 공위량(孔韋亮, 윌리엄 커, William Kerr)·허응숙(許應俶)·원춘도(元春道)·원경환(元景煥)·조봉하(趙逢夏)·정일선(丁一善)·이부서(李富叙, 리브세이, Livesay, Joseph)·이창실(李昌實)·림재형(林載衡)·김용승(金瓏承)·현태룡(玄泰龍)·이원민(李元敏) 목사 등 안악군·재령군·봉산군의 목회자들이 사임하였다.

이분들이 사임한 교회는 결국 일본인, 또는 창씨개명한 한국인 목회자들이 접수하였다. 한 사람이 열 교회나 접수한 것을 보면, 실제로는 대부분 교회들을 폐쇄하고 한 군데에 교인들을 모아 형식적으로 예배드린 듯하다. 문을 닫은 교회의 종탑은 철거되어 군수물자로 징발되었다.

허 목사는 이때 황해도 안악군에서 목회하였으며, 시무한 교회는 저도교회(저도리)·풍곡교회(풍곡리)·광풍교회(광풍리)·만풍교회(생근리) 등인데, 서로 떨어져 있는 네 마을을 자전거를 타고 돌아다니면서 설교하고 교인들을 심방하며 목회하고 있었다. 이 교회들을 사임한 뒤에는 "허리가 아프다."라는 핑계를 대고 송화군 율리면 세진리 양의동에 있는 조석훈 목사의 과수원에 들어가 농사를 지으며 신사참배를 계속 거부하였다. 조국과 교회를 위하여 기도하던 중에 8.15 해방을 맞이하였다.

3. 아오지 탄광에 끌려가다가 교인들과 같은 배를 타고 월남하다

허 목사는 신사참배를 거부하여 교회를 사임하고 산속에 들어가 신앙생활을 하다가 8.15 광복과 함께 나왔지만, 의인인 척 자랑할 것도 못된다고 자신을 견책하며 재출발하였다. 광복 직후에 모인 황해노회 석상에서 "나 자신은 어려운 때 피신하여 평안히 지냈으나, 끝까지 교회와 양 떼를 지키노라고, 여러분은 얼마나 고초를 겪었습니까?"라고 인사하였다.

광복 이후에 목회한 교회는 송화군 진풍면 덕안리에 있는 덕안리교회이다. 이 주소는 지금 나(허경진)의 호적 첫 줄에 기록된 원적(原籍)이기도 하다. 1890년에 설립한 교회로, 순회 목회하던 쿤스 선교사의 권고를 받아 사과농사를 열심히 하였고, 과수원들이 성공한 덕분에 교회도 크게 발전하였다. 1939년에는 신사참배로 어려운 때인데도 교인들이 합심하여 붉은 벽돌로 2층 예배당 85평을 건축했다.

열심 있는 젊은 집사들이 사과를 팔러 갔다가 악기(주로 나팔)들을 사가지고 와서 교회 밴드를 조직했다. 부흥회나 명절 때에는 교회 활동으로 악대가 연주했고, 학교나 면사무소 행사 때에도 봉사하여 주민들에게 칭송을 받았다. 허 목사가 시무하던 시기에 공산당(共産黨)이 악기를 몰수했으나, 교인들이 그 악기들을 찾아가지고 피난하였다. 초도 섬에서 서해지구 유격대인 구월부대에 그 악기들을 기증하고 교인들은 남하(南下) 했으니, 그 후 처리는 알 수 없다.

허 목사가 많은 반공 인사들을 포섭하여 교회가 다시 부흥하였다. 반면에 공산당 정권이 점차 강화되면서 교회를 노골적으로 박해하자 많은 교인들이 월남하였으며, 신자들은 교회 출석을 꺼렸다.

주일이면 강제로 노력동원(勞力動員)을 하는 까닭에 남자 교인과 교직자들은 더욱 괴롭고 어려웠다. 따라서 새벽 기도나 개인 기도에 주력하며 오로지 하나님만 찾고, 통일의 날을 기다리며 견딜 수밖에 없었다.

1948년 10월 말에 송화군 도제직회가 풍천읍교회에서 모였다. 송화군 46개 교회의 목회자 가운데 원춘도·서경연·장형일 목사는 이미 순교했으며, 방학성 목사는 공비들이 던진 수류탄 파편에 중상을 입어 참석치 못하였다. 생존한 목사는 김태석 · 허응숙·김정묵·박성겸 네 사람뿐이었다.

국군이 북진해 오자, 공산당에서 민주 인사들을 아오지 탄광으로 징발하여 압송하였다. 허 목사가 잡혀간 이야기를 장손 허경화 장로가 다음과같이 증언하였다.

나는 인민군 부대가 후퇴하는지도 몰랐다. 어느 날 밤 학교에서 불침번

을 서는데, 숙직하시던 나이 많은 화학 선생님이
"경화야! 힘들어도 조금만 참아라. 빨갱이들은 금방 망한다. 지금 한참 쫓겨가고 있으니, 얼마 뒤에 국군이 들어올거다." 라고 말씀하셨다.
9월 말인가? 10월이던가? 할아버지가 결국 공산군에게 잡혀가셨다. 공산당에서 동네 청년들을 소집하여 아오지 탄광으로 보내는데, 할아버지가 인솔 대장으로 징집되신 것이다.
아오지 탄광에 끌려가면 중간에 다 죽인다는 소문이 이미 널리 퍼져 있었다. 할머니는 그날부터 두어 달을 울면서 "목사님을 살려 달라"고 기도하셨다. 할머니는 내가 어릴 적부터 무릎에 앉히고 기도하셨는데, 한참 울면서 기도하시면 내 머리에 뜨거운 눈물이 뚝뚝 떨어졌다.
어느 날 밤에 내가 살던 사택 마당이 갑자기 환해지더니, 학교가 불타는 게 보였다. 인민군들이 도망가면서 불태웠다고 한다. 다음날 아침에 교인들이 찾아와 할머니에게 위로하였다.
"목사님도 아오지 탄광에 끌려가지 않으셨으면, 어젯밤에 학살당하셨을 거에요. 천만다행입니다."
빨갱이들이 달아나기 전에 많은 교인들을 잡아다가 학살했다고 한다. 나도 가보니 몇 사람씩 등 뒤로 묶어 놓고 죽였으며, 시체를 땅에 묻을 시간도 없어서 우물에 쳐넣고는 달아났다.
할아버지는 열흘 뒤에 살아서 돌아오셨다. 함께 끌려가던 청년 가운데 두어 명이 교인이었는데, "조금만 더 가면 다 죽을 테니, 목사님! 적당할 때에 탈출합시다." 하고 제안했다고 한다. 밤중에 탈출하신 할아버지는 어느 교인의 집에 숨어 지내시다가, 무사하게 교회로 돌아오셨다.

해방 후에 월남해서 서울에 살던 허 목사의 작은아들 허태룡 장로와 맏사위 여성현 장로가 인천상륙작전이 성공하자 가족들을 찾으러 고향 덕안리에 돌아왔다. 여성현 장로는 홍보를 담당하여 각지에 다니며 치안을 위한 청년 단체들을 조직하였다. 그는 전쟁이 불리해질 것을 예측하여, 고향에 오래 머물지 않고 월남하기로 계획하였다.

마침 고향(덕안리) 과수원에 사과를 수확할 때가 되어 1,000상자를 따서 지하실에 넣었다가, 이 사과를 배에 싣고 서울로 향할 계획을 세웠다. 포구에 마침 큰 배가 한 척 있어서, 덕안리 치안 책임자였던 여성현 장로가 군치안 책임인 박종화에게 허락을 받아 사과 1,000상자를 싣고 서울로 가서 팔기로 하였다. 사과 한 상자를 서울에 가져가 팔면 쌀 한 가마를 살 수 있었다. 사과를 배에 실어 보내고, 자신은 육로로 해주를 거쳐 인천까지 무사히 도착하였다.

여성현 장로가 인천에서 며칠을 기다리자, 덕안리를 떠난 그 배가 무사히 인천에 도착했다. 그러나 그 배에 사과는 별로 없고, 피난민이 더 많았다. 그 당시 허 목사는 석도교회를 수습하기 위해 석도에 가 있었는데, 덕안리교회 피난민들이 "허 목사님을 꼭 모시고 가야 된다"고 하여 그 배가 일부러 석도에 들려서 허 목사를 모시고 떠났다. 너무나 갑작스런 일이라, 허 목사의 가족들은 동행할 수 없었다.

얼마 뒤에 중공군이 개입하는 바람에 1951년 1월 4일에 많은 사람들이 갑자기 피난 가면서 몹시 고생했으나, 허 목사는 덕안리교인과 주민 50여 명을 이끌고 목자가 양 떼를 안전한 곳으로 인도하는 것처럼 평안히 월남하였다.

허 목사의 남은 가족들은 덕안리교회 밖을 청년 치안대원들이 총을 들고 지키는 가운데 눈물과 기도로 마지막 크리스마스 예배를 보고, 초도를 거쳐 월남하였다. 이 배는 인천, 군산, 목포를 거치면서 피난민들을 내려주었기에, 지금도 이 지역에 송화군 주민들이 일부 살고, 황해노회 소속 교회들이 있다.

4. 거제도 목회자 수용소에서 남한 개척 교회를 시작하다

거제도에는 주로 북한 동부지역인 함경도 출신들이 배를 타고 많이 들어왔다. 피난 온 교인들 가운데 함흥 동부교회에서 온 의사 출신 김재

술 집사가 있었다. 그는 당시 유엔 진료소 소장이었는데, 피난민 수용소에 찾아와 교회를 개척할 목사를 구하자 허 목사가 지원하고 나섰다. 허 목사가 30년 뒤에 이렇게 증언하였다.

> 석도에서 배를 타고 인천 와서 그만 타고 온 배는 (여)성현 장로에게 맡기고 서울로 와서 있는데, 일하던 여인이(아나운서가) 울면서 방송을 하더라. "또 소개(疏開 피난)를 해야지. 암만 해도 안되겠다"고 그 날 밤으로 차를 타고서 피난간다는게 대구까지 갔어.
> 대구도 또 역시 공산당들이 몰려들었어. 교회 목사들은 서양 선교사들이 "안전지대로 보낸다"고 하면서 거제도로 보냈어. 그래서 거제도로 가서, 거제도에서 하루 있노라니까 피난민 목사들을 불러놓고
> "목사 없는 면(面)에서 목사 하나 청빙하는데 누구 갈 이 있으면 손들라." 하는데 둘러봐야 갈 사람 하나 없어. 그래서 내가 손을 들고 "내가 간다." 하니까 박석이라고 하는 사람 혼자서 전도사로 일보는 사람인데 날 따라 늘 다니는데, 내가 간다고 하니까니 덕안리 교회에서 권찰 일 보던 박장로의 부인이 자기 딸을 데리고 있댔는데, 그 딸 데리고 그 사람, 나 네 사람이서 남부여대하고 걸어서 장목이라 하는델 갔는데, 교회라고 하는 건 아무 것도 없고 남의 사랑방에서 거기서 모여 예배를 보는데, 하루 이틀 지내는데 하나님의 은혜로 마침 어떤 사람이 오느냐 물으면, 유엔군들이 공연이라 하는데 와서 있는데 거기서 일보는 사람이 내가 북한에서 잘 아는 장로야. 반가이 만나 내 사정을 말하니 "그러믄 지금 장목이라 하는데 모든 물건을 많이 갖다 쌓아놨으니, 목사님 가서 지킬 만큼 다 갖다 쓰라." 해서, 장목에 가서 집 재목을 다 골라서 예배당을 건축하는데 함석 지붕이야. 그러하는 어간에 차츰차츰 교회가 설립되더라. 내가 거기서 교회 일을 보는데 믿는 사람이 생겼어.

옥호열(玉鎬烈, Harold Voelkel, 헤롤드 보켈) 선교사가 거제도 수용소에서 교회를 개척할 목회자를 구한 것은 그가 한국전쟁 기간에 민간인

군목으로 인천상륙작전에 참여하고, 흥남철수 작전을 도와 기독교인 오천 명을 거제도로 수송하게 해준 인연 때문이다. 그는 거제도에서 북한군 포로들을 위해 선교하고 봉사하였다.[4)]

허 목사는 1951년 3월 1일에 김갑률씨가 소유하던 초가집 3간을 구입하고, 2간 증축하여 51년 5월 17일에 헌당식을 하였다. 전도사 박석, 조사 윤옥신(여), 신도 50명, 주일학생 100명으로 시작하였는데, 1951년 10월 14일에 두모교회와 합동하여 교세가 성인 100명이 넘어섰다.

거제도에 피난민이 몰려들자 이들이 먹고 자는 문제만큼이나 청소년 교육이 문제였다. 정규 학교에서 피난민 자제들을 다 받아들일 수 없었으므로, 허 목사가 성경구락부(聖經俱樂部)를 설치하였다. 성경구락부는 공민학교 수준의 임시학교였는데, 평양신학교에서 허 목사를 가르쳤던 킨슬러(Francis Kinsler, 권세열) 선교사가 1929년 평양에서 가난한 미취학 아동들을 위하여 시작하였다. 태평양전쟁 이후 미국으로 돌아갔던 킨슬러 교수가 광복 이후에 다시 한국에 와서 성경구락부 운동을 하고 있었으므로, 허 목사는 킨슬러 선교사를 통하여 장목교회에도 성경구락부를 설치하였다.

장목교회가 한창 부흥할 무렵, 목포에 피난 와 있던 작은아들이 목포에 교회를 세우자고 요청하였다. 허 목사의 작은아들이 타요한(John Edward) 선교사가 운영하는 영흥중학교 교사로 근무하면서 양동교회에 출석하고 있었는데, 장로교단이 분열되면서 양동교회와 영흥중학교가 기독교장로회 교단에 참여하게 되자 더 이상 양동교회에 출석할 수 없게 된 것이다. 정명여중 과학교사였던 허태룡 장로가 희성교회 개척 과정을 다음과 같이 증언하였다.

4) 그는 이곳에서의 경험을 『한국의 철조망 뒤에서(Behind Barbed Wire in Korea)』(Grand Rapids, MI:Zondervan, 1957)라는 책에 자세히 기록해 놓았다.

> 나는 당시에 학교 사택에 살고 있었는데, 정명여학교 서무과장으로 있던 김종실 장로가 나에게 예장 교회를 개척하자고 제안하였다. 우리 아버지가 (학교 이사장인) 이남규 목사와 신학교 동창이라는 사실을 알고 있었기 때문이다. 그래서 내가 거제도로 가서 아버지를 설득하여, 목포로 모시고 와서 희성교회(喜聲教會)를 시작하였다. 희성교회는 글자 그대로 "복음의 기쁜 소리를 전하는 교회"라는 뜻이다.
>
> 처음에는 김종실 장로의 집에서 10여명 교인들이 예배를 드리다가, 1954년 4월에 아버지가 부임하여 첫 예배를 드렸으며, 학생 100여 명이 참석하였다. 6월에 김단임전도사를 부교역자로 모셔, 1년만에 교회 틀이 잡혔다. 형님은 1953년 휴전 전에 인천에 직장이 정해져서 이사하셨지만, 나는 정명여학교 교사로 재직하느라고 아버님을 모시고 희성교회에 계속 출석하였다.
>
> 개척 당시에는 죽교동 65번지에서 예배를 드렸지만, 1969년 3월 5일에 현재 위치(양동 86-32)에 대지 318평을 구입하여 2층 건물을 신축하였다. 내가 근무하던 정명여중과 이웃하고 있다.

허 목사는 희성교회가 안정되자 1년 만에 떠났다. 휴전 이후에 맏아들이 인천에 직장을 얻어 이주하자, 연로한 허 목사가 황해도 고향 가까운 인천으로 따라간 것이다. 당시에 피난민들은 곧 통일이 될 것이라 생각하고, 가능하면 고향 가까운 곳에 살았다.

선교사 언더우드(장로교)와 아펜젤러(감리교)가 1885년에 인천을 거쳐 한국에 들어오면서 공식적으로 장로교와 감리교 선교가 시작되었다. 선교사들이 늘어나 선교사업에 혼선이 생기자 두 교파에서 선교구역을 분담했는데, 인천(제물포)지방은 감리교 구역이어서 장로교회는 없었다.

광복 이후 공산 학정을 반대하여 배를 타고 월남한 교인들이 인천에 모여, 장로교회가 잇달아 개척되었다. 주로 황해도와 평안도 출신이었는데, 1946년 송학동에 제1교회를 시작으로 1948년 도원동에 제2교회, 송림동에 제3교회, 1951년 송림동에 제4교회(현 서부교회), 송현동에 제5교회(현 중앙교회), 1952년 송현동에 제6교회(현 동현교회), 용현동에 제7교회(현 예수소망하나교회), 1954년 도원동에 제8교회(현 제물포교회)가 세워졌다.

제8교회는 소재지가 도원동이었기에 도산교회라는 이름으로 창립되었고, 창립교인은 백인성, 문현서 장로, 권영선 영수, 이정일, 한재석 집사이다. 1954년 9월 26일에 중앙교회 시무하던 김정묵 목사가 임시로 예배를 인도하면서, 목조건물 8칸을 건축하였다. 허 목사가 1955년 1월 23일 초대 임시목사로 청빙 되고, 인천지역 장로교 설립 순서에 따라 인천 제8교회라고 이름을 고쳤다.(허 목사가 떠난 뒤, 1956년 12월에 제물포교회로 이름을 변경했다.)

1955년 10월 17일 현주소 (인천시 동구 도원3동 92-65)에 30평 목조 건물을 건축하였다. 교회 바로 앞에 전도관이 있었는데, 박태선 장로의 부흥회와 신유 은사를 믿는 교인들이 전국적으로 자신이 다니던 교회를 떠나 박태선 전도관으로 몰려오던 시절에 허 목사는 전도관 본부 앞에서 개척교회를 하였던 것이다.

허 목사는 제8교회에 부임한지 1년 만인 1956년 1월 20일에 사임하였다. 허 목사의 고향인 백령도 교회가 삼팔선이 분단된 뒤에는 서해 끝의 외딴섬이 되어 젊은 목사들이 시무하기를 꺼렸기 때문에, 고향 교회의 강단을 지키기 위해 도시 교회를 사면하고 섬으로 들어간 것이다. 이정일 장로가 인천항 부두까지 따라와 붙잡았지만, 말릴 수가 없었다.

5. 최전방이던 고향 백령도에서 군민(軍民) 합동 교회를 목회하다

진촌(鎭村)은 이름 그대로 백령진(白翎鎭)의 관아(官衙)가 있던 읍내였으므로 백령도에서 가장 번성한 마을이었는데, 중화동교회 청년인 허륜, 허간 등이 열심히 전도하여 이윤범, 정성록 등이 먼저 믿고 중화동교회에 출석하다가 1905년 4월 15일에 교회를 세웠다.

백령도는 허 목사의 고향이었으므로 친인척도 많았고, 마을마다 교회가 있어 당시 주민 대부분이 교인이었다. 섬마을에 심하던 미신도 없고, 술집도 없었다. 길거리에 나서면 마을 사람들이 모두 존경하여 인사하였으며, 처조카이기도 한 김종인 면장도 교회에 출석하였다.

허 목사는 유치원과 고아원도 운영하여, 진촌교회는 백령도 지역사회를 이끌어 나갔다. 해병부대와 경찰, 천주교회의 미국인 부영발(에드워드 모펫, Edward Moffett) 신부와도 두터운 관계를 유지하며 지역 주민을

◀ 진촌교회 주일학교 어린이들을 데리고 해병부대를 방문한 허응숙 목사(왼쪽). 미군들도 함께하였고, 왼쪽 아래에 군민친선 체육대회 대진표가 보인다.

▶ 발인예배를 드리는 진촌교회에 「군민합동 진촌교회」라는 현판이 걸려 있다.

위해 목회하였다.

당시 백령도 여러 교회에 목회자가 비어서 농한기인 겨울에 중화동교회나 진촌교회에 모여서 성경공부를 함께 하였다. 1956년 12월 28일에 허 목사가 중화동교회에서 성경을 강의하고 있는데, 갑자기 사모(최숙은 권찰)가 소천하였다는 소식이 왔다. 지병이 있기는 했지만, 성경공부 중에 소천하여 임종을 보지 못하였다.

허 목사는 진촌교회를 72세에 교회를 사임하고, 자신의 후임으로 사위 김원준 목사를 추천하여 젊은 교역자가 농촌교회를 체험하게 하였다. 허 목사가 은퇴하여 인천 아들네 집으로 가려고 싸 놓았던 이삿짐을 사곶교회 교인들이 사곶교회로 옮겨다 놓았다.

사곶에서는 김씨 집안에서 먼저 예수를 믿어 중화동교회로 다니다가, 1905년에 사곶교회를 창립하고 초가 3간 예배당을 세웠다. 허 목사가 8년 동안 목회하며 50평 규모의 시멘트 예배당을 봉헌하고 80세에 은퇴하였다. 잠시 목회자 없는 교회에서 설교하다가, 82세에 마지막으로 인천에 동암교회를 개척하였다.

6. 82세에 마지막으로 동암교회를 개척하다

1969년에 인천시의 외곽 지대인 십정동(十井洞)에 부민양계단지가 조성되었는데, 철도 건너에 조그만 마을이 있었을 뿐인 벌판이었다. 십정동에는 옛마을인 열우물(十井)에 감리교회만 하나 있을 뿐, 장로교회가 하나도 없었다. 양계업으로 생활을 유지하던 성도들은 주일이면 저마다 인천이나 서울 본 교회에 가서 예배를 드렸는데, 교통이 불편하던 때인지라 저녁예배나 수요예배까지 참석하기가 힘들었다. 그래서 주일이나 수요일 저녁에는 양계단지 안에 있는 최원유 장로의 집에서 예배를 드렸다.

장로와 집사들이 1년 동안 돌아가면서 예배를 인도했으며, 주일학생까지 합하여 30여 명이 모였다. 허 목사의 아들인 허태형 장로(인천중앙교회), 조카인 최원유 장로(송월교회), 김종인 성도(백령진촌교회)를 비롯한 13가정이 허 목사를 목회자로 청빙하였다. 인천시 북구 십정동 439-11번지 양계장 건물 20평을 월세 6,000원에 임대하여 예배 처소로 정하고, 대한예수교장로회(합동측) 황남노회 소속으로 설립하였다.

황남노회의 박도삼 목사(송월교회)나 우상렬 목사(부평동부교회), 홍태우 목사(제물포교회)가 모두 황해도 시절 허 목사가 목회하던 교회에서 지도했던 청년들이었으므로, 황남노회 지원을 받아 개척하였다. 교인들이 직접 강대상과 의자를 만들었다.

1970년 9월 26일에 창립기념예배를 드렸다. 이삼성 목사(제2교회)가 마태복음 4장 18절~22절을 본문으로 하여 「사람을 낚는 어부」라는 제목으로 설교하며, "베드로처럼 십정동 일대에 그물을 내려 몰아들일 때 그

▲ 창립예배에 참석한 인천지역 목회자들_둘째 줄 왼쪽부터 박도삼 목사(송월교회), 여재덕 사모와 허목사, 이삼성 목사(제2교회), 홍태우 목사(제물포교회), 전종훈 목사(학익교회), 황진원 목사(동부교회), 김원준 목사(부평중앙교회)

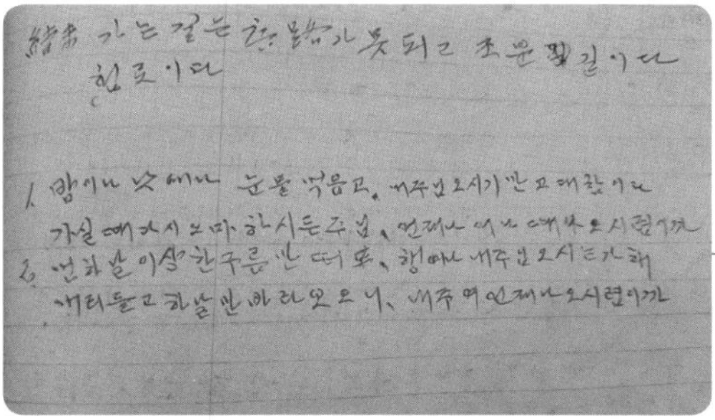

◀ 동암교회 주일예배 설교노트_
"가실 때 다시 오마 하시든 주님, 언제나 어나 때나 오시렴이까."라는 신앙고백이 7.5조 찬송시로 지어져 있다.

물이 찢어질 정도로 많은 고기들이 모여 축복받는 교인들이 되고 교회가 되라."고 말씀을 선포하여, 참석자 120여 명이 모두 새 힘을 얻었다.

9월 27일부터 주일예배를 드리기 시작했으며, 김영숙 전도사가 부교역자로 부임하여 심방을 담당하였다. 허 목사는 담임목사 사례비를 자신보다 50년이나 젊은 독신여성 김영숙 전도사에게 주고, 자신은 전도사 사례비를 받아 노부부가 함께 생활하였다.

1971년 1월에 서리집사 10명을 임명하여 제직회가 구성되고, 유년주일학교, 학생회, 여전도회도 시작하였다. 4월 4일에 허 목사 집례로 세례문답과 첫 성찬식이 천정도 없는 양계장에서 거행되었다.

교인이 늘어나자 동암역 부근에 있던 농촌지도소 건물을 임대하여 1971년 6월 6일에 이사하고, 두 달 만에 성전 건축위원회를 조직하여 십정동 498-4번지에 대지 202평을 구입하였다. 1년 뒤인 1972년에 성전 건축 기공예배를 드리고 허 목사가 황남노회 임원들과 함께 첫 삽을 떴다.

몇 명 되지 않은 교인들이 건축헌금을 웬만큼 바쳐서 시멘트 블록으로 벽을 쌓고 지붕을 덮었다. 그러나 건축비를 아끼느라고 한 겹으로 벽을 쌓다가, 태풍이 불어 벽이 무너졌다. 건축위원장인 허태형 장로가 "교회가 완공된 뒤에 예배를 드리다가 벽이 무너졌으면 큰일날 뻔했다"고 감사 기도를 드리고, 이듬해에 벽을 이중으로 쌓아 완공하였다. 1973년 10월 3일에 초록색 지붕의 성전 50평과 사택 14평이 완공되어 헌당예배를 드리면서, 허태형 장로취임과 최원진 장로장립예배를 함께 드렸다.

십정농장에 살던 우상준 교우가 "석 달 밖에 살지 못한다."는 선고를 받고 새벽기도에 혼자 왔다가 허 목사의 기도를 받아 심장병을 완치하고 등록하였다. 그 뒤를 이어 십정농장의 여러분들이 동암교회에 등록하여 성도의 교제를 가졌으며, 이분들이 뒷날 온누리선교회의 주역이 되어 동남아 여러 나라에 복음을 전도하며 의료선교에 앞장섰다. 온누리선교회가 모이면 우상준 장로는 늘 "환자 선교는 우리 동암교회처럼 해!"라고 말하였다. 가는 곳마다 환자들의 마을과 교회를 도와 주면서 "건강한 마을이 필요해. 환자끼리 모여 살지 말고, 오픈해서 함께 어울려 살아야 해."라고

▲ 학생회 수련회_1979년 초성리. 91세 되던 1979년에 학생회원들과 함께 초성리 수련회에 참석한 허 목사. 왼쪽에 서 있는 김용택 전도사(온세계교회 목사)와 오른쪽에 서 있는 김범서 전도사(천산교회 원로목사)도 백령도에서 가르쳤던 소년들이었다.

하였다.

온누리 공동체가 지금도 수많은 교회와 학교들을 후원하는데, 온누리선교회 30년의 모델이 바로 동암교회이다. 온누리 공동체는 지금 태국, 네팔, 라오스, 방글라데시, 미얀마, 페루, 캄보디아에 선교센터를 설치하여 운영하고, 여러 교육기관을 설치하거나 지원하고 있다.

허 목사는 자녀들이 애국지사 등록을 하자고 할 때마다 "나라 위해서 독립운동을 한 것은 국민의 당연한 도리인데, 무슨 장한 일을 했다고 표창을 받느냐?"라고 반대하였다. 애국지사로 표창 받으면 보훈연금과 함께 손자들의 대학 등록금을 지원해 줄 정도로 많은 혜택을 보지만, 모두 거절한 것이다. 어느 날 작은아들 허태룡 장로가 방송을 듣다가 마침 광복

▲ 평양복심법원에서 3년 징역을 선고받기 전 허 목사의 마지막 진술을 현충원 묘비에 새겨 넣었다.

회 이강훈 회장이 "내가 만주 신민부에서 독립운동할 때에 허빈이라는 분을 상관으로 모셨는데, 정말 존경스러운 분이다. 그분의 후손을 꼭 만나고 싶다."라고 말하는 것을 우연히 듣고 연락하였다. 이강훈 회장이 관련 서류를 찾아주고 보증을 해주어, 허 목사와 동생 허성묵 전도사가 애국지사로 등록되었고, 허 목사는 1990년에 건국훈장 애족장을 추서 받았다.

허 목사는 86세에 동암교회 원로목사로 추대되어 목회 일선에서 물러났지만, 후임 김창주 목사가 1979년에 사임하고 은평교회를 설립하여 나가자 다시 임시목사로 목회하였다. 그러나 91세에 매주 여러 차례 설교를 하기가 힘들어, 소년 시절에 백령도에서 가르쳤던 김용택 전도사, 김범서 전도사와 함께 목회하였다. 21세에 목회를 시작하였으니, 성역 70주년을 동암교회에서 맞은 것이다.

1980년 1월에 제3대 손두환 목사가 부임하고 새 성전 기공예배를 드린 뒤에 허 목사가 소천하였다. 새 성전 지하실 공사가 끝날 무렵인 12월 10일에 92세를 일기로 하나님의 부르심을 받아, 새 성전 기초공사장 위에서 발인예배를 드렸다. 만성(晩成)이라는 아호 그대로 평양신학교를 18년 동안 다니며 수많은 교회를 개척하다가, 82세에 마지막으로 동암교회를 개척하고, 91세에 다시 임시목사로 봉사했던 한평생이 모두 하나님께 바쳐진 생애였다.

약 력

1889년 1월 25일	백령도 연화리에서 태어나다.
1897년 8월 25일	중화동교회가 설립되자, 9세부터 신앙생활을 시작하다.
1900년	12세부터 기도생활을 시작하며, "예수가 나를 사랑하신다."는 뜻을 알기 위해 애쓰다.
1910년	재령성경학교 제1회로 입학하여, 사우업(Sharp) 선교사 추천으로 서의동교회 전도인이 되고, 1916년에 졸업하다.
1919년 3월 10일	문화읍 장날 만세운동을 주도하고, 고등법원에서 징역 3년형을 선고받아 옥고를 치르다.
1921년 3월 21일	제19회 황해노회에서 평양신학교 입학과 조사 시취를 허락받다.
1939년	평양신학교를 졸업하고, 50세에 제57회 황해노회에서 목사장립을 받았으며, 신천군 문화읍교회로 옮기다.
1943년 9월 21일	『조선총독부 관보』 제4993호에 안악군 저도교회 · 풍곡교회·광풍교회·만풍교회를 사임한다는 공고가 실리다. 신사참배를 거부하는 선교사와 목회자들이 함께 사임하다.
1950년	덕안리교회를 목회하다가 아오지탄광으로 끌려가던 중 탈출하다. 가을에 교인들과 함께 배를 타고 인천으로 월남하다. 옥호열(Harold Voelkel) 선교사의 도움으로 거제도 수용소에 정착하다.
1956년 1월	고향 백령도로 들어가 진촌교회와 사곶교회를 목회하다.
1970년 9월 26일	82세, 인천 동암교회를 개척하여, 91세 되던 해에도 임시목사로 목회하다. 성역 70주년을 맞다.
1980년 12월 10일	92세에 소천하다.
1990년	건국훈장 애족장을 추서받고, 10월 25일 대전 현충원에 이장하다.

허경진 박사

남장로교 선교부에서 세운 목포 정명여중 사택에서 피난시절 출생
인천중학교, 제물포고등학교, 연세대학교 국문과를 졸업
목원대학교 국어교육과, 연세대학교 국문과 교수 역임
현재 한국연구재단에서 3년 지원을 받아 6개국에 흩어져 있는
선교사 편지를 수집 번역하여 〈내한 선교사 편지 데이터베이스〉를 구축

내리교회와 창영교회의 담임목사, 지방의 감리사로서 교회의 좌장이자 어른으로서 박기천 목사는 그 지위에 안주하지 않고, 자신의 신학교 시절 전도여행의 고행을 잊지 않으며 작은 교회의 영적인 성장을 위해 몸과 마음과 재물을 바쳤다. 내가 가진 것에 만족해하거나, 집착하지 않고 오로지 구원의 기쁨을 다른 사람들과 나누려는 그 전도 사역에 대한 열정이 바로 우리가 박기천 목사로부터 배워야 하는 바이다. 항상 얼굴에서 얇은 미소를 잃지 않았던 박기천 목사의 인자한 얼굴이 떠오른다.

길고 긴 순례자의 삶 박기천 목사

박희경 장로_화도시온감리교회

1. 첫 장을 열면서

바울은 배를 타거나 걸어서 멀고 긴 세 차례의 여행을 마쳤고, 요한 웨슬레는 배와 말을 타고 자신의 조국은 물론 대서양을 오가며 죽음의 공포 속에서도 모든 어려움을 극복하며 감리교를 창설했다. 사도 바울과 웨슬레처럼 박기천 목사는 64년의 그 생애를 마치는 날까지 인천과 강화도 고향 땅을 걷고, 또 걸어서 고된 전도의 길을 순례했다. 이러한 고된 역정을 생각해 보면 이분들의 별세는 단순히 하늘나라로 가셨다고 말하기보다는 길고 긴 순례 속에 당신들의 육신이 닳아 없어지셨다고 말하는 것이 더 적절할 듯하다.

2. 목사님의 발자취를 찾아서

필자는 과분한 원고를 의뢰받고 마음이 급했음에도 오히려 귀한 시간을 준비로 소모하며 전전긍긍할 수밖에 없었다. 존경하는 할아버지이자 우리 감리교 역사의 들보와 같은 박기천 목사님에 대해 전문가가 아닌 서투른 필자가 다룬다는 것은 혹시 목사님의 고결한 생애에 누가 되지는 않을까 하는 걱정이 앞섰기 때문이다. 하지만 목사님의 후손으로서 또 감리교회를 섬기는 한 명의 장로로서 목사님의 생애의 원대한 뜻을 본받고 실천하기 위해 부족함에도 성심을 다하여 이 졸고를 마치기로 마음을 다잡았다.

박기천 목사의 발자취를 찾기 위해 필자는 첫째로 필자가 소장하고 있던 박기천 목사의 생전의 육필 기록들(이 기록들은 한문으로 되어있어 화도시온교회 김재규 장로님의 도움을 받아 간신히 해독할 수 있었다.)에 의존하고 있다. 박기천 목사는 자신을 일컬어 여행자 순례자라고 기록에 남겼다. 박기천 목사는 자신의 일대기(일기)를 제1편 이력·경력·학력, 제

2편 이력과 사업, 제3편 목회일지, 제4편 교회역사의 구성으로 기록 정리하였다. 한문서당 선생님이라는 동역자들의 평처럼 한문으로 평생의 일기를 기록하였기 때문에 이 일기는 하나의 근대 한문학 기록물인 동시에 초대 한국 기독교역사의 중요한 증거이기도 하다. 둘째로 박기천 목사가 섬기던 교회들이 조금씩 남겨 놓은 기록들의 도움을 받았다. 다만 박기천 목사가이 이 세상을 떠난지 70년이 넘었기 때문에 그와 생생하게 가까이서 함께 생활하던 사람들의 살아있는 증언을 수집하지 못하였다는 것에는 아쉬움이 남는다.

▲ 박기천 목사(朴起千, 1890~1953)

3. 출생과 가정환경

박기천 목사는 1890년 1월 6일 인천시 강화군 화도면 문산리 899번지에서 부친 박의현(1857. 7. 7.~1938. 7. 22.)과 모친 고신덕 사이에서 다섯 명의 아들 중 막내아들로 태어났다. 당시 부친인 박의현은 조선 왕실 5대실록 사고인 (마리산) 정족산성 사고의 참봉을 거쳐 충훈부 부도사(지금의 4·5급 공무원에 해당)를 지냈다. 이러한 부친의 벼슬을 보건대 박기천 목사는 비교적 풍요로운 가정환경에서 자랐을 것이다. 심성이 부드럽고 총명하여 막내아들로서 부모님은 물론 주변 사람들의 사랑을 받았다고 한다. 성장하여서는 이른 시기(연도 미상)에 1886년 6월 18일생 김약아나와 혼인을 맺었으나 안타깝게도 질병에 의해 부인과 사별했다고 한다. 독신으로 교회와 하나님께 봉사하다가 아주 늦게 1944년 스승 김양권 전도사의 차녀 김정은(1909년 1월 14일생)과 결혼한다. 자녀로는 장남 박은용을 입양(상동교회 장로, 서울 휘경여고, 인천 영화여고 교장)하고,

장녀 박인희, 차녀 박은옥을 두었다.

4. 유년기와 그 시대적 배경(1890~1907, ~18세)

박기천 목사의 유년기(1890~1907)에 대한 기록은 자세히 전해지지는 않는다. 14세까지 김양권 전도사의 한문 서당에서 수학하였고, 18세까지 사립 보창학교(현 강화 양도초등학교의 전신)에서 한문 공부를 했다.

박기천 목사의 배경을 이해하기 위하여 그의 출생 전후(1876년 강화도 조약~1910 경술국치) 강화의 역사·지리적 특징에 대해 언급할 필요가 있다. 흔히 다음과 같이 세 가지 특징이 많이 언급된다. 첫째, 강화는 최초의 기독교(개신교)가 전파되어 부흥한 신앙공동체이다. 둘째, 강화는 기독교계 근대교육의 산실이기도 하다. 셋째, 강화는 3대강이(임진강·한강·예성강) 합쳐지는 황금어장의 바다가 있고, 평야가 있어 1년의 수확으로 3년을 자족할 수 있을 정도로 곡물이 풍요로운 섬이었다고 한다.

이러한 역사 지리적 배경에서 박기천 목사와 관련하여 우리가 기억해야 할 중요한 시점은 1907년이다. 바로 그해, 조선을 삼키겠다는 일본의 야욕은 드디어 조선 구 한국군 부대를 해산하는 명령을 발표한다. 이에 강화의 친위대의 이동휘 친위대장을 비롯한 대원들이 이를 거부하고 항일투쟁을 시작했다. 의병 항쟁은 일본군 수비대의 무력 진압으로 거사 3일 만에 끝났지만, 투쟁은 계속되었다. 군과 민간의 피해도 있었지만, 특히 부흥의 싹이 트던 감리교회가 많은 핍박을 받으며 교회 문을 닫을 지경에 이르렀다. 강화의 감리교회도 사정은 비슷하였다.

5. 한양으로 유학을 가다(1907~1911, 18~22세)

바로 그해(1907년) 4월, 18세의 청년기에 이른 박기천은 이동휘 권사가 설립한 보창학교를 졸업하고, 아직은 4월 초 바닷바람이 옷깃을 여미게 하는 초봄에 고향을 떠나 통통배를 타고 한양에 있는 경성관립외국어학교 일어과에 입학하여 1910년에 졸업한다. 이어서 1910년 4월 4일부터 1911년 3월 30일까지는 경성 관립 토지조사국 기술원 양성소에서 측량을 공부하여 제1회 졸업생이 된다.

6. 청년기의 국토여행(1911~1917, 22~28세)

측량학교를 졸업한 박기천 목사는 1911년 5월부터 조선총독부 산하의 토지조사국 기수로 발령받아 6년간의 국토여행을 시작한다. 물론 잘 알려진 것처럼 이 여행이 그렇게 낭만적이고 아름다운 여행은 아니었다. 일제는 1910년부터 1918년까지 한반도의 모든 경지, 택지, 산림 및 토지에 대하여 위치와 경계, 면적을 측량하고 소유자 지목 지위를 조사 기록한 지적도를 작성했다. 박기천 목사의 여행은 이 거대한 경제적 수탈 사업의 일환이었던 것이다. 이 문제와 관련해서는 이 일대기의 마지막에 언급할 것이다.

어쨌든 처음 발령지는 연산군의 귀양지이기도 한, 고향 강화도의 외딴섬인 교동도였다. 교동도의 6개월 근무를 시작으로 6년간 제주도를 제외한 전국의 산하를 다니며 젊은 시절을 보낸 것이다. 말이 여행이지 한 달에 두 번씩 숙소를 옮기며 산과 들을 헤치며 측량을 한다는 것은 결코 쉬운 일은 아니었을 것이다.

그런데 동기들과 교류한 서신들에 따르면 고향을 떠나 유랑하는 그 어려운 환경에서도 박기천 목사는 그 6년의 고생에 대해서 아주 만족스럽고 행복해했다. 그런데 비교적 유복한 집안의 막내아들이었던 그가 어떤 동기로 고향을 등지고 마치 방랑자와 같은 고된 젊음을 보냈을까? 물론 젊었을 때 고생은 사서 한다는 말도 있지만, 박기천 목사가 측량 기수의 삶을 택한 것은 보통 사람의 관점에서 볼 때 이해하기 쉽지는 않다.

하지만 관점을 바꿔서 그런 사람이 타고난 전도자라고 한다면 어떻겠는가? 어떤 사람이, 새로운 장소에서 새로운 사람들을 만나며 같이 호흡하는 과정이 고되지만 이러한 과정 그 자체를 즐길 수 있는 기질을 타고났다면, 이는 훌륭한 전도자, 목회자가 되기 위해서는 최적의 기질이 아닐 수 없다. 그렇다면 이러한 측량사의 고행은 박기천 목사가 훌륭한 목회자로 성장하기 위한 하나님께서 계획하신 단련의 과정이 아니었을까? 실제로 그는 이후 있을 전도사역에서 이 측량사 시절의 인연과 경험을 활용하여 큰 성과를 거두게 된다.

7. 넷째 형 박기산 권사의 고독한 8년(1908~1915)과 강화지방 교회의 부흥

박기천 목사가 고향을 떠나 학교 교육과 측량 기수의 일을 통해 훌륭한 전도자의 소양을 다지는 그 시기 그의 고향인 강화에는 무슨 일이 있었는가? 그 시기 고향의 넷째 형인 박기산 권사(박기천 목사의 친형이자 상동교회 박희웅 장로의 할아버지)는 박기천 목사가 한양에서 정규교육을 마치고 나서 측량사로 전국을 떠돌고 있을 때, 박기천 목사의 사역을 뒷받침할 수 있는 믿음의 토양을 일구고 있었다.

앞에서 본 것처럼 박기천 목사가 고향을 떠난 바로 그해, 1907년 군대 해산이라는 사건 이후로 일제는 지속적으로 감리교회를 탄압하였다. 고향의 문산교회도 일본군 강화 수비병 토벌대가 교회를 핍박하여 교인 대부분이 신앙생활을 포기하게 된다. 심지어 교회 창립자인 장윤기 등의 사람들마저 낙심하여 교회를 모두 떠난 것이다. 하지만 1908년부터 신앙생활을 시작한 박기산 권사만이 이에 굴하지 않고 성경을 읽고, 홀로 기도하며 10칸 남짓의 예배당을 지켰다.

그렇지만 오로지 박기산 권사의 힘으로만 믿음의 성채를 지킨 것은 아니었다. 다시 말해 박기산 권사가 외롭기만 한 것은 아니었다. 그는 부친 박의현을 문산교회 교인으로 맞음으로써, 즉 성공회 교인에서 감리교인으로 이적하게 함으로써 어려운 고난의 시기를 이겨낼 수 있었다. 그전까지만 해도 부친 박의현은 성공회 신부 F. Wilson에게 세례를 받은(1906년) 성공회 교인이었다. 남지방 신도회장을 맡을 정도로 성공회 활동에 적극적이었지만, 일제의 핍박에 곤궁한 처지에 몰린 넷째아들 박기산 권사의 간절한 권고와 뜨거운 성령의 열기에 감동하여 5명의 아들과 식솔들 30명을 이끌고 문산교회 교인이 된 것이다. 감리교인이 된 부친 박의현은 1938년 7월 22일 81세로 별세할 때까지 문산교회와 강화의 부흥을 위해 열과 성을 다했다.(1932년 사재 400여 원을 들여 예배당을 건축하였을 뿐만 아니라 1935년에는 자기 소유의 전답 2241평 및 1,638평을 교회에 바침)

박의현 가족이 문산교회에 합류하는 등 교회를 지키려는 이러한 노력에서 시작하여, 시간이 흘러 또 하나의 뜨거운 성령의 역사가 강화에 임했다. 그 사건은 이른바 1915년 마리산 부흥회이다. 장봉도 용암교회, 화도면 두곡교회가 중심이 된 이 부흥회를 통해 성령의 불길이 강화도 전지역으로 확산되었다. 박기산 권사가 속한 문산교회도 이러한 불길에 힘입어 부흥회를 열며 제 2의 부흥기를 맞게 되었다.

일제의 핍박, 박의현 일가의 문산교회로의 이적, 강화교회의 부흥이라는 일련의 역사적 흐름은 하나님께서 참으로 오묘한 방식으로 역사(役使)하시는 것을 알 수 있게 해준다. 나라의 운명을 다른 민족에게 빼앗기는 그 시련은 이제 갓 복음의 역사를 피어낸 하나의 작은 시골 마을 교회마저 주저앉히는 불행으로 다가왔다. 하지만 그러한 시련에 대하여 하나님께서는 다음과 같은 복으로 갚아주셨다. 첫째, 21세기인 지금까지 하나님을 섬기며 감리교 역사를 이어가는 믿음의 가정을 주셨다. 둘째, 박의현 가족의 문산교회로의 이적 자체가 문산교회뿐만이 아니라 강화 전체의 부흥의 단초가 된 것은 하나님께서 주시는 큰 복이 아닐 수 없다.

하나님께서는 믿음이 흔들릴 수 있는 여러 사람에게 다양한 방식으로 '낙심하지 말라'고 충고하신다. 일제의 핍박에 혼자 남은 박기산 권사도 그 골방과 같은 외로운 예배당에서 아마 '낙심하지 말라'는 성서 곳곳의 말씀들을 조용히 묵상하였을 것 같다. 이러한 고독과 침묵의 시간에 대해 하나님께서는 한 가족의 감리교로의 전향, 교회의 부흥이라는 복으로 보답하셨고, 이러한 반석 위에서 박기산 권사와 박의현 일가가 일구었던 문산교회의 뜨거운 부흥의 열기는 이후 박기천 목사가 헌신하는 전도와 목회의 사역에 있어 소중한 버팀목이 되었다. 하지만 애석하게도 박기천 목사의 바탕이자 디딤돌인 박기산 권사는 31세의 이른 나이에 장티푸스에 걸려 하나님의 부르심(연도 미상)을 받았다.

8. 귀향 – 제2의 인생의 시작(1917~1919, 28~30세)

1916년, 조선의 산하에 붉게 단풍이 물들어 갈 즈음 넷째 형 박기산 권사는 박기천 목사에게 이제 그 순례자의 길, 측량사의 길을 끝내고 고향으로 와서 부모님과 형제들과 함께 그리스도의 몸된 교회를 위해 헌신할 것을 권고했다. 아버지를 회심케 했을 때와 마찬가지로 형의 간곡한 요청에 성령이 역사하셨다. 박기천 목사는 박기산 권사의 요청에 화답하여 과감히 조선총독부 토지조사국 기술원에 사표를 던지고 주님의 뜻을 받들기로 결단한다. 이러한 결단에 따라 함경남도 삼수군에서 마지막 측량 기수 임무를 끝으로 귀향의 길에 나서 1917년 3월 20일 드디어 그립고 그리운 고향인 강화군 화도면 문산리에 도착했다. 1907년 4월 쌀쌀한 바닷바람을 등지고 고향을 떠난지 10년. 앳된 17세 소년의 꿈은 하나의 불꽃으로 10년의 시간 동안 팔도 방방곡곡을 돌고 돌아 드디어 성령의 등불이 되어 원대한 전도자의 꿈과 함께 고향에 돌아왔다.

박기천 목사의 믿음의 결의는 매우 확고하였다. 박기천 목사는 귀향 첫날부터 세례 입교하고, 문산교회에 원입함과 동시에 바로 속장이 되어 교회 직분에 봉사하기 시작한 것이다. 이후 박기천 목사는 우리에게 본이 되는 모습으로 열심을 다하여 교회를 섬긴다. 지방회, 대사경회, 구역 사경회 등에 열심히 참여하여 결국 2년 후인 1919년 11월 14일에 권사로 피임되었다. 아울러 교회의 봉사뿐만 아니라 같은 시기 강화군 사립 합일학교 교원(1917. 4. 7.~1920. 3. 25.)으로서 그리스도의 사상을 전하며 사회에 헌신했다.

9. 기독청년 박기천과 3.1운동(1919)

박기천이 본격적인 그리스도인으로서 성장하던 첫 번째 시기의 마지막 해는 일제에 대항하는 전국민적인 저항이자, 우리 헌법을 기초하는 정통성의 시발점이라 할 수 있는 3.1운동이 벌어지던 1919년이었다.

3.1독립선언서를 기초한 민족대표 33인 중 기독교인이 다수였던 것과 마찬가지로 강화지역의 감리교인들은 일제로부터의 독립을 쟁취하기 위해 누구보다 격렬하게 저항했다. 1919년 11월에 기록된, 미 감리회 조선 연회에 제출된 인천지방감리사 오기선 목사의 「조선독립운동 소요중(騷擾中) 형편」이란 제목의 보고에 의하면 당시 인천지방 3.1운동 수감자와 기소자 대부분이 강화 출신 감리교 신자들이다. 하지만 강화의 기독교인들은 이에 낙심하거나 좌절하지 않고 엡윗청년회와 같은 3.1운동 이후의 조직 등을 통해 활발한 활동을 전개했다.

이러한 3.1운동 이후의 활동에서 기독청년 박기천은 주도적인 역할을 하였다. 그는 엡윗청년회가 개최한 강연회에서 길상면 등 강화 남구역 교회를 순회하며 연사로 참여했다. 그의 회고에 따르면 '믿음의 정부로'란 주제로 열변을 토하며 300명이 넘는 사람들에게 큰 감명을 주었다고 한다.

일자	장소	강연내용	강사
8월 15일	산후교회	변하라 하나님의 경륜 하나님의 사랑	임창실 박기천 이진형
8월 16일	칠오지교회	예수의 이름으로 일어나라	박기천
8월 17일	길직교회	생명의 원천	박기천
8월 18일	직하교회	본향을 사모하라	박기천
8월 19일	초지교회	변천과 각성	박기천
8월 20일	장흥교회	회계하라(백마를 타고 20,000명의 시위 군중을 이끌었음)	유봉진 (결사대장)

※『강화기독교 100년사』, 325쪽 참조.

10. 신학교 시절(1920~1924, 31~35세)

이 시기부터 박기천의 헌신과 전도, 교육 활동의 범위는 강화를 넘어 더욱 확대된다. 문산교회 권사로서 강화남구역에서 실천한 헌신과 전도, 그리고 합일학교 교원생활의 경험을 바탕으로 보다 심화된 주님의 일꾼인 목회자가 되기 위해 1920년 4월 5일, 늦은 나이인 31세에 경성 감리교 협성신학교(현 감리교신학대학교의 전신)에 진학했다.

이로부터 1924년 3월 18일 졸업에 이르기까지 – 물론 신학생으로서 그에게 중요한 것은 신학교의 정규교육과정을 이수하는 것이었겠지만 – 박기천 목사가 기록에 남긴 그의 인상에 남는 활동은 다음과 같이 꼽을 수 있다.

첫째, 그는 1학년인 1920년 열심히 공부하는 동시에 경성 중앙예배당 유년 주일학교 교사로 봉사하였다.

둘째, 신학생 박기천은 여전히 강화 문산교회 권사로서 강화 남구역에서 방학을 활용하여 길상면 길직교회에서 사경회와 조석기도회를, 화도면 문산교회에서 사경회와 부흥회에 참여한다(1921. 3. 17.~4. 2). 단 이때에는 단순히 열심히 참여하는 수준이 아니라 예비 목회자로서 이 모든 사업을 주관하고 인도하는 역할을 맡았다.

셋째, 1921년 9월 1일 그는 손승열 목사에게 세례 입교 후 전도사가 되었다. 이는 마치 지금 신학대학원 예비목사들이 교회에서 전도사로 복무하는 것과 비슷해 보인다. 박기천 목사는 그날부터 1924년 8월 30일까지 인천지방 영흥구역 전도사로 활동했다.

마지막으로, 이는 우리에게도 박기천 목사에게도 가장 강렬한 영적 체험이 될 것인데, 그것은 바로 1920년 1학년 겨울방학에 동기 오택관, 장량헌과 떠난 전도여행이다. 짧은 방학 기간 세 명의 젊은 전도자들은 조선총독부 조사국 시절 박기천 목사가 업무상 순례하였던 수원, 안성, 음성, 충주, 제천 이천 등지로 순례하여 138명의 새 신자를 전도하는 놀라운 성과를 얻었다.

어떻게 이러한 효과적인 전도가 가능했겠는가? 그것은 박기천 목사의 조선총독부 토지조사국 측량 기수의 경험이 아니었으면 불가능했을 것이다. 경기 일대의 지리에 능통하기 때문에 어디에 사람들이 모이고, 누구에게 전도할 수 있는지, 또 어떠한 경로로 여행을 해야 최대한 효과적인 전도를 할 수 있는지를 그는 잘 알고 있었다. 따라서 이 사건으로부터 우리는 하나님이 박기천 목사를 조선총독부 산하 토지조사국 측량사로 쓰신 의미가 결국 그의 전도자의 운명을 위해 예비하신 것에 있다는 점을 확실히 알 수 있다.

11. 목회자의 한 길(1924~1953)

지금과 마찬가지로 1920년대에도 신학교를 졸업한다고 바로 목사가 될 수 있는 것은 아니었다. 박기천 목사는 경성 감리교 협성신학교를 졸업(1924. 3. 18.)하고 고향 강화에서 4년 동안 추가적인 전도사 근무를 완수〈강화 삼산 교동 담임전도사(1924. 9. 1.~1928. 9. 30.), 강화 남구역 담임전도사(1928. 10. 1.~1929. 5. 11.)〉를 하는 동시에 삼산면의 감리교계 학교인 삼산 여학교의 교장으로서 민족의식과 기독교 사상을 어린 학생들에게 고취한 다음에 드디어 1929년 5월 12일, 38세의 늦은 나이에 고대하고 고대하던 목사 안수를 받았다. 이때부터 1953년 불의의 사고로 갑자기 하나님의 부르심을 받을 때까지, 인천과 강화지역의 많은 교회를 거치며 한국 감리교가 발전하고 부흥하는 데에 적지 않은 공헌을 하였다.

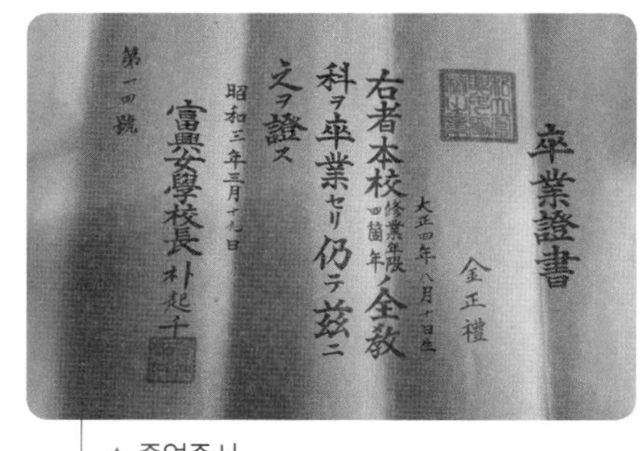

卒業證書

金正禮
大正四年八月十日生

右者本校修業年限四箇年ノ全敎
科ヲ卒業セリ仍テ茲ニ
之ヲ證ス

昭和三年三月十九日
富興安學校長 朴起千

第一四號

▲ 졸업증서

이후 있을 박기천 목사의 목회자 생활은 다름과 같이 크게 3기로 구분할 수 있다.

1. 제1기 강화남구역(1929~1939, 39~49세)

목사 안수를 받은 1929년 5월 12일부로 박기천 목사는 인천지방 강화남구역 담임목사로 발령을 받아 1939년 5월 10일까지 10년 동안 13개 교회(문산교회, 월오지교회, 산후교회, 직산교회, 직하교회, 율곡교회, 장흥교회, 사기교회, 동막교회, 곶창교회, 두곡교회, 장화교회, 정화기도처)를 순회하며 분주한 목회활동을 전개했다.

측량사 시절처럼 이 시기도 계속되는 순례의 고행이 이어질 수밖에 없었다. 아무리 강화도의 남쪽지역 안에서 활동했다고 하지만, 지금처럼 대중교통이나 자가용을 이용할 수는 없었었다. 게다가 어떤 교통수단을 이용한다고 해도 지금처럼 도로가 완비되어있지도 않았다. 더군다나 담당하고 있는 교인이 적지도 않았다. 1930년대의 자료를 보면 인천지방 교인 전체에서 강화 6구역의 교인이 차지하는 비중이 절반가량이었다(1935년 : 52.3%, 1936년 : 48.4%, 1938년 : 49.3%, 『강화기독교 100년사』 참고).

이러한 고행을 박기천 목사가 어떻게 견뎌낼 수 있었을까? 그것은 교회의 위기로부터 부흥의 돌파구를 마련했던 기적을 일으킨 아버지와 형(박의현 권사, 박기산 권사)으로부터 감동하여 체험한 하나님에 대한 확고한 믿음, 그리고 그가 조선총독부 토지조사국 측량 기수로서 전국을 유랑하며 다져진 고난을 이겨내는 인내심, 그리고 이 모든 것을 감사하며 받아들일 수 있는 박기천 목사 본연의 낙천가 성품이 아니라면 불가능하였을 것이다.

2. 제2기 인천에서의 목회활동(1939~1942, 49세~52세)

10년 동안 고향에서의 섬김을 뒤로하고 박기천 목사는 1939부터 인천에서 목회생활을 이어갔다. 1939년 5월 11일에 인천 내리교회로 발령받고 2년간 헌신과 봉사로 섬겼다. 내리교회를 섬기는 와중에 1941년 3월 19일 감리사로 쓰임받게 되는 동시에, 다음날 인천지방 창영교회 제2대 담임목사로 부임했다.

감리사와 담임목사의 직분을 받드는 중에도 박기천 목사의 전도와 부흥에 대한 열망은 식지 않았다. 박기천 목사는 두 직분을 겸하면서 예배당도 없는 작은 교회인 부평교회의 부흥을 위해 노고와 헌신을 아끼지 않았다. 부평교회는 1940년에 정학전씨의 자택에서 9명의 사람들이 모여 설립된 성도들의 자발적인 믿음 공동체였다. 박기천 목사는 이미 내리교회 담임으로 섬기고 있을 때부터 시간이 있을 때마다 그곳에서 지속적으로 예배를 인도하였다. 이러한 박기천 목사의 노력에 하나님께서 응답하셔서 부평교회 성도들은 더욱 열심으로 모였을 뿐만 아니라, 교인 수도 나날이 늘게 되었다. 결국 1941년 당시 예배를 드리던 박동식 씨의 가택

▲ 영아 세례_1941년

마저 포화상태가 되었다.

이에 감동을 받은 박기천 목사는 이 교회가 더 좋은 환경에서 부흥의 사역을 완수하도록 새로운 성전을 건축하기로 결단했다. 하지만 그 작은 교회에서 어떻게 건축에 필요한 재원을 충당할 수 있었겠는가? 이러한 재원의 충당 또한 박기천 목사의 헌신으로부터 나왔다. 즉, 상당한 정도의 사재를 배우자인 김정은 사모와 함께 출현하여 부평교회를 위해 하나님께 바친 것이다. 보고에 따르면 당시 박기천 목사 내외가 1,364원을(당시 쌀 한 가마니가 1원, 서울에 있는 기와집 한 채가 1,000원이었음을 감안할 때, 부평교회 건축에서 박기천 목사 내외의 헌금은 큰 도움이 되었다), 화도교회 엄금례 씨가 1,000원, 그분의 아들 신태성 씨가 264원 교우 일동이 581원 53전 등 계 3,599원 53전으로 1942년 6월 20일 기와집 예배당을 건축하여 봉헌하였다.

우리가 이 사건으로부터 본받을 바는 박기천 목사 내외가 상당한 사재를 출연하여 부평교회의 예배당을 건축했다는 단순한 사실에 있는 것

▲ 영화유치원에서 밀러 선교사 귀국 기념_1938년
2열 오른쪽에서 네 번째가 헤스 선교사, 다섯 번째가 밀러 선교사, 3열 왼쪽에서 네 번째가 부평교회 첫 예배당 건축에 큰 역할을 한 박기천 목사

이 아니다. 내리교회와 창영교회의 담임목사, 지방의 감리사로서, 교회의 좌장이자 어른으로서 박기천 목사는 그 지위에 안주하지 않고, 자신의 신학교 시절 전도여행의 고행을 잊지 않으며 작은 교회의 영적인 성장을 위해 몸과 마음과 재물을 바친 것이다. 내가 가진 것에 만족해하거나, 집착하지 않고 오로지 구원의 기쁨을 다른 사람들과 나누려는 그 전도 사역에 대한 열정이 바로 우리가 박기천 목사로부터 배워야 하는 바이고, 그것이 항상 얼굴에서 얇은 미소를 잃지 않았다는 박기천 목사의 인자한 얼굴에서 우리가 읽어낼 수 있는 의미여야 할 것이다.

◀ 부평교회 봉헌 기념

▲ 결혼 주례_십자가 예배당(내리교회) 안에서 찍은 사진. 만국기와 오색 테이프로 식장을 장식한 것이 이채롭다. 연도 미상

3. 제3기 고향에서의 마지막 목회와 임종(1942~1953)

위와 같이 박기천 목사는 인천에서 담임목사로, 감리사로 3년간 교회를 섬기고 나서, 1942년 3월 28일 경기 남구역인 강화읍교회 주관자로 임명되어 1년을 강화읍교회를 위해 헌신했다. 그리고 1943년 4월 1일 처음 목회활동을 시작한 인천지역 강화 화도구역 담임으로 발령받고 다시 고향으로 돌아오게 되어 1947년까지 섬기고, 1947년 4월 10일부터 임종할 때까지 출생지의 교회인 문신교회 담임목사로 마지막 목회를 인도했다.

박기천 목사의 임종은 참으로 급작스럽고 황망하기 그지없다. 그렇게 평생을 전도를 위해 갖은 고난을 힘들게 버틴 목회자가 갑작스러운 교통사고로 하나님의 부름심을 하늘나라로 간 것이다. 1953년 3월 18일 박기천 목사는 대전 제일예배당에서 개최된 중부·동부 연합 예배에 참석하였지만, 버스를 이용 귀가하던 중에 오후 2시 버스와 열차 간의 충돌 사고로 인해 오후 5시에 임종하여 5일장 이후 문산리 도도곡에서 영면하게 되었다.

12. 맺으며: 박기천 목사와 사도 바울과의 평행이론

짧게 박기천 목사의 생애를 되새겨보자. 박기천 목사는 유년기 청소년기의 교육을 마치고 조선총독부 토지조사국 측량사로 전국을 여행한 다음(1911~1917)에 청년기와 신학생 시절(1917~1924), 전도사 시절(1924~1929), 목회자 시절(1929~1953)을 합해 36년을 맨 처음 넷째 형 박기산 권사가 권고한 바대로 주님의 몸이 된 교회를 위해 헌신하다 주님 곁으로 돌아갔다.

후손으로서 이러한 박기천 목사의 전 생애를 돌이켜 보면, 석연치 않은 대목이 있다. 하지만 필자는 이 졸고 집필을 위해 고심하면서 박기천 목사의 생애에 대한 그 의구심을 극복할 수 있었고, 그런 의미에서 이런 소중한 기회를 준 편집진에게 감사한 마음이 있다. 어쨌든 오랜 시간 필자의 고민은 다름 아닌 박기천 목사의 조선총독부 토지조사국 측량 기수 경력에 대한 것이었다.

조선총독부란 무엇인가? 조선총독부란 일제 36년간 우리 민족에 대한 강점 및 수탈의 기관이자, 우리 기독교에 대한 갖가지 탄압(신사참배 강요, 교회 간섭 등)의 총괄기관이 아니었던가? 물론 하급 실무자이긴 했지만, 미약한 정도라도 일제에 복무했다는 점이 후손으로서는 고민이 안 될 수는 없는 노릇이다. 게다가 박기천 목사가 어떤 연유로 이 직업을 택하였는지는 자세히 전해지지 않을 뿐더러 박기천 목사의 회고도 이러한 주제에 대해 생각해 볼 언급을 제공해 주지는 않기 때문에 이 고민은 어떻게 보면 해결하기 어려우리라.

하지만 박기천 목사의 발자취를 따르면서 필자의 고민은 거의 해소되었는데, 이는 박기천 목사와의 생애를 사도 바울과의 비교를 통해서 가능했다. 그 요점은 다음과 같이 정리해 보았다.

첫째, 박기천 목사는 사도 바울과 마찬가지로 회심했다. 사도 바울은 누구인가? 그는 로마제국이 유대왕국 내부의 기득권을 인정해 준 바리새인이었다. 그는 율법과 의례보다도 구원에 대한 믿음을 통해 구원을 주장하는 예수 그리스도를 체포하러 가던 다메섹의 그 도상에서 빛과 음성으로 예수를 만나 회심하여 예수의 제자가 된다. 박기천 목사 역시 예수를 핍박하는 조선총독부에 측량사로 복무했지만 그 복무기간 일제의 핍박 속에서 믿음을 굴하지 않는 넷째 형 박기산 권사의 믿음에 감동하여 그리스도를 위해 헌신하라는 형의 권고를 따라 조선총독부 토지조사국에 사표를 낸다. 중요한 사실은 사도 바울도 박기천 목사도 주님을 뜨겁게 만나서 주님과 대척하던 위치에서 주님을 따르고 기존에 따르던 일제와 로마에 저항했다는 것이다. 이는 3.1 운동 이후 박기천 목사의 행적과, 사도 바울이 그의 전도 활동으로 인하여 로마에서 치른 옥고를 잘 보여준다.

둘째, 박기천 목사는 사도 바울과 마찬가지로 제국의 앨리트였다. 사도 바울 자신은 로마제국의 시민으로서 로마제국 시민의 권리(가령, 로마제국의 법정에서 스스로를 변호하는 권리 등)를 가졌고, 당시 로마 제국 식자들의 교양 언어인 헬라어(고대 그리스어)에 능통했으며, 그 역시 바리새인으로 율법에 능통한 지식인이었다. 하지만 이러한 제국의 기득권의 산물들이 어디에 쓰였는가? 그러한 기득권의 산물들은 거꾸로 기득권을 해체하는 정반대의 역량으로 하나님의 일에 쓰였다. 즉 복음과 구원을 유대나라를 넘어 동방의 소아시아와 로마제국 방방곡곡으로 전파하는 일에 쓰인 것이다. 박기천 목사도 마찬가지이다. 그는 한문선생이라 불릴 정도로, 전통적인 지식인 한문에 정통한 동시에, 당시 지배적인 언어라고 할 수 이는 일어를 전문적으로 공부하였고, 조선총독부 토지조사국 하급 실무자 경험을 통하여 일제의 행정과 제도를 잘 이해하였다. 하지만 결국에는 이 모든 소양들을 마침내 일제가 핍박하는 그리스도의 복음을 전파하고 민족의식을 고취하는 교육활동의 역량들로 되갚아 주었다.

셋째, 끊임없는 믿음의 순례, 그것이 바울을 본받아 박기천 목사가 실천한 복음전파의 삶이다. 사도 바울이 전도를 위해 방문한 장소들. 안디옥, 에베소, 갈라디아, 로마, 스페인, 마게도냐 등. 이 장소들은 복음서 이후 예수의 복음이 살아 숨 쉬는 신약 성경의 배경이자, 예수께서 승천하실 때 "제자 삼으라"고 했던 명령이 구현된 살아있는 역사이다. 만약 하나님께서 사도 바울을 쓰시지 않았다면, 유대나라 내부에서 머물던 기독교가 과연 유대 민족의 종교를 넘어 세계의 종교가 될 수 있었겠는가? 박기천 목사도 사도 바울만큼은 아니지만, 주어진 한계 안에서 장소를 가리지 않고 방방곡곡 평생 복음을 전파한다. 수원, 안성, 음성, 충주, 제천, 강화와 인천의 17교회(문산교회, 월오지교회, 산후교회, 직산교회, 직하교회, 율곡교회, 장흥교회, 사기교회, 동막교회, 곶창교회, 두곡교회, 장화교회, 정화기도처, 강화읍교회, 부평내리교회, 창영교회, 부평감리교회) 등. 이 모든 교회와 지명들이 박기천 목사가 사도 바울의 삶을 본받아 충실한 전도자의 삶을 살았다는 증거이다.

따라서 이러한 점들을 보았을 때, 박기천 목사가 조선총독부에 근무했다는 그 사실은 어떤 의미인가? 그것은 불순물과 같은 것이다. 가령, 강철이 강철인 것은 순수한 철 속에 탄소라는 미량의 불순물이 들어가서 비로소 강철로 단련되기 때문이다. 마찬가지로 일체의 불순물이 섞이지 않은 순수한 물은 인체에 치명적이다. 이런 비유가 보이는 바처럼, 결국 우리를 다소 곤란하게 했던 박기천 목사의 이 전력은 주님을 위해 쓰이기 위한 숭고한 생애가 숭고하기 위해 필수불가결한 티끌 같은 것이 아닐까? 주제넘게 조용히 묵상해 본다.

약 력

성명 박기천(1890. 11. 12.~1953. 3. 18.)
부 박의현(?)
모 고신덕(?)
출생 인천시 강화군 화도면 문산리 899번지

1898. 1. 6.~1904. 3. 30.(8~14세)	한문서당에서 김양권 전도사에게 사숙.
1904. 4. 3.~1907. 4. 3.(14~17세)	사립 보창학교 입학 및 졸업(화도면).
1907. 4. 6.~1910. 3. 3.(17~20세)	경성 관립외국어학교 일어과 입학 및 졸업.
1910. 4. 4.~1911. 3. 30.(20~21세)	경성관립토지조사국 기술원 양성소 입학 및 졸업.
1911. 5. 2.~1917. 12. 20.(21~27세)	조선총독부 토지조사국 기수로 근무.
1917. 4. 7.~1920. 3. 25.(27~30세)	강화군 사립 합일학교 교원으로 근무.
1920. 4. 5.~1924. 3. 18.(30~34세)	감리교회 협성신학교 입학 및 졸업.
1921. 9. 1.(31세)	세례입교(손승열 목사) 전도사에 피임.
1924. 4. 1.~1928. 9. 30.(34~38세)	교동 삼산구역 담임(전도사겸 부흥여학교 교장 근무).
1928. 10. 1.~1939. 5. 10.(38~49세)	강화 남구역 담임목사로 근무.
1941. 3. 20.~1943. 3. 20.	인천 창영교회 담임목사로 근무.
1943. 3. 30.	인천 강화읍구역 담임.
1943. 4. 1.~1947. 4. 10.	강화 화도구역 목사로 근무.
1951. 12. 20.	회갑 성역 30주년 기념 예배.
1953. 3. 20.까지	화도 문산교회 담임함.
1953. 3. 18.	대전제일예배당에서 개최된 중부·동부 연합예배 참석하고, 버스 승차 귀향 중 열차와 충돌. 오후 2시, 64세에 하나님의 부르심을 받아 고향 문산리 도도곡 가족묘지에 안장.

박희경

현 화도시온감리교회 장로(24년)
화도우체국장(35년)
4대 강화군의회 의원
5대 인천광역시의회 의원
현 한국리싸이클리닝 대표

림인식 목사는 설교를 통해 이 목사를 회상하며 "목사님 중의 목사님"이었고 "전 한국을 상대로 총회 차원에서 복음화운동을 일으키시고 앞장을 서 한국교회에 기적적인 부흥과 성장을 가져오도록 한 원동력 역할을 하셨다."고 술회하는가 하면, 교단 분열의 아픔 속에서 어떻게든 다시 하나 되게 하려고 많은 노력을 한 "평화의 사도"였으며 "한국교회 안에서 가장 어려운 시대에 선두에 서서 현대판 선한 사마리아인이 되어 건강, 시간, 지식, 기량, 물질, 재산을 온통 봉사의 실천에 바치고 고귀한 생명까지도 오로지 죽어가는 한국 민족을 살려내려는 성스러운 사명에 바치신 이"라고 평가했다.

민족복음화운동에 온 삶을 바친 이기혁 목사

이수영 은퇴목사_새문안교회

1. 프롤로그

“복음화 할아버지”, “평화의 사도”, “진정한 에큐메니칼 목사님”, “목사님 중의 목사님”. 이기혁 목사의 이름에 붙여진 별명들이다. 이기혁 목사, 그는 과연 어떤 삶을 살았기에 사람들이 그를 그렇게 부르는가?

2. 출생과 어린 시절

이기혁 목사는 1898년 12월 28일에 평안북도 용천에서 아버지 이형춘과 어머니 박현도 사이에서 태어났다. 이 목사는 1919년 3월에 최경신과 혼인하여 슬하에 2남 4녀를 두었으며, 그 자녀들을 통해 21명의 손자와 손녀를 보았다. 이 목사의 직계 자손들의 가족 중에는 목사가 8명에 이

▲ 이기혁 목사 회갑 때의 가족 사진. 앞줄 가운데 이 목사 내외와 당시의 자손들이 외손자 한 명을 빼고 다 모였다. 그 후 8명의 외손주가 더 태어났다.

르고, 앞으로 더 나올 전망이어서 그가 그의 후손들에게 남긴 신앙의 유산이 어떠한 것인지를 짐작할 수 있게 한다.

이기혁 목사 가문의 이러한 신앙의 유산은 그의 아버지로부터 시작된 것이라 볼 수 있다. 그의 아버지는 그가 아주 어렸을 때 세상을 떠났다. 하지만 그는 그의 아들에게 경건한 신앙을 유산으로 남겨주었다. 그가 예수님을 믿던 시기는 기독교 전파의 초기였으므로 전국적으로 예배당이 많지 않았고, 그가 살던 마을에도 예배당이 없었다. 그러기에 예배당에 가서 예배를 드리려면 하루 전날 이른 새벽에 출발하여 거의 백리 길을 갔다 와야 했다. 그래서 그는 하나밖에 없던 그의 집을 팔아 예배당을 건립하고 남의 집에서 셋방살이를 했다. 이런 그의 신앙심과 교회를 위한 헌신은 그의 아내를 통해 아들에게 전해져 훗날 그 아들이 아무런 물질의 욕심 없이 자신을 온전히 하나님께 드리는 삶을 사는데 크게 영향을 주었을 것으로 여겨진다.

일찍 아버지를 잃은 이기혁은 어린 시절을 편모슬하에서 가난하게 살 수밖에 없었다. 1907년 그의 어머니는 그를 데리고 평북 의주로 이사하여 그를 의주읍 고성면의 용산교회에서 설립한 신영학교에 입학시켰다. 거기서 이 목사는 당시 명성 높은 장운식 목사의 영향 아래 그의 평생을 좌우할 귀한 교육을 받을 수 있었다. 이것은 실로 하나님의 은혜이고 놀라운 섭리가 아닐 수 없다. 하나님께서는 그에게서 그를 양육할 육신의 아버지를 일찍 데려가셨지만, 그가 학교 교육을 받기 시작할 때부터 기독교적 교육을 받게 하시고 귀한 신앙의 스승들에게서 배우며 자라게 하신 것이다. 신영학교를 졸업하던 열일곱 살의 이기혁은 눈이 깊이 쌓인 뒷동산에 가서 눈물을 흘리며 기도하는 가운데 두 가지 결심을 했다. 하나는 하나님의 종이 되겠다는 결심이고, 다른 하나는 기독교 대학을 세우겠다는 결심이었다.

1914년 이기혁은 장운식 목사의 주선으로 같은 기독교 학교이면서 민족주의적 성향이 짙었던 평북 선천의 신성중학교에 진학했다. 이기혁에게서 언제나 나라와 민족을 생각하는 신앙이 깊게 뿌리내리게 된 것은 분명 이 신성중학교에서의 교육의 영향일 것이다. "교회가 살아야 민족이 산다"는 그의 평생의 소신과 주장도 이미 이 학교에서 교육을 받으며 싹트기 시작했는지 모른다. 그가 중학교에 입학은 했지만 학자금이 없었기에 그의 어머니는 그가 입학한 그날부터 학교 기숙사 식당에서 일했고, 그는 입학 첫날부터 한 달간 돌지게를 졌으며 그 후로는 교내 학생 목공 실습소에서 일하면서 장학금을 받아 공부해야 했다. 그런 가운데서도 그는 학교에서 뛰어난 웅변력을 보여주었고 학생회장으로서 지도력을 발휘하기도 했다. 하나님께서는 그를 위하여 이 학교에도 귀한 스승을 예비해두고 계셨는데, 바로 그 학교의 교장 윤산온(G. S. McCune) 선교사였다. 이기혁은 이 훌륭한 선교사로부터 신앙과 인격의 깊은 감화를 받으며 성장했다. 그가 "나도 신학교를 졸업하면 교회와 함께 꼭 교육기관을 세워야지" 하는 의지를 품게 된 데에는 바로 의주 용산교회의 장운식 목사와 이 윤산온 교장의 영향이 절대적이었다. 그를 훗날 큰 목회자요, 교회 지도자로 들어 쓰시기 위하여 하나님께서 계획을 세우시고 친히 인도하심 가운데 이루어진 일이라고 생각하지 않을 수 없다. 하나님께서 물질적으로는 가난했던 그에게 신앙적으로는 부요한 영의 양식을 공급해 주신 은혜의 학창 시절이었다.

신성중학교를 졸업한 이기혁은 곧바로 평양의 숭실대학에 입학이 허락되었으나 학자금 때문에 자퇴하고 1917년 4월 그가 졸업한 의주의 신영학교로 돌아가 가르치기 시작했으며, 1921년 4월부터는 평북 선천의 명신학교에서 교사로 재직했다. 거기서 평양신학교에 입학하기 전까지 10년간 근속하면서 그는 선천의 모든 학생과 학부형들의 존경의 대상이 되었고 그가 학교를 떠나는 것을 모두가 무척이나 아쉬워했고 많은 사람이 만류하기도 했다. 그가 그때 가진 교사로서의 경험은 교육에 대한 이해와 사명감을 더욱 확고히 하게 만든 바탕이 되었을 것으로 사료된다.

3. 이북에서의 첫 목회활동기

이기혁은 신성중학교 때의 은사 윤산온 선교사의 권유에 따라 교직을 떠나 1930년 3월 평양신학교에 입학했다. 그는 신학교 재학 중 평북노회에서 용천노회로 이명하여 전도사로 허락받고 용천지방 교회 일을 담당했다. 그는 일본인이 경영하던 평북 불이 농장 구역 안에 있는 다섯 개의 교회 중 운향, 삼용, 원성 세 교회의 전도사 일을 겸하여 돌보며 세 교회를 모두 신축했다.

1933년 3월 15일 평양 서문밖교회에서 열린 제28회 졸업식에서 신학교를 졸업한 이기혁은 그해 8월 용천노회에서 목사 안수를 받고 처음에는 운향교회의 목사로 시무하게 되었고, 후에는 용암포제일교회의 목사로 전임하여 시무했다. 그러면서 교회의 부속학교로 〈구세학교(救世學校)〉를 세웠다. 그가 어린 시절 의주 용산교회의 주일학교와 선천 신성중학교에서 받은 교육을 통해 품게 된 기독교 학교 설립의 뜻을 곧바로 실천에 옮긴 것이었다. 이렇게 그는 목회활동을 시작한 초기부터 그가 영락없는 장로교회의 목사임을 보여주었다. 왜냐하면 어디서나 교회를 세우면 학교도 같이 세워 하나님께서 어린 학생들 각자에게 주신 재능을 사장하지 않고 보다 좋은 교육을 통해 최대한으로 살려 더 큰 영광을 하나님께 돌리게 만드는 것이 장로교회를 포함한 전 세계 개혁교회의 초창기부터의 정신이고 전통이기 때문이다.

이기혁 목사는 1935년 2월 7일부터 개최된 제11회 용천노회에서 총대로 선출되어 1936년 제25회 총회에 참석했고, 그때부터 노회뿐 아니라 총회 차원에서도 그의 활동 무대를 넓혀갔으며, 용천노회에서 1937년에는 부노회장으로, 1938년에는 노회장으로 선출되어 더욱 폭넓게 지역 교회들을 섬겼다.

이렇게 평북 용천군 용암포를 거점으로 열정적으로 펼쳐지던 이기혁 목사의 목회활동은 오래가지 못하고 큰 난관에 부딪치게 되었다. 해방 후 빠르게 공산화되어가던 이북 땅의 정치적, 사회적 급변 때문이었다. 이 목사는 독립국가, 민주국가 건설을 위한 선도적인 역할을 용암포에서 담당하고 있었고, 그 지방의 기독교인들은 교회 안팎에서 공산정권에 도전하며 투쟁하고 있었기 때문에 용암포에서 공산당의 숙청 공작이 시작되었을 때, 이 목사와 용암포제일교회는 제1의 숙청 대상이었다. 공산당의 선동에 흥분한 군중들이 "이기혁 목사를 타도하자" 외치며 몰려와 그의 집을 포위했을 때, 그는 다른 노회의 연합부흥회를 인도하기 위해 자리를 비운 터라 목숨을 건질 수 있었지만, 용암포제일교회의 수석 장로가 살해당하는 험악한 사태가 벌어졌다. 이 소식을 전해 들은 이 목사는 평양으로 가서 당시 소련군 사령관을 찾아가 면담하며 용암포 난동 사건을 설명하고 그의 편지를 받아 용암포 사령관에게 전달함으로써 위기를 모면했다. 이와 같은 상황의 악화 때문에 여러 교회 지도자들이 월남하는 가운데서도 이 목사는 예배당을 두 배로 증축하는 등 교회의 부흥과 복음 전도에 더욱 열중했다.

그러나 이기혁 목사의 삶에 예기치 못했던 일이 벌어졌다. 1947년 3월 그는 용천군 고녕교회에서 부흥회를 인도하게 되었는데, 부흥회 둘째 날 새벽기도 때부터 그 교회의 한 권사가 "이기혁 목사는 한국 정세가 어지러워질 테니 속히 서울로 가서 선교사업을 펴라."라는 계시의 말씀을 들었고 기도할 때마다 같은 말씀을 듣자 그 권사는 이 목사에게 그 말씀을 전했으나 그는 이에 응하지 않고 부흥회를 계속 인도했다. 그러자 부흥회 마지막 날 새벽 기도회 때 더욱 강력한 계시가 그 권사에게 임했는데 "만일 네가 이 목사를 서울로 가게 하지 못하면 너를 치겠다. 그 징조를 네게 보일 터이니 속히 떠나게 하라." 하며 "천지진동하여 이 목사는 도망치는데 수천의 노동자들이 머리에 수건을 동이고 낫과 곡괭이를 들고 이 목사를 죽이라고 아우성치며 쫓는" 징조를 보여주었다는 것이다. 그래도 이 목사는 이를 듣지 않고 일주일 후에 있을 용암포제일교회 사경회를 마치고 가겠다고 했지만, 그 권사가 일각이 급하다며 재촉하는 바람에 장로들과 상의하고 평양으로 가서 김화식 목사를 용암포제일교회 사경회 강사로 보내고 이 목사는 자기에게 시무 요청을 하고 있던 평양 서문밖교회에 당분간 머물며 사태를 관망하기로 했다. 그러나 용암포제일교회에서는 사경회 첫날 새벽 기도회 때 이미 이 목사를 체포하려고 보안 서원들이 교회를 포위하는 사태가 벌어졌다. 사경회를 마친 김화식 목사는 평양으로 돌아와 이 목사에게 "속히 떠나라. 관의 손이 평양에 미친다"면서 떠나기를 강권했고 이에 이 목사는 이북 땅에서의 그의 모든 꿈을 버리고 1947년 4월 하순에 월남의 길을 떠났다. 그는 정든 고향과 열정적으로 목회의 꿈을 펼치던 교회와 이북 땅을 떠나 이남으로 내려오는 것을 꿈도 꾸지 않았을 것이다. 그러나 이것은 더 큰 세상의 복음화를 위하여 그를 쓰시고자 하나님께서 세우신 계획에 따라 이루어진 일이었다고 말해야 할 것이다.

4. 인천에서의 제2의 목회활동기

월남한 이기혁 목사는 그보다 먼저 서울에 내려와서 영락교회를 세우고 목회 중이던 친구 한경직 목사를 찾아갔고 그의 부탁을 받아 주일 설교를 했다. 그런데 이 목사가 영락교회에서 설교했다는 소문을 듣고 한병혁 목사가 그를 찾아왔다. 한병혁 목사는 이 목사가 시무하던 용암포제일교회에서 분립한 용암포중앙교회에서 목회하다가 이 목사보다 먼저 월남했고, 영락교회 여전도회의 파송을 받아 인천지역의 월남 교우 14명과 함께 1946년 10월 19일 인천지역 최초의 장로교회인 인천제일교회를 세우고 목회를 하고 있었다. 이 목사를 만난 한병혁 목사는 이듬해 5월 초순에 인천제일교회 주일예배의 설교를 부탁했고, 이를 수락한 이 목사는 행 27:20을 본문으로 〈교회는 곧 구원선이다〉라는 제목하에 "교회를 떠나서는 살 수 없고 교회로 모여야 산다. 복음화되지 않으면 이 나라는 공산국가가 된다."는 요지의 설교를 했다. "복음화되지 않으면 이 나라는 공산국가가 된다."는 것은 이 목사가 이북에서부터 하나님이 들려주셨다고 믿은 말씀이었고, 또한 무도하기 이를 데 없는 공산당들의 만행을 목도한 그 자신의 경험에서 온 신앙의 확신이었으며, 그가 평생 변함없이 열정적으로 추구한 복음화운동의 동기요 동력이었다. 그런데 이 설교가 끝나고 광고 시간이 되었을 때 참으로 놀랄 일이 벌어졌다. 한병혁 목사가 이 목사와는 사전에 한 마디 의논도 귀띔도 하지 않은 채 교우들에게 요청하기를 "본인은 대한예수교장로회 대구제일교회로 가게 되었으니, 지금 설교해 주신 이기혁 목사를 본 교회의 시무 목사로 청빙하여 주기 바랍니다."고 한 것이다. 아무도 예기치 못했던 깜짝 제안이었지만 120여 교우들은 이를 받아들이고 1947년 5월 16일 만장일치로 이 목사를 인천제일교회의 담임목사로 정식 청빙한 것이다. 교회가 창립된 지 불과 7개 월만의 일이었다. 전광석화처럼 이루어진 이 일은 한 마디로 하나님의 섭리였고 인천지역뿐 아니라 전국과 온 민족의 복음화를 위해 하나님께서 친히 계획하시고 실행하신 역사였다고 말하지 않을 수 없다. 이미 이북 땅에서 이기혁 목사를 복음화의 도구로 쓰기 시작하신 하나님께서는 그를 공산당의 살해 위협을 피해 월남시키시고는 잠시도 쉬게 하지 않으시며 계속해서 복음화의 도구로 사용하신 것이다.

이기혁 목사의 인천에서의 목회는 3년 후에 터진 6.25 전쟁으로 말미암아 잠시 중단되지 않을 수 없었다. 이 목사는 총회 선교부로부터 6월

26일 오전 8시까지 집합하여 남쪽으로 피난하라는 통지를 받았으나 이에 응하지 않고 교회를 사수하려고 했다. 그러나 그의 결심을 안 제일교회 장로들이 교회로 몰려와 그들도 피난 가지 않겠다고 하자 그들의 안전을 지켜야 할 책임을 느끼고 교회 신도들과 함께 도보로 피난길에 올라 대전을 거쳐 대구까지 내려갔으며, 거기서 교인들은 흩어지고 이 목사는 울산을 거쳐 울진으로 가게 되었는데 9.28 수복 소식을 듣고 서울로 올라왔다가 다시 인천으로 와서 텅 빈 교회를 지키며 기도하고 있었지만, 1.4 후퇴 때문에 다시 피난길에 올라 부산으로 내려갔다가 1952년에야 다시 인천에 돌아와 본격적인 제2의 목회기를 시작하게 되었다. 6.25 전쟁의 시련을 딛고 교회 부흥의 기치를 높이 든 이 목사는 전쟁으로 중단되었던 예배당을 완공하고 교회 내부 각 기관의 조직을 재정비하는 한편 밖으로는 교육사업에 공을 들여 초등학교와 여자 중·고등학교를 세웠으며, 다비다 모자원을 설립하고 교회들을 새로이 개척하는 등 목회 각 방면에서의 복구에 박차를 가하였다. 그는 교회 사역의 어느 한두 분야에 치중하지 않고 예배, 교육, 친교, 봉사, 선교 등 모든 분야에 있어서 전방위적이고 균형 잡힌 목회를 펼친 보기 드문 목회자였다고 평가할 수 있다. 그런 그와 함께 인천제일교회는 인천지역 장로교회의 어머니 교회로서의 위상을 튼튼히 굳혀갔다.

이기혁 목사의 신앙과 목회와 선교사역은 나라 사랑과 떼려야 뗄 수 없는 관계에 있었다. 그리고 그 나라 사랑은 곧 교육에 직결되는 것이었고 학교의 설립으로 나타나는 것이었다. 이 목사는 인천제일교회에서의 목회를 시작하자마자 1947년 12월에 먼저 무궁화 유치원을 열었고, 1949년 3월에는 무궁화 공민학교를 개설하셨다. 무궁화 유치원은 1950년까지 단 4회의 졸업생을 내고 문을 닫았으며, 무궁화 공민학교는 10회의 졸업생을 배출하고 당국의 정식 인가를 받은 인성초등학교의 출발을 위하여 발전적 해체를 했지만 그 두 교육기관은 신앙과 봉사의 정신으로 교육을 베풀어 인천지역에 몰려든 난민들의 자녀들이 사회의 낙오자들이 되지 않고 훗날의 귀한 인재들로 자라날 수 있게 해준 배움의 터전이었다.

이기혁 목사의 교육의 비전은 단지 초등학교를 세우는 데 머무는 것이 아니었다. 그의 꿈은 여자 중·고등학교의 설립과 더 나아가 여자 기독교대학의 설립에 있었다. 비록 대학을 세우는 꿈은 이루지 못했지만, 이 목사의 기독교 교육사업에의 집념은 인성초등학교에 이어 인성여자중·고등학교의 설립으로 결실했다. 1954년 12월에 재단법인 제일학원의 설립 인가를 받았고, 1955년 3월 인성여자중학교의 인가를 받았으며, 1961년 2월에는 인성여자고등학교의 인가를 받았다. 인성초등학교와 인성여자중·고등학교를 포함하는 제일학원은 1964년 4월 재단법인에서 학교법인으로 변경되어 오늘에 이르고 있는데, 이는 실로 이 목사가 많은 공을 들이며 진력한 끝에 이룬 결과물이었다. 그는 남자 중·고등학교보다는 여자 중·고등학교를 더 중시했다. 왜냐하면 신앙교육은 가정에서부터 이루어져야 하고, 가정에서의 신앙의 전수는 아버지들에 의해서 보다는 어머니들에 의해서 더 잘 이루어지는 것이라는 그의 소신 때문이었다. 그래서 여자 중·고등학교를 설립하여 자녀들을 좋은 신앙으로 양육할 미래의 어

▲ 인천제일교회와 제일학원 전경.

머니들을 바른 기독교 신앙 위에서 양성하는 것이 교회와 나라의 미래를 위하여 가장 중요한 일이라 여겼던 것이다.

이기혁 목사의 목회는 그저 교회라는 울타리를 치고 사회로부터 격리된 신앙의 공동체를 꾸려가는 것이 아니었다. 그에게 있어서 목회의 목적은 교인들이 처한 사회와 국가의 문제를 끌어안고 그 문제들을 해결하며 절망 속에 빠진 이들에게 희망을 주고 혼란스러운 세상을 신앙의 진리로 선도하는 교회를 곳곳에 세워 나라 전체를 하나님의 왕국으로 만들어가는 데 있었다. 그의 그러한 목회관은 그로 하여금 교회가 교회 안 교육뿐 아니라 교회 밖 학교 교육에 관심을 기울이게 했고, 또한 사회봉사에도 관심을 갖게 했다. 인천지역에는 6.25 전쟁 이전에도 이북과 만주지방으로

▲ 다비다 모자원에서 구제품을 직접 전달하고 있는 이기혁 목사(오른쪽 끝)

부터 많은 난민이 모여들었지만 전쟁이 발발한 후 일어난 납북, 순교, 순국으로 말미암아 수많은 전쟁미망인이 생겨났기 때문에 처참한 상황에 처한 그들과 그 자녀들을 교회가 돌보지 않을 수 없었다. 이 목사는 이미 부산 피난 시절에 그런 사회봉사기구의 설립을 발의하여 미국 선교부의 원조물자로 한국 최초의 모자원을 개원하게 했고, 인천에 수복해서는 인천제일교회로 하여금 1952년 7월 재단법인 인천다비다 모자원을 설립하게 했다. 이 목사는 초교파적인 세계기독교봉사회의 시찰장으로 있으면서 거의 모든 실무를 담당하기도 했는데, 구호물자가 부산항에 도착하면 그것을 모두 인성학교로 운반하여 전국의 모자원, 유아원, 고아원으로 보내는 등 힘껏 구제활동을 했다. 인천다비다 모자원에서는 입주한 모자들에게 입주 기간 동안 1인 1기의 직업교육을 시켜서 모자원을 나가면 직업을 갖고 스스로 생계를 유지할 수 있도록 도움을 주는 한편 자녀들에게는 교복도 제공하며 무궁화 공민학교에서 학비 전액을 면제받아 공부할 수 있게 해주기도 했다. 이렇게 이 목사에게는 현재의 실생활의 문제를 해결해 주는 사회봉사와 어린 세대에게 복된 미래를 준비해 주는 교육사업을 떠난 목회는 있을 수 없었다.

이기혁 목사는 교육과 사회봉사에 대한 교회의 책임감을 강조한 목회자였지만, 역시 전도하고 교회를 개척하는 일에 엄청난 열정을 쏟은 복음화의 역군이었다. 그의 생전에 전국의 목회자들 사이에서는 두 가지 대비되는 목회 스타일이 종종 화젯거리와 토론거리가 되곤 했다. 하나는 영락교회를 세우고 그 교회를 대형교회로 성장 발전시키는 한경직 목사의 목회이고, 다른 하나는 한 교회를 크게 키우기보다 교회를 계속해서 분립하고 개척하여 여러 교회를 세우는 이기혁 목사의 목회였다. 실제로 이 목사와 인천제일교회는 끊임없는 교회 분립과 개척의 대명사와 같았다. 이 목사는 부임한 그해부터 해마다 한 교회를 분립 또는 개척했다. 교회로부

▲ 손양원 목사를 강사로 모시고 열린 인천제일교회 대부흥회 때의 기념사진.

터 멀고 교우들이 어느 정도 모여 사는 곳이면 어떻게 해서라도 그곳에 새 교회를 세웠다. 새 교회를 세울 때마다 그는 제일교회에서 열심히 섬기는 장로와 집사들을 보내어 새 교회의 기둥과 일꾼들이 되게 하였는데, 이는 결코 쉬운 일이 아니었다. 나가서 새 교회를 도우라는 권면을 받은 제직들이 울면서 "왜 저보고 나가라 하십니까?" 하는 일이 왜 없었겠는가? 그럴 때마다 이 목사는 "님자가 안 나가면 내가 나갑매" 하곤 했다. 순종하고 나가는 이들에게는 "한 10년 섬기고 교회가 안정되면 돌아와도 좋네" 하며 달래기도 했다. 이것이 그의 초지일관된 자세였다. 그에게는 인천제일교회만이 목회의 대상이 아니라 인천지역 전체가 그의 섬김의 자리였기 때문이다. 이렇게 해서 인천지역에서 제일교회의 분립과 개척을 통해 세워진 교회가 제2교회, 제3교회, 제4교회(현 서부교회), 제5교회(현 중앙교회), 제6교회(현 동현교회), 제7교회, 제8교회(현 제물포교회), 연수교회, 군자교회, 남동교회, 송도교회, 주안교회, 부개동교회, 부평교회, 도일교회, 고잔교회, 수봉산교회, 화향교회, 메디칼병원교회 등이다. 재한 선교사들 사이의 협약에 따라 인천은 감리교의 선교지역으로 할당되었기에 이 땅의 첫 장로교 선교사인 언더우드가 제물포에 상륙한 지 61년이나 지날 때까지도 장로교회가 전무했던 인천지역에 오늘날 장로교회가 융성하게 된 것은 이기혁 목사가 주도한 인천제일교회의 선교정책과 헌신적인 노력의 결실이라 하지 않을 수 없다.

5. 주요 사역과 평가

1. 전국복음화운동

이기혁 목사는 1957년 경기노회장에 피선되었고, 경기노회가 한강 이북의 경기노회와 한강 이남의 한남노회로 분립된 후에는 1960년 한남노회장에 피선되어 더욱 폭넓게 교회를 섬겼다. 인천제일교회에서의 목회와 노회 차원의 활동을 통해 여실히 드러나고 입증된 이 목사의 열정과 지도력은 그로 하여금 그가 속한 교단인 대한예수교장로회 통합측 교단 전체를 이끌어가게 했다. 그는 1961년 9월 총회에서 부총회장으로 피선되었고, 그 이듬해인 1962년 총회에서는 총회장으로 추대되었다. 그가 부총회장, 총회장으로서 대 교단의 총회를 이끌게 된 것은 무엇보다도 그가 열정적으로 계획하고 추진해온 전국복음화운동을 위해서 그에게 날개를 달아준 일이었다

전국복음화운동은 그 이름을 이기혁 목사가 제창했고, 그가 총회장으로 활약할 시기를 전후해서 맹렬하게 전개되었지만, 사실 그 운동의 씨앗은 그 훨씬 전에 이미 그의 마음과 머릿속에 심겨 있었다. 그의 마음과 머리 속의 꿈이 처음 말로서 그의 입 밖으로 나온 것은 그가 막 월남했던 1947년 4월 하순경 한경직 목사와의 대화에서다. 그때 이 목사는 이런 말

을 했다:모판을 만들어서 농사를 짓듯이 전국복음화운동이나 세계복음화운동을 위해서는 먼저 인재 양성이 필요하다. "전국복음화운동"이라는 말이 처음으로 그의 입에서 나온 것이다. "모판"이란 생각도 표출되었고, "인재양성"의 필요성도 피력되었다. 이미 상당히 숙성된 전도전략과 선교의 비전을 그는 머리 속에 갖고 있었던 것이다. 어쩌면 그는 하나님께서 그를 강권적으로 이북 땅을 떠나 이남으로 내려가게 하실 때, 그것을 "전국을 복음화하라"라는 하나님의 뜻으로 받아들이며, 즉시 그 구상을 하기 시작한 것이 아닌가 추측하게 된다. 그가 총회장이 되기 15년 전의 일이었다.

치밀한 기획자였던 이기혁 목사는 소속 교단의 부총회장으로 피선되기 전 해인 1960년부터 전국복음화운동을 위한 본격적 준비에 착수했다. 그는 전국복음화운동 같은 운동은 전국 교회의 기도 없이는 진행될 수도 열매를 맺을 수도 없음을 누구보다도 잘 알고 있었다. 그래서 그는 먼저 전국적인 기도운동을 일으킬 생각을 했고, 그에 앞서 자신이 목회하는 인천제일교회에서부터 기도운동을 시작했다. 그는 1960년 7월 17일 향후 5년간 계속할 기도의 3대 목표를 정하여 매주 주보에 게재하며 온 교우가 항상 기도에 힘쓸 것을 제의했다. 그때 그가 제시한 기도의 목표는 ① "우리 겨레가 기독화되기 위하여", ② "우리 주님 뜻에 합당한 교회로 발전하기 위하여", ③ "우리 가정이 경건한 집 되기 위하여"였다. 전국복음화운동은 신앙의 기초단위인 가정에서부터 각 교회 단위로, 그리고 전국 교회로 퍼져 나아가야 한다는 그의 생각을 드러낸 기도의 목표였다. 그는 이 기도의 목표를 1964년 2월 2일에는 보다 구체적으로 표현하여 다음과 같이 제시했다: ① 조국의 복음화를 위하여 기도를 쉬지 말 것, ② 성경, 기도, 전도, 성수주일, 청지기 직분에 충실한 교회를 이룩할 것, ③ 경건, 정직, 신앙의 가정을 이룩할 것.

1961년 9월 21일 총회 부총회장에 피선된 이기혁 목사는 그해 11월에 서울에서 있었던 미국 연합장로교 선교사들의 모임에서 한국의 복음화 운동을 위해 더 많은 선교사가 필요함을 역설했다. 이는 그 당시 국내 교계뿐 아니라 한국에 선교사를 파송하고 있었던 외국 교회들에게도 상당히 충격적인 발언이었다. 사실 세계 제2차 대전이 끝나고 세계 곳곳에서는 서방 열강들의 식민지였던 나라들이 외세를 배격하고 독립을 쟁취하려는 운동이 열화와 같이 일어나고 있었고, 외세를 추방함과 동시에 외국교회에서 파송한 선교사들까지 거부하는 경향이 강해지고 있었으며, 한국교회에서도 예외가 아니어서 주한 외국 선교부들 또한 선교사들의 철수를 고려할 조짐을 보이고 있었기 때문이다. 따라서 이러한 분위기와 반대로 선교사의 증원을 요청하는 이 목사의 제언은 의외였으며, 선뜻 받아들이기 힘든 것이었다. 그러나 재한 선교사들은 이틀간에 걸쳐 신중하게 토의한 결과 이 목사가 제안한 건을 적극 지원하기로 결의했다.

1962년 9월 20일 총회장으로 추대된 이기혁 목사는 부총회장으로 재임 시 자신이 제의했던 "전국복음화운동안"을 총회에 정식 상정하여 통과시켰고, 그 안을 미국 연합장로회 총회와 남장로회 총회, 그리고 호주장로회 총회에도 보냈다. 이 3개 교단은 각각 그 이듬해인 1963년 총회에 소위 "이기혁 안"을 안건으로 상정했으며, 이를 연구하기 위하여 연구위원회를 조직하고 연구를 계속했다. 그리고 이들 3개 총회 산하의 연구위원회들은 1964년 "이기혁 안 연구위원회 연합회"를 구성하여 연구 끝에 7명의 연구위원을 한국에 파견하기로 결의했다. 이에 따라 그해 이들 7명의 연구위원과 재한 선교사 가운데 7명과 대한예수교장로회 총회에서 선출된 목사 14명 등이 온양 온천에 모여 5일간의 진지한 토론 끝에 다음 2개의 결의안을 채택하기에 이르렀다: ① 선교사 112명을 한국에 파견할 것, ② 이들 선교사가 내한하여 선교활동을 할 때 협력할 유능한 한국인 보조원 800명에 대한 비용을 미국 선교부에서 부담할 것. 안타깝게도 이 결의는 국내 교단들의 내부적 사정과 외국 교회들의 선교정책의 변화 때문에 실현되지 못했지만, 그러한 결의 자체만으로도 이기혁 목사의 집념과 탁월한 선교외교력의 개가이고 성과였다고 말하지 않을 수 없다. 앞서도 언급했지만 제2차 세계대전이 끝나자 선교 선진국이든, 피선교국이든 각국에서는 선교의 시대가 끝났다며 선교사를 철수시켜야 한다는 주장과 실제로 선교사들을 철수시키는 현상이 거세게 일어나고 있었다. 그러나 다른 한편 세계 복음주의 진영에서는 종전의 서구 열강의 교회들의 선교 정책을 반성하고 개선할 필요는 있지만 선교 자체를 포기해서는 안 된다는 반론이 또한 강하게 일고 있었고, 그 결과 선교는 주님께서 다시 오실 그날까지 중단해서는 안 될 주님의 지상명령이라는 확신을 공유한 미국의 부흥사 빌리 그래함 목사와 영국의 신학자 죤 스톳트를 비롯한 전 세계 복음주의자들과 선교사들로 하여금 1974년 스위스 로잔에 모여 소위 "로잔 선언"을 하며, 지속적인 선교를 다짐하기에 이르렀다. 그런데 선교사 파송에 관한 소위 "이기혁 안"을 대한예수교장로회 총회가 제의하고 이에 호응한 미국과 호주의 3개 교단 총회가 합의하여, 그 실행을 위한 결의안을 채택한 사실은 "로잔 선언"을 10년이나 앞서는 선구자적인 역사였다고 평가할 수 있을 것이다. 선교에 관한 이 목사의 통찰력과 열정과 집념이 빛을 발한 상징적 사건이 아닐 수 없다.

1965년은 특히 이기혁 목사에게 매우 바쁘고 또한 매우 귀중한 해였다. 1960년 기도운동으로부터 시작되어 1962년 대한예수교장로회 총회에서 정식으로 채택되고, 1964년 미국과 호주의 세 장로회 총회의 적극적인 지지 결의까지 얻게 된 "전국복음화운동안"을 이제 실행에 옮겨야 했기 때문이다. 그런데 이 목사는 전국복음화 운동에 국내의 모든 교회를 다 참여시키기를 원했다. 비록 한국과 미국과 호주의 장로교회들이 합의하고 결의한 일이었지만, 이 목사에게 있어서 전국복음화운동은 교파를 초월해 전국의 교회가 함께 전개해야 할 일이었기에 그는 전국복음화운동의 초교파적인 조직화와 전국적인 운동의 전개에 나섰다. 그래서 장로교의 한경직 목사뿐 아니라 이화여대 총장인 감리교의 김활란 박사와 홍현설 목사 같은 인물들을 비롯해 초교파 인사 80여 명이 모여 전국복음화운동을 논의하기에 이르렀다. 여기서 이 운동을 위한 위원회를 구성했고 전국대부흥사경회를 개최하기로 결의했다. 1965년 5월 이화여대 강당에서 열린 이 부흥회에는 전국에서 초교파적으로 만여 명의 신도들이 몰려왔고 이들은 각기 자신의 교회로 돌아가서 지역적으로 초교파 부흥회를 가졌다. 바야흐로 복음화운동이 전국으로 번져가는 역사가 일어난 것이다. 교회사가 민경배 교수는 그의 저서 "한국기독교회사"에서 이 전국복음화운동을 가리켜 "한국교회의 전통적인 선교의 사명 의식의 발로로서도 중요하지만 에큐메니칼 정신 실현에서도 크게 기여할 만한 행사였다."라고 평가하고 있다.

이기혁 목사 자신은 전국복음화운동의 전도부장 책임을 맡아 전국복음화운동의 확산을 위해 전국 순회에 나섰다. 교회와 노회와 총회에 관계된 일들로도 눈코 뜰 새 없이 바빴고 70세를 바라보는 나이였지만, 그 어느 젊은이보다도 열정적으로 전국을 누비며 전국복음화운동의 불을 지폈다. 그는 인천제일교회 당회의 허락을 받아 전국복음화운동의 계몽과 지부 조직을 위해 1월부터 시작해서 그의 목회자로서의 마지막 해인 1966년으로 이어가면서 수차례에 걸쳐 전국을 순회하며 지역별로 초교파적 연합부흥집회를 열었다. 이화여대에서의 초교파 전국 대부흥사경회가 끝난 직후에는 미국으로 건너가 교계를 순회 시찰하던 중 연합장로회 총회와 남장로회 총회에 참석하여 한국교회에서 일어나는 복음화운동을 소개했고, 이에 그 두 총회는 미국의 각 교회가 한국교회의 복음화운동을 위하여 기도하기로 결의했다. 이렇게 이 목사의 1965년은 실로 초인적인 사역을 수행한 해였다. 미국 장로교회의 총회에 참석한 모든 이들은 이 목사의 발언을 듣고 우레와 같은 박수로 화답했는데, 이것은 하나님께서 이 목사의 복음화를 위한 열심에 응답하시며, 그와 한국교회를 격려하신 일

▲ 소위 〈이기혁 안〉으로 불리던 전국복음화운동에 관해 협의하러 온 외국 교회 인사와 담소하는 이기혁 목사. 뒤쪽 가운데 있는 이는 인성여고 교장 이동욱 장로.

이었다고 보아야 할 것이다.

1965년 전국 교회에는 "삼천만을 그리스도에게로"라는 전국복음화운동의 표어가 시달되었고, 다음과 같은 기도문도 채택되었다: "사랑의 하나님 아버지, 이 땅에 구주를 보내시고 복음을 전파하여 주심을 감사합니다. 금년에 크신 은혜를 내리셔서 우리 삼천만 민족이 다 그리스도께로 돌아와 천국 백성이 되게 하여 주소서. 그리고, 우리나라가 자유와 평화와 번영과 통일의 새로운 나라가 되게 하여 주옵소서. 성령을 충만히 내게 부어주소서. 내가 먼저 참 빛과 소금이 되며 복음의 전파자가 되게 하여 주옵소서. 예수님 이름으로 기도하옵나이다. 아멘". 이러한 전국복음화운동의 전개에 발맞추어 인천제일교회에서는 매일 정오에 온 교인이 기도하기를 힘쓰며 모범을 보였다. 인천제일교회는 이 목사가 추진한 전국복음화운동을 처음부터 끝까지 기도로 뒷받침하는데 앞장선 교회였다. 이미 1960년부터 인천제일교회에서 기도의 열기를 고조시켜온 이 목사는

◀ 복음화운동을 위하여 기도하는 이기혁 목사.

1964년 3월 29일 부활주일을 기해 “24시간 계속기도”를 선포했다. 이 기도는 전국복음화운동의 기초 역사이고, 전국복음화운동이 실현될 때까지 계속되어야 할 것임을 강조했다. 기도운동은 이미 전국적으로 전개되기 시작했지만, 이 목사는 이 기도운동의 전국적 확산을 위해 인천제일교회가 더욱더 힘써 기도하도록 독려한 것이다. 인천제일교회의 “24시간 계속기도”는 1966년 그가 인천제일교회에서 은퇴하기 직전까지 계속되었다.

2. 은퇴 후 사역

이기혁 목사는 인천제일교회가 창립 20주년을 맞은 1966년 10월 19일 정년을 2년여 남긴 시점에 원로목사로 추대 받으며 은퇴했다. 그러나 그에게서 은퇴는 인천제일교회의 담임목사직의 책임을 벗는 절차였을 뿐 전국복음화의 사역에서 물러나는 행사가 아니었다. 그는 여전히 “복음화운동 할아버지”였고 진정한 의미의 “에큐메니칼 목사”였다. 시간이 흐르며 총회 차원에서는 전국복음화운동의 열기가 식어가고 있을 때에도 이 목사의 가슴속에서는 조금도 변함없이 뜨겁기만 했다. 전국복음화운동의

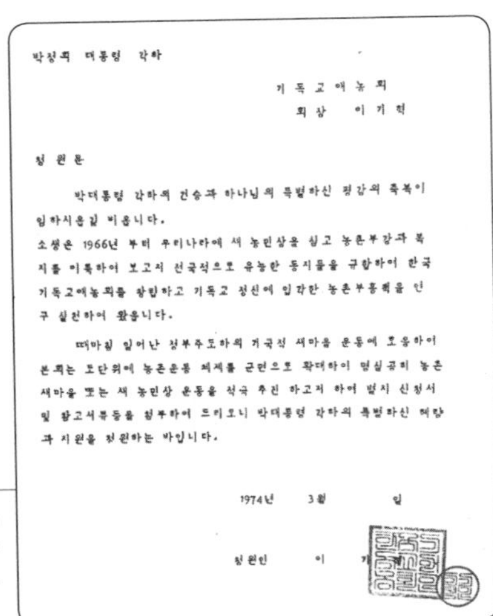
박정희 대통령 각하

기독교애농회
회장 이기혁

청원문

박대통령 각하의 건승과 하나님의 특별하신 평강의 축복이 임하시옵길 비옵니다.
소생은 1966년 부터 우리나라에 새 농민상을 심고 농촌부강과 복지를 이룩하여 보고저 전국적으로 유능한 동지들을 규합하여 한국기독교애농회를 창립하고 기독교 정신에 입각한 농촌부흥책을 연구 실천하여 왔읍니다.

때마침 일어난 정부주도하의 거국적 새마을 운동에 호응하여 본회는 도단위에 농촌운동 체제를 군련으로 확대하여 명실공히 농촌새마을 또는 새 농민상 운동을 적극 추진 하고저 하여 별지 신청서 및 참고서류등을 첨부하여 드리오니 박대통령 각하의 특별하신 혜량과 지원을 청원하는 바입니다.

1974년 3월 일

청원인 이 기

▶ 정부 주도하의 〈새마을운동〉보다 앞서 농촌부흥운동으로 출범한 기독교애농회에 대한 관심과 지원을 당시 박정희 대통령에게 청원하는 문서. 이기혁 목사가 청원인이었다.

동지들을 모으는 한편 그 운동의 실천방안을 연구했다. 특히 농촌 복음화에 뜻있는 목사와 장로들을 전국 도(道) 단위로 규합하는 일에 힘써 1967년 봄 초교파적인 애농회(愛農會)를 설립했다. 애농회를 통해 이 목사는 목사들이 교회 안에서만 사람들을 만날 것이 아니라 교회 밖으로 나가 협동조합을 조직하고 양심적인 농촌지도자들이 됨으로써 농촌주민들로 하여금 교회를 신뢰하게 만들어 교회 친화적 농촌, 농촌 친화적 교회를 만들 수 있고, 또 만들어야 한다는 농촌 목회와 농촌 복음화의 방향을 제시하고자 한 것이다.

3. 세계복음화의 꿈

이기혁 목사는 인천을 사랑했고, 인천이 한국교회사에서 갖는 남다른 의미를 누구보다도 잘 알고 있었다. 이 목사는 인천이 단지 선교사들이 이 민족에게 복음을 들고 들어온 역사적인 항구도시에 머물지 않고 수많은 선교사가 전 세계를 향해 복음을 싣고 다시 나아가는 수출항이 되게 하는 꿈을 꾸고 있었다. 그는 그 꿈의 실현을 위해 언제나 새벽 기도를 마치고 나면 예배당 밖에 나가 인천항이 제일 잘 내려다보이는 자리에 서서 두 팔을 벌리고 "인천 성시화", "전국복음화"와 함께 "세계복음화"를 위해 하나님께 간절히 기도하곤 했다. 그는 기도만 한 것이 아니었다. 인천항을 드나드는 외항선의 선원들에게 복음을 전해주고, 그들이 세계를 다니며 수많은 외국인에게 복음을 나누어주는 전도자들이 되게 하는 또 다른 복음화, 즉 세계복음화의 사역을 구상하고 있었다. 그리고 그 구상을 1974년 7월 4일 외항선 선교회의 창설로 현실화했다. 그는 국내외를 가리지 않고 끊임없이 복음화의 꿈을 꾸는 사람이었고, 하나님의 뜻에 합치한다고 확신하는 꿈은 실현하고야 마는 집념의 지도자였다.

이기혁 목사의 세계복음화의 꿈은 외항선 선교회의 창설에 머무르지 않았다. 나라 밖을 향한 이 목사의 복음화의 관심은 특히 아시아로 향하고 있었다. 그는 은퇴 후 〈크리스챤신문사〉의 사장으로서 기독 언론에 종

▲ 외항선선교회 임원들과 함께 한 외국 선박에 승선하여 선교활동을 마치고 찍은 사진.

사하는 이들을 정성껏 격려하기도 했는데, 정기적으로 그 신문사에 가서 직원 예배를 인도하기 위하여 인천과 서울 사이를 오갈 때 쓰라고 신문사로부터 받은 교통비를 택시를 타지 않고 버스를 타고 다니며 아껴 모아 그 돈으로 경기도 용문에 땅을 조금씩 사들였다. 거기에 아시아의 기독 청소년들을 위한 수련원을 건립할 꿈을 갖고 있었기 때문이다. 세계를 복음으로 품으려는 그의 꿈의 한 조각이었던 것이다. 여러 가지 사정으로 말미암아 그 꿈이 실현되지는 않았지만, 그의 복음화의 비전이 어떠했는지를 짐작할 수 있게 해주는 일이다. 이렇게 그는 그의 마지막 힘이 다한 그 순간까지 쉬지 않고 그 운동에 온몸을 바치며 흔들림 없이 복음화의 길을 달려가다가 하나님의 부르심을 받았다.

4. 하나님의 부르심을 받을 때

이기혁 목사가 하나님의 부르심을 받기 전 그의 마지막 날은 바로 그의 치열했던 삶 전체를 요약해 보여주었고, 그의 삶의 마지막 순간의 모습은 아마도 모든 목사가 흠모해 마지않을 그런 모습일 것이다. 1984년 4월 5일. 그날은 인천기독병원의 신·구 원장 이·취임예배가 있었던 날이다. 교계의 많은 지도자와 서울에서 내려온 병원협회 관계자들과 인천 교육계의 인사들이 자리하여 성대하게 열린 이 예배에서 축하와 권면을 맡은 이 목사는 평생의 소신을 강하게 피력했다. 우리나라는 복음화될 때에만 살 길이 있고, 그러기 위해서는 기독병원 같은 기독교 기관들의 역할이 중요하며, 기독교 교육이 절실함을 호소했다. 그의 한 평생의 총결론을 설명하는 듯한 감명 깊은 말씀이었다. 주최 측에서는 이 목사의 고령을 생각해서 5분 정도만 말씀하면 된다고 부탁했음에도 불구하고 그는 그 시간을 훨씬 넘기며 열변을 토했다. 그리고 그는 자신의 기력이 다한 것을 예감했는지 집에 돌아오자마자 사모에게 "여보, 나 오늘 갈 것 같아" 하며 목욕을 시켜달라고 했고 목욕을 마치고 누웠는데 그다음 날 새벽에 일어나지 않았다. 평생 새벽 기도를 거른 적이 없는 이 목사는 새벽 3시면 기계처럼 일어나곤 했는데, 그날은 일어날 시간이 많이 지났는데도 안 일어나기에 사모가 깨우려고 보니 평안한 얼굴로 누워 움직이지 않고 있었다. 1984년 4월 6일 새벽이었다. 생전에 그와 가장 친한 목사였던 한경직 목사는 문상을 와서 주위 사람들에게 말하기를 "내가 세상에서 한 일로는 이 목사만 못하지 않았을 텐데 나도 이렇게 멋지게 임종할 수 있을는지?" 했다고 한다. 또 그 후에도 한목사는 이 목사의 손자이며 장로회신학대학교의 교수로 있던 이수영 목사를 볼 때마다 그의 죽음을 그토록 부러워하며 "나도 할아버지처럼 죽을 수 있도록 하나님께 기도해달라."라고 당부하곤 했다. 평생을 하나님의 나라 확장을 위해 바친 이 목사의 삶의 마지막 순간을 하나님께서는 이렇게 아름답게 장식해 주신 것이다. 인천제일교회의 박원호 원로장로는 이기혁 목사의 10주기 추모사의 말미에서 "나는 이 세상에서 예수님 닮은 한 사람을 꼽으라면 서슴지 않고 고 이기혁 목사님을 말할 것입니다."라고 했다. 이것은 비단 그만의 마음이 아니라 인천제일교회 온 교인의 마음이고, 이 목사를 가까이서 지켜보아 아는 모든 이들의 공통된 마음일 것이다. 이기혁 목사는 하나님께서 사도 바울처럼 쓰신 인물이었다. 사도 바울이 딤후 4:7-8에서 쓰기를 "나는 선한 싸움을 싸우고 나의 달려갈 길을 마치고 믿음을 지켰으니 이제 후로는 나를 위하여 의의 면류관이 예비되었다."고 한 것처럼 그는 진정 평생 선한 싸움을 싸우고 그의 달려갈 길을 다 달려갔으며, 끝까지 믿음을 지켰고, 지금 그를 위하여 예비되었던 의의 면류관을 쓰고 주님 곁에 있을 것이다.

5. 인재양성에 힘쓴 지도자

이기혁 목사는 종종 사석에서 자신이 공부를 많이 하지 못한 무식한 목사라는 말을 부끄러움 없이 하곤 했다. 그럼에도 그를 분에 넘치게 크게 들어 쓰시는 하나님의 은혜가 크고 놀랍다는 말을 빼놓지 않고 하곤 했다. 실제로 이 목사가 평양신학교를 졸업한 이후에 그 이상의 어떤 학위 과정을 이수한 흔적이 없다. 어린 나이에 아버지를 잃고 홀어머니 밑에서 가난하게 살아야 했던 형편이 그 이유일 수 있다. 그러나 그는 무식하지도 않았고 큰 교단의 총회장을 역임할 뿐 아니라 전국복음화의 기수로서 한국교회 전체를 이끄는 지도자로 활약하기에 부족함 없는 통찰력과 식견을 갖추고 있었다.

이기혁 목사는 자신이 공부를 많이 못 한 대신 전도유망한 인재들을 발견하면 그들에게 더 좋은 교육을 받을 기회를 만들어주고, 그들의 역량을 키워 더욱 큰일을 하게 하는데 열성을 다했다. 이 목사는 그 일을 위하여 인천제일교회의 어려운 재정 형편에도 불구하고 유학을 보내는 등 할 수 있는 모든 노력을 기울였다.

그 한 예가 서울의 소망교회를 개척하고 초대형 교회로 성장시킨 곽선희 목사다. 이기혁 목사는 서울에 있는 신당중앙교회에 집회차 갔다가 그 당시 전도사로 그 교회를 섬기고 있던 곽선희 목사를 눈여겨보고 인천제일교회로 불러 부목사로 섬기게 하다가 미국 프린스턴신학교에 유학을 보냈고, 그가 유학에서 돌아오자 젊고 유능한 목사가 담임을 해야 한다고 하며 그를 인천제일교회의 새 담임목사로 세우고 정년이 되기 전에 은퇴했다. 원래 이 목사는 곽목사가 유학에서 돌아온 1965년에 그에게 담임목사직을 넘겨주려고 했으나 당회와 교인들의 만류로 1년 후 인천제일교회가 창립 20주년을 맞는 날을 기해 은퇴함으로써 그 뜻을 이루었다.

다른 한 예는 교육가 이동욱 장로다. 기독교 학교 교육에 남다른 비전과 열정을 지녔던 이기혁 목사는 인성초등학교와 인성여자중·고등학교를 세웠을 뿐 아니라, 더 나아가 기독교 여자대학까지 세울 꿈을 품고 있었고, 그 학교들을 바른 신앙과 교육 정신으로 이끌어갈 지도자를 길러야겠다는 생각을 했다. 이에 따라 이 목사가 발탁한 이가 이동욱 장로다. 이 목사는 용암포제일교회에서 시무할 때 그가 세운 구세학교에서 교사로 있던 신앙 좋은 청년 이동욱을 일찍이 눈여겨보았었고, 월남하여 대구 성광중학교에서 교사로 있던 그를 수소문하여 찾아가 인천으로 올라와 인성초등학교와 인성여자중·고등학교의 교장직을 맡게 한 터였다. 이 목사는 그를 미국으로 보내 교육학을 전공하게 하고 박사학위를 받고 돌아온 그로 하여금 다시 인성여자중·고등학교의 교장직을 수행하게 했고, 그는 학교법인 제일학원에 속한 모든 학교의 교육 책임자가 되었다. 곽선희 목사를 미국으로 유학 보내는 일도 인천제일교회로서는 재정적으로 쉬운 일이 아니었는데, 그가 공부를 마치고 돌아오기도 전에 또 한 사람을 유학 보내는 일은 그 당시 교회로서는 참으로 힘든 일이었지만, 이 목사의 열정에 당회원들은 설득되지 않을 수 없었다.

또 다른 한 예는 이요한 박사다. 이기혁 목사에게는 학교 교육과 사회봉사도 중요했지만 역시 그에게 가장 큰 사역은 전도와 선교였다고 해야 할 것이다. 전도와 선교 방면에서의 사역을 위해 이 목사가 주목한 사람이 청년 이요한이었다. 그는 신학을 공부하지는 않았지만 훗날 미국에서 명예신학박사학위를 받은 인물이다. 그는 주일학교 시절부터 두각을 나타냈고, 중학교 시절에는 영어 실력이 뛰어나 동급 학생들에게 개인 지도를 할 정도였으며, 크고 작은 영어 웅변대회나 토론대회에서 1등을 휩쓸곤 했다. 이 목사는 이 소년을 위해 기도하며 장차 세계적인 부흥사로 키우고 싶어 했다. 청년 이요한이 대학을 마치고 영어가 더욱 능통해지자 이 목사는 외국 선교사들이 한국에서 부흥회를 가질 때마다 그가 통역을 담당하도록 주선하여 그로 하여금 경험을 쌓으며 실력을 더욱 길러 선교사들의 두터운 신임을 얻게 했다. 이 목사는 젊은 집사였던 이요한을 교회 안에서는 당회로 하여금 전도사로 임명하게 하여 그 지위를 높여주는가 하면, 교회 밖에서는 그의 역량을 한껏 발휘하며 세계적인 복음전도자로 활약하도록 도왔다. 이요한은 가정문서선교회의 한국 총무로 일하다가 세계 총무의 지위에까지 올랐다. 그는 국내외의 집회를 통해서 뿐 아니라 세계 도처에서 방송으로 복음전도에 크게 기여한 하나님의 일꾼이 되었다. 이는 물론 그를 귀하게 들어 쓰신 하나님의 은혜이지만, 또한 인물을 키울 줄 알았던 이기혁 목사의 꿈과 기도의 열매라 아니 할 수 없다.

6. 겸손하고 넓은 마음을 가진 "사랑의 사도"

"그는 참으로 정직하고 겸손한 분이셨다." 이기혁 목사의 뒤를 이어 인천제일교회의 담임목사가 된 곽선희 목사가 이 목사의 10주기를 맞아 그를 회고하며 한 말이다. 그는 계속해서 이 목사가 한마디의 변명 없이 "내가 잘 못했구만" 하며 진실하게 사과하기를 전혀 어려워하지 않은 점에서 위대한 목회자였다고 술회했다.

반면에 이기혁 목사는 남을 칭찬하고 격려하는 데는 그 누구도 따를 수 없었다.자네 잘 했네, "자네 장하네"라는 뜻의 평안도 사투리인 "님자 잘 했습메!", "님자 용습메!" 하는 말은 그가 가장 자주 쓰는 말들이었다. 그는 어떤 사람이 누군가의 단점을 말하면 꼭 그의 장점을 들려주곤 했다. 누구든 작은 일 하나만 잘 해도 칭찬과 격려를 아끼지 않았고, 매사에 긍정적이고 건설적이며 적극적이었던 데 반해, 그에게서 부정적인 말은 들을 수가 없었다고 모든 이들이 입을 모으곤 했다. 그는 특히 젊은이들을 아낌없이 칭찬하고 격려했으며, 그래서 많은 젊은 사역자들이 그의 칭찬과 격려에 힘입어 성장했다. 그것이 많은 사람이 그를 가리켜 "넓은 마음"의 소유자였다고 말하는 이유다. 이 목사는 실로 높은 뜻을 품고 큰 꿈을 꾸며 넓은 마음을 지닌 지도자였다.

이기혁 목사가 제일학원의 교육 책임자로 발탁하고 미국 유학까지 보내 키운 이동욱 장로는 나중에는 서울의 보성여자중·고등학교와 정신여자고등학교에 연이어 교장으로 불려갔다. 그를 서울로 부른 이는 한경직 목사였다. 사실 이장로는 고향인 이북 신의주에서 주일학교 유년부 시절부터 성년이 될 때까지 한경직 목사의 슬하에서 자랐기 때문에 그의 부름을 거절할 수가 없었을 것이다. 이장로 자신은 그 일로 개인적으로 이 목사에 대해 죄인이라고 여기고 있었지만 막상 이 목사는 그에 대해 이렇게 말했다: "가는 게 좋지. 그럼. 큰 고기는 큰 물에서 놀아야지". 이 목사의 넓은 마음을 헤아려볼 수 있게 하는 말이다.

그의 넓은 마음은 달리 말하면 사랑이라고 할 수 있다. 그의 손자인 이수영 목사는 이렇게 그를 회상한다: "나를 만나 할아버님을 안다고 말하는 모든 이에게서 들은 공통된 말이 있다. 그것은 '제가 이 목사님 사랑 많이 받았습니다' 하는 말이다. 할아버님과 관련하여 나에게 무슨 이야기를 하든지 간에 어느 한 사람도 그 말을 빼놓는 사람은 없었다. 나는 속으로 '아니, 할아버지는 사랑의 가슴이 얼마나 크셨기에 사람마다 그렇게 말하지?' 하는 생각을 종종 해보았다".

이기혁 목사의 사랑의 관심과 실천은 그가 속했던 교단의 울타리를 넘어서는 것이었다. 한때 인천제일교회의 담임목사였고 지금은 영락교회의 원로목사로 은퇴한 이철신 목사가 전하는 바에 따르면 한번은 이기혁 목사가 어느 교회를 다녀오고는 당회를 열어 그 교회를 인천제일교회가 좀 돕자고 제안을 했다고 한다. 그 제안을 받아들여 당회가 결의하고 난 후 한 장로가 묻기를 "그 교회가 우리 교단 교회는 맞지요?" 하자 이 목사는 그제서야 그 교회가 성결교회라고 대답했고 장로들은 어이없어했지만, 이 목사는 교단이 다른 게 무슨 상관이냐 하며 설득해서 결국 그 성결교회를 도왔다고 한다. 내리교회의 담임목사였던 이복희 목사가 전한 일화도 있다. 그가 인천제일교회의 박원호 원로장로를 만났을 때 한 말이다: "이기혁 목사님은 초교파적인 거물입니다. 우리 교회가 불에 탔을 때 제일 먼저 온 분이 이기혁 목사님입니다". 감리교회가 불탔는데 감리교 목사보다도 장로교회 목사인 이 목사가 제일 먼저 달려갔다는 것이다. 그는 철저하게 말씀 중심적이고 복음적인 신앙을 가진 장로교 목사로서 대한예수교장로회 통합측 총회장까지 지냈지만, 정말로 교파 의식에 전혀 사로 잡히지 않고 한국교회 전체를 사랑한 목사였다. 많은 목사가 그를 가리켜 “진정한 에큐메니칼 목사” 또는 “에큐메니칼 할아버지”라고 부른 이유를 말해주는 사실이다. 이기혁 목사, 그는 진정 넓은 마음을 가진 “사랑의 사도”였다.

7. 넓게 보고 멀리 생각한 교회 지도자

이기혁 목사는 인천지역의 첫 번째 장로교회인 인천제일교회를 모범적인 교회로 튼튼히 세우는데 진력하는 한편 쉬지 않고 많은 교회를 분립, 개척하여 인천을 감리교회 못지않게 장로교회가 강성한 지역으로 변모시키는데 절대적인 공헌한 것이 사실이다. 그는 통합측 장로교회의 총회장까지 지냈지만, 사실 그는 어느 한 교파나 교단에 갇혀 있는 목사가 아니었다. 그는 한국교회 전체를 늘 가슴에 품고 산 인물이다. 그가 인천지역에 대한 애정이 남달랐던 것은 당연한 일이지만, 그는 인천만 아니라 전국을 늘 염두에 두고 있었을 뿐 아니라, 자신이 속한 예장통합 교단을 넘어 한국교회 전체를 늘 마음에 품고 일했다. 교파를 초월해 전국의 교회가 그의 관심과 애정의 대상이었던 것이다.

이기혁 목사는 전국복음화의 기수였다. “전국복음화”라는 구호도 그가 제창한 것이다. 군복음화, 학원복음화, 공장복음화 등의 운동이 그로부터 발기된 것이다. 그럼에도 그는 그 일들을 범교단적으로 전개하기 위한 조직을 만들 때, 자신의 이름을 빼고 타 교단 지도자들의 이름을 올리곤 했다. 이렇게 그는 교단을 뛰어넘어 한국 교계 전체가 복음화운동에 참여하게 하기 위해 양보의 정신으로 초교파적 운동이나 조직에서 일어나기 쉬운 헤게모니 싸움을 극복하곤 했다. 그는 자나 깨나 오로지 복음화만 생각했지, 자신의 명예 같은 것에 대한 욕심이 전혀 없었다.

이기혁 목사는 인천을 넘어 전국적으로 활약하며 지도력을 발휘했고, 소속 교단을 넘어 초교파적으로 영향력을 행사하며 복음화 운동에 그의 관심과 열정을 쏟았다. 목회 일선에서의 은퇴는 그가 전국복음화의 길을 걷는데 아무런 장애가 되지 않았다. 그의 열망은 전국복음화운동에만 머무는 것도 아니었다. 그의 꿈은 더 컸다. 세계를 품는 것이었다. 그리고 그는 공간적으로만 넓은 꿈을 꾸지 않았고 시간적으로도 멀리 꿈을 꾸고 있었다. 그는 늘 남북의 통일을 생각하며 통일될 때 북한교회를 위해 일할 사역자의 부족을 염려했다. 그래서 국내에 신학교가 많아지는 것을 부정적으로 보는 한편의 시각에도 불구하고, 그는 신학교가 많은 것은 통일에 대비하기 좋은 일일 수 있다는 긍정적인 시각을 갖고 있었다.

8. 기도의 사람

이기혁 목사는 어려서부터 가난하여 손에 가진 것이 없었다. 그러나 그는 맨손으로 엄청난 사역을 행했고 놀라운 결과를 낳았다. 그의 목회는 그야말로 무에서 유를 창조하는 목회였다. 그는 매사를 긍정적으로 사고했다. 해야 하는 일이라면 할 수 있다고 믿었고, 할 수 있는 일이라면 반드시 이루고야 마는 집념의 사람이었다. 때로는 무모해 보이는 일도 해야겠다고 마음먹으면 포기할 줄 몰랐다. 그러나 그것은 오만이나 아집이 아니었다. 그가 무에서 유를 창조하는 목회를 할 수 있었던 것은 바로 무에서 유를 창조하시는 하나님에 대한 그의 절대적인 믿음 때문이었다. 전능하신 하나님께 매달리는 기도가 그의 힘이었다. 그는 기도의 사람이었던 것이다. 이 목사는 자신에게는 아무것도 없으나 하나님께서 다 갖고 계시고, 만사를 이루시는 이도 하나님이시라는 확신 때문에 무슨 일이든 두려움이 없었으며, 무슨 일이든 하려고 할 때는 먼저 하나님의 뜻을 묻고 그와 의논하며, 그와 함께 문제를 해결하려 했다. 목사를 가리켜 "기도의 사람"이라고 말하는 것은 너무나 당연한 것 같고, 그래서 진부하게 들릴 수도 있지만, 이 목사에게 있어서는 "기도의 사람"이라는 것은 그를 아는 모든 이가 인정하는 그의 대표적인 면모의 하나였다. 이 목사는 일찌기 신앙을 갖게 되고 주의 일에 몸 바칠 것을 결심한 이후로 병상에 누워있지 않는 한 평생 단 하루도 거르지 않고 교회에 가서 새벽기도를 드렸다. 인천을 떠나 서울이나 전국 어디에 가서 잠을 자더라도 묵는 곳에서 가장 가까운 교회에 가서 새벽기도를 드리곤 했다. 이 목사는 그 어느 자녀의 집에 들러 묵게 되더라도 가정예배를 인도할 때는 언제나 온 가족과 먼 친척까지 빠짐없이 한 사람 한 사람의 이름을 일일이 불러가며 기도하곤 해서 어린 손자들은 할아버지의 기도가 너무 길고 지루해 도망치고 싶을 때가 많았지만, 그 덕에 거의 만난 적이 없는 먼 친척들까지도 서로 그 이름들만은 다 외울 수 있었다. 그는 가진 것이 있으면, 교회 일이나 어려운 사람 돕는 일에 일단 쓰고 보는 목사여서 때때로 생활비 문제로 사모와 다투어야만 했다. 그는 그런 일로 사모와 다투게 될 것 같으면, 일찌감치 담요를 싸 들고 예배당으로 기도하러 가곤 했다. 교회 일이 복잡하고 힘들 때는 종종 밤을 새우며 기도하곤 했다. 나라가 위태하고 정국이 혼란스러워 국민이 불안해질 때는 어김없이 하나님의 음성을 듣고자 예배당 강단 밑에 꿇어앉아 먼저 눈물로 회개하며 어찌해야 할지를 구하는 간절한 기도를 드리곤 했고, 때로는 금식하며 기도하러 산으로 올라가기도 했다. 이 목사는 1977년에 그야말로 목숨을 건 40일 금식기도에 들어간 적이 있다. 당시 국내의 정치상황이 매우 위태로워지자 하나님의 응답을 받지 않고는 안 내려오겠다는 각오로 경기도 용문사 뒷산의 기도원에 올라간 것이다. 그때 80세의 고령이었기에 온 가족과 인천제일교회 성도들과 지인들이 심히 걱정하며 만류했지만, 그는 끝내 40일 간의 금식 기도를 다 마치고 내려왔다. 전국복음화운동이라는 엄청난 운동을 전개할 때도 기도운동으로부터 시작했고, 줄곧 전국 교회로 하여금 기도하게 하며, 그 힘으로 그 운동을 이끌어갔다.

이기혁 목사는 이루고 싶은 꿈이 컸고, 그래서 해야 할 일이 너무나 많았다. 그 일들을 성사시키기는 사실 참으로 어려웠다. 그 일들을 이 목

◀ 용문기도원에서 40일 금식기도를 마치고 내려 온 후의 이기혁 목사의 초상화_1977년

사는 기도하며 인천제일교회와 함께 해냈다. 해방 후, 게다가 6.25 전쟁을 겪느라 나라는 가난하고 피폐한 상태였으니 주로 피난민들이 모인 인천제일교회가 재정이 넉넉할 리가 없었다. 그런 가운데서도 이 목사의 꿈을 이루기 위해 장로들도 교인들도 참 힘들었을 것이다. 그러나 그들은 이 목사를 믿고 헌신하며 그를 뒷받침해 주었다. 이 목사가 인천제일교회 하나만을 크게 늘리지 않고 계속해서 분립과 개척으로 수많은 교회를 세웠으니, 인천제일교회는 대형교회가 되지 않았음에도 불구하고 교회를 두 번 세 번 새로 짓고 학교를 세우며 모자원을 열고 인재들을 미국으로 유학 보내는 일을 하느라 얼마나 숨이 차고 힘겨웠겠는가? 그러나 장로와 제직들이 사재를 털어 교회가 하는 각종 사역에 바치며, 이 목사의 목회적 꿈을 실현하는데 힘을 기울일 수 있었던 것은 이 목사가 기도의 사람이었고 그 자신 사심이 없고 정직하며 자신에게 있는 모든 것을 먼저 다 내어놓는

헌신의 본을 보였기 때문이었다.

9. 고난을 이겨낸 믿음의 사람

무에서 유를 창조하는 이기혁 목사의 목회는 쉽게 이루어진 것이 아니었다. 집안에서는 사모의 걱정스러운 불평을 들어야 했고, 밖에서는 교회와 학교를 짓는 공사를 맡아 하며, 공사대금을 제때 받지 못한 무지막지한 일꾼들로부터 감금을 당하고 멱살을 잡히는 일도 수없이 겪어야 했다. 한때는 일부 교인들로부터 오해를 받고 비난과 반대에 부딪쳐 모든 책임을 지고 교회를 떠나기를 결행하려 한순간도 있었지만 끝까지 인내하며 달려갈 길을 달려간 주의 종이었다.

그런데 이 목사의 삶의 여정 속에 가장 고통스러운 순간이 아무도 모르게 그를 기다리고 있었다. 목회 일선에서 은퇴한 후의 이 목사의 삶은 오로지 전국복음화운동에 바쳐진 삶이었다. 그가 만나는 모든 사람은 그로부터 길든 짧든 전국복음화의 계획을 들어야 했고 누구나 그의 복음화운동의 심정적 동지가 되었다. 그런데 많은 동지 중에서 최고의 동지는 그의 맏아들인 음악가 이동훈 교수였다. 그는 서울에 들러 자고 갈 일이 있을 때는 언제나 아들 집에서 잠을 잤다. 아들 집에만 오면 그와 함께 밤을 새우며 전국복음화운동을 의논하곤 했다. 아들만 만나면 밤을 지새우고도 힘이 나고 얼굴에 희망과 기쁨이 넘치는 이 목사였다. 교회음악가였고 이름난 합창지휘자였던 이 교수는 아버지의 전국복음화운동을 음악으로 뒷받침할 계획을 세우고 있었고, 이 목사는 아들의 그 뜻이 이루어지도록 많은 기도를 아끼지 않았다. 그런데 이 목사 부자의 그 원대한 꿈이 깨지는 슬프고 충격적인 일이 벌어진 것이다. 그 사랑하는 아들이 불의의 교통사고로 갑작스럽게 세상을 떠난 일이다. 이 목사에게는 그 아들의 죽음이 그저 한 아들의 죽음이 아니라 전국복음화운동의 가장 귀한 동지를 잃은 말로 다할 수 없이 비통한 사건이었다. 장례를 치르는 모든 과정 속

◀ 이동훈 교수_이기혁 목사님의 장남, 음악대학 교수, 다수의 찬송가 작곡.

에서 그는 의연하게 가족들과 빈소에 찾아오는 모든 이들을 신앙의 말로 위로했지만 홀로 있을 때는 "아버지, 아버지, 왜 우리 동훈이 데려가셨습니까?" 하시며 하나님께 울부짖곤 했다. 그런데 이 목사를 사랑하신 하나님께서는 그의 신실한 종에게 전국복음화운동의 가장 귀한 동지이자 사랑하는 아들을 잃는 시련을 주셨지만, 그 대신 다른 주의 종을 준비하고 계셨다. 바로 이 교수의 둘째 아들 즉 이 목사의 둘째 손자 이수영 목사다. 그는 아버지 이 교수가 세상을 떠날 때 장로회신학대학원 졸업반에서 마지막 학기를 거의 끝내 가고 있던 신학생이었다. 이기혁 목사는 6.25전쟁 때 부산에 피난 중이었던 이 교수의 가족을 찾아와 보고는 전쟁통에 어린 4남매를 데리고 사는 삶이 너무 힘들 것이라 여겨 그중 하나를 인천으로 데리고 와 휴전이 되고 부산의 가족이 서울로 다시 올라와 자리 잡기까지 2년여같이 살며 길렀다. 그 손자가 오늘의 이수영 목사다. 이기혁 목사는 21명의 손자들 한 명 한 명을 위해 늘 기도했지만, 직접 데리고 산 손자에게는 남다른 애정을 느낄 수밖에 없었고, 그를 위한 기도가 더 컸을 것임을 족히 짐작할 수 있다. 하나님께서는 그 기도에 응답하시고 그를 이 목사 자신과 그의 둘째 아들 이동성 목사에 이어 3대째 목사가 되게 하셨다.

비록 가장 아끼던 동지를 잃었으나 전국복음화운동에 대한 이기혁 목사의 열정은 식을 줄 몰랐다. 그는 그의 삶의 가장 큰 슬픔과 심적 고통을 전국복음화의 사명감과 열정으로 극복하며 그의 달려갈 길을 흔들림 없이 끝까지 달려갔다.

이기혁 목사가 그 충성스럽고 치열했던 삶을 마감하고 하나님 품에 안긴 날은 맏아들 이동훈 교수가 앞서 하나님의 부르심을 받은 지 10년이 되는 해였다. 한국교회의 한 위대한 지도자였던 이 목사는 떠났지만, 그의 목회적 정신이 사라진 것은 아니었다. 아버지 이동훈 교수가 불시에 세상을 떠날 때에는 장로회신학대학교에서 공부를 마치기 직전이었던 이수영 목사가 할아버지 이기혁 목사가 하나님의 부르심을 받을 때에는 프

▲ 손자 이수영 목사의 대학원 졸업 때 흐뭇한 표정으로 함께 한 이기혁 목사. 이수영 목사는 그해(1972년) 봄 장로회신학대학교 신학대학원에 입학했다.

랑스 스트라스부르대학교에서 박사학위논문을 거의 마쳐가고 있었다. 그는 그로부터 두 달 후 학위를 받고 돌아와 첫 16년은 장신대에서 조직신학 교수로 봉직하며 목회자 양성에 헌신했고, 그 후 16년여 동안은 새문안교회의 청빙을 받아 담임목사로 사역하고 정년으로 은퇴했다. 새문안교회는 제일 처음 인천으로 복음을 들고 들어온 미국 선교사 언더우드 목사가 세운 이 땅의 첫 번째 개신교 조직교회다. 그가 은퇴한 2016년은 이기혁 목사가 인천제일교회에서 은퇴한 지 꼭 50년이 지난 해다. 이기혁 목사가 은퇴하고서도 전국복음화운동에 몸 바친 것처럼 이수영 목사 또한 은퇴 후 한국교회의 개혁을 위한 〈그의 백성 운동〉을 펼치고 있다. 〈그의 백성 운동〉은 하나님의 백성인 이 땅의 그리스도인들이 겸손, 정직, 검소의 삶을 실천함으로써 오늘날 이 땅에서 기독교가 사회로부터 잃어버린 사랑과 신뢰와 존경을 되찾자는 운동인데 겸손, 정직, 검소의 삶은 바로 이기혁 목사가 평생을 지켜온 삶의 모습이었다. 이기혁 목사를 사랑하신 하나님께서 한국교회를 향했던 그의 마음을 귀히 여기시고, 그 마음을 그의 손자에게 옮겨 심어주셨다고 해야 할 것이다. 그리고 이수영 목사의 형이었고 이기혁 목사의 맏손자였던 음악가 고 이수철 교수의 아들인 이시원은 현재 미국에서 음악대학 교수로 활약하면서도 별도로 신학을 공부하고 목사고시도 합격하여 언젠가 증조부 이기혁 목사 직계 가문의 제4대 목사가 될 것으로 기대된다. 이 모든 것이 아직 살아있는 이기혁 목사의 신앙의 유산이 아니겠는가? 또한 이것은 이 목사를 사랑하신 하나님께서 그의 기도에 응답하신 증거가 아니겠는가?

이기혁 목사의 10주기 추모예배에서 통합측 장로교 총회장을 지낸 림인식 목사는 설교를 통해 이 목사를 회상하며 "목사님 중의 목사님"이었고 "전 한국을 상대로 총회 차원에서 복음화운동을 일으키시고 앞장을 서 한국교회에 기적적인 부흥과 성장을 가져오도록 한 원동력 역할을 하셨다."고 술회하는가 하면, 교단 분열의 아픔 속에서 어떻게든 다시 하나 되게 하려고 많은 노력을 한 "평화의 사도"였으며 "한국교회 안에서 가장 어려운 시대에 선두에 서서 현대판 선한 사마리아인이 되어 건강, 시간, 지식, 기량, 물질, 재산을 온통 봉사의 실천에 바치고 고귀한 생명까지도 오로지 죽어가는 한국 민족을 살려내려는 성스러운 사명에 바치신 이"라고 평가했다.

참고문헌

인천제일교회 30년사, 1977.
〈인천제일〉 제11호(고 이기혁 목사 10주기 추모특집), 1994. 5.
〈인천제일〉 제29호(고 이기혁 목사 추모 20주년), 2004.12.
인천제일교회 60년 사료집, 2007.10.

약 력

1898년 12월 28일	평안북도 용천에서 출생.
1917년 3월	평북 선천 신성중학교 졸업.
1917년 4월	평북 의주 신영학교 교사 부임.
1921년 4월	평북 선천 명신학교 교사 부임.
1930년 3월	평양신학교 입학.
1933년 3월	평양신학교 졸업.
1933년 8월	용천노회에서 목사 안수 및 운향교회 담임목사 취임.
1934년 8월	용천노회 용암포제일교회 목사 취임.
1934년 9월	용암포제일교회 부속 구세학교 설립 및 이사장 취임.
1938년	대한예수교장로회 용천노회 노회장 피선.
1847년 4월	월남.
1947년 5월	대한예수교장로회 인천제일교회 담임목사 취임.
1947년 12월	무궁화유치원 설립 및 이사장 취임.
1949년 3월	무궁화공민학교 설립 및 이사장 취임.
1952년 7월	재단법인 다비다모자원 설립 및 이사장 취임.
1954년 12월	재단법인 제일학원 설립 및 이사장 취임.
1955년 3월	인성여자중학교 설립

1957년 11월	대한예수교장로회 경기노회 노회장 피선.
	장로회신학대학 이사 피선.
1960년 10월	대한예수교장로회 한남노회 노회장 피선
	세계가정문서선교회 한국지부 자문 추대.
1961년 2월	재단법인 제일학원 인성여자고등학교 설립 및 이사장 취임.
1962년 9월	대한예수교장로회 총회 제47대 총회장 피선.
1966년 10월 19일	인천제일교회 원로목사 추대.
1967년	기독교애농회 설립.
1968년	크리스찬신문사 사장 취임.
1974년	한국외항선선교회 설립 및 초대 이사장 취임.
1983년 12월	국민훈장 동백장 수상.
1984년 4월 6일	86세 일기로 인천에서 소천.

이수영 목사
장로회신학대학교 교수
새문안교회 담임목사
한국칼빈학회 회장
아시아칼빈학회 회장
세계칼빈학회 중앙위원
한국로잔위원회 의장

장명덕의 신실함은 단지 사람이 좋아서가 아니라 신앙으로 자신을 다스림으로 하나님 앞에서 살겠다는 의지로 살아낸 모습이다. 여성의 몸으로 조선의 몰락과 식민지, 그리고 해방 후의 격변기와 6.25사변까지 처참하고 고통스러운 어려움을 살아내면서 자신에게 주어진 사명을 감당하면서 살았다. 그리고 마지막에는 자신의 흔적조차 남기기를 원하지 않았기에 세상에 알려지는 것을 거부했다.

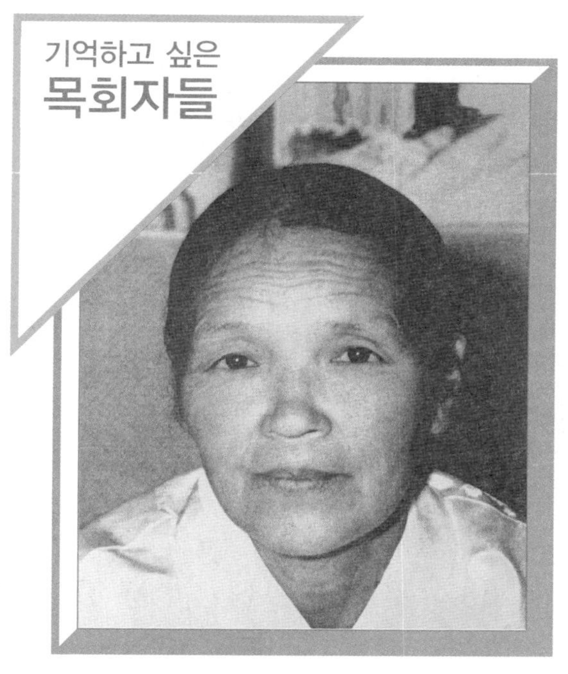

다리품으로 섬긴 장명덕 전도사

이종전 목사_어진내교회

1. 프롤로그

역사는 누군가의 섬김과 수고를 통해서 이어지고 발전해간다. 그러한 의미에서 섬김은 역사의 실제적인 에너지가 된다. 따라서 섬김의 과정은 역사를 잇도록 하는 것만은 사실이다. 몰락해가는 조선의 절망적이고 폐쇄적인 사회에서 여성의 몸으로 국가와 사회에 이바지한다는 것은 결코 쉽지 않은 일인데, 장명덕은 소위 신여성으로서 평생을 교회와 사회를 위한 섬김의 삶을 살았다.

그럼에도 불구하고 아쉬운 것은 그녀의 이름을 기억하는 이들조차 찾아보기 어려운 것이 현실이다. 지역사회와 교회를 섬긴 장명덕의 삶의 여정은 분명히 기억하고 있어야 할, 그리고 그를 통해서 배워야 할 것이 많이 있지만, 그녀의 삶이 그랬듯이 자신의 존재를 드러내는 것을 결코 원치 않았지만, 그녀에 대한 기억조차 하지 못하고 있는 현실은 아쉬움을 넘어 책임감을 느끼게 한다.

특별히 장명덕의 생애에 있어서 기억해야 할 것이 많다. 조선이 몰락하던 시대에 태어나서 조선을 향한 여명의 빛을 본 선각적인 깨달음은 그녀를 섬김의 삶으로 이끌었다. 암울하기만 한 일제강점기에 성장하면서 역사에 대한 책임을 다하는 자세로 살기를 결연히 다짐한 그녀는 고난과 시련을 자처했다. 그러나 그 모든 과정은 조용히 감당하기를 원했다. 하여, 그녀의 존재를 확인하는 것이 쉽지 않다.

다행히 안양, 수원, 남양을 중심으로 하는 지역 교회사에 관심을 갖고 평생을 연구한 홍석창 목사의 노고로, 이 지역에서 장명덕의 흔적을 확인

1) 홍석창 목사는 경기도 화성군 반월면 출신으로 감리교회 목사로서 수원지방을 중심으로 평생 목회하면서 수원지방의 기독교 역사와, 특별히 최용신, 유관순 등의 인물을 연구하여 귀한 사료들을 남겼다. 그 중에 1981년 9월 17일에 장명덕 전도사가 생존했을 당시 감리교회 안식관에서 인터뷰를 해서 자료로 남겼다. 이 인터뷰자료는 홍석창 목사의 특별한 관심과 수고로 남겨진 거의 유일한 것이다.

할 수 있었다.[1] 하지만 어려운 시기에 인천에서 장명덕의 사역은 귀한 것이었음에도 인천의 기독교계에서는 장 전도사에 대한 인식이 없다. 오히려 인천의 인물로 선정하여 그녀의 존재를 확인시켜주고 있는 것은 일반인들이다.[2] 그러한 의미에서 인천 기독교계의 책임이 작지 않다. 평생을 여성의 몸으로 일제에 저항하면서 조용한 섬김을 실천한 장명덕 전도사는 한국교회의 귀감이 될 귀한 지도자였다. 어쩌면 퍼포먼스와 언어적 수사가 화려한 우리의 모습을 보면서 지금도 장 전도사는 '말없이 행동하라'는 교훈을 하고 있을지 모른다.

비록 많이 늦었지만 장명덕 전도사의 조용한 섬김의 삶을 통해서 진정한 섬김을 배울 수 있는 기회가 되면 좋겠다. 특별히 장 전도사의 일생에서 전성기이지만 가장 어려웠던 시기라고 할 수 있는 기간을 인천에서 섬김의 삶을 살았기에 인천의 교회들은 장 전도사를 기억해야 할 것이다.

2. 출생과 성장(1901~1910)

장명덕(張明德, 1901~1990) 전도사는 부천군 소래면 무지리(현, 시흥시 무지내동)에서 1901년 9월 19일, 장선봉의 1남 3녀 중 셋째(막내)로 태어났다. 조선이 무너져가는 과정에서 태어난 장명덕은 주어진 환경의 영향을 받을 수밖에 없었다. 그런데 누구도 계획한 일은 아니었지만, 그녀의 고향인 소래면 무지리에는 일찍이 복음이 들어왔고, 당시로서는 접하기 어려운 복음과 함께 신문물을 경험할 수 있는 교회가 있었다.

이 마을에 세워진 무지내교회는 시흥시와 광명, 안양, 군포, 안산 일대에서 가장 먼저 세워진 복음의 전초기지였다. 당시는 아직 신작로가 없

2) 경인일보 특별취재팀, 『인천인물 100人』(인천: 도서출판 다인아트, 2009), 546~550. 이 책은 인천의 인물을 소개하면서 종교인 편을 별도로 하여 10명을 다루고 있다. 그 중에 4명의 가톨릭 신부와 신자, 2명의 감리교 선교사, 1명의 성공회 신부, 3명의 한국인(김기범, 손승용, 장명덕)을 인천의 인물로 소개하고 있다.

었던 시대였다. 따라서 선교사들의 선교 루트는 길이 용이한 곳을 중심으로 이어질 수밖에 없었다. 또한 지역과 거리에 관계없이 지역민이 서울이나 도시의 미션스쿨을 통해서, 혹은 개인적으로 복음을 받아들인 다음 자신의 향리에 돌아와 복음을 전하여 교회가 세워지는 경우가 일반적이다. 무지리는 서울 오류동에서 안산과 안양, 안산, 수원으로 이어지는 길목에 있다.

무지리에 교회가 세워지는 것은 1898년 12월 1일에 일이었으니,[3] 장명덕 전도사가 출생하기 3년 전의 일이다. 당시로서는 마을에 교회가 있다는 것만으로도 세상을 향해 열린 눈을 가질 수 있었다. 은둔의 나라이기를 자처한 한반도의 상황은 일반인들이 세계의 정세나 변화를 알 수 있는 수단이나 통로가 거의 없었기 때문이다. 따라서 마을에 교회가 있다는 것은 세상을 향한 눈과 귀가 열릴 수 있는 기회가 있다는 의미이기에 지역민들에게는 고마운 교회였다. 또한 교회는 문화생활을 접할 수 없었던 당시에 새로운 문화를 접할 수 있는 곳이었다. 그러한 의미에서 무지리에 교회가 세워졌다는 것은 주민은 물론, 특별히 자라는 아이들에게는 매우 특별하고 곳이었다. 그 결과는 이 지역에서 많은 신지식인들과 지도자들이 이 교회를 중심으로 나온 것을 통해서도 확인할 수 있다.[4]

장명덕은 5살 무렵에 오빠인 장기진(창영교회 장로)과 함께 자연스럽게 마을에 있는 무지내교회에 출석하게 되었다.[5] 유치원이나 유아교육을 위한 시설이나 제도가 없었던 당시에 아이들에게 교회는 놀이터, 유치원, 유아학교 등과 같은 복합적인 기능을 하는 곳이었다. 그러한 환경에서 장명덕은 어린 시절을 보내면서 복음과 기독교 신앙의 원리를 배우면서 성장했다. 무엇이든 받아들이고 배울 수 있는 유아기에 교회를 통해서 가르

3) 리진호, 『무지내교회 104년사』(시흥: 무지내교회 104년사 발간위원회, 2002), 47.
4) 초기 이 교회 출신인 김동현, 김동일, 김영렬, 김정열 등과 같은 이들이 목회자, 교육자, 정치인으로서 교계와 교육계, 정치계에 영향을 미쳤다.
5) 이성진, "천곡학원 설립자 장명덕 전도사의 삶에 대한 연구," 1.

침을 받을 수 있는 기회를 가진 것은 훗날 장명덕의 삶에 결정적인 영향을 미쳤다고 할 수 있다.

당시 대부분의 교회는 지역에서 교육의 중심적인 역할을 했다. 즉 교회가 지역의 아동들을 위한 교육을 실시했기 때문이다. 지역과 교파에 따라서 조금씩 차이는 있지만, 교회가 있는 곳이라면 어떤 형태로든 지역의 아이들을 위한 교육 프로그램이 운영되었다. 무지내교회는 1901년에 특별히 여자아이들을 교육하기 위한 '무지리 여학교'를 설립하여 교육을 시작했다.[6] 이 학교는 1920년대에 이르러 일반적으로 알려진 '흥업강습소'로 개편되었다. 이 교회의 2대 교역자인 김동일 전도사가 1919년 사임을 하고, 1920년(?)에 '흥업강습소'라는 이름으로 초등학교 1, 2, 3학년 과정을 개설하여 계몽운동을 하면서 학교로서 면모를 갖추게 되었다.[7] 이 전까지는 '무지리 여학교'가 지역의 아이들에게 한글과 산수를 비롯한 일상에 필요한 교육을 하고 있었는데, 교회에 다니던 장명덕은 자연스럽게 이 '무지리 여학교'에 다녔고, 그곳에서 신교육을 접하게 되었다.

무지리는 외진 곳으로 공립학교는 기대할 수 없었다. 1910년 이전에 공립학교가 있는 곳은 전국적으로도 손꼽을 수 있는 정도이었기 때문에 기대할 수 없는 일이다. 다행히 무지내교회가 운영하는 '무지리 여학교'는 지역의 어린이들에게는 미래에 대한 꿈을 키울 수 있게 하는 곳이었다. 외진 시골에, 그것도 여자아이들을 위한 학교가 세워졌다는 것은 당시로서는 혁신적인 일이다. 그러나 1905년에는 남자아이들을 위한 학교도 시작했다. 10명의 남학생으로 시작되었지만[8] 지역 주민들에게 주는 영향은 매

6) 리진호, 『무지내교회 104년사』, 53. '무지리여학교'는 이화학당 설립자인 스크랜톤 대부인(M. F. Scranton, 1932~1909)이 무지리에 조신성 선생을 보내어 세웠다. 이러한 사실은 〈조선감리교회 연회록〉(1901년 5월) 스웨러(Wilber C. Swearer, 1871~1916) 선교사의 보고에 나오며, 무지내교회 연혁에도 수록되어있다.

7) 리진호, 『무지내교회 104년사』, 63. 이러한 사실은 무지내교회에서 시작된 교육사업은 스크랜톤 대부인이 주도한 여자아이들을 위한 '무지리여학교'였다.

우 컸다. 이렇게 무지내교회에서 남녀 아이들을 위한 학교를 운영하는 것은 지역은 물론 몰락하는 국가의 보이지 않는 미래를 위해 귀한 일이었다.

게다가 가끔 찾아오는 선교사들은 무지리 지역민들에게는 특별한 것이었고, 선교사들을 통해서 도전을 받으면서 배움에 대한 꿈과 소망을 가지게 했다.[9] 따라서 지역사회에서도 이 교회와 학교에 대한 기대가 컸다고 할 수 있고, 비례해서 지역의 아이들은 배움을 위해서 모여들었기 때문에 선교사들은 이곳에 제대로 된 학교가 세워져야 한다는 요청을 선교본부에 한 것을 볼 수 있다.[10]

외진 곳에 세워진 이 학교는 장명덕에게 신교육을 받을 수 있는 기회가 주어졌다. 당시에 여자아이가 신교육을 받을 수 있었다는 것만으로도 매우 특별한 것이었다. 완고하기만 한 아버지도 장명덕이 한글 정도는 읽고 쓸 수 있어야 한다는 생각으로, 딱 그만큼의 교육만을 허락했다. 따라서 장명덕이 10살까지만 이 학교에서 교육을 받을 수 있었다. 그럼에도 불구하고 이것은 장명덕 전도사를 사용하시고자 하는 하나님의 섭리였다고 할 수 있다.

3. 신앙 입문과 교육(1910~1925)

앞에서 언급한 것처럼 장명덕은 향리에 세워진 교회와 교회에서 운영하고 있는 학교에서 어린 시절 사설 교육을 받았다. 그것은 동시에 그녀

8) 홍석창 편, 『1893~1930 수원지방 교회사 자료집』(수원.화성지역 감리사협의회, 1987), 70. 이 자료집에 수록된 1905년 수원.남양구역 보고서에는 "무치내에서는 올해 남학교가 10명의 학생으로 시작되었는데 곧 20명이 되리라고 기대한다. 적합한 선생과 자본과 스스로 유지하기에 충분한 열의만 있다면 다른 학교도 생길 수 있고, 또 생겨야 한다." 여기서 무치내로 표기 된 것은 무지내를 외국인이 발음 나는 대로 표기한 것임.

9) 한상억, 『인천성산교회40년사』(인천성산감리교회, 1985), 52

10) 홍석창 편, 『1893~1930 수원지방 교회사 자료집』, 80. 이 자료집에 수록된 〈1908년 수원과 무치내〉라는 제목의 제물포지방보고 중에서 발췌한 보고서 내용 중에 "그곳에는 예배당과 남.녀학교 건물이 있어야 한다."는 내용이 있다.

가 기독교에 입문하는 과정이었다. 또한 향리의 교회에 출석하면서 교회학교를 통한 교육을 받았다. 비록 그녀의 유아기에 교회생활은 어린아이의 천진한 모습이었지만, 그러한 환경에서 자라면서 신앙과 세계관이 형성된 것이다. 장명덕은 다음과 같이 자신의 어린 시절을 술회했다.

> 내가 5~6살 때 그 교회가 있었으니까. 내가 예배당에 가서 예배 보지 않고 소꿉질한 기억이 나요. 예배 보는 한 귀퉁이에서 예배 보지 않고 동무들하고 소꿉질 하던 게 생각나는 거 보니까 10살 이내이죠.[11]

이것은 여느 어린아이의 모습과 다르지 않은 유아기 자신의 모습에 대한 고백이다.

장명덕 전도사가 어린 시절 신앙에 입문하는 것과 신앙으로 성장하는 것은 전적으로 교회와 학교생활을 통해서 이루어졌다. 또한 당시 교회학교의 교육은 단지 성경만 가르친 것이 아니었다. 다양한 교양교육도 함께 이루어졌으며, 한글교육은 중요했다. 교회에서 한글을 깨치면서 계몽교육을 받은 것은 장명덕의 성장 과정에서 결정적인 영향을 미쳤다. 배움은 배움에 대한 고픔을 느끼게 한다. 장명덕의 배움에 임하는 자세는 매우 열정적이었고, 명석하여 배움에 대한 고픔은 배움의 길을 찾게 했다. 하지만 시대적 환경이 녹록하지 않았고, 완고한 아버지의 통제가 있었기 때문에 그녀의 마음과 뜻을 다 이룰 수 있는 것은 아니었다.

당시 무지내교회는 감리교회의 제물포 구역에 속했기 때문에 같은 구역에서 선교사들이 운영하는 영화학교는 그녀에게 꿈이었다. 미국 감리교회 여선교부가 운영하는 영화학교는 인천, 부천, 시흥, 강화, 서해안 지역의 섬들에서 유력한 사립학교로서 지명도가 높았기 때문에 진학한다는 것은 선망의 대상이었을 것이다. 장명덕은 이 학교에 1914년에 입학하여

11) 장명덕 전도사와 대담 녹취록 중에서(1981년 1월 17일, 안식관에서 홍석창 목사 진행)

1916년에 졸업[12]한 것으로, 이성진은 "천곡학원 설립자 장명덕 전도사의 삶에 대한 연구"에서 밝히고 있으나, 장명덕 전도사 자신의 술회(述懷)에서는 졸업을 하지 못한 것으로 말하고 있다. 따라서 인터뷰에 따르면 입학과 졸업연도도 달라야 한다.

> 내가 인천 영화학교에서 공부했어요. 4학년까지 올라가다가 우리 아버지가 반대하셔서. 우리 시골에 학원(무지리 여학교)이 있었어요. 선생들을 보내서 (내가 거기서) 10살 안에 국문을 다 깨우쳤어요. 깨우치고, 내가 10살이 됐을 때 인천 영화학교에 가 몇 년 있다가, 아버지 반대로 못하고 있다가, 19살 먹어서 일본에 있는 사람이 와서 결혼을 하고 바로 갔죠.[13]

연로한 때의 인터뷰였기 때문에 말의 연결성이 부족하지만, 이 말은 장명덕이 10살 때까지는 향리에 있는 강습소에 다녔고, 그곳에서 한글을 깨쳤다는 의미이다. 이것은 그녀가 영화학교에 진학한 년도에 대한 추측을 할 수 있게 하고, 또한 영화학교는 졸업을 못했다는 것을 알 수 있다.

어떻든 그녀의 기억대로라면 장명덕은 10살이 되던 해에 영화학교에 입학하여 4학년까지만 다녔다. 공부하는 동안 기숙사에서 생활했으며, 이 과정에서 엄격한 신앙훈련을 받았다. 아침예배로 시작한 하루의 생활은 저녁예배로 마무리하는 제도였기 때문에 영화학교에서 공부하는 기간은 훗날 그녀가 기개를 가지고 복음을 전하는 것과 계몽운동을 전개하면서 항일의 의지로 어려운 식민지 시대를 살아낼 수 있었다고 할 수 있다.[14]

12) 이성진, "천곡학원 설립자 장명덕 전도사의 삶에 대한 연구" 1. 이에 대한 사실 확인을 위해서 저자를 찾았지만 연락이 닿지 않았다. 또한 김세한, 『영화70년사』(인천: 영화여자중학교, 1963), 74.에서 확인할 수 있는 것은 1906~1923년까지의 학적부가 분실된 상태로 그 사실을 확인할 수 없다.

13) 장명덕 전도사와 대담 녹취록 중에서(1981년 1월 17일, 안식관에서 홍석창 목사 진행)

14) 김세한, 『영화70년사』, 75. 영화학교는 1910년 9월 10일에 기숙사를 지어 멀리서 유학을 온 아이들에게 기숙할 수 있는 공간을 제공했다.

▲ 1934년 5월께 인천 영화유치원에서 창영교회 교인들과 밀러 선교사의 귀국기념 촬영. _앞줄 왼쪽에서 두 번째가 정명덕 전도사

장명덕의 인터뷰에 따르면 10살 때 영화학교에 입학했다. 그렇다면 그의 입학년도는 1910년이나 11년이어야 한다. 그리고 4학년을 마쳤다고 했으니, 1914년 혹은 15년에 중퇴를 한 셈이다.[15] 장명덕이 학교를 중퇴하게 된 것은 전적으로 아버지의 반대에 따른 것이다. 즉 아버지는 여자가 너무 많이 배우면 안 되는 것과 가정을 떠나서 기숙사 생활을 하는 것에 대해서 못마땅하게 여긴 것 같다. 따라서 학업을 중단하게 되었으며, 장명덕은 16세에 세례를 받았다.

학업을 중단하고 향리에 돌아와서 생활하던 중 19살(1918~1919)에 갑자기 결혼을 하게 되었다. 당시 결혼이란 본인의 결정이 아니라 부모의

15) 김세한, 『영화70년사』, 53~54. 영화학교는 1906년 10월 30일 수업연한을 4년으로 개편했다. 1910년 이후 '식민지국민교육정책'에 따른 학제를 변경했는지 알 수 없으나 장명덕이 4년제 교육을 받았다면 졸업반에 올라갔으나 졸업을 못한 것이 된다. 같은 책 75쪽에는 "3.1독립운동 후 점차로 학생 수가 증가되고 수업연한을 6년으로 하여 두 학년을 확장한 후에는…"라고 기록한 것으로 보아 장명덕이 공부하던 때에는 4년제였음을 짐작할 수 있다.

결정에 따른 것으로 일본에서 공부하고 있는 사람과 결혼을 했고, 결혼 후 남편인 박영식은 일본으로 돌아갔다. 결혼은 했지만 남편이 없는 셈이다. 하지만 이미 장명덕의 태에는 한 생명이 잉태되었다. 이때 태어난 아이가 무남독녀로 유일한 후손인 박미화이다. 장명덕의 남편은 일본에 가서 공부한 후 신문사에서 일을 한 것과 딸인 박미화가 초등학교 시절에 한국에 돌아왔지만 지병으로 일찍 별세했다고 한다.[16)]

▲ 장명덕 전도사의 딸 박미화 씨

그렇게 향리에서 보내고 있는 장명덕의 모습을 안타깝게 여긴 것은 오빠 장기진이었다. 장기진은 여동생의 잠재력을 알아보고, 또한 그녀가 처한 상황에서 할 수 있는 길을 열어가기를 바랐기에 협성여자신학교(1925년 감리교협성신학교와 통합하여 현재의 감신대학교가 됨)[17)]에 진학할 것을 권했고, 결과적으로 1922년 4월 협성여자신학교에 입학하였다. 장명덕은 딸을 키우면서 누구보다 열심히 공부하여 1925년 3월에 졸업을 했다.[18)]

하지만 장명덕 전도사가 협성여자신학교에 입학하는 것이 그렇게 간단하지 않았다. 오빠 장기진은 동생을 당시 이화학당에 입학을 하도록 했고, 실제로 장명덕은 이화학당에 입학하여 공부를 하던 중, 병약한 상태에 처하면서 1년간 공부를 한 후 학업을 중단하고 집으로 돌아오고 말았다. 그래도 오빠 장기진은 동생을 그대로 둘 수 없어서 다시 신학교에 진학할 것을 권했다. 하지만 최소한 보통학교라도 졸업을 해야 하고, 고등학교 졸업자이어야 입학이 가능한데, 장명덕은 사실상 졸업장을 받은 것

16) 경인일보 특별취재팀, 『인천인물 100人』, 550.

17) 협성여자신학교는 장명덕이 졸업한 해인 1925년에 감리교남자신학교인 협성신학교와 통합되어 현재의 감신대학교가 되었다.

18) 이진호, 『안양지방감리교회 백년사 1895~1995』(서울: 도서출판고려, 1995), 135.

이 하나도 없었다. 그럼에도 일단 시험을 치렀는데 떨어졌다고 한다. 결국 입학이 불가능했다. 하지만 장명덕은 학교 당국에 한 학기만 청강을 할 수 있게 해달라고 요청을 했다. 그리고 한 학기가 지난 후 시험을 봐서 합격하면 2학기에 받아주고, 떨어지면 더 이상 학교에 대한 미련을 갖지 않겠다고 했다. 학교는 그녀의 간청을 받아들여 공부를 할 수 있게 기회를 허락했고, 한 학기를 마치고 집에 와있는데, 학교로부터 다른 사람보다 성적이 좋으니 가을학기에 계속 공부를 할 수 있게 허락한다는 연락이 왔다.[19] 이렇게 우여곡절 끝에 공부를 할 수 있었다.

어떻든 당대의 여성으로서는 최고 학부를 공부한 장명덕은 세상을 향해 눈을 뜬 만큼 책임감도 커졌다. 오늘날과 같은 교육제도가 완성되지 않은 상태였지만, 협성여자신학교에서 공부하는 과정에서 세상을 보았기에 장명덕은 자신에게 주어진 책임이 막중함을 스스로 알고 있었다. 은둔의 나라에서 세상을 보지 못했지만, 남존여비 사상과 유교적인 정서가 지배하는 사회에서 신여성으로서 세상에 대한 눈을 뜬 장명덕에게 현실은 버거운 것이었다. 그럼에도 장부와 같은 성품을 가진 장명덕은 자기 책임을 다하기를 자원했다.

4. 전기 사역(1925~1939)[20]

장명덕 전도사의 사역의 여정은 감리교회 선교부와 결정적으로 관련이 있다. 임의 혹은 자의로 사역을 할 수 있었던 것이 아니고, 선교부의 지시와 지교회의 요청에 의해서 파송되던 시대였기 때문에 협성여자신학교를 졸업과 동시에 사역을 위한 여정이 시작되었다.

19) 장명덕 전도사와 대담 녹취록 중에서(1981년 1월 17일, 안식관에서 홍석창 목사가 진행)
20) 여기서 장명덕의 사역을 전기와 후기로 나눈 것은 특별한 의미가 있는 것이 아니고, 필자가 임의로 인천에서의 사역 이전을 전기로, 인천과 그 이후의 사역을 후기로 정리했을 뿐이다.

1. 서울상동교회(1925. 4.~1927. 5.)

상동교회는 감리교회 역사나 우리나라 근대사에서 매우 중요한 위치에 있음은 주지의 사실이다. 특별히 이 교회는 기독교 지도자들의 독립운동의 거점이었기 때문에 근대사에서 주목해야 할 사건과 인물들이 많았다. 당시 이 교회의 담임이었던 홍순탁(洪淳倬) 목사는 협성여자신학교에 출강하면서 요한계시록을 가르쳤는데, 자신의 교실에서 만난 장명덕을 눈여겨보았다.[21] 평소에 학업에 임하는 자세나 성품이 자신이 목회하는 상동교회의 사역자로 적합하다는 판단을 하고, 졸업과 동시에 자신이 시무하는 교회의 전도사로 청빙함으로써 서울에서, 그것도 가장 중심적인 교회에서 사역을 시작하게 되었다.[22] 장명덕은 상동교회에서 전도사직분을 가지고 2년간 복음전도와 함께 계몽운동을 전개했다.

2. 수원삼일학교(1927. 5.~1928. 3.)

장명덕이 수원의 삼일학교로 임지를 옮기게 되는 것은 전적으로 당시 감리교회 선교부의 결정에 의한 것이었다. 밀러(Lula Adelia Miller) 선교사는 장명덕의 능력을 보고 자신이 주력해서 일하던 수원의 삼일학교에서 가르치는 일을 했으면 좋겠다는 생각으로 청빙을 함으로써 수원으로 임지를 옮기게 되었다. 따라서 장명덕은 삼일학교의 교사로 재직하면서 약 1년간 성경을 가르쳤다.[23]

3. 흥업강습소(1928. 4.~1929. 3.)

삼일학교에서의 사역은 1년 정도에 지나지 않았다. 그 후 장명덕은 향리의 무지내교회로 돌아와서 자신이 자라면서 공부했던 '무지리 여학

21) 이진호, 『안양지방감리교회 백년사 1895~1995』, 135.
22) 『상동교회 백일년사』(상동교회, 1999), 200~201 ; 김세한, 『기독교대한감리회 여선교회육십년사』(서울: 기감총리원부녀국, 1966), 241~42.
23) 이진호, 『안양지방감리교회 백년사 1895~1995』, 135.

교'의 역사를 잇고 있는 '흥업강습소'에서 아이들을 가르쳤다. 이곳에서는 아이들 30여 명에게 한글을 가르치면서 시간을 보냈다.[24] 이곳에서 아이들을 가르치면서 보낸 시간도 1년 정도였다. 하지만 향리였기에 장명덕에게는 조금은 여유로운 기간이었을 것이다.

4. 안산천곡교회(1929. 4.)

향리인 무지리의 '흥업강습소'에서 아이들을 가르치고 있던 장명덕 전도사는 수원지방 안산구역 천곡(샘골)교회로 1929년 4월에 파송되었다. 천곡교회로 파송을 받은 장명덕은 사실상 자신이 갖고 있는 재능과 사명을 펼칠 수 있는 기회를 가지게 되었다. 수원삼일학교로부터 시작한 아이들을 모으고 가르치는 일을 독자적으로 할 수 있었기 때문이다.

장명덕을 천곡교회로 파송한 밀러 선교사는 이미 학교에 갈 수 없는 아이들을 가르치기 위해서 수원지방에 여러 학교를 세워서 활동을 하고 있었다. 그러한 사업 중에 하나로 천곡교회에 1929년 가을에 남.녀공학으로 운영할 수 있는 학원을 세울 계획을 하고 장명덕을 그 적임자로 판단하여 개척자로 파송했던 것이다.[25]

천곡교회(金弘濟 목사)에 부임하자마자 장명덕 전도사는 교회에 광고하여 아이들을 모았다. 30여 명의 아이들이 모이자 한글, 산수, 찬송가를 가르쳤고, 이러한 소문은 인근의 마을에까지 널리 퍼졌다.[26] 당시 이 지역에는 아이들이 배울 수 있는 곳이 전혀 없었기 때문에 부모들의 입장에서는 글을 읽고 쓸 수 있게 가르치는 것만으로도 놓칠 수 없는 기회였다. 따라서 인근의 마을에서도 아이들이 찾아옴으로 이내 50여 명의 학동들이 함께 공부하게 되었다. 이것이 훗날 심훈이 쓴 상록수라고 하는 계몽소설

24) 이진호, 『안양지방감리교회 백년사 1895~1995』, 135.

25) 홍석창, 『최용신과 샘골마을 사람들 2』(수원: 도서출판 영음사, 2016), 349; 홍석창, 『수원지방 교회사 자료집』, 133.

26) 이성진, "천곡학원 설립자 장명덕 전도사의 삶에 대한 연구", 2.

의 현장인 천곡(샘골)학원이 된 것이다.[27] 이렇게 볼 때 천곡학원의 시작은 최용신이 아닌 장명덕 전도사가 했다는 사실은 분명히 해야 한다. 이 천곡학원이 널리 알려지게 된 것은 장명덕의 협성신학교 후배인 최용신이 1931년 10월에 파송되어왔고,[28] 최용신의 사역을 중심으로 쓴 심훈의 계몽소설 '상록수'가 동아일보에 연재됨으로써 세상에 알려지게 되었기 때문이다.

장명덕 전도사의 적극적이고 열정적인 사역은 학동들은 물론, 학부모들과 마을의 주민들의 입에 칭송이 오르내리면서 학원에 대한 관심이 높아졌다. 본래 이 학원은 1년 과정으로 시작했으나 1년이 되어 과정이 마무리되는 시점에 이르렀을 때 학부모들이 나서서 계속적인 가르침을 원했다. 이러한 간청은 이 지역을 관할하고 있었던 밀러 선교사에게까지 전해졌고, 그 결과 천곡학원에 대한 지원과 함께 모범적인 강습소로 이어가기를 원했다.[29] 따라서 최용신을 비롯한 농촌계몽의 뜻을 갖고 있는 사람들이 연이어 천곡에 파송되면서 천곡학원(상록수학원)의 역사를 이어갔다.

5. 군포둔대교회(1930)

현재 둔대교회가 위치한 곳은 1994년 행정구역 개편으로 군포시로 편입되었지만, 당시에는 화성군 반월면 둔대리 434 이었다. 또한 현재는 자동차를 중심으로 이동하는 상황이라 돌아가야 하지만, 걸어서 산길을 따라가면 천곡(샘골)교회와는 4km 정도의 멀지 않은 위치에 있다. 이 곳에 둔대교회가 설립된 것은 1902년으로 보고 있다.[30] 수리산 자락의 한 계곡에 위치한 마을이지만 반월저주지가 축조되기 전에는 그런대로 부유한 농촌마을이었다.

27) 이성진, "천곡학원 설립자 장명덕 전도사의 삶에 대한 연구", 2.
28) 홍석창, 『상록수 농촌사랑』(서울: 기독교문사, 1991), 95.
29) 홍석창, 『상록수 농촌사랑』, 95.
30) 강인태, "둔대교회 역사 1902~2015"(미출판 자료집), 7.

일찍 복음을 받아들였다는 것은 교회가 없는 곳에 비해서 마을 주민들의 의식도 그만큼 먼저 깼다고 할 수 있다. 다른 지역에서는 외부 세상에 대한 소식을 접하기가 어려웠기 때문이다. 이러한 사실은 이곳이 산속의 마을임에도, 그리고 작은 규모의 교회였음에도 외진 곳에 있는 이 교회가 1919년 3.1독립만세운동 당시 일본 경찰에 의해서 폐쇄될 수밖에 없었다는 것은 그러한 사실을 증명한다.[31] 조선총독부는 이 교회를 감찰대상으로 삼고 항상 주시하고 있었다.[32] 이러한 사실은 둔대교회가 외진 곳에 위치해 있음에도 불구하고 마을과 지역주민들에게 영향을 크게 미쳤다는 의미일 것이다.

즉 그 원인은 다른데 있지 않고, 둔대교회가 실시해온 야학을 통해서 주민들이 한글을 깨치고, 의식의 개화가 일어났기 때문이다. 이러한 사실은 장명덕 전도사가 이 교회에서 활동하기 전에도 단기간의 가르침이 이어져 왔다는 것을 통해서 알 수 있다. 특별히 이 교회가 설립되는 과정에서 이 마을의 유지인 박영식이 자기의 자녀들을 교육시키기 위해서 배재학당 출신 황삼봉을 개인교사로 초빙했고, 황삼봉이 이 마을에 정착하면서 방영식의 사랑방에서 예배들 드리게 된 것이 이 교회의 시작이었다. 황삼봉은 이 지역에서 계몽운동을 전개하면서 야학을 운영함으로써 지역민들의 의식을 깨웠던 것이다.[33]

이러한 상황에서 장명덕은 1930년에 둔대교회에 부임하여 아이들을 가르쳤다.[34] 밀러 선교사는 장명덕의 열정과 수고로 천곡교회의 강습소가 자리를 잡자 이웃에 있는 둔대교회로 보내서 같은 일을 하게 했다. 이

31) 강인태, "둔대교회 역사 1902~2015", 8.
32) 總督府官報 第一七二八號(昭和 七年十月十日), 강인태, "둔대교회 역사 1902~2015"에서 재인용.
33) 강인태, "둔대교회 역사 1902~2015", 7.
34) 강인태, "둔대교회 역사 1902~2015", 8. 장명덕이 둔대교회로 파송된 것이 1930년으로 표기했으나 말년(1981년 9월 17일 안식관에서 홍석창 목사가 대담)의 인터뷰에서 1931년으로 구술했다. 따라서 그 시기에 논의의 여지가 있으나, 필자는 1930년으로 표기한 것을 밝혀둔다.

때 둔대교회는 아이들까지 겨우 20여 명이 모이고 있었다고 한다. 하지만 장명덕이 부임한 후 1년간 열정을 다하여 아이들을 가르침으로 그 영향을 크게 미쳤다. 따라서 둔대교회에서 실시한 교육은 교회뿐 아니라 마을에도 영향을 미침으로 다시 부흥하게 되었다. 1년간의 섬김을 통해서 둔대교회의 야학이 자리를 잡은 후 장명덕이 다시 천곡교회로 떠났지만, 둔대교회의 야학은 지속되었고, 그 규모도 1935년감리회보의 보고에 의하면 학생이 50명이었고, 감리교회 수원지방에서 야학을 운영하는 곳이 둔대교회뿐이었다.[35] 이러한 사실은 비록 짧은 기간의 활동이었지만, 장명덕이 남긴 영향이 크다는 것을 증명하는 것이기에 충분하다.

6. 순회전도사역(1931. 4.~1939. 3.)

둔대교회에서 아이들을 모아 열심히 가르친 결과 지역과 교회가 다시 살아나는 역사가 나타나게 되니, 밀러 선교사는 다시 장명덕을 천곡교회로 파송하였다. 밀러 선교사의 결정에 따라서 장명덕은 천곡교회로 가야 했다. 다만 지금까지는 교사로서 아이들을 가르치는 일을 했지만, 천곡교회로 다시 갈 때에는 안산구역 여전도사라는 직함으로 가라는 것이었다.[36] 장명덕 전도사가 가는 곳마다 교회와 지역을 살려내는 것을 보고, 밀러 선교사는 장명덕 전도사를 천곡교회에 소속시켜놓고 지역 교회를 순회하면서 필요한 일을 하게 한 것이다. 즉 천곡교회에 소속이지만 지역교회 전체를 돌보라는 것이었는데, 이는 장명덕의 역량을 높이 산 것이라고 할 수 있다. 따라서 이 기간에 장명덕 전도사는 반월, 둔대, 초지, 야목교회 등 천곡교회를 중심으로 주변의 교회들을 섬겼다.

장명덕 전도사가 천곡교회에 돌아온 후 같은 해 10월에 최용신이 천곡학원의 교사로 오게되었다. 천곡학원을 시작하여 설립한 것은 장명덕이

35) 「監理會報」(昭和 十年九月十日), 강인태, "둔대교회 역사 1902~2015", 9.에서 재인용.
36) 홍석창, 『상록수 농촌사랑』, 94.

었지만, 다시 돌아온 후 그녀의 신분은 지역 교회를 돌보는 전도사였고, 최용신이 교사로 부임함으로써 천곡학원은 그녀가 전담하게 되었으나 장명덕과 최용신은 같은 집에 거주하면서 서로를 격려하면서 섬겼다.[37] 또한 최용신이 병중에 천곡으로 돌아왔을 때에도 따뜻하게 맞아주었고, 지극한 정성으로 간병을 했으며, 마지막 장례식까지도 치러주는 역할을 했다.[38] 최용신이 소설의 주인공이 되면서 세상에 알려진 천곡학원은 사실상 정명덕에 의해서 시작되었고, 중요한 시기에 최용신에게 의지할 수 있는 동역자가 되어줌으로써 천곡학원을 있게 했다.

장명덕 전도사가 천곡교회에 적을 두면서 주변의 교회들을 살피는 순회 전도사로서 지역 교회를 섬긴 것은 지금의 안산지역과 화성, 군포의 일부 교회들까지 그의 영향력이 미쳤다고 할 수 있다. 또한 감리교회 수원지방 여선교회 협동총무로서 지방 전체의 교회들과 여선교회를 돌보기도 했다.[39] 비록 담임 목회는 아니지만, 지역의 교회들을 살피고 세워가는 일을 감당했다. 장명덕의 사역의 여정은 처음부터 마지막까지 거의 매일 수십 리씩 걸어서 다녀야 하는 것이었기에 고달프고 힘든 것이었지만, 그녀의 발걸음이 닿는 곳마다 낙후된 이 지역에 생명력을 불어넣었고, 소망을 가지게 했다.

5. 후기 사역(1939~1963)

앞에서 언급했듯이 후기라 함은 필자가 서술하기 위한 나눔이다. 즉

37) 홍석창, 『상록수 농촌사랑』, 94.

38) 홍석창, 『상록수 농촌사랑』, 116, 120. 여기서 장명덕은 당시의 상황에 대해서 다음과 같이 증언하고 있다. "저 밑의 주택에는 전목사님이 사셨고, 나와 최용신 선생은 위의 주택에서 살았어요. 그는 안방에 거했고, 나는 건넌방에 있었지요. 그가 병이 들어 눕게 되니 누가 붙어앉아 간호를 해주어야 하지 않겠어요? 그래서 내가 그의 말년에는 전적으로 간호를 해주었어요. 소변을 보지 못해 애써서 의사의 지시를 따라 소변도 보게 하고요…"

39) 리진호, 『무지내교회 104년사』, 129.; 이덕주, 『한국감리교 여선교회의 역사』(여선교회 연합회, 1991), 352.

안산지역에서 인천으로 사역지를 옮긴 시점부터 마지막까지의 섬김의 여정을 후기로 정리하고자 한다.

1. 인천화도교회(1939. 4.~1942)

순회 전도사 신분으로 수원과 안산지방의 교회를 돌보던 장명덕은 1939년 4월 인천의 화도교회로 파송을 받아 전임하게 됨으로 천곡교회를 중심으로 한 안산지방에서의 10년 동안의 사역을 마무리했다.[40] 그런데 이 시기는 일본제국주의자들이 중일전쟁과 태평양전쟁을 시작하는 때였기에 식민지인 조선에 대한 박해가 본격적으로 가해지는 시기였다. 따라서 전국의 모든 교회들이 일제에 의한 박해가 가중되고 있었다. 인천의 교회들도 다르지 않았다. 개중에는 친일적인 입장을 취하는 지도자들도 있었기 때문에 교회 안에서도 매우 혼란한 상황이었다.

1939년 부임한 장명덕은 전도부인 직분으로 화도교회에서 활동을 했다. 1941년 1월 8일에 있었던 제11회 인천지방회에서 강문호 목사를 화도, 영흥, 대부구역 담임자로 파송을 하면서 그와 함께 전도부인 장명덕을 파송했다.[41] 이것은 당시 교회의 실정을 알 수 있는 것과 함께 장명덕의 역할이 단지 화도교회에 국한된 것이 아님을 의미한다. 각 교회에 담임자나 지도자가 부족했기 때문에 강문호 목사가 화도교회 담임자로서 사실상 영흥도와 대부도 구역의 관리를 맡고 있었던 것이고, 장명덕은 전도사로서 이 교회들도 돌보는 실제적인 역할을 했다는 것을 충분히 생각할 수 있다.

그리고 이때 '인천지방회 교회신령상형편조사위원회'의 보고에 의하면, 화도와 영흥구역이 신령상 부흥이 있었고, 따라서 재정적인 측면에서도 많은 성장이 있었다고 한다. 이것은 장명덕 전도사의 활동한 결과였다

40) 이성진, "천곡학원 설립자 장명덕 전도사의 삶에 대한 연구," 5.

41) 홍종만, 『화도교회100년사』(인천: 화도교회, 2007), 145.

고 할 수 있다. 또한 장명덕은 인천지방의 주일학교부 유년사업지도자로 활동을 하면서 청소년들의 신앙과 생활을 지도하는 역할을 감당함으로써 인천지방의 교회들에도 영향을 크게 미쳤다.[42]

하지만 일제는 선교사들을 강제로 추방하는 것과 함께 태평양전쟁의 패전을 눈앞에 둔 상황에서 조선인들의 징용과 전쟁 물자를 헌납하게 하는 강제적 징발이 진행되면서 교회에 대한 박해도 더 강력해졌다. 교회에 대한 박해는 예배에 앞서서 신사참배, 동방요배, 국민의례와 천황의 백성으로서 충성을 다짐하게 하는 의식과 같은 배교를 강요함으로써 교회적 저항을 불러일으켰다. 당시 조선의 신자들과 지도자들은 대다수 배교할 수밖에 없는 지경에서 저항을 하거나 살아남아야 하는 처세를 어떻게 할 것인지 참담한 상황에 놓여있었다.

일제는 기독교조선감리회를 해체시키고 기독교조선감리교단으로 개편시켰다. 1941년 감리교특별총회를 통해서 각 연회를 해체시켜 일본기독교 조선감리교단으로 통폐합시켰다. 또한 여선교회 조직을 부인회로 개편하도록 했다.[43] 따라서 화도교회도 예외가 될 수 없었다. 예배당에서 주일예배에 앞서 국민의례와 동방요배를 해야 예배를 할 수 있었고, 설교도 철저하게 제한을 받았다. 이러한 상황에서 장명덕 전도사는 고민이 깊었다. 결국 더 이상 전도사직을 가지고 교회의 일을 하는 것은 그의 양심이 허락하지 않았고, 그렇다고 자신의 한계를 넘어선 일을 감당할 수도 없었다. 장명덕은 1942년 화도교회 전도사직을 사직함으로써 해방까지의 그녀의 모습은 볼 수 없게 되었다.

2. 침묵과 저항(1942~1945)

1942년 장명덕 전도사가 사임한 후 화도교회는 결국 1944년 3월 7

42) 홍종만, 『화도교회100년사』, 145.
43) 유동식, 『한국감리교회의 역사 II』(서울: 도서출판 기독교대한감리회 유지재단, 1994), 667~71.

일 강제로 폐쇄되었다.[44] 여자의 몸으로 강요와 강제로 실시되는 배교행위를 거부할 수 없었던 장명덕은 침묵함으로 자신의 신앙을 지키면서 일제의 강요에 저항하기를 선택할 수밖에 없었다. 이러한 사실은 해방 이후에 그녀가 섬겼던 성산교회 40년사에 다음과 같이 기록하고 있다.

> 화도교회에서도 다른 교회와 마찬가지로 신사참배를 하라는 일제의 강압적인 횡포에 수난을 피할 수는 없었다. 장명덕 전도사는 고민하였다. 신사참배를 거부하자니 일제의 탄압을 막을 힘은 없었다. 그렇다고 신사참배를 해서 하나님께 죄를 범할 수는 더욱 없었다. 마침내 장명덕 전도사는 화도교회를 그만두고 쉬기로 하였다. 신사참배를 하지 않으려는 하나의 일제에 대한 항거였다.[45]

장명덕 전도사의 사임과 침묵의 저항은 개인적인 선택이었지만, 그녀의 침묵의 가르침을 따르는 사람들도 있었다. 그렇다고 단지 숨어서 지낸 것은 아니다. 장명덕 전도사의 가르침과 뜻에 따라 각각 기도하면서 고난의 기간을 보내고 있었다. 그러한 사실은 해방 후에 그녀를 중심으로 하는 신앙공동체가 만들어지는 과정에서 확인할 수 있다. 그것은 신흥교회, 성산교회로 이어지는 역사에서 고스란히 남아있다.

3. 신흥교회 설립(1945~1949)

신흥교회는 후에 중앙교회와 통합하여 현재의 성산교회가 되었다. 신흥교회가 설립되는 과정에 지도자로서의 역할을 한 것이 장명덕 전도사였다. 또한 그녀의 침묵과 저항의 기간에 주변에는 기도하면서 고난의 길을 감당하고 있던 이들이 이 공동체를 형성하는데 중심이 되었다. 그중에 한춘식(韓春植)과 그의 아내 이명례(李明禮), 그리고 박우봉 부부는 조국의

44) 홍종만, 『화도교회100년사』, 148.

45) 인천성산교회사기편찬위원회, 『인천성산교회 40년사』(인천: 인천성산교회, 1985), 52.

광복을 소망하면서 함께 기도하고 있었다.[46)]

한춘식과 박우봉은 모두 일제 말기에 창영교회에 속해있었지만 앞장 서지 않은 상태에서 광복의 날을 소망하고 있었다. 그들은 모두 장의리교회(현 숭의교회)에서 신앙하던 사람들로서 일제 말기 장의리교회와 화도교회를 매각 처분하여 일본군 전투기(애국기, 감리교단호 3기)를 헌납하기 위한 자금을 마련하도록 1942년 4월 30일 창영교회에서 김응태 목사의 주재로 결정함에 따라 교회의 부동산을 처분하게 되었고,[47)] 신자들은 내리교회와 창영교회로 편입되었다.[48)] 따라서 이들은 창영교회에 속하기는 했지만 때가 되면 새로운 교회를 세워야 하겠다는 뜻을 가지고 있었던 침묵기의 신앙의 동지가 되었다.[49)] 비록 창영교회에 속해있고, 나름의 직분도 갖고 있었지만 나서지 않고, 따로 기도하면서 광복의 날을 소망하고 있었다.

화도교회를 사임한 장명덕은 오빠 장기진이 강력한 권고로 역시 창녕교회에 교적을 두게 되었다. 하지만 그곳에는 친일 인사인 김응태 목사가 있었기 때문에 주일에 예배를 참석하는 정도로 다니기만 했다. 그러던 중 해방을 맞았다. 그해 10월 어느 날 한춘식 권사와 박우봉 권사를 만난 것이 신흥교회가 세워지게 되는 동기가 되었다. 인천부 화정2목 16번지에 일본인들이 사용하던 천리교 회당 건물이 적산가옥으로 남아있음을 발견하고, 이것을 예배당으로 사용할 수 있겠다는 생각으로 당시 미군정청에 이것을 사용할 수 있도록 하는 조치를 취하면서, 우선 입주하여 예배를 드리고자 1주일 동안 수리와 청소를 하고 있었다. 그때 마침 그곳을 지나던 장명덕 전도사가 발견하고, 그날부터 함께 매일 그곳에 모여서 기도하

46) 인천성산교회사기편찬위원회, 『인천성산교회 40년사』, 50.
47) 숭의교회75년사출판위원회, 『숭의교회 75년사』(인천: 인천숭의교회, 1992), 183.
48) 숭의교회75년사출판위원회, 『숭의교회 75년사』, 184.
49) 인천성산교회사기편찬위원회, 『인천성산교회 40년사』, 51.
50) 인천성산교회사기편찬위원회, 『인천성산교회 40년사』, 50.

면서 새로운 교회를 세우는 일을 했다.[50)]

뜻을 같이 하기로 한 세 사람은 가족들을 데리고 1945년 10월 첫 주일인 7일에 12명이 함께 모여 감격과 감사의 눈물로 첫 예배를 드렸다.[51)] 약속한 날짜에 함께 모여 한춘식 권사의 사회로 시작한 첫 예배는 함께 한 모든 사람들에게 감격과 은혜를 더했다. 자신들이 스스로 모인 첫 예배이고, 공동체였기 때문에 딱히 예배당에 간판을 붙인 것도 아니고, 공식적인 교회의 명칭이 있었던 것도 아니다. 다만 참석한 모두가 일단 창영교회에 소속한 상태였기 때문에 창영교회의 지교회로 생각을 하고 있었다.[52)]

이때에도 장명덕의 적극적인 활동은 이 공동체가 이내 교회로서 자리매김을 할 수 있게 했다. 장명덕이 화도교회에 시무하고 있을 당시 자신의 가르침에 신실하게 따랐던 정옥례 속장을 마음에 두고 있었기에 정옥례 속장과 그 가족, 조카뻘 되는 이상기와 그 가족 등을 영입하여 교세를 확장시켰다.[53)] 1945년 12월에는 이미 30명이 넘는 지체들이 모여서 예배를 드릴만큼 성장했다. 따라서 같은 해 12월 16일(셋째 주일) 강문호 목사를 초대 목사로 청빙하여 기독교조선감리회 화정교회로 이름을 정하고 예배를 드림으로 공식적인 교회가 되었다.[54)] 이 교회의 초대 목사로 청빙을 받은 강문호 목사는 해방 전에 화도교회 담임이었는데, 예배당이 매각되고, 폐쇄됨으로 일제 말기에는 쉬고 있다가 해방을 맞았다. 해방이 되자 그에게 다시 목회를 할 수 있는 교회가 주어진 것이기에 그 역시 감격이었다.[55)]

장명덕은 이때 새로운 교회에서 전도사 직분이 아닌 평신도 지도자이면서 부인회장으로 섬겼다.[56)] 장명덕에게는 처음으로 경험하는 역할이었

51) 인천성산교회사기편찬위원회, 『인천성산교회 40년사』, 54. 이때 첫 예배에 참석한 사람은 한춘식 권사, 부인 이명례, 장남 한성희, 딸 혜자, 은자, 영신, 영순, 그리고 박우봉 권사, 부인 공덕귀, 사위 김사겸, 그리고 장명덕 전도사와 딸 박미화 등 12명이었다.

52) 인천성산교회사기편찬위원회, 『인천성산교회 40년사』, 57.

53) 인천성산교회사기편찬위원회, 『인천성산교회 40년사』, 58~59.

54) 인천성산교회사기편찬위원회, 『인천성산교회 40년사』, 59.

55) 인천성산교회사기편찬위원회, 『인천성산교회 40년사』, 60.

지만 평생 가르치고 섬기는 일을 해온 경험이 있었기에 부인회장이라는 직분이 어색하지 않았다. 설립한지 1년이 지난 1946년 말경에는 신자가 70여 명으로 늘어났다. 1947년 1월 장명덕은 유사(有司)부를 맡아서 섬겼다. 또한 부인회 회장직도 그대로 연임을 했다.[57] 뿐만 아니라 교회에서는 장명덕에게 전도사로서의 직분을 수행해 줄 것을 요청함으로써 전도사직도 겸하게 되었다.[58] 그러니 성산교회 초기 역사에서 장명덕의 위치는 절대적이라고 할 수 있을 만큼 중요한 역할을 했다.

성산교회 40년사에는 장명덕의 사직에 대한 기록은 없고, 1949년 3월 6일에 이신애 전도사가 취임했다는 것을 볼 때, 1948년 말이나 1949년 초에 직분을 내려놓은 것으로 추측이 가능하다.[59]

4. 감리교회 안식관(1949~1963)

신흥교회를 사임한 장명덕은 1949년 5월에 감리교회의 은퇴한 여교역자들이 거하는 공간인 안식관을 맡아서 일하게 되었다.[60] 따라서 신흥교회를 떠나 서울 흑석동에 위치한 안식관으로 자리를 옮겼다. 처음에는 총무 겸 제2대 관장으로 이곳에서의 섬김을 이어갔다.[61] 안식관은 일생을 헌신한 감리교회의 은퇴한 여교역자들을 위한 시설로 채핀(Anna Bair Chaffin)선교사가 추친하여 설립하고, 감리교신학교 동문들이 뜻을 모아서 운영하기 시작한 시설이다.[62]

장명덕이 이 시설을 맡아서 간 것은 1949년 5월이었다. 일의 성격이

56) 인천성산교회사기편찬위원회, 『인천성산교회 40년사』, 62.
57) 인천성산교회사기편찬위원회, 『인천성산교회 40년사』, 63.
58) 인천성산교회사기편찬위원회, 『인천성산교회 40년사』, 64.
59) 인천성산교회사기편찬위원회, 『인천성산교회 40년사』, 68.
60) 한만철 편, 『여선교회 안식관, 72년의 기록-아, 하나님의 은혜』(서울: 도서출판 kmc, 2021), 98.
61) 김세한, 『기독교대한감리회 여선교회육십년사』(서울: 총리원부녀국, 1966), 241~42.; 한만철 편, 『여선교회 안식관, 72년의 기록-아, 하나님의 은혜』, 30~31.
62) 한만철 편, 『여선교회 안식관, 72년의 기록-아, 하나님의 은혜』, 22.

나 시설을 어떻게 운영할 것인지 터득하여 본격적으로 일을 시작하려고 할 즈음에 동족상잔의 6.25사변이 일어났다. 삽시간에 서울이 점령당하는 상황에서 안식관에 동거하고 있는 노인들은 대처할 수 있는 방법이 없었다. 당장 공급되는 식량이 없고, 생존을 위한 최소한의 것들이 보장된 것이 없었다. 이러한 상황에서 장명덕은 구제품을 가지고 나가 수 십 리를 걸어다니면서 잡곡이나 쌀을 바꿔 와야 했다. 방물장사처럼 식량을 구하기 위해서 시골로 다니면서 양식을 구해 겨우 안식관의 식구들의 끼니를 해결해 주는 역할을 했다.[63] 명색이 관장이지 온갖 궂은일을 할 수밖에 없었고, 안식관 식구들이 살 수 있는 길을 모색해야 했다.

▲ 1988년도 세계복음화대성회를 맞아 여성분과위원회에서 만든 팸플릿 첫 표지 사진

자신의 힘으로 할 수 없는 것은 주변에 도움을 청했다. 장명덕은 전쟁 중인 1951년 수원지방 임시 감리사 현승원 목사에게 안식관 식구들이 전쟁통에 굶어 죽을 수 있음을 알리고 도움을 청했고, 현 목사는 당시 감리교 본부인 총리원을 찾아가 호소하여, 마침 채핀 선교사로부터 보내온 30만 원을 전달받아 다시 안식관에 전달하기 위해서 그 돈을 허리춤에 차고 안양에서부터 흑석동 안식관까지 걸어가서 전달했다는 이야기도 전해진다.[64]

장명덕은 전쟁이 발발한 후 안식관 식구들과 피난가기를 원했지만

63) 한만철 편, 『여선교회 안식관, 72년의 기록-아, 하나님의 은혜』, 30~31.
64) 한만철 편, 『여선교회 안식관, 72년의 기록-아, 하나님의 은혜』, 31.

연로하거나 거동이 불편한, 그리고 피난을 거부하는 이들이 있어서 잠시 향리로 피난을 가기 위해서 안식관을 비워야 했다. 그러나 이내 돌아올 수밖에 없었다. 아무런 힘이 없는 안식관 식구들이 그곳에 있었기 때문이다. 피난에서 돌아왔을 때 안식관에는 어디도 갈 수 없었던 이들 가운데 조인명은 신병으로 1950년 9월 26일에, 제1대 관장이었던 박순신은 1950년 9월 22일에 북한군에 의해서 순직했다. 1951년 1월 3일에는 유엔군의 퇴각과 함께 피난을 나서는 순간 문 앞에 떨어진 폭탄에 황일심이 참사를 당했다. 이러한 참화의 현장에서 안식관을 책임지고 있던 장명덕은 개인의 문제가 아닌 자신이 돌봐야 하는 안식관 식구들을 위해서 무슨 일이든 해야 했다.[65]

휴전이 된 후에는 처참하게 파괴된 현장 앞에서 장명덕 전도사는 안식관을 다시 세우기 위해서 백방으로 뛰었다. 1954년부터 안식관을 다시 세우기 위해서 그동안 채핀 선교사와 동문들의 모금으로 겨우 운영되던 것을 전국여선교회에서 직접 관장할 수 있도록 문을 열었다. 따라서 1955년부터는 전국여선교회가 새로운 안식관 터전을 위해서 정릉동에 915평 규모의 토지를 매입했고, 이듬해인 1956년 5월 새로운 안식관 건물을 짓기 시작했다.[66] 그해 8월에 입주할 수 있게 되었고, 장명덕은 이곳에서 본격적인 사업을 진행함으로 은퇴한 여교역자들의 복지를 위해서 마지막 여생을 헌신했다.[67] 그리고 1961년에는 안식관에서 여생을 마친 사람들이 잠들 곳이 필요하기에 망우리에 1천여 평의 묘원을 마련하는 일까지 했다.[68] 이것은 연고가 없거나 별세한 후에 잠들 곳이 없는 이들에게 절박한 필요임을 느끼고 있었기에 장명덕 전도사가 해야 하는 중요한 일이었다.

65) 한만철 편, 『여선교회 안식관, 72년의 기록–아, 하나님의 은혜』, 30.
66) 한만철 편, 『여선교회 안식관, 72년의 기록–아, 하나님의 은혜』, 40.
67) 한만철 편, 『여선교회 안식관, 72년의 기록–아, 하나님의 은혜』, 34~38.
68) 이성진, "천곡학원 설립자 장명덕 전도사의 삶에 대한 연구," 7.

▲ 생명의 씨앗을 심은 사람들_무지내교회에 세워진 장명덕 전도사 기념비(오른쪽)

장명덕은 1963년 6월까지 14년 1개월간 안식관의 일을 책임졌다. 그녀가 사임하기 전까지 안식관의 기능을 조정할 필요가 있었다. 환경과 필요 요건이 변하는 상황이었기 때문에 단지 은퇴한 사람들을 수용하는 개념을 넘어야 한다는 현실적인 필요를 느꼈다. 따라서 병약자를 위한 휴양시설, 이 시설에 방문하는 사람들을 대상으로 하는 효친사상과 예절교육의 장으로 활용하는 사업을 병행했다.[69] 그렇게 함으로써 사람들이 이곳을 자연스럽게 찾게 하고, 가까이 할 수 있도록 함으로써 이곳에 머물고 있는 사람들에게도 사회적 관계를 유지하게 했다.

6. 에필로그

장명덕은 안식관 관장으로 14년을 섬겼다. 1963년에 관장을 그만두

69) 이덕주, 『한국감리교 여선교회의 역사』(서울: 연선교회 연합회, 1991), 597~599.을 이성진, "천곡학원 설립자 장명덕 전도사의 삶에 대한 연구," 7.에서 재인용.

게 된 것은 딸의 요청과 몸이 연약해지면서 현실적으로 감당하기가 어려웠기 때문이라고 본인은 말한다. 안식관을 그만둔 후 장명덕은 인천에서 살다가 1984년 다시 안식관으로 갔다.[70] 다시 갈 때에는 더 이상 섬기는 직책을 갖고 간 것이 아니라, 그곳에서 여생을 보내기 위한 것이었다. 이제까지 섬김의 삶을 살았다면 섬김을 받기 위한 것이라고 할 것이다. 하지만 장명덕 전도사가 여생을 마칠 때까지 거했던 안식관 306호실에는 "마음을 깨끗이, 생각을 깨끗이, 말씀을 깨끗이, 생활을 깨끗이"라는 글귀를 써놓고 스스로를 하나님 앞에서 자신을 관리했다.[71] 항상 스스로에게 삶에 임하는 자세를 다짐하면서 살았다는 것을 알 수 있다. 그렇게 자신에게조차 철저하게 살기를 원했던 장명덕은 1990년 9월 11일 숙환으로 별세했고, 파주시 금촌에 새롭게 마련된 안식관 묘역에 잠들었다.

장명덕은 결코 자신을 드러내기를 원하지 않은 사람이었다.[72] 1989년 '주간 기독교'의 편집부장인 임병해가 장명덕 전도사를 만나서 인터뷰를 할 때 처음으로 한 말이 "만남과 대화는 얼마든지 좋지만 세상에 알리거나 기사화하는 것은 제발하지 말아 달라, 정말 싫다. 하나님의 은혜로 살아왔다는 것밖에는 달리할 이야기가 없다."라고 했다.[73] 또한 "다리품 팔아서 남들이 가기 전에 그저 길 하나 닦아놓은 것 외에 무슨 자랑이 있겠습니까?"[74]

이렇게 말한 장명덕은 자신에게 주어진 일에 대해서는 헌신적으로 감당하는 삶을 살았다. 장명덕의 신실함은 단지 사람이 좋아서가 아니라 신앙으로 자신을 다스림으로 하나님 앞에서 살겠다는 의지로 살아낸 모습

70) 장명덕 전도사와 대담 녹취록 중에서(1981년 1월 17일, 안식관에서 홍석창 목사가 진행); 한만철 편, 『여선교회 안식관, 72년의 기록-아, 하나님의 은혜』, 171.
71) "[인천인물 100人 . 77] 장명덕 전도사," 경인일보(2007. 5. 23)
72) 이성진, "천곡학원 설립자 장명덕 전도사의 삶에 대한 연구," 4.
73) "[인천인물 100人 . 77] 장명덕 전도사," 경인일보(2007. 5. 23)
74) 이진호, 『안양지방감리회백년史』(서울: 도서출판 고려, 1995), 135.

이다. 여성의 몸으로 조선의 몰락과 식민지, 그리고 해방 후의 격변기와 6.25사변까지, 처참하고 고통스러운 시대를 살아내면서 자신에게 주어진 사명을 감당했다. 그리고 마지막에는 자신의 흔적조차 남기기를 원하지 않았기에 세상에 알려지는 것을 거부했다.

그럼에도 우리가 장명덕 전도사를 여기에 소개하지 않을 수 없는 것은 하나의 단어로 표현할 수 없는 20세기 한반도에서의 삶과 감당했던 일들을 통해서 신앙의 절개와 소신 있는 신실한 삶의 사표가 되기에 충분하기 때문이다. 사회적으로 높은 직위를 가지고 살았던 것은 아니지만, 신앙을 통해서 인간 됨의 도리와 일제에 의한 박해 앞에서 신앙의 절개를 지키고자 한 선택, 그리고 신여성으로서 은둔의 나라 조선의 국민을 깨우기 위해서 밤낮을 두 발로 뛰어다닌 여정은 오늘 우리를 있게 하는 선각자의 발걸음이었음을 결코 잊을 수 없기 때문이다.

약 력

1901년 9월 19일　부천군 소래면 무지리에서 1남 3녀 중 막내로 태어남.

1910년(?)까지　향리의 무지내교회에서 운영하는 '무지리 여학교'에서 10살 까지 배움.

1914년(?)　영화학교 입학 4년간 수학.

1919년(?)　박영식과 결혼.

1920년(?)　박미화 출산.

1921년(?)　이화학당 1년 수학.

1922년~1925년　협성여자신학교 졸업.

1925년~1927년　서울 상동교회 전도사.

1927년~1928년	수원 삼일학교 교사.
1928년~1929년	'흥업강습소' 교사.
1929년~1930년	안산 천곡(샘골)교회 '천곡학원' 설립.
1930년~1931년	화성 둔대교회 '한글학교' 교사.
1931년~1939년	천곡교회 소속 전도사 겸 안산지방 순회전도사.
1939년~1942년	인천 화도교회 전도사 겸 영흥, 대부구역 전도사.
1942년~1945년	침묵과 저항.
1945년	한춘식, 박우봉과 함께 신흥교회(성산교회) 설립.
1947년~1949년	신흥교회 전도사.
1949년~1963년	안식관 총무, 관장.
1963년~1983년	인천에서 생활.
1984년~1890년	은퇴 후 안식관 306호에서 여생을 보냄.
1990년 9월 11일	별세(파주 안식관 묘역).

이종전 목사

어진내교회 담임
인천기독교역사문화연구원 원장
대신총회신학연구원 원장
개혁파신학연구소 소장
인천시민명예외교관

언제나 하나님, 예수님 제일주의 그리고 일마다 때마다 성령의 능력에 의지했으며, 무슨 일이든지 기도보다 앞서서 하지 않았던 복음에 합당한 목사였습니다. 그의 성품은 온화했고 부드러웠습니다. 복음 수호에 대한 열정과 고집 외에는 언제나 양보하고 매사를 기쁘게 생각하고 이해했으며 매우 부지런했습니다.

할아버지 이성해 목사님에 대한 기억과 추억

이선목 목사_숭의교회 담임목사

조부 이성해 목사님은 저에게는 참 부지런 하고 성실하며 올바른 목회자의 모습을 보여 주셨고, 늘 하나님 말씀을 중심으로 매일의 삶을 살다가 하나님의 부름심을 받은 좋은 목사로 기억됩니다.

저는 어려서 조부 이성해 목사님과 같은 방을 썼습니다. 그래서 이성해 목사님이 새벽 기도회를 가시기 위해 새벽4시면 일어나셔서 30분 정도 기도와 묵상을 하신후 교회에 나가 새벽기도회를 마치고 들어오셔서 또 기도하시고 잠시 주무신 후 하루의 삶을 시작하시고, 밤에도 늘 기도로 하루의 삶을 마무리 하시는 삶을 옆에서 볼 수 있었습니다. 그래서 제게는 조부 이성해 목사님은 늘 말씀 보시고 기도하는 목회자의 모습으로 남아 있습니다. 그리고 교회에서는 성도들에게 말씀을 가르치셨던 모습이 기억되는데, 특별히 은퇴 이후 인천성서신학원을 세워서 목회자가 될 학생들을 가르치셨던 모습이 기억됩니다. 신학교에서 시험을 보신후 집에 오셔서는 답안지를 체점하시는 모습들이 떠 오릅니다.

또 큰 손자인 저를 무척 사랑하셔서 공부도 가르쳐 주시고, 당시 산수와 한문등을 가르쳐 주셨고, 일본어를 잘하셔서 가끔씩 일본어도 가르쳐 주신 기억이 납니다. 그리고 방학숙제로 만들기 숙제가 있었는데, 조부 이성해 목사님이 손자를 위해 직접 첨성대를 만들어 주셨고, 그 방학 수제로 만든 작품이 나중에 학교에서 최우수 작품이 되어 많은 학생들이 볼 수 있도록 학교에 전시가 된 일도 있었습니다.

교회에서는 목사로 늘 설교와 심방을 하시고 성도들을 말씀으로 가르치셨던 조부 이성해 목사님은 저에겐 참 따뜻하고 사랑이 많은 할아버지로 기억됩니다.

1. 3.8 만세운동 당시 총 책임자인 증조부 이만집 목사와 조부 이성해 목사

제게 증조부이신 이만집 목사님은 1917년부터 대구 남성정교회(현 대구제일교회)의 위임목사로 목회를 하고 계셨는데, 1919년 3.1 독립만세운동이 전국적으로 확산될 때, 대구지역에서 제일먼저 만세시위운동을 전개하셨습니다. 3월8일 대구 큰장날인 서문시장에서 낮 12시에 독립만세 시위를 하셨고, 10일에는 덕산시장에서 시위를 하시다가 일경에 체포되었습니다. 이날 이만집 목사님이 체포되실 때, 고등학교 1학년이었던 조부 이성해 목사님도 같이 체포되셨습니다.

당시 증조부 이만집 목사님은 3년형을 확정받으셨고, 조부 이성해 목사님 역시 6개월 징역살이를 하시다가 집행유예 2년으로 풀려나셨습니다. 일경들도 한 집안에서 아버지와 아들 모두를 징역살이를 시키기에는 명분이 약했던 것입니다.

2. 증조부 이만집 목사 재판기록과 이성해 목사님에 대한 이야기

판사: 너는 종교인으로서 한인을 선동하여 국가의 불행을 일으키는 행동을 했으니 불령한 망동이 아닌가?

이만집: 나는 한국에서 나서 자란 한국 백성이니 우리나라, 우리 백성을 위하여 거사함은 의당하다

판사: 이 일을 시작한 장소와 유인물을 인쇄한 장소는?

이만집: 모두 내 집에서 했다.

판사: 그런즉 너를 융희 2년도의 보안법을 적용해 너희 나라 법대로 3년형을 선고한다.

이만집: 융희 법률을 나에게 적용한 것은 내가 감사할 일이지만, 국법에 한국독립을 위하여 일을 도모한 자에게 적용하는 법조문은 어디에 있는가?

판사: …… 주모자는 누군가?

이만집: 나다. 그러니 나 외의 72인의 모든 형벌을 나에게 주고 그래도 부족하거든 내 후손에게 대대로 복역케 해다오.

그랬습니다. "나에게 형벌을 주고 그래도 부족하면 내 후손에게 대대로 복역케 하라."는 부친 이만집의 절규에 가까운 진술대로 만일 이 법을 적용을 했다면, 아들 이성해는 충분히 부친의 뜻에 따라 자진해서 복역했을 것입니다. 그만큼 조부 이성해목사님은 부친 이만집 목사님의 정신을 존경했고, 그의 백절불굴의 기개와 애국과 애족을 신앙으로 실천하여 살고 있는 부친의 삶의 모습을 마음에 깊이 새겨 두고 있었습니다.

이처럼 거국적이요, 범민족적인 대한독립만세 시위운동은 소년 이성해에게는 감내하기 어려운 한 가정이 겪어내야 할 비극적 고통을 가져온 것이었지만, 이러한 고통은 바로 청소년기의 이성해로 하여금 큰 의로움을 위해서라면, 어떤 어려움이라도 마다하지 않고 맞서 행동할 수 있는 용기를 갖게 했으며, 바로 그 용기는 옳지 않음을 용납하지 않으시는 하나님으로부터 비롯되었다는 강한 신앙심을 지니게 했습니다.

3. 약관 18세에 2년 정도 일본과 대만, 중국에서의 생활

감옥에서 풀려나신 조부 이성해 목사님은 1920년 3월 친구 김대현과 함께 일본 동경으로 가서 유학생활을 시작하셨습니다. 조부는 일본 도쿄에서 신문배달을 하며 야간에는 고등예비학교에 입학하여 공부를 계속했으나 별 진전이 없어 독일로 유학을 가서 의술을 배워야겠다는 생각을 하시게 되었습니다. 그래서 독일에 가기 위해서 먼저 돈을 모아야겠다는 생각에 홍콩의 한 기선회사에서 선원을 모집한다는 광고를 보고 김대현과 함께 홍콩으로 갈 궁리를 했습니다.

그래서 도쿄에서 외항선이 있는 고베항으로 갔고, 고베항에서는 당장 홍콩으로 갈 배삯 마련을 위해 고베항의 우동공장에 취직해서 숙식을 하면서 일을 해 매일 50전씩 받았는데, 10개월 정도 고생을 하니 250원 정도가 모아져셔 우동공장을 그만두고 대만의 기륭항으로 가셨습니다. 그런데 기륭항에서는 홍콩 가는 배가 없다는 사실을 알고 다시 수소문 끝에 중국 복주(푸저우)항에 홍콩가는 배가 있다는 이야길 듣고 복주항으로 옮겨 갔습니다.

그런데 복주항에서도 홍콩가는 배를 찾지못하고 헤매다가 복주항 인근에 있는 '영어의숙'을 발견하고 영어공부나 먼저 해야겠다는 생각이 들어서 김대현과 함께 영어학원에 등록하기 위해 상담 중, 그 학원에 와 있는 것을 본 일본 공사관직원이 조부 이성해 목사님과 김대현을 수상히 여겨 영사관으로 강제 연행하다시피 해 놓고 조사를 한 후 별 혐의점이 없자, 그 다음날 대만과 일본 시모노세키항을 거쳐 부산항으로 되돌아가는 배에 강제로 태워 부산으로 돌아오게 되었습니다. 부산항에 도착해서는 부산경찰서로 연행됐고 하루 조사를 받은 후 풀려났습니다.

유학을 위해 2년 정도를 해외에서 생활을 하다가 실패하고 1922년 3월 대구로 다시 돌아오게 된 것입니다. 그 시절을 회고하시면서 조부 이성해 목사님은 "**그때 독일에 가서 의학공부를 해서 의학박사가 된 것보다 실패하고 돌아와서 목사가 된 일이 훨씬 행복한 일이었다.**"고 말씀하시곤 하셨습니다.

2년 정도 해외생활을 하고 나니, 3년 징역형을 받으셨던 이만집 목사님도 2년 6개월 만에 출감하시게 되면서 증조부이신 이만집 목사님은 지금의 대구제일교회에서 다시 목회를 시작하셨고, 조부 이성해 목사님은 교회에서 설립한 영신여자학원에서 학생들을 가르치는 교사생활을 시작하셨습니다. 이 무렵 남성정교회의 여전도회 회원 중 한 사람의 적극 주선으로 결혼을 하셨습니다.

결혼 후 경주에서 과수원을 경영하셨는데, 결혼생활 1년 쯤 됐을 때 조부 이성해 목사님의 장모님이 하루는 보자고 하시더니, 경주 근교에 약 1만 평 정도의 과수원을 7년 전에 마련한 것을 장인어른 친구가 과수원을 운영했는데, 5년 전쯤 중풍이 와서 그 과수원을 사돈네 집에 맡겼는데, 농사 수입금도 주지 않고 이제는 아예 과수원 주인 행세를 하고 있어서 사위인 자네가 그 문제를 해결해 주었으면 좋겠네 하시고, 그 해결책으로 매매형식으로 소유권을 조부 이성해 목사님에게 넘겨주셨습니다. 얼마후 조부 이성해 목사님은 그 문서로 과수원을 다시 찾게 됐고 사과농사에 문외한이셨지만, 특유의 성실함으로 사과농사를 배워가며 농사를 지셨습니다.

1. 과수원에 교회를 세우다

과수원이 있는 동네는 30여 호가 있는 자연부락인데, 그 동네에는 교회가 없었습니다. 그래서 할아버지는 과수원 옆 빈터를 닦아 교회당을 세우기로 하고, 15평 정도 되는 예배당을 짓고 식구들과 과수원에서 일하는 일꾼들을 전도해서 주일예배를 드리셨습니다. 5년 정도 지나서는 40평 규모로 예배당을 다시 지어 하나님께 봉헌하셨고 5년 만에 얻은 수익금으로 장모님에게 땅값도 다 치르고 먼저 농장을 관리하던 사돈에게도 주기로 했던 관리비용을 다 갚으셨습니다.

이 무렵의 일에 대해 조부 이성해 목사님은 "지금 와서 생각하면 하나님께서 전혀 뜻밖의 과수원을 주신 것은 장차 목회자로 삼으시기 위해 과수원 경영을 경험하게 하셨다고 말씀 하셨습니다. 과수원은 마치 교회와 같고 과수는 교인들과 같기 때문입니다. 과수는 해마다 전정을 하고 비료를 주며 제초를 하고 소독약을 뿌리며 봉지를 씌우고 하는데, 얼마나 정성을 들여야 하는지를 경험해 보지 않으면 모를 것입니다. 주님의 교회도 그와 같이 목양을 해야 합니다. 그러하기 때문에 나를 미리 훈련케 하셨다는 것을 알고 더욱 더 감사를 드리게 되었습니다."고 말씀하시곤 하셨습니다.

2. 속죄의 은혜체험을 하다

조부 이성해 목사님이 경주에 세운 교회는 후에 이름을 조선예수교 인동교회라 했고, 교인 수도 장년만 60여 명이나 되었다고 합니다. 그런데 어느 날 인동교회 교인들은 부흥집회를 열었으면 좋겠다는 의견들을 냈고, 당시 교회에서 시무하던 여전도사가 부흥강사로 조경우라는 분을 소개해서 그 분을 모시기로 하고 부흥회를 열었다고 합니다. 그 강사가 부흥회 개최 예정일보다 이틀정도 늦게 도착했는데, 그 분이 만주에서 병

고친 체험을 간증했다고 합니다.

강사님은 부흥회시간에 늦게 도착한 사정에 대해 사과를 하면서 경주가 초행길이라 이렇게 먼 곳인지 몰랐고 경주까지 오는 차비를 마련해서 오느라 늦었다는 이야기를 덧붙였다고 합니다. 그 이야기를 듣는 순간 조부 이성해 목사님은 마음이 찢어지는 듯한 죄책감이 들었다고 하셨습니다.

"나는 돈을 많이 가지고 있으면서도 가난한 강사에게 여비를 보내 초청할 생각을 추호도 하지 않고 있었다니, 이런 실수를 어이할꼬." 하는 죄책감이 생겼다는 것입니다. 과수원으로 얻은 부로 인해 자신의 생활이 불편이 없었기 때문에 이웃의 불편을 살피는데 게을렀다는 점과 그것은 하나님이 보시기에 결코 온당치 못했다는 점을 깨닫게 되셨다고 합니다. 강사의 간증이 끝나고 통성기도 시간이 됐는데, 조부 이성해 목사님의 입에서는 '**하나님 아버지 저는 죽어 마땅한 놈이올시다.**'라는 말밖에 더 이상 어떤 말도 나오지 않으셨다고 합니다.

그리고 오직 눈물만 비 오듯 쏟으졌다고 합니다. 몇 시간에 걸친 회개와 자복이 이뤄졌는데, 자신이 그동안 위선적으로 살아왔다는 생각을 가지되었고 합법적이라고 여겨 실행했던 지난 일들이 하나님 앞에서는 불법이었다는 깨달음이 생기게 되었습니다.

과수원을 통해 경제적인 축복이 자신의 능력이라고 여겨 그렇게 감사하면서 뽐냈던 것이 얼마나 큰 교만인가를 깨닫게 되었는데, 그때 '**너의 모든 죄를 대속하기 위하여 예수님이 십자가에 죽으셨으니 이제는 십자가를 바라보라.**'는 음성이 들렸습니다. 그렇게 영의 눈이 열리면서 십자가를 바라보게 되자 '오 그렇구나!'하면서 이상하게도 온 몸이 뜨거워지면서 마음의 무거운 짐이 일순간 벗어지고 평안과 기쁨이 넘쳐 찬송이 저절로 터져 나오면 성령의 은혜를 받았습니다.

부흥집회에 참석한 시간이 지날수록 은혜가 넘쳤는데, 이 과정에 대해 이성해 목사님은 다음과 같이 간증하셨습니다.

"나는 참으로 무지몽매한 죄인이었습니다. 나는 지금까지 목사의 아들로서 남에게 손가락질 한번 받지 않고 오히려 '얌전하고 조용하고 착한 목사의 아들'로 불리면서 올곧게 살아왔다고 자부심을 가졌습니다. 나름대로 나라를 위해 어린 나이임에도 옥고도 치렀고, 좋은 규수를 맞아 모범적인 가정도 이뤘으며, 과수 농사도 잘 지어 성공도 했습니다. 그런데 그게 아니었습니다. 이번 집회의 첫날 강사 목사님이 여기에 올 차비가 없어 그 돈을 직접 일을 해서 마련해 오느라고 그만 이틀이 늦었습니다. '죄송합니다. 용서해 주십시오.'라는 짧은 세 마디가 나를 거듭나게 했습니다."

남에게 해를 끼치지 않은 것만으로 나는 할 바를 다 하고 있는 것이 아니라, 신자라면 마땅히 더 나아가 남을 돌보야 한다는 것을 깨달은 것입니다. 남에게 섭섭히 한일이 없어서, 남의 것을 탐내지 않아서, 남에게 해꼬지 한 일이 한 번도 없는 것으로 나는 죄인이 아닌 줄 알았더니, 그게 아니었습니다. 남을 섬기지 않은 것, 남의 형편과 처지까지 넘보고 살펴야 하는 것, 나에게 해를 끼친 상대까지도 사랑해야 하는 것을 깨달은 것입니다.

나의 성공은 나의 교만을 꺾으시려는 하나님의 섭리임을 못 알아보고 자만하는 나를 벌하지 않으시고 지금까지 참으신 하나님의 은혜를 이제야 깨달은 것입니다.

이 영적 사건이 이성해 목사님 자신뿐만 아니라, 인동교회 신도들에게도 영향을 끼쳤다고 합니다. 이성해 목사님의 회심은 오늘날도 우리에게 필요한 하나님의 역사라고 생각합니다. 대부분의 사람들이 윤리적으로, 도덕적으로 깨끗하다고 생각을 합니다. 그러나 하나님은 법적으로만 자유인이 아닌 성령의 은혜로 완전히 거듭난 새로운 피조물로 살아가기를 원하십니다.

3. 증조부 이만집 목사의 자치파 선언과 목회자 자녀인 아들 이성해의 갈등

옥에서 출옥한 증조부 이만집 목사님은 교회 안에서 학생들과 장로님들과의 싸움으로 인해 당시 선교를 위해 들어와 있던 선교사들로부터 우리 민족교회는 우리 민족의 힘과 손으로 해야 한다는 자치파운동의 거두가 되셨습니다.

자치파 사건의 선언문에서 **"우리가 믿음으로 살려면 진리에 속하자. 교회는 신성한 것인데 불의의 구속을 어찌 당하리오. 금아 대구교회는 저 권리를 지배하는 선교사들의 정신 지배를 받는 경부노회를 탈퇴하고 자치를 선언하노라."** 라고 선언하며, 당시 섬겼던 남성정교회의 대부분의 성도님들과 남성정교회를 떠나 봉산교회를 개척하게 되었습니다.

이러한 과정을 지켜보던 부친은 교회에 대한 회의도 들었고 목회자의 삶이 얼마나 고달픈지를 보았을 것입니다. 일제치하에서의 목사로서의 독립운동, 그 후 교회 안에서의 싸움 속에서 특별히 선교사들을 이용하여 그들의 뒤에 숨어서 정치하는 교회의 중직자들을 보면서, 당시 청년 이성해는 더욱 자신을 위한 문제들을 돌아보기 시작하셨음을 고백하셨습니다.

4. 금강산 방문과 일본 관서성서신학 졸업

한편, 제게 증조부이신 이만집 목사님은 독립만세운동으로 3년간 복역을 마치고 출감하시고 목회지인 남성정교회로 다시 복귀하셨으나, 교회 내에 선교사들과 교인들과의 갈등으로 인해 어려움이 있었습니다. 당시 남성정교회(현 대구제일교회) 예배시 학생들 가운데 몇 명을 당회에서 출교하자는 의견에 담임목사였던 증조부께서 출교는 좀 심하니 잘 가르치는 정도로 하자는 의견으로 교회안에 내홍이 생기게 되었습니다.

결국 증조부이신 이만집 목사님은 장로님들과의 갈등으로 남성정교회를 내려놓게 되셨고, 대부분의 성도들과 남성정교회를 나와 새로운 교회(현 드림교회)를 세웠고 후에 금강산으로 요양을 가셨는데, 그때 조부 이성해 목사님은 증조부 이만집 목사님으로부터 한 통의 편지를 받으셨다고 합니다.

"금강산에서 몇 달을 지내보니 나의 심신이 매우 상쾌하다. 이곳에서 여생을 지내보면 어떨까 하는 생각이 들 정도로 공기가 좋다. 무엇보다도 속진(俗塵)을 씻어낼 수 있어 내 심신이 날마다 건강해 지는구나 수 일내에 한 번 나를 찾아오려무나 같이 지내면서 금강산도 둘러 보았으면 한다."

조부 이성해 목사님은 즉시 내금강 장안사에 있는 금강여관으로 찾아가셨다고 합니다. 거의 4개월만에 뵈는 부친 이만집 목사는 전혀 다른 사람처럼 건강이 회복되어 계셨다고 합니다.

보름 정도 금강산 유람을 한 할아버지가 돌아오려고 할 때 증조할아버지는 "금강산을 와서 보니 참 좋지? 이렇게 좋은 곳에 나처럼 교회의 일에 시달려 심신이 쇠약해지거나 병이 나서 목회하기 힘든 목사님들이나 또 연로한 목사들이 이러한 곳에 와서 수양할 수 있도록 수양관을 지어 봉사하는 것이 좋겠다는 생각을 내내 했다. 네 의향은 어떠냐?"고 물어셨다고 합니다.

"참 좋은 생각이십니다. 저도 중생의 은혜를 체험한 후 주님의 일을 하기로 작정하고는 그 실천을 어디서부터 어떻게 시작하나 기도 중이었는데, 아버님께서 그렇게 말씀하시니 아주 잘 됐습니다. 가서 수양관 시설비를 마련해 보겠으니 아버님께서는 어느 곳에 얼마만한 수양관을 지을 것인지 가늠하셔서 연락을 주십시오, 그러면 그 비용을 빠른 시일 내에 보내겠습니다."고 말씀 드렸다고 하십니다.

경주로 돌아와서 얼마 후 먼저 부흥집회를 인도했던 조경우 선생에게 편지가 왔는데, 자신은 일본에 와서 신학교에 입학해 신학공부를 하려고 하는데, 같이 해볼 생각이 없냐 는 제안을 담은 편지였다고 합니다. 편지를 받자 여러 가지 생각이 드셔서 이성해 목사님은 일본에 가서 일본 관서성서신학교를 소개받아 입학하여 공부를 했고, 1944년 관서성서신학을 졸업하시게 되었습니다.

1. 금강산 수양관

증조부이신 이만집 목사님은 내금강에 위치한 장안사 맞은편 비금재 너머에 남향으로 된 아담하고 평온하게 보이는 임야를 발견하시고 약 30정보 되는 이 땅을 매입하셔서 토목공사를 하여 강당 70평과 기숙사 50평, 관리인 주택 20평을 건축했고, 과일 나무와 잣나무 5천 그루를 식재하시는 등 3년에 걸쳐 대공사를 마무리하셨다고 합니다. 그리고 수양관에 소용될 주부식의 자급을 위해 인근 전답 수 천평을 더 매입하셨다고 합니다. 그 외로 외금강 온정리에서 남으로 2킬로미터 지점에 위치해 있는 7천평 되는 과수원을 추가로 매입하셨습니다.

1943년 9월, 늦더위에 사과 수확이 한창일 때, 할아버지는 증조부의 편지 한통을 받으셨습니다. 그 편지에는 이렇게 기록이 되었 있었습니다. **"경주의 과수원을 처분하고 이곳 금강산에 와서 수양관을 네가 직접 경영하라."**는 내용이었습니다. 일제치하 막바지에 경주와 금강산 두 군데를 경영한다는 일은 어려운 일이어서 할아버지는 일단 금강산 수양관을 폐쇄하기로 했다고 하셨습니다.

그 후 1944년 7월1일 금강산에서 요양하시고 계시던 제 증조부 이만집 목사님께서 70세로 소천하셨고, 수양관 옆에 묘역을 조성하셨습니다. 이 무렵 조부 이성해 목사님은 후에 기도원으로 사용하기 위해 한탕강변에 군마목장(현 대한 수도원) 5만평을 마련하고 철원의 장방산교회에 출석하셨다고 합니다. 당시 철원에 마련하신 기도원이 바로 철원 대한수도원입니다.

2. 목회를 시작하다

하나님은 자기 백성을 부르셔서 연단시키시고, 목양의 귀한 사명을 주십니다. 이것은 하나님의 나라를 위한 위대한 헌신의 길인데, 이 역사가 조부 이성해 목사님에게도 나타났습니다.

1946년 3월 이성해 목사님은 강원도 철원의 한탄강변에 기도원을 설립하기 위해 골몰하던 때였습니다. 그 당시 감리사였던 윤태현 목사가 조부를 찾아오셨습니다.

"이 장로는 유명한 이만집 목사의 아들로서 신앙도 깊을 뿐만 아니라 일본 관서성서신학교에서 공부한 줄을 잘 알고 있습니다. 지금도 기도원을 설립하고 기도운동과 전도, 그리고 교회를 순방하면서 성경공부도 인도하고 그러니 아예 철원지방에 목회자가 없는 교회를 맡아 목회를 해 주시면 어떨는지요?"

"윤 목사님 그렇게 평가해 주시니 고맙습니다. 제가 비록 목사의 아들이요, 신학공부를 하기는 하였으나 절대로 교역자가 되지 않기 위해 금강산에도 수양관을 운영하고 있고, 이곳에서도 기도원을 시작했답니다. 부탁해 오신 말씀은 제게 영광이긴 하지만, 저는 제 역량을 너무 잘 압니다." 라고 하면서 완곡히 거절을 하셨습니다. 그러나 윤태현 목사는 단단히 작심하고 온 듯 물러서지 않았다."이 장로님 그렇게 겸양을 하고 계실 일이 아닙니다. 지금 북쪽의 목사들이 김일성이 하는 꼴이 심상치 않으니 두려워서 대부분 월남을 해버리고 교회는 목자 잃은 양들이 영적 굶주림으로 갈팡질팡하고 있는 실정입니다. 고생스럽더라도 시국이 좀 안정될 때까지 만이라도 임시로 맡아 주셔야겠습니다."

윤태현 목사의 요청은 너무도 진솔하고 간절했다. 실제로 윤태현 목사가 언급한 내용들의 사태를 몸소 보고 '이래서는 안 되는데…'하고 염려하고 있던 터라 윤태현 목사의 간절한 요청을 거절하기가 어려웠습니다.

"정 그러시다면 하루만 말미를 주시면 기도하고 결정하여 내일 기별을 드리겠습니다." "내가 가서 하나님께 꼭 이 장로의 마음을 감동케 해달라고 밤을 세워서라도 하나님께 기도하리다. 어쨓든 저는 이 장로만 믿고 이만 갑니다."

그렇게 윤태현 목사는 일단 자기 집으로 돌아가셨고, 그날 밤 이 문제를 놓고 기도하던 할아버지는 그 마음에 전에 없던 뜨거운 은혜가 부어졌습니다. 그리고 최근에 있었던 일련의 사건들이 강렬하게 뇌리에 떠올랐습니다.

이 기도원 건축기금을 위해 매각한 경주 과수원의 매각대금이 감쪽같이 없어진 일 하며, 남북이 막혀서 수양관이나 기도원을 제대로 운영할 수 없게 된 것은 하나님께서 이성해 목사님으로 하여금 목회를 하도록 역사하심이 아닌가 하는 생각이 든 것입니다.

"하나님 아버지! 이 일이 당신의 뜻이라면 무조건 순종하는 것 말고 무슨 대안이 부족한 저에게 있겠습니까? 아멘으로 받겠사오니 부디 연약한 저를 강하게 하시며 평생토록 동행하시고 도와주소서!"

결심하고 날이 밝자 조부 이성해 목사님은 내친걸음으로 철원읍으로 달려가서 윤태현 목사를 찾아보고는 목회를 하겠다고 말씀하셨습니다.

윤태현 목사는 감리사로서 자신의 관할 구역에 있는 교회를 선정하기 시작했습니다. 철원과 금강산 중간에 있는 작은 도시인 창도마을에 있는 창도교회를 맡으라고 했습니다. 그런데 이 창도교회는 인근 도성리에 하나, 현리에 하나, 화평리에 하나 모두 합쳐서 세 곳에 지 교회를 두고 있었기에 모두 네 교회를 맡게 된 것입니다.

이성해 목사님은 한탄강변의 기도원 건축을 잠정적으로 중지하고는 딸린 식솔들을 데리고 창도교회 사택으로 이사를 하셨습니다. 그 주일부터 주일 낮 예배는 창도 본 교회에서 인도하고, 주일 밤 예배는 창도에서

10리 떨어져 있는 도성리교회에서 가서 인도하고, 수요예배는 창도에서 50리가 넘는 현리교회에서 인도하고, 금요일은 70리가 거의 되는 화평리 교회에 가서 인도하셨습니다.

그 당시는 일제 말기라 전쟁무기를 만들기 위하여 철원과 금강산을 잇는 철도의 레일을 모두 뜯어갔기에 기차가 다니지 않았습니다. 그래서 이성해 목사님은 네 군데를 걸어서 다녀야 했습니다. 매우 힘들고 시간이 걸리는 목회지였지만, 그 곳이 주어진 첫 목회지였음으로 한 번도 거르지 않고 열심히 뛰어 다녔습니다.

그러던 어느 날 감리교 서부 평양연회에 윤태현 감리사는 타 신학교를 졸업한 사람이 감리교단에서 사역을 하려면 감리교신학교 졸업반에 들어가서 1년간 교리장정을 공부해야 한다고 했습니다.

그래서 조부 이성해 목사님은 아무런 주저없이 평양에 있는 감리교 성화신학교에 들어가 두 학기를 공부했습니다. 그리고는 평양 감리교 성화신학교 졸업장을 받았습니다.

그동안 어렵게 철원 기도원을 지키던 유재헌 목사는 월남을 하여서 서울에 있는 신실한 장로 한 사람의 도움을 받아 서울 근교 삼각산에 임마누엘 수도원을 세우고 원장으로 가게 되었고 철원기도원(현 대한수도원)에는 전진 선생과 기도원 관리인만이 남아 있었습니다.

한편 금강산 수양관에 가있던 이성해 목사님의 동생 이도영은 회양읍에 볼 일이 있어 갔다가 그곳 교회의 여전도사를 만났습니다. 그때 그 여전도사님은 이도영에게 "회양읍에 교회가 두 곳이 있는데, 담임하던 목사님들이 모두 월남하고 나 혼자 남게 되었습니다. 저 혼자서 두 교회를 감당할 수 없으니, 이도영 선생님이 한 교회를 맡아달라고 부탁을 한 것입니다.

여전도사의 간청을 들은 이도영은 비록 신학공부는 못했으나 목사의 아들이고 신앙경험이 많았기에 능히 감당할 수 있겠다고 생각하고 승낙했습니다.

동생 이도영은 금강산 수양관을 큰 형인 이광세 목사에게 맡기고 회양교회에서 2년간 목회를 하다가 경기도 연천교회로 옮겨서 1년간 교회를 돌보면서 그곳에서 목회를 했습니다.

그러던 중 6.25동란이 발발할 무렵 극렬하게 기독교를 핍박하던 인민보위부에 잡혀 원산으로 끌려갔습니다. 그곳에서 미리 잡혀서 끌려와 있던 목사들과 함께 인근 야산의 토굴 속에 처박힌 채 총살을 당하고 말았습니다. 이렇게 하여 이성해 목사님의 가정에 첫 순교자가 생겼습니다.

그 당시 수십 명의 목사들이 한꺼번에 총을 맞고 쓰러졌는데 오직 한 사람, 한준명 목사는 묶인 채 휩쓸려 쓰러지는 바람에 총에 맞지 않고 쓰러져서 시체 더미 속에서 3일 동안 죽은 듯이 섞여 있다가 몰래 빠져나왔다고 합니다. 그로부터 동생 이도영의 생생한 순교의 현장 이야기를 후에 들을 수 있었습니다

이때 조부 이성해 목사님은 자신이 섬기고 있던 교회가 있는 창도에서 가족들과 함께 6.25 동란을 겪었습니다.

인민군들이 전황을 알리는 홍보판에는 남한지도를 그려놓고 계속 남진하면서 인민군이 점령한 도시마다 작은 인공기를 꽂아 놓으며 **'오늘은 안양을 해방했다. 오늘은 수원을 해방했다. 오늘은 대전을 해방했다.'**는 벽보가 북한 전역에 나붙기 시작하면서 앞으로 3주일 안에 남조선은 완전히 해방된다는 현수막이 벽보와 함께 여기저기 붙어있기도 했다고 합니다.

이때 이성해 목사님은 대한민국 국군의 무력함에 크게 실망하고, 심상치 않은 전쟁의 분위기를 모면해 보고자 하여 가족들을 데리고 시골에 있는 도성리교회로 피신을 했습니다. 마침 도성리교회에 출석하던 김광중 권사가 인민군대로 강제 동원되어 입대를 했습니다. 그는 탄환을 담은 상자를 짊어지고 제천 쪽의 조령을 넘어 이동하다가 언덕 아래로 굴렀고 다리가 부러져 야전병원에서 치료를 받다가 후방으로 호송된 후 의병제대처분을 받고 절면서 집에 돌아왔습니다. 김 권사의 말에 의하면 인민군대는 낙동강에서 더 이상 전진을 못하고 있다는 소식을 듣고 조부 이성해 목사님은 "이 전쟁이 길어지겠구나" 라는 생각에 앞날에 대해 깊은 걱정을 했습니다.

9월이 되자 유엔군이 인천에 상륙하여 급속도로 북상하던 중 10월에는 창도에까지 진군했다는 소식을 듣고 도성리 사람들은 모두 교회에 모였습니다. 그리고 감사 예배를 인도한 후 교회 뜰에 나와 감격에 겨운 목소리를 높여 **"대한민국 만세!"**를 불렀습니다.

며칠 후 이성해 목사님은 가족들을 이끌고 3개월 만에 창도로 향했습니다. 20여리 걸어 작은 마을 외학리에서 잠시 쉬고는 다시 창도를 향해 식구들이랑 걸어오는데, 먼발치에서 군인 두 사람이 마을을 향해 걸어오는 것이 보였습니다.

그때 조부 이성해 목사님은 총을 손에 움켜지고 걸어오는 두 군인을 보고 잔뜩 경계심을 늦추지 않고 천천히 걸어 나갔습니다. 가족들은 이미 얼굴에 두려움이 가득했습니다. 거리가 가까워지자 그들의 국군복장이 선명히 눈에 들어왔다. 갑자기 가슴이 놓인 이성해는 두 손을 높이 치켜들고는 **"대한민국 만세! 국군 만세!"**하고 환영의 뜻을 표했습니다. 순간 두 사람의 표정이 일그러지더니 총부리를 이성해의 가슴에 바짝 들이대며 눈을 부라렸습니다.

"무스기? 이 쫑간나 새끼! 국군만세는 무스기 만세야?"

순간 조부 이성해 목사님은 눈앞이 캄캄했습니다. 이들이 국군복장을 하고 있기에 창도에 들어온 국군인 줄 알았는데, 인민군 패잔병일 줄이야! 눈앞이 아찔했으나 침착한 표정으로 전광석화 같은 기지를 발휘했습니다.

"동무들, 동무들이 만일 인민군이라면 저 동리로 들어가지 말고 빨리 뒤돌아 피하시오. 저 동리에는 지금 국군이 들어와 있어 동리를 샅샅이 뒤지고 있단 말이오."

두 인민군은 저희들끼리 서로 얼굴을 쳐다보고는 파랗게 질린 채 재빨리 도망쳐 버렸습니다. 위기를 넘긴 할아버지는 그 자리에 서서 하나님께 감사기도를 드렸습니다.

"하나님 감사합니다. 이러한 위기에 지혜를 주셔서 위험을 면케 하셨사오니 주님께 영광 돌리옵나이다. 앞으로도 주님이 우리와 함께 계심을 믿고 더욱 담대케 하여 주옵소서!"

창도마을 어귀를 들어서자 멀리 부서진 교회와 절반 이상이 날아가 버린 사택이 눈 안에 들어왔습니다. 이성해 목사님은 두 눈에서 뜨거운 눈물이 주르륵 흘러내렸습니다.

3. 목사안수와 부자상봉

1951년 11월 열린 부산임시총회와 연합연회에서 할아버지는 30여명의 전도사들과 함께 목사안수를 받았습니다. 그리고 다음과 같은 기도를 하셨습니다.

"이 부족하고 천한 종을 귀하게 기름 부으셔서 당신의 일을 더욱 적극적으로 감당케 하시니 감사합니다. 그러나 하나님 아버지 이 고통과 견딜 수 없는 가슴앓이가 어느 때 까지 입니까? 하루 속히 전쟁이 그치고 이 땅에 평화를 주십시오. 그리하여 이 부족한 종이 주님을 위해 일하는 일에 한 점 소홀해질 부분이 없도록 제 가정을 돌려 주십시오."

그런데 기적같은 일이 일어났습니다. 목사로서 첫 예배를 드리고 축도를 하고 난 그날 밤 저녁 예배후에 한 여집사님이 오셔서 밖에 목사님을 찾아온 분들이 계시다는 말을 전했습니다. 밖에 나가보니 이성해 목사님은 장모님과 외할머니와 딸 선미와 아들 호문이었다고 했습니다. 이 때 조부 이성해 목사님은 '하나님 감사합니다' 라는 탄성과 감사의 기도가 나왔습니다.

제 부친 이호문은 따로 피난을 나와 서울에서 구두닦이를 하고 있었습니다. 그런데 조부 이성해 목사님 친구 유산성 목사라는 분의 구두를 닦은 게 계기가 되어 소식을 접하고 제천에서 그 날밤에 조부 이성해 목사를 만나게 된 것입니다.

5. 제천동부교회 설립과 강릉중앙교회로의 파송

1952년 3월, 조부 이성해 목사님은 원서교회를 떠나 제천읍으로 이사하셔서 교동에 교회를 설립하였습니다. 그 교회가 지금의 제천동부교회입니다. 그리고 1959년 3월에 강릉중앙교회로 파송을 받았는데, 바다가 없는 제천에 있으면서 광활한 바다가 그리웠다고 고백하셨습니다.

1. 강릉중앙교회에서의 사역

강릉지방 감리사 겸 본 교회 제14대 담임목사로 부임한 이성해 목사님은 전임 목사님과는 대조적인 것 같았습니다. 이성해 목사님은 전임 목사님과 같이 활동적인 성격은 아니었으나 50이라는 인생의 완숙기에 접어든데 다, 성경 많이 읽고 기도 많이 하는 생활이 몸에 익었고, 그 몸가짐이 근엄하고 단정했습니다. 구약은 매일 새벽기도회 끝나면 그 자리에 앉아 3장씩을 읽었고, 신약은 매일 밤 취침 전에 1장씩을 읽어내려 갔습니다.

설교 준비는 각별히 정성을 드리며 준비를 하셨습니다. 월요일에 벌써 다음 주 설교 요목과 성경본문을 정한 후 주석을 보며 성경을 정독을 합니다. 다음 날부터는 참고서를 찾아 읽고 기도와 명상 중에 내용을 구상한 후 금요일에는 정리하고 토요일에는 연습을 합니다. 설교 한 편 준비를 위해서 대개 1주일이 소요된 이성해 목사님의 설교는 부드러우면서 은혜가 있어서 신도들의 환영을 받았다고 합니다. 봄. 가을로 대심방을 하고 필요한 가정은 수시로 심방하셨습니다. 평범한 목회 방법이지만 성직자로서 나무랄 데 없는 생활이었습니다.

2. 나환자들과의 만남

강릉중앙교회에 온지 2년이 다 되어갈 무렵 이성해 목사님은 작은 사건을 격게 되었습니다. 한 번은 주일 낮 예배시간이 되어 예배당으로 들어갔습니다. 그 때 현관 가까운 뒷좌석에 나환자 십여명이 의자에 앉아 있는 것이었습니다. 이 모습을 본 천형을 받은 자로 여기며 더불어 지내거나 접촉을 기피했었고, 나환자 편에서도 스스로 성한 사람들과 격리를 하곤 했었습니다. 그런데 열명이 넘는 나환자들이 일그러진 얼굴로 누더기 옷을 걸친 채 예배당에 들어와 문제였습니다. 특히 여신도들 가운데 심약한 신도는 비명을 지르기까지 했습니다. 그래서 이성해 목사님은 그들에게 다가갔습니다.

"형제님들은 어떻게 이 교회에 나오셨지요?"

그때 나환자 중 좌장격인 한 환자가 겨우 입을 열었습니다. **"저희들을 치료하고 돌봐주고 있는 시율린 선교사님이 우리에게 하는 말이 '예수 믿고 교회에 가서 예배를 드려야 한다'고 해서 이렇게 왔습니다." "그래요? 잘오셨습니다. 예수님을 잘 믿고 교회출석도 열심히 하십시오"**

그러나 문제는 그 다음에 일어났습니다. 두 주일이 지나자 출석 교인들의 수가 현저하게 줄었습니다. 그래서 이성해 목사님은 전도사들에게 그 이유를 알아보았습니다. 그랬더니 '문둥이들이 다니는 교회'여서 기분나쁘다고 교인들이 출석을 꺼린다는 것이었습니다.

이성해 목사님은 신도들이 나병 환자들 때문에 교회에 나오지 않는다는 말을 듣고 가슴이 아팠지만, 일단 시유린 선교사에게 연락을 드렸습니다.

"선교사님 미국에서도 예배시간에 나환자들이 와서 성한 사람들과 같이 예배를 드립니까?"

"그런 경우는 거의 없습니다. 미국에서는 나환자들만 따로 모아두고 치료하는 시설 좋은 요양소가 많이 있어 그곳에서 예배드립니다. 그래서 일반 교회에는 나오지 않습니다."

"사실은 선교사님의 소개를 받았다는 십여 명의 나환자들이 저희 교회에 출석을 해서 예배를 드린 지가 벌써 세 주째가 됩니다. 그런데 문제는 교인들이 거의 불치에 가까운 나병이 옮을까봐 교회 출석을 꺼려 지금은 교회가 텅 빌 정도가 되었습니다. 괜찮으시다면 선교사님의 사무실을 그들에게 개방해 주신다면 예배는 매 주일 빠짐없이 제가 가서 인도하겠습니다."

그러나 이런 어려운 문제를 놓고 교회와 목사가 어려워하고, 또 선교사도 난처해했다는 이야기를 들었는지 그 후로 다시는 나환자들이 강릉중앙교회나 선교사의 사무실에도 오지 않았습니다.

이성해 목사님의 마음은 매우 착잡했습니다. 현실적으로나 법적으로는 반드시 저들은 격리해야 하는데, 예수님이라면 어떻게 하셨을까? 저들을 꺼리는 우리들을 향해 무섭게 질책을 하시는 것 같았습니다.

"소자 하나라도 내게 오는 것을 금하지 말라! 저들이 누구냐? 너희들에게 가장 가까이 다가와 있는 네 이웃이 아니더냐? 그들을 네 몸과 같이 사랑해야지! 그렇게 못하는 주제에 내게 예배드리러 오는 것까지 핑계대고 포기해? 그리고 그런 수준으로밖에 기르지 못한 네 책임은 없는 줄 아느냐?"

이 일을 치른 후 이성해 목사님은 우리나라에도 나환자 요양소가 여러 곳에 있어야 한다고 생각하고 관심을 갖고 기도하기 시작했습니다.

당시 강릉에서 얼마 떨어지지 않은 곳에 경치가 아름다운 해수욕장으로 송정이라는 어촌이 있었습니다. 이성해 목사님은 이곳에 개척교회를 세우기 위하여 큰 기와집 한 채를 샀습니다. 그리고 주일 오후에는 강릉중앙교회 신도들을 이끌고 가서 주민들에게 전도도 하고 저녁예배를 드리고 돌아오곤 했습니다.

그 후 송정의 기와집 교회에도 신자들이 생겨났습니다. 그래서 할아버지가 제천동부교회에서 시무할 당시 영적으로 잘 훈련받은 강일수 속장의 가족을 데려다가 교회를 관리하게 했습니다.

그리고 이성해 목사님은 '내가 은퇴 목사가 되면 이곳에 와서 여생을 보내리라'고 계획하고, 경주 과수원 옆에 남아 있던 논을 팔아 송정 근방에 있는 땅 오천여 평을 매입해 그 땅에다 과수를 심어서 재배하게 했습니다.

또 이성해 목사님은 강릉중앙교회 있을 때, 교인이 별세하면 봉분을 만들고 그 앞에 나무 또는 돌로 십자가를 만들어 세우거나 새겨 놓는 것을 보고 '같은 교회 성도들끼리 한 곳에 묻혀 주님 오실 때 같이 부활하면 참 좋겠다'라는 생각을 하게 되었습니다. 말하자면 교회묘지 개념을 도입한 것입니다. 교회의 제직회의 의결을 거쳐 전 교인들의 환영하에 강릉중앙교회 공원묘원을 조성하기 위해 향이 좋은 남향에다가 경사도 완만한 임야 만여 평을 매입하셨습니다. 그리고 매입한 땅의 가장 높은 곳에 큰 십자가를 세웠습니다.

이후부터 신도들은 소천하는 순서대로 차례차례 위에서부터 잘 조성된 교회공원 묘원에 묻히기 시작했습니다. 살아 있을 때에도 강릉중앙교회당의 십자가 아래 모여 서로 교제하고 신앙생활하던 교우들이, 이제 세상을 떠나도 그 육신이 또 십자가 아래 함께 묻혀 지낸다고 매우 좋아한 것입니다.

이성해 목사님은 천국환송예배 때 마다 이렇게 말씀하셨습니다. **"이처럼 우리가 살아 있는 동안 주님이 오시면 공중으로 들려 올려 강릉중앙교회 성도 모두 함께 지낼 것이요, 죽은 다음에 주님이 오신다면, 마지막 대 심판의 날 이곳에 묻힌 우리들이 함께 부활해 주님과 영원히 살게 될 것입니다."**

한번은 포이러스 선교사와 함께 휴전선 가까운 거진교회를 방문한 적이 있었습니다. 당시는 몹시 추운 겨울이라 거진교회 이 장로님이 경영하는 병원에서 자고 아침에 일어나 밥을 먹고 있는데, 중학생들을 태우고 학교에 가던 버스가 시냇물을 건너다가 미끄러져 넘어지는 바람에 학생 십여명이 중상을 입고 사경을 헤맨다는 기별을 받았습니다.

급히 선교사의 지프차를 타고 의사인 이 장로와 함께 달려가 부상 당한 학생들을 끌어내어 땅 바닥에 뉘어놨는데, 물에 젖은 몸을 그대로 차가운 강둑에다 뉘어 놔 모두 얼어서 죽은 시체 같았습니다. 병원으로 옮겨 응급 치료를 했으나 11명 중 9명은 죽고 겨우 2명만 살아난 것입니다. 그때 할아버지는 하나님이 우리들의 생명을 주관하시어 이 땅에 더 두시기도 하고 데려가시기도 하되 그 정함을 우리가 알 수 없으니 어릴 때부터 철저하게 예수 그리스도를 영접하게 하여 신앙생활을 잘 하도록 교육해야 한다고 강조하며 말씀하셨습니다. 할아버지의 이러한 목회정책에 따라 강릉중앙교회는 더욱 더 청소년 전도와 교육에 힘쓰게 되었습니다.

교회도 그 교통사고 사건 이후, 이성해 목사님과 이 장로님 그리고 포이러스 선교사 등이 교통사고가 나자마자 어느 누구보다 빨리 현장에 가서 사고당한 학생 전원이 사망했을지도 모를 상황에서 침착하게 시신을 수습했고 또 생존자를 가려 빠르게 병원으로 이송, 치료했다는 소문이 강릉 시내에 널리 알려지자 강릉중앙교회는 더욱 부흥하게 되었습니다.

6. 강릉에서 인천으로

'목회자는 항상 떠날 준비가 되어 있어야 한다'는 말이 있습니다. 특히 파송제인 감리교회에 속한 목회자에게는 더욱 그러했습니다. 왜냐하면 당시만 해도 감리교회는 감독 파송제였기 때문이었습니다.

1963년 3월 이성해 목사님은 서울에서 열린 중부연회에 참석했습니다. 여기서 이성해 목사님은 뜻밖에도 인천숭의감리교회로 파송 명령을 받았습니다. 강릉중앙교회서 4년여 동안, 여러 가지로 사역과 삶이 익숙해졌고, 지역사회에서도 이성해 목사님의 성실한 활동이 널리 알려져 존경받는 위치에 올라 있었고, 더구나 할아버지의 나이도 환갑을 넘긴, 이른바 황혼기에 접어들었는데, 인천숭의교회로의 파송은 연회가 자신을 홀대하고 너무 심하게 대접한다는 생각이 들었습니다.

연회 회기 중 내내 씁쓸한 심정으로 참석했다가 연회가 끝나자 할아버지는 강릉으로 돌아와서 임원회를 열고 '인천 숭의동에 있는 숭의교회로 파송 받았다'는 말을 꺼냈습니다. 그러자 임원 전체가 마치 벌집을 쑤신 듯 들고 일어나 '절대불가'를 외쳐댔습니다.

이때 이성해 목사님은 내심 기뻤다고 합니다. 은근히 가기 싫었기 때문이었습니다. 더구나 동해가 너무 좋아서 이곳에서 은퇴하고 여생을 강릉 해변에서 지낼 생각으로 토지를 매입하고 과수를 심기까지 했으니 말입니다. 결국 당시 감독이었던 이환신 감독님의 권고에 순복함으로 강릉중앙교회에서의 목회를 접고 인천 숭의교회로 부임하게 되셨습니다. 이렇게 된 이유는 인천숭의교회 안에 여러 가지 문제가 있어서 감독님이 직권파송을 하시게 된 것입니다. 그러나 강릉중앙교회의 교인들이 너무나 극렬히 반대하고 교단을 탈퇴하기까지 한다는 이야기를 듣고 대신 인천숭의교회에 와서 문제만 잘 해결되면 다시 강릉중앙교회로 재 파송한다는 약속을 하고 인천으로 오시게 된 것입니다. 그러나 강릉에서 인천으로 파송받아 오게 된 것에는 하나님의 섭리와 은혜가 있었습니다. 저희 할아버지를 소개한 윤영봉 당시 군목께서 인천숭의교회가 지금은 모든 것이 강릉중앙교회에 비해 작고 약하지만 앞으로 인천숭의교회의 비젼을 보고 이곳으로 파송을 받기를 원하셨던 것입니다.

결국 이성해 목사님은 그 해 5월 인천숭의교회에 부임하셨습니다. 그렇습니다. 이성해 목사님은1963년 3월(실재 부임은 5월)에 제15대 목사로 인천숭의교회 담임목사로 부임하게 된 것입니다. 그런데 실제로 인천에 와서 보니 숭의교회의 교세는 강릉교회의 3분의 1정도요 예배당은 벌판의 높은 언덕에 있었습니다. 주위에는 인가가 하나도 없고 오직 군인들이 주둔하고 있는 군막만이 50여채가 있어서 황량했습니다. '참 이런 곳에 60넘은 나를 보내다니! 뭘 어떻게 하라고.' 순간순간 인간적인 푸념과 짜증이 일 만한 환경이었습니다. 그러나 하나님께서 보내셨으니, 하나님께서 할 일의 지혜도 주실 것이고, 힘도 주실 것을 믿고 날마다 기도하며 사역의 일선에서 행군해 나가기로 했습니다.

우리는 여기서 인천숭의교회는 어떻게 시작되었는가를 살펴 볼 필요가 있습니다. 왜냐하면 노년기에 접어든 이성해 목사님이 인천숭의교회에 부임해 십여 년간 사역하면서 역사와 전통은 있었으나 오랜 정체가 있던 숭의교회를 일으켜 전국에서 가장 부흥하는 교회로 만들었기 때문입니다.

돌이켜 보건데, 1917년 10월 마지막 주일 밤, 당시의 행정구역상 경기도 부천군 다주면 정의리였던 현재의 이 자리에 「장의리기도처」로 출발했던 숭의교회가 2021년 현재 104주년이 되었습니다.

7. 부흥하는 인천숭의교회

목회자의 열망은 섬기는 교회가 부흥하고 하나님의 나라가 확장하는 것입니다. 이 일을 위하여 기도하고 헌신하며 하나님의 도우심을 열망합니다.

1963년 환갑을 넘긴 나이의 이성해 목사님은 인천숭의교회의 제15대 담임목사로 5월 초에 부임했습니다. 전임 김영철 목사님은 강릉으로 이동했습니다.

이성해 목사님은 숭의교회에 부임하자마자 강력한 성령님의 인도로 교회 개혁에 임해 말씀과 기도운동에 전력했습니다. 또한 교회가 안고 있는 시끄러운 갈등중 금전적인 문제가 원인이 있었으나 할아버지는 무엇보다도 성도들이 영적으로 빈곤해서 이런 문제가 생긴 것으로 진단을 하고, 교회의 모든 것을 영적인 부흥과 말씀, 그리고 성령운동을 통해서 이런 문제들을 하나하나 해결해 나가셨습니다.

또 이성해 목사님은 교회 전체 8개 속에 대한 대심방을 실시하며 교회 성도들에게 말씀으로 위로하고 성령님의 도우심을 구했습니다. 그러나 처음 1년 동안은 별로 성과가 없었습니다. 그러나 2년째 접어들자 성령의 역사가 일어나기 시작했습니다. 교회가 안고 있는 문제는 자동적으로 해결이 되었고, 교회는 45평 상하층 90평에서 30평을 증축했고, 점점 부흥하기 시작했습니다. 그리고 교회는 서서히 안정기에 접어들었습니다.

또]이성해 목사님은 그동안의 「주보」의 체제를 구태에서 벗어난 새로운 디자인으로 바꿨습니다. 주일 밤 예배순서와 수요일 밤 예배순서를 함께 게재했고, 주일학교 학생들의 공부를 위한 교재로 매 주마다 공과를 실었습니다. 또 주보 맨 뒷면에다는 지난주의 교회 보고를 실어 잘한 것은 격려하고 반성할 것은 반성하게 했습니다. 그리고 주일 저녁 예배와 수요일 저녁예배는 집중적으로 성경을 강해하며, 성도들을 말씀 중심으로 이끄셨습니다. 이성해 목사님이 은퇴 이후에 성경신학원을 만들었지만, 사실은 목회 하는 내내 가르치는 은사가 있으셨던 것입니다. '

첫 번째 성경공부로 주일저녁에는 창세기, 수요일 저녁에는 계시록을 택하여 성경의 처음과 끝을 동시에 강해하셨습니다. 교인들의 수가 점점 불어나자 5인용 장의자 40개를 새로 비치해 200석을 더 확보했으며 예배당 바닥을 들어내 신을 신은 채 그대로 들어와 예배에 참여할 수 있도록 했습니다.

또 이성해 목사님이 개혁한 것 중의 하나는 교회 지도층의 나이를 과감하게 낮춘 것입니다. 곧 숭의교회 창립 맴버나 다름없는 초창기 신도로 매우 헌신적이었던 임도라 장로가 71세로 은퇴한 이후 1963년 11월 31일 당회에서 이은수, 이용하, 윤명일 등 세 권사를 장로 후보로 천거해 보다 젊은 층들로 하여금 교회를 이끌고 봉사하게 한 것입니다.

1964년, 이성해 목사님은 '신자배가 및 헌금배가운동'을 벌였습니다. 그리고 당시 아들인 저의 부친 이호문 전도사는 서울 감리교신학대학교를 졸업하고, 모친 윤신자와 결혼해 조부 이성해 목사님과 함께 살았습니다. 이 때 조부 이성해 목사님은 저의 부친을 인천 청학동에 숭의교회의 지원으로 송정성씨 가정을 중심으로 개척교회를 시작하게 되었습니다.

여기서 저의 부친은 2년간 목회를 하면서 숭의교회의 전도사로 겸임 발령을 받고 일했습니다.

그러면서 1958년 운영의 어려움을 이유로 폐원했던 숭의유치원을 다시 개원했습니다. 그것은 조기교육의 중요성을 일찍부터 터득한 혜안에서 비롯된 것이었습니다.

교회가 안정과 성장의 전기를 잡은 이상 교회에 필요한 여러 가지 역할을 포기할 수 없었습니다. 오히려 더욱 적극적인 노력이 필요하다고 이성해 목사님은 생각한 것입니다.

연로한 교인들이 주축을 이루고 있는 숭의교회는 이 즈음 부터 젊은이들이 늘어나기 시작하였고, 그들이 봉사에 솔선수범하게 되었습니다. 젊은이들은 아버지 같은 이성해 목사를 도와 말씀공부와 전도에 열심이었습니다.

이 젊은이들 가운데 인하공대에 다니는 김동완(동생. 김홍기 감리교신학대학 총장)이 있었습니다. 강릉중앙교회 출신으로 인천에 있는 인하공대에 진학하였는데, 강릉에서 자기 교회 목사님이었던 이성해 목사를 찾아 숭의교회에 출석하며 봉사하였습니다. 김동완은 낡은 예배당을 수리하려고 애쓰는 이성해 목사의 헌신을 보면서 많은 배움을 얻었습니다. 자기가 교회를 위하여 무엇을 할 수 없을까 생각하다 보니, 예배당 안이 너무 어두워 나이 많은 사람들에게 불편하기에 자기 용돈을 모아 예배당 전등을 교체하였습니다.

"예배당이 밝아져 참 좋구나. 참 감사한 일이구나"

이것을 본 이성해 목사는 너무 기뻐하였습니다. 김동완은 자기가 했노라 말씀드리지 않고 '이름 없는 성도'의 헌신으로 돌렸습니다. 훗날 김동완은 목사가 되었고, 한국기독교협의회 총무로 오랫동안 봉사하였고, 지금은 평화를 만드는 교회 담임목사로 사역하다가 먼저 하나님의 부르심을 받았습니다. "이 목사님은 제 믿음의 아버지입니다. 고등학생 때에 강릉에서 지도를 받았고 다시 인천까지 따라와 많은 사랑을 받았습니다. 한마디로 그분은 '성자의 삶'을 사신 분입니다." 김동완 목사는 이렇게 이성해 목사를 추모하며 그리워하였습니다.

'신자배가운동'과 '헌금배가운동'의 결과는 연말이 되자 두드러지게 나타나기 시작했습니다. 1964년 초가 되자 집계된 통계는 전년대비 거의 두 배에 가까운 교인등록 수와 헌금이 집계되었습니다. 이런 놀라운 결과는 증축된 강단 기도실에서 아들 이호문 전도사가 성령의 능력을 받고 교회는 더욱 부흥하기 시작했습니다.

이 성령 사건 이후 저의 부친 이호문 목사는 여러 교회에 초청받아 불붙는 설교로 많은 사람들에게 감화와 하나님의 은혜를 받도록 인도하는 뛰어난 부흥사가 되었습니다. 이호문 부목사의 적극적인 활동으로 1970년 90평짜리 예배당을 헐고 470평을 신축하며 숭의교회는 인천에서 가장 큰 감리교회로 부흥하게 되었습니다.

숭의교회의 성장을 가져온 '신자배가운동'과' 헌금배가운동'의 성공은 살아 불붙는 생명력이 되실아나 힘과 감화력으로 많은 초신자들을 불러들이는데 일조를 한 이호문 전도사의 설교와 온화하나 강직하고 성실했던 담임 이성해 목사의 충성스러운 인성적 목회가 조화를 이룬 결과였습니다.

그러나 계속해서 교회에 기쁨과 감사한 일만 있었던 것은 아닙니다. 1965년에는 인천시의 도시계획사업에 의하여 1,915평에 달하는 교회부지에 환지법이 적용되어 800평 가량의 교회 땅을 잃게 된 사건이 발생했습니다. 그럼에도 불구하고 숭의교회의 전진은 멈추지 않고 계속되었습니다. 이호문 목사가 전도사 시절에 개척했던 청학교회도 85평의 대지를 구입해 16평의 벽돌 예배당을 신축해 봉헌했습니다. 또한 이성해 목사는 '속장강습회'를 실시해 속장의 임무와 역할 등 교회의 기간조직으로서의 중요성을 강조해 끊임없는 성도간의 결속을 다져나갔습니다.

이성해 목사님이 부임 당시 8속이던 것이 17속으로 증가했고, 1967년 7월 23일 교회의 모든 부서와 예배에 참석한 인원이 735명이었다고 당시의 주보가 기록하고 있습니다. 30~40여 명이었던 교회가 4년 만에 거의 20배가 성장하게 된 것입니다.

1968년 3월 17일에는 중부연회에서 숭의교회의 지 교회인 청학교회를 담임하고 있던 이호문 전도사가 목사 안수를 받았고, 숭의교회 정기임원회에서 이호문 목사를 부목사로 청빙하는 문제가 상정되었고, 3월 31일에는 이호문 목사를 숭의교회 부목사로 추대하는 감사예배가 은혜롭게 거행되었습니다. 10월에 이르자 예배에 출석하는 장년 교인수가 1,000명을 돌파하게 되었습니다.

1970년 한 해 동안 새신자가 352명이나 등록했다고 연말 주보는 결산통계를 냈습니다. 이제는 전도가 생활화된 성도들이 줄기차게 전도를 하는 교회가 되었습니다.

1971년에는 43속의 규모가 된 숭의교회는 1972년이 되자 50속 1,839명이 출석하는 교회로 부흥하게 되었고, 10월 29일 정기임원회에서는 만 70세가 되는 이성해 목사가 교회법에 따라 은퇴하게 되자, 그 후임에 이호문 목사가 담임목사로 그 대를 이어가게 되었습니다.

8. 은퇴와 새로운 헌신

하나님의 자녀들은 이 땅에서 건강하게 살기를 원합니다. 이것은 자신의 영광을 위한 것이 아니라 하나님의 역사를 선포하기 위한 방법입니다. 또 자신의 믿음이 후손들에게 계승되기를 원하는데, 이성해 목사님은 이 두 가지를 다 이루었습니다.

이성해 목사님은 1998년 12월 7일 소천할 때까지 성경읽기와 기도에 최선을 다하셨습니다. 그리고 잠을 자듯 조용하게 소천했습니다.

이성해 목사님은 평생 규칙적인 생활을 하셨고, 무슨 일을 하든지 무리하거나 억지로 하지 않았습니다. 일을 처리함에 있어 물 흐르듯 정당한 방법을 가지고 처리해 모든 사람을 납득시키는 올곧은 성품을 지닌 목사였습니다.

언제나 하나님, 예수님 제일주의 그리고 일마다 때마다 성령의 능력에 의지했으며, 무슨 일이든지 기도보다 앞서서 하지 않았던 복음에 합당한 목사였습니다. 그의 성품은 온화했고 부드러웠습니다. 복음 수호에 대한 열정과 고집 외에는 언제나 양보하고 매사를 기쁘게 생각하고 이해했으며 매우 부지런했습니다.

94세까지 신학교에서 한 주일에 네 과목의 강좌를 맡아 하루 여섯 시간의 강의를 해 냈던 강건한 육체와 정신, 그리고 열정을 지닌 목사이기도 했습니다.

그가 건강을 유지하면서 70세에 은퇴한 후 소천할 때까지 나머지 생애 27년간 더 정력적으로 활동했던 비결을 묻는 많은 사람들에게 이성해 목사님은 이렇데 답변했습니다.

"많은 사람들이 내게 와서 90세가 넘도록 건강하시니 그 비결이 무엇인지 가르쳐 달라고 하면, 나는 나의 장수와 건강의 비결은 내게 있는 것이 아니고 다만 하나님께 있다."고 대답하셨습니다.

"에베소 6:1-3절에 부모를 공경하면 장수한다는 말이 있듯이, 이것은 부모님의 부모가 되시는 하나님을 잘 공경할 때 영생한다는 뜻으로 알게 되어 나는 열심히 하나님의 뜻대로 살면서 기쁘시게 하여야 되겠다는 생각을 했습니다.

하나님께서 나에게 성경 강해하는 사명을 주시어 교회와 신학교에서 성경을 강해하게 되었고 이로써 나의 생명을 연장시켜 주심을 알게 되었으며 또한 이 사명을 감당키 위해서 늘 생각하고 열심히 활동하니 영혼이 잘 되고 따라서 건강도 주심을 알고 감사했습니다. 지금 나에게 소망이 무엇이냐고 묻는다면

첫째는, 예수님의 재림이요.

둘째는, 예수님 재림 전에 이 민족이 복음화가 되고 전 세계가 복음화 되는 것이다.

셋째는 한국감리교단에 은퇴 목사님들이 해마다 많아지는데, 저들에게 은급을 주어서 평안히 쉬게 하고, 간간이 한 번씩 교회에 초청하여 음식도 대접하고 설교를 하게 하고, 성경공부반을 두고 성경 강사로 책임을 맡겨서 부지런히 활동하게 하는 것입니다."

이제는 부족한 이 사람이 숭의교회의 17대 담임목사가 되어 그리운 조부 이성해 목사님을 기억하며 이 글을 쓰면서도 하나님의 은혜에 감사하는 것은 할아버지와 같은 방을 쓰면서 나도 모르게 배운 하나님을 향한 할아버지의 마음을 볼 수 있었다는 것입니다.

그리고 늘 규칙적인 생활과 말씀을 읽고 기도하는 삶, 절제하는 삶의 모습을 통해 지금도 나의 마음속에서 말씀 하시는 하나님의 은혜를 느끼곤 합니다.

이 모든 일 가운데 함께 해주신 하나님을 찬양합니다.

▲ 이성해 목사님, 이호문 목사, 윤신자 사모
하단 왼쪽부터_장남 이선목 목사, 셋째 이종삼 집사, 둘째 이기업 집사, 막내 이명진 목사

▲ 가족 사진_앞줄 좌로부터 자부 이혜연, 부친 이성혜 원로목사, 손자 찬우, 윤신자 사모, 뒷줄 좌로부터 장남 선목, 이호문 담임목사, 4남 영진, 3남 종삼, 원내는 2남 기업.

약 력

1921년	동경정칙영어학교 수료
194?년	일본관서성서신학교 입학
1944년	일본관서성서신학교 졸업
1949년	평양성화신학교 졸업
1953년~1959년	충북 제천 동부교회
1959년~1963년	강릉중앙감리교회
1963년~1973년	숭의감리교회
1973년	은퇴 후 인천성서신학원 설립
1998년	천국 입성

이선목 목사
숭의교회 담임목사
전, 인천성서신학원 교수

선교는 때를 얻든지 못 얻든지 해야 하듯, 그의 교회 개척도 때를 얻든지 못 얻든지 수시로 했다. 그리하여 그는 32개라는 한국 선교 사상 최고의 기록적인 교회 개척을 통해 교단의 성장에 기여했고, 하나님 나라의 확장에도 크게 공헌한 예수님을 닮은 목회자였다.

교회 개척과 부흥에 힘쓴 온유 겸손한 목회자 황성주 목사

류재하 목사_서울서부성결교회

1. 들어가는 말

1973년 7월 5일 주일 오전 11시, 인천송현교회의 2부 주일 낮 예배에 참석한 많은 신자들은 어떤 호기심에 설레는 마음으로 예배를 드리고 있었다. 이날은 담임 황성주 목사가 한 달 동안 성지 여행을 마치고 귀국, 한 달을 미룬 성례식을 거행하는 날이었다.

그날의 성례식이 평소와 다른 것은, 황 목사가 성지순례를 마치고 귀국하면서 예수께서 세례를 받으셨던 요단강 물을 친히 가져와 이 물로 세례예식을 거행한다고 이미 광고가 되어 있어서, 성도들의 마음이 호기심으로 설레어 있었다.

특히 그날 세례를 받게 될 50명의 신자들은 남보다 더한 감격스러운 마음으로 맨 앞좌석에 3줄로 단정히 서서 집례자 황성주 목사로부터 권면의 말씀을 들었다.

"오늘 세례를 받게 된 50명의 신자들은 누구보다 복을 받은 분들입니다. 왜냐하면 제가 성지순례를 하면서 예수께서 세례 받으셨던 요단강 물을 한통 직접 떠서 가져와 오늘 세례를 베풀기 때문입니다. 물론 물은 흘러가는 것이기 때문에 이 물이 예수께서 받으셨던 그 물은 아닙니다만, 요단강 물이란 점에서 의미가 있습니다. 따라서 오늘 이 물로 세례를 받음으로 더욱 진실하고 열심 있는 하나님의 자녀로 계속 성장하시기를 바랍니다."

이윽고 차례대로 수세자들은 강대상 위로 신을 벗고 올라가서 방석에 꿇어앉자, 부목사가 들고 있는 그릇에 손을 넣은 황목사가 요단강 물을 조금씩 손으로 퍼서 신자의 머리에 끼얹으며 세례를 베풀었다.

이렇게 50명의 수세자에게 세례를 베풀고 난 후, 황 목사는 이어서 그들에게 성찬을 베풀었다. 성찬 찬송을 부르고, 성찬에 관한 성경 말씀을 읽은 후, 그릇에서 떡을 하나 들어 보이면서 권면의 말씀을 했다.

"오늘 수세자들이 받을 떡은, 제가 성지순례 중 예루살렘 시온산 기념교회에서 사용하는 떡 무교병입니다. 옛날 이스라엘 백성들이 먹던 그 무교병, 예수님도 이런 무교병을 잡수셨다는 사실을 기억하시기 바랍니다. 이 시간 이 무교병을 먹음으로 주님께서 우리를 위해 찢기신 몸을 기념하는 성찬식에 감사와 감격스러운 마음으로 참예하시기 바랍니다."

이날 세례를 받은 수세자들은 모든 성도들의 부러움의 대상이 되었다. 그래서 그들의 세례를 축하하면서, 그들의 참된 신앙생활을 당부했다. 동시에 그들은 남다른 은혜를 입었다는 것을 인식하고, 신앙생활에 매진할 것을 스스로 굳게 다짐했다.

그로부터 한 달 후였다. 이미 지난 4월에 예배당 기공식을 거행한 송현교회는 이날 주일 대 예배 후 전 성도들이 지켜보는 가운데 머릿돌 공사를 했다. 머릿돌이라 새겨진 대리석에는 "이 돌은 황성주 목사가 성지순례 중 예수님이 나신 베들레헴에서 가져온 것이다."하고 기록함으로, 송현교회는 성지에서 온 교회라는 의미와 함께, 더욱 감사생활을 할 수 있게 되었다.

이처럼 황성주 목사는 자나 깨나 목양일념(牧羊一念)으로 사신 하나님의 종이셨다.

2. 황성주 목사의 요약된 삶

1. 출생과 성장

황성주는 1912년 7월 5일 충북 음성에서 출생했다. 당시는 5백 년의 조선왕조가 일본의 침략에 의해 1910년 한일병탄으로 멸망 당한 지 2년이 되는 때여서, 조선의 백성들은 나라를 잃은 서러움과 울분을 마음속으로 삭이면서 지내던 암울한 시기였다.

그의 본명은 황용주(黃龍周)로, 부친이 항렬인 용(龍) 자를 따라 지은 것이다. 그는 7살 때 부친을 따라 경북 김천으로 이사하면서 청소년 때와 청년의 시기를 김천에서 보냈다.

그는 태어나기 전부터 모친이 교회를 다녔기 때문에 모태 신자였고, 태어나면서 모친의 등에 업혀 교회를 다녔으며, 김천으로 이사하면서 황금동장로교회의 주일학교를 다녔다.

그는 15살에 보통(초등)학교를 졸업하고, 가정의 형편상 진학을 할 수 없게 되자, 낙심하여 절친한 친구인 여판금과 함께 교회에 가지 않고 방탕한 길로 접어들었다. 두 사람은 모든 면에 손발이 척척 맞는 친구였다.

여름에 배가 고프면 마을 과수원에 몰래 들어가 과일을 서리해 먹었고, 또 심심하고 답답한 날이면 김천역에 몰래 숨어들었다가 대구나 대전까지 무임승차로 오르내리면서 별 짓을 다하는 악동들이었다.

두 사람은 예능에 소질이 있어, 용돈이 생기면 함께 극장에 가서, 영화와 연극 보는 것을 매우 즐겼는데, 그들의 꿈은 배우가 되는 것이었다. 그들은 극장에서 나팔을 부는 것이 멋이 있어, 용돈을 모아 나팔을 사서 둘이서 열심히 연습을 했다.

2. 신앙생활과 교회봉사

용주가 20살(1931년)이던 어느 여름날에 판금이와 함께 영화를 보러 김천극장으로 가는 길이었다. 번화한 사거리에서 북소리가 들리고, 몇 사람들이 모여 노래를 부르고 있었다. 그들은 호기심이 생겨 구경꾼들 틈에 끼어들었다.

“여러분. 오늘 밤 경성(서울)에서 아주 유명한 부흥강사님이 오셔서 인생의 소중한 진리를 말씀하십니다. 모두 우리와 함께 교회로 가서 인생의 기쁨을 발견하시기 바랍니다.”하고 외치면서, 두 사람을 반강제로 끌고 갔다. 그들이 간 곳이 김천성결교회(현 남산교회)였다.

이 집회에서 그들은 예수 믿겠다고 함께 손을 번쩍 들었고, 목사님의 권고에 따라 이튿날 새벽기도를 시작으로 모든 예배를 빠짐없이 다녔다. 그들은 함께 학습, 세례를 받고, 일 년 후에 총각 집사로 임명되었다. 초고속 승진이었다. 그리고 주일학교 교사로 일했다.

그가 22살(1933년) 되던 8월이었다. 총회에서 파견한 십자군 전도대 천막 집회가 일주일 후 김천에서 열린다는 목사님의 광고가 있었다. 저녁 예배 후 그와 나이가 비슷한 청년들 7명이 모였다. 이번 집회에 은혜를 받기 위해 먼저 준비 기도를 하기 위해, 그들은 조그만 기도실에 들어가 찬송을 뜨겁게 부른 후 소리 높여 기도하기 시작했다.

새벽 2시경 그들에게 큰 은혜가 임하여 회개가 터졌다. 용주는 이제까지 멋으로만 알고 했던 모든 장난이 죄라는 것을 깨달았다. 그래서 그는 가슴을 치고 울면서 낱낱이 회개를 했다. 청년 7명이 모두 회개하고 통곡을 한 후 거듭남(중생)을 체험했다.

이튿날 그들은 회개의 열매를 맺기 위해 각자 노력했다. 용주는 어머니에게 가서 무릎을 꿇고 회개했고, 친구들을 만나 빌린 돈을 돌려주었다. 또 판금이와 함께 과수원 주인에게 찾아가 과거 과일 도둑질한 것을 말하고 값을 쳐주었고, 김천 역장을 찾아가서 소년 때 무임승차 여섯 번한 것을 회개하고 대금을 변상했다.

일주일 후에 열린 집회에서 청년들은 큰 은혜를 받고, 성경이 하나님의 말씀임을 확신하게 되었으며,기도와 성경 읽기에 더욱 힘을 쓰게 되었다. 이때 황용주는 그의 이름에 마귀를 상징하는 용(龍)자가 있음을 깨닫고, '용' 자를 거룩할 성(聖) 자로 바꿨다. 이후부터 그는 황성주란 이름으로 활동하게 되었고, 판금이도 이제부터 주의 일에만 힘쓰겠다며 여일심으로 개명했다.

은혜를 받은 청년들은 모임을 만들어 하나님의 일을 열심히 하기로 하고 그 이름을 성우(聖友)청년회라 지었다. 그리고 기도와 봉사, 그리고 전도를 열심히 하면서 교회를 부흥시키는데 앞장을 섰다.

3. 소명과 헌신생활

그 후 황성주는 하나님의 소명을 받고, 1940년에 경성신학교에 입학하여, 서울 마포의 신수동교회 전도사로 일하다가 1943년 3월 말에 졸업했는데, 일제(日帝)가 경성신학교를 3월 말로 폐교시켰다. 더구나 그 해 5월 24일에는 일제가 성결교회가 주창하는 재림(再臨) 사상이 일본 체제에 맞지 않는다 하여 전국의 성결교회 교역자 체포령을 내렸고, 이에 따라 그는 용산경찰서에 수감되어 심문 받다가 5개월 만에 석방되었다.

그러나 이미 성결교회는 그해 9월 말로 예배 중지령과 함께 교회가 폐쇄되었기에, 그는 할 수 없이 고향 근처 점촌에 가서 휴양하면서 동생 황용석 집사와 함께 강변 모래땅을 매입, '신망애 농장'을 세워 많은 가족과 함께 농사를 짓고 예배드리며 일제강점기의 고난을 극복했다.

마침내 성결교회는 1943년 12월 29일부로 해산령에 따라 전국 200여 성결교회의 신자들은 장로교나 감리교회로 교적을 옮겨 신앙생활을 했고, 교역자들은 각자 헤어졌다. 그것은 성결교회가 그리스도 재림의 주장을 버리지 않고 끝까지 고수했기 때문이다.

그로부터 18개월 후 1945년 8월 15일, 하나님의 은혜로 광복을 맞은 기쁨과 감격의 물결이 한반도를 덮고 있을 때, 그는 그의 모교회인 김천남산교회의 담임 교역자로 청빙을 받아 부임했다.

1945년 11월 9일 장로교, 감리교회로 뿔뿔이 흩어졌던 성결교회 교역자들이 다시 모여 서울신학교 강당에서 재흥총회를 개최했고, 그해 11월 21일 영남지방회에서 그는 목사 안수를 받고 본격적인 목회자의 길로 접어들었다.

그가 담임하던 김천교회가 점차 부흥 일로에 있을 때, 그는 부산 수정동교회의 담임목사로 청빙 받아 1947년 11월에 부임했다. 당시 100여 명 모인 교회였지만 영적 활기가 없어, 그는 부산에서 최초로 매일 새벽기도회를 시작하여 영적 바람을 일으켰다.

민족의 참화를 빚은 6.25 전쟁이 발발하자, 부산이 임시 수도가 되었고, 성결교회 총회본부와 신학교도 부산에서 임시로 개교했을 때 수정동교회가 물질적으로 많이 도왔는데, 1953년 7월에 휴전된 후 서울로 환도하자 부산은 차츰 안정이 되었고, 수정교회도 큰 교회로 점점 부흥되어 갔다.

황목사는 인천송현교회의 청빙을 받아 1958년 9월에 부임하면서, 새벽기도를 강조하고 신령하고 은혜로운 설교와 은사집회를 실시하여, 교회는 신유의 역사와 회개하는 성도들이 나날이 늘어나 부임 3년만에 배가가 되었고, 인천에서 가장 신령한 교회로 소문이 났다.

그동안 성결교단은 교회 연합체인 NCC와 NAE라는 두 기관에 장로

◀ 인천송현교회 시절 부부가 경주여행 중 풀밭에 앉은 포즈_1968년

교 감리교와 함께 각각 가입하고 대표를 파송하여 활동했다. 그런데 세계교회협의회인 WCC가 자유주의 신학의 노선인데, 한국의 NCC가 WCC에 가입되어 있어서 한국교단마다 이에 대한 찬반 토론으로 논쟁이 일었다. 그 결과 장로교가 1959년 합동과 통합으로 분열되었다.

마침내 성결교회도 1961년 교단 총회에서 NCC 탈퇴안이 제기되었다. 그러나 투표 결과 NCC 탈퇴안이 보류되자, 소위 보수 측 대의원들이 대거 총회를 퇴장했다. 그들은 그 해 7월 부산에서 총회를 따로 열고 예수교성결교회라는 이름으로 총회를 조직, 한국성결교회가 기성과 예성으로 분리될 때 황성주 목사는 예성 측에 속했다.

기성에서는 교단의 합동을 위해 1964년 총회에서 NCC와 NAE 동시 탈퇴 안을 결의했다. 1965년 4월의 예성총회에서 황성주 목사가 총회장으로 당선되자, 임원들이 뜻을 함께 하여 합동을 추진하기로 하고, 기성 측 임원(총회장 이진우 목사)들과 수차례 만나 일부 반대하는 인사들이 있음에도 불구하고 합동이 하나님의 뜻인 줄 알고 적극 추진했다.

1965년 7월 29일 오후 2시에, 기성은 아현교회에서, 예성은 신촌교회에서 각각 임시총회를 소집하여, 합동할 것을 결의했다. 그리고 그날 오후 7시에 아현교회에서 양측 대의원들이 모여 역사적인 합동총회를 선언한 후 서로 악수하고 얼싸안았다.

그리고 새 임원을 선출, 총회장에 이진우 목사(기성), 부총회장에 황성주 목사(예성)를 선출함으로, 성결교회는 역사적인 합동을 성취하여 한국교계에 아낌없는 박수를 받았다. 그리고 이듬해 1966년 총회에서 황성주 목사가 제22대 총회장에 피선되어 교단 발전에 기여하였다.

그 후 황성주 목사는 아세아-태평양 성결교회 연맹 부회장, 인천시 기독교 연합회 회장, 경기도 경목위원회 위원장, 서울신학대학교 이사장 등을 성실히 역임하면서 교단의 성장과 발전에 공헌을 했다. 또한 그의 은혜로운 설교와 영적 능력, 그리고 성공적인 목회자로 인정되어 한국의 초 교파적 부흥강사로 250여 회의 집회를 인도했고, 일본과 미국에까지 초청되어 한국과 세계의 복음화에 많은 영향을 끼쳤다.

▲ 1,987평(지하 1층, 지상 2층)으로 봉헌한 예배당 전면_1975년

그동안 그가 섬기는 송현교회는 날로 부흥되어, 1974년 4월에 예배당 기공식을 한지 꼭 1년 만인 1975년 4월에 연건평 1,987평인 붉은 벽돌 3층 예배당을 완공, 봉헌예배를 드림으로 송현 언덕에 우뚝 솟은 장엄한 교회로, 인천에서 대교회 중 하나로 성장했다.

그러나 그는 정년을 3년 앞당겨 1979년 1월에 전격적으로 사임을 발표했다. 전 신자들이 만류했으나, 새 시대는 새 사람이 일을 해야 한다면서 뜻을 굽히지 않다가, 후임자를 선임한 후 그는 그해 9월 28일에 원로

◀ 송현교회 은퇴하기 1년 전 고등부 졸업예배 후 기념_1978년

▲ 원로목사 추대예배 후, 교역자와 당회원들 기념사진_1979년

목사로 추대를 받음으로, 인천송현교회 목회 22년을 포함 한국에서의 목회 경력 40년의 대단원을 공식적으로 마감했다.

그는 여생을 더욱 의미 있게 보내기 위해 미국 이민을 준비했고, 수속이 끝난 1979년 9월 30일 김포공항을 출발하여 미주에 도착했다. 그는 고령임에도 불구하고 쉬지 않고, 미주에서 할 일을 찾다가 미주에 있는 동포들의 구원을 위해 LA의 하시엔다교회와 다이아몬드바교회를 개척 설립하여 젊은 교역자들에게 인계, 미주 성결교회의 부흥에 한몫을 했다.

또한 그는 미주에서 그의 오랜 숙원인 기도원을 설립하기 위해 기도하다가 마침내 요세미티 국립공원 옆에 10만 평의 부지를 매입하여 요세미티 광야기도원을 설립함으로 미주 교회 성도들의 쉼터와 은혜와 사명을 제공하기에 힘을 쏟은 영적 거인이었다. 그는 이곳에서 기도하면서 노후를 은혜롭게 보내다가 하나님의 부르심을 받아 1996년 11월 18(85세)로 하늘나라로 갔다.

3. 황성주 목사의 다양한 면모

1. 성청(聖靑) 운동의 원조

성결교회의 청년회 연합회를 약칭으로 '성청'이라고 부른다. 성청은 젊은 신앙인의 특유한 순수함과 열정, 그리고 패기만만한 자세로 성결교회의 발전에 기여했고, 또한 그들이 성장하여 교단의 유능한 지도자들이 되었다.

그러면, 성청은 어떻게 시작되었을까? 그 기원을 찾아보니, 뜻밖에도 일본의 식민지 시절인 1934년, 경상북도 김천에 있는 당시 김천성결교회(현 남산성결교회)로 거슬러 올라간다.

당시 그 교회의 청년 7명이, 일주일 후에 열리는 천막 전도집회에 은혜를 받기 위해 교회의 작은 기도실에서 철야 기도를 하던 중, 큰 은혜가 임하여 통회하는 회개가 터졌다. 그들이 대성통곡하자, 놀라서 뛰어온 김승만 담임목사로부터 "예수님의 십자가의 보혈을 의지함으로 속죄함을 받는다."라는 말씀을 듣고, 평안과 기쁨을 경험했다. 그들이 거듭난 것이다.

그들은 신앙에 불이 붙었다. 교회 일에 열심히 봉사하고, 사랑이 충만했으며, 저녁 예배시간마다 한 시간 전에 모여 북을 치고 나팔을 불면서 노방전도를 했다.

뿐만 아니라, 그들은 과거에 지은 죄에 대해 회개의 열매를 맺어야 한다면서, 잘못된 일이 생각나는 대로 종이에 적었다. 그리고 일일이 찾아가서 용서를 빌고, 돈에 관계된 것은 변상했으며, 심지어 역장을 찾아가 무임승차를 자백하고 용서를 빌고 변상을 했다.

그러다가 그들은 장로교회의 청년들은 면려회(CE), 감리교회 청년들은 MYF라고 부르는 모임이 있는데, 성결교회에는 청년조직이 없음을 알게 되었다.

그들은 예배 후에 함께 모여, 청년들이 서로 친목을 도모하고 전도와 봉사를 계획적으로 하기 위해서는 타 교단처럼 조직이 필요하다고 합의하고, 그 자리에서 7명으로 청년회를 조직했다. 이날이 1934년 1월 25일이었다.

그리고 명칭을 연구하다가 성결교회에서 성聖자를 따고, 서로 친구라는 뜻에서 벗우友자를 써 성우청년회(聖友青年會)라고 했다. 그리고 목사님의 허락을 받았다.

이 성우청년회를 시작한 7명은 황성주, 여일심, 안계완, 이기창, 신태영, 이상윤, 조용수였다. 그들은 얼마 전에 기도하다 함께 은혜를 받고 거듭남 경험이 있어, 매사에 뜻이 맞고 서로 돕는 친형제나 다름없었다. 그들은 청년회의 방향을 다음 세 가지로 정하고 일했다.

첫째, 기도운동이다.

그들은 기도 없이는 아무것도 할 수 없다는 인식을 같이하고, 모이면 열심히 기도부터 했다. 그리고 정기적으로 주일 밤 예배 후에는 기도실에 모여 철야기도를 했다. 기도의 제목은 자신의 완전, 가정의 인가귀도, 교회의 부흥, 민족복음화 등을 위해 뜨겁게 기도했다.

어느 뜨거운 여름에 그들은 교회에 모여서 교회 철종각을 만들 때였다. 어느 집사 한 분이 그들의 봉사가 기특하여 사람 수 대로 아이스케기를 사 왔다. 그들은 먹기 전 누구에게 기도를 시켰는데, 얼마나 뜨겁게, 오래 기도했던지 기도 끝에 아멘하고 아이스케키를 보니, 이미 절반이 녹아 있었다고 한다, 이는 그들이 기도를 열심히 했다는 일화다.

둘째, 봉사활동이다.

그들은 봉사가 없는 신자는 쭉정이 신자임을 인식하고, 교회에 필요한 일을 찾아서 했다. 그들은 나무로 된 교회 종각과 대문이 많이 썩은 것을 알고, 반영구적인 철 종각과 철 대문을 만들어 달기로 했다. 이를 위해 교회 뒤뜰에 '성우철공소'라는 간판을 달고, 철 조각들을 수집해다가 쌓아 놓은 후 퇴근하면 곧바로 교회에 모여 철을 녹이고 망치로 쳐서 6개월 만에 철 종각과 철 대문을 달았다.

또한 그들은 교회용 상여(喪輿)를 만들었다. 목재를 사다가 톱으로 켜고 대패로 밀고 망치로 때려 3개월 만에 아담한 상여, 붉은 십자가가 그려진 교회용 상여를 만들어 신자들이 별세하면 상여를 청년들이 매고 장례를 치렀다. 이를 보고 불신 노인네들이 많이 신자가 되었다.

셋째, 전도활동이다.

그들은 전도하지 못한 신자는 짖지 못하는 개와 같다고 인식하고, 일주일에 한 번 이상 모여 노방전도를 하기로 했다. 나중에는 청년 전도대를 조직하고, 6인조 전도 악대를 만들어 각기 나팔을 불고 북을 치면서 사람을 모아 전도했다. 황성주는 코넷을 불었다. 그들은 주일 밤 예배 1시간 전에 교회 근처 네거리에서 노방전도하여 사람들을 교회로 인도했다.

그리고 몇 달 후에는 인근에 교회가 없는 시골마을 12곳을 각자 자전거를 타고 가서 전도했는데, 소문이 나서 전도 요청이 들어와 그들은 구미읍, 함창읍, 상주읍, 포항까지 원정 전도를 가서 교회를 부흥시키고, 개척교회도 세웠다. 이때 청년 전도대에 의해 설립된 교회는 광천교회, 다수교회, 태촌교회였는데, 지금도 부흥하고 있다.

이렇게 활발한 성우청년회운동을 황성주 청년이 교단 기관지 활천 1937년 3월 호에 투고하여 소개했다. 그랬더니 전국교회 교역자들이 좀 더 자세하게 알려달라면서 문의 편지가 쇄도했다. 황성주는 활동사항을 그대로 자세하게 편지를 써서 보냈는데, 그 후 전국의 많은 교회에서 청년회를 조직하여 젊은 교인을 양성하고 교회 부흥에 기여하게 되었다.

그 후 우리나라가 해방되자, 청년운동의 중요성을 주장하던 윤판석 장로 등 몇몇 지도자들에 의해 1949년 4월에 서울의 아현교회에서 성청 전국연합회의 창립총회를 열고 회장에 윤판석 장로를 선임했다. 그리고 그해 8월에는 대전여고 강당에서 제1회 성청전국대회를 개최함으로써 성청은 성결교회의 중추적인 기관으로 교단의 발전에 크게 공헌할 수 있게 되었다.

2. 은혜 체험을 강조하는 목회자

황성주의 은혜 체험은 그가 21세 때, 교회 청년들과 교회 기도실에서 철야기도 중 회개가 터지고 중생을 체험하면서부터 시작된다. 이 체험을 통해 그의 인생관이 그리스도 중심으로 전환되고, 봉사와 전도활동에 적극 나서자 교회 부흥에 도움이 됨을 깨달았다. 그는 중생의 체험을 통해 변화된 자신의 모습을 보면서 참된 성도의 자격기준으로 중생의 체험을 강조하게 되었다.

그러나 그가 1947년 11월 부산의 수정동교회에 부임하여 목회 일선에서 깨달은 것은 교회의 부흥은 80%가 교역자에게 달려있는데, 목회자의 중생체험만으로는 교회를 크게 부흥시킬 수 없음을 크게 깨닫게 되었다.

그는 부임하자마자 새벽기도회를 강조했다. 당시 부산지역은 장로교회의 교세가 막강했는데, 모든 교회에서 주일에만 새벽기도회가 있을 뿐 평일에는 없었다. 그는 서울신학교에서 이명직 목사로부터 매일 새벽기도의 훈련을 받은 사실을 상기하고, 전교인 새벽기도회 동참을 호소하면서, 새벽 5시면 어김없이 종을 쳐서 신자들을 깨워, 새벽기도회에 참여토록 했다.

그리하여 영적으로 갈급한 성도들뿐 아니라, 장로교회 성도들까지 평소에 새벽기도를 하는 수정동교회에 와서 기도하다가 은혜받고 성결교회로 교적을 옮기는 사람들도 많았다.

그 대표적 인물이 박이경 장로와 임용희 장로였다. 그래서 부산의 장로교회에서는 새벽 기도회를 하지 않으면 좋은 신자들을 성결교회로 빼앗긴다는 위기의식에서 모든 교회마다 다투어 새벽 기도회를 시작하여, 당시 부산의 교계에서는 황성주 목사가 영적 분위기를 조성하는 데 한몫을 감당했다.

그 후 민족의 고난인 6. 25 전쟁이 일어나, 부산이 임시 수도가 되어 전국에서 피난을 온 사람들로 초만원을 이루게 되어 그 여파로 교회는 많이 부흥되었지만, 1천 명을 넘어가는 대교회가 되지 못했다.

목회의 능력에 한계를 느낀 황 목사는 1958년 9월에 인천 송현교회의 청빙을 받아, 새로운 각오로 송현교회에 부임했다. 당시 송현교회는 주일 출석이 130명 정도였고, 영적으로 매우 쇠퇴해 있었다. 그는 영적 쇄신을 위해 새벽기도회와 성경 읽기를 강조하고 열심히 심방한 결과, 3년 동안 조금씩 성장하여 250명 선에 이르렀다.

그는 갈급한 심령으로 당시 유명한 기도원마다 찾아가서 열심히 기도하고, 은혜를 사모했다. 그러다가 서울 삼각산 기도원에서 감리교 박재봉 목사의 부흥회에 참석하여, 열심히 기도하던 중 성령 충만을 체험했다. 이 체험을 감리교에서는 '존 웨슬리'가 주장한 성화의 단계라고 하고, 성결교회에서는 성결의 체험이라고 불렀다.

그는 성결의 체험을 하자 더욱 겸손해졌고, 미워하는 사람들을 용서하는 관용의 사람으로 변했다. 그뿐만 아니라 그는 목회에 자신감이 생겼다. 그는 교회로 돌아와 새벽기도회에 나오는 사람들에게 안수기도를 했다. 그 결과 각종 병든 사람들이 치유되었고, 또한 어려운 문제가 해결되었다는 소문이 교회 안팎에 크게 퍼져 나갔다.

그런 소문에 본 교회 신자뿐 아니라 타 교회 신자들까지 새벽기도회에 나와 교회는 금방 만 원이 되었고, 새신자는 물론 은혜를 받아 병 고침 받고, 문제가 해결된 타 교회 신자들이 은혜로운 목사, 은혜로운 교회라고 하면서 송현교회로 등록했다. 이렇게 부흥의 불길이 붙자, 교회는 일

년 안에 배가가 되어 5백 명을 초과하게 되었다.

황성주 목사는 "교회는 담임목사의 영적 수준을 넘지 못한다."라는 말을 확신하고, 교회의 부흥을 위해 그 자신이 영적 기도에 더욱 힘쓰는 한편, 각종 은사까지 사모하게 되었다. 왜냐하면, 방언을 받은 신자들이 교만해서 방언을 받지 못한 교역자나 신자들을 멸시하여 혼란을 겪고 있는 교회가 많고, 또 예언을 받았다고 함부로 예언을 하게 되자, 이를 바르게 지도하기 위해서는 그 자신 은사를 체험해야 한다고 생각했기 때문이다.

그는 은사를 받기 위해 무던히 애써 기도한 결과 방언도 받고, 방언을 통역하는 은사도 받았다. 그리고 영을 분별하는 은사도 받았는데, 이 은사들은 성경에 나타난 은사들이어서 성경적이고 교회에게 유익이 된다고 생각했다.

그가 은사를 체험하자, 신자들에게도 은혜와 은사를 체험시키기 위해서 은사와 능력이 있는 부흥강사를 초청, 은사 집회를 자신 있게 했다. 그래서 많은 성도들이 각종의 은사를 체험한 후, 그들의 삶이 변화되고 주일마다 끊임없이 새신자를 전도해 왔다.

황성주 목사가 방언을 하고, 영을 분별하는 은사가 있다는 소문이 인천 전역에 퍼지자, 각종 은사를 받아 개 교회에서 눈총과 괄시를 받던 신자들이 교파를 초월하여 송현교회로 몰려들었다. 각종 은혜와 은사를 받은 성도들은 황목사의 영적 지도를 받아 자랑보다는 봉사와 전도에 열심있는 성도가 되어 교회 부흥에 앞장을 섰다. 교회는 더욱 뜨겁게 기도하고, 열심히 전도하여 그가 부임한지 10년 만에 주일 출석 1천 명을 넘게 되었다.

이제 80평 예배실로는 1부, 2부 예배를 소화할 수 없어, 새 예배당을 크게 건축해야 했다. 그래서 1974년 4월에 착공, 일 년 후 1975년 4월에 헌당식을 한 연건평 1,987평이 되는 장엄한 예배당에서, 4천 명의 성도가 모이는 대교회로 성장했다. 성결교회에서 대교회 중 하나로 인정되는 송

▲ 대 예배당을 준공하고 첫 부활절 예배 후 직원들과 함께_1975년
맨 앞줄 왼편에서 4번째가 황성주 목사.

현교회는 황성주 목사의 은혜로운 목회로 이룩된 하나님의 선물이었다.

3. 온건하고 겸손한 화해주의자

황성주 목사는 본래 성품이 온건하고 겸손한 화해 주의자였다. 그래서 그의 목회생활 40년 동안 신자들과 다투거나, 교회를 분열시킨 역사가 단 한 번도 없었다. 그의 은혜로운 얼굴, 다정한 말씨, 온화한 인격, 신자를 아끼고 사랑하는 마음 등 그를 만나는 사람마다 누구나 좋아하는 그런 목회자였다.

그의 영성과 함께 좋은 인간관계로 말미암아 그의 목회는 항상 성장하고 승리했다. 그의 화해주의의 정신은 그리스도로부터 온 것이며, 마침내 하나님은 그의 이 화해 정신을 크게 발휘시켜, 교단의 분열을 치유하고, 역사적인 제1차 합동을 성취하도록 역사하셨다.

1961년 4월, 성결교단의 총회는 일대 위기를 맞았다. 성결교단은 그동안 교회연합사업에 힘써, 여러 교단과 함께 NCC(기독교 연합회)와 NAE(복음주의 연맹)이란 두 기관에 가입하고, 대표를 파송하여 활동을 했다.

그런데 NCC의 문제가 제기되었다. 그것은 한국의 NCC가 세계적 기구인 WCC(세계 기독교 협의회)의 산하 기관인데, WCC가 용공 노선이며, 또한 인본주의이고 세속주의이기 때문에 NCC를 탈퇴해야 한다는 여론이 보수적인 한국교계에 휘몰아쳤다.

그 결과 거대한 장로교회가 1959년 합동과 통합으로 분열되었고, 감리교도 처음엔 여러 파로 분열되었는데, 그 여파가 성결교회에도 찾아와 1961년 총회에서 NCC 탈퇴안이 전격 상정되었다. 이에 대한 찬반 토론이 있은 후 투표한 결과 NCC 탈퇴 보류안이 43:40, 불과 3표 차이로 가결이 되었다.

이에 불만을 품은 보수측 대의원들이 보수신앙을 표방한 후, 대거 퇴장함으로 총회는 자동 정회 되었다. 그들은 그 해 7월에 부산 수정동교회에서 임시 보수 총회를 개최했고, 이듬해 4월 예수교대한성결교회라는 총회를 조직함으로 교단은 기성과 예성으로 분열되었다. 황성주 목사는 처음엔 신앙 사상에 따라 보수 측인 예성에 속했다.

그러나 기성 측에서 교단을 분리하면서까지 NCC를 고집할 수 없다는 반성론과 함께 그 해 8월에 임시총회를 열고 NCC와 NAE를 동시 탈퇴를 결의했다. 그리고 예성에 전달하며 속히 복귀하라고 전했으나 이미 예성이 복구하기가 어려웠다. 그러다가 1964년 예성총회에서 황성주 목사가 부총회장으로 피선되었다.

이렇게 되자, 황성주 목사는 합동을 위해 기도했다. 그것은 다음 몇 가지 이유에서였다. 첫째 신앙과 신학이 같아 분열의 명분이 없고, 둘째 교회 재산권 법적 투쟁이 비 신앙적이며, 셋째 동료 목사들이 원수로 변한 것이 가슴 아프고, 넷째 예성이 복음주의가 아닌 ICCC(국제기독교연맹)에 가입했다는 것이다.

이런 문제를 놓고 기도한 결과 합동하는 것이 하나님의 뜻이란 해답을 얻은 그는 뜻을 함께한 목사들과 함께 은밀히 합동을 추진했다. 그러다가 1965년 4월 그가 예성총회에서 총회장으로 피선됨과 동시에 임원진을 뜻을 같이한 분들로 구성, 합동을 기다리는 기성총회(총회장 이진우목사) 임원진과 몇 번의 회동을 통해 합동 할 것을 합의했다.

그때 예성 안에서 합동을 반대하는 인사들의 방해가 있었지만, 합동이야말로 하나님의 뜻임을 확신한 황성주 목사는 조금도 흔들리지 않고 적극 추진했다. 그는 합동을 위한 전초작업으로 그해 7월 20일부터 24일까지 삼각산 기도원에서 양 총회 남녀 교역자와 평신도들이 함께 모여, 은혜를 받고 교단의 분열을 회개하고 합동을 다짐했다.

그리고 양측의 합동위원회가 자주 만나 합동에 대한 구체적인 조건을 걸고 토의와 합의하다가 가닥이 잡혔다. 그래서 그해 7월 29일 오후 2시를 기해 기성은 아현교회에서, 예성은 신촌교회에서 각각 임시총회를 개최하고 합동을 위해 양 총회가 해산을 결의했다.

그리고 그날 오후 7시에 양 총회 대의원들이 아현교회에 모여 합동총회를 결의한 후, 서로 얼싸안고 오랜만에 회포를 풀었다. 이 합동총회에서 황성주 목사는 부총회장으로 당선되었고, 양 총회 임원들이 임원진을 분담했다.

이리하여 성결교회는 분열된 지 4년 3개월 만에 역사적인 합동을 성취하여, 당시 계속 분열의 조짐이 보이는 한국교계에 찬사와 신선한 바람을 몰고 왔다. 이듬해 합동총회에서 황성주 목사는 총회장으로 선출되어, 그의 온건하고 화해주의에 따른 목회관에 따라 교단을 크게 부흥시키는데 한몫을 담당했다.

4. 교회의 개척주의자

황성주 목사의 목회관 중 하나는 교회는 반드시 지교회를 설립해야 한다는 것이다. 기독교는 복음을 전도하는 것이 제1의 사명이므로 모든 신자들을 반드시 전도자로 훈련시켜야 하며, 또한 민족복음화는 교회를 통해 이룩되기 때문에 모든 교회는 교회가 없는 곳에 지교회를 개척, 설립해야 한다는 것이 그의 지론이었다.

그의 이런 목회관은 그가 일찍이 청년시절, 은혜를 받고 신앙의 청년들과 함께 스스로 전도대를 조직하여 교회가 없는 마을을 찾아다니면서 복음을 전함으로 터득한 확신이었다. 처음에는 몇 사람의 신자를 얻은 후 그곳에 교회를 약하게 세웠지만, 얼마 지나지 않아 자립교회로 성장하는 것을 직접 목도했다.

사람이 복음의 씨를 뿌리지만 교회를 성장시키신 분은 하나님이심을 깨달았기 때문에, 그는 목회지마다 교회가 없는 마을을 찾아 교회를 개척하는데 열과 성을 다하고 힘을 쏟았다. 특히 하나님의 은혜로 구원을 받았으면, 그에 대한 보답으로 반드시 기념하는 교회를 세워 영혼을 구원하는 것이 당연하다고 생각하고, 이를 신자들에게 적극 장려했다.

▲ 미국으로 이주한 후 팔순을 맞아 축하연을 베푼 가족들_1992년

그의 교회 개척 역사는 청년시절, 김천교회 성우청년회 전도대를 통해 시작한 광천교회로부터 시작하여, 그가 소천하기까지 무려 31교회나 된다. 광천교회는 선배이신 안창기 목사의 요청으로 고향인 광천마을에 전도를 부탁함으로써 개척되었고, 그 후 김천 다수동과 태촌 마을에 전도대의 전도로 교회를 개척했는데, 자립교회로 성장하고 있다.

그 후, 부산수정동교회 재임 시에는 6.25사변의 피난민들로 가득한 기회를 잡아, 영주동교회, 남천동교회, 범일동교회, 성림교회, 구덕령교회, 수정제일교회, 서면교회, 반여교회, 해운대교회 등 9교회를 개척했다.

그리고 인천송현교회 재임 시에는 천광교회, 제청교회, 동산교회, 간석제일교회, 김포교회, 강화제일교회, 신안교회, 강화불온교회, 석남중앙교회, 강화성산교회, 강화선두리교회, 주안남부교회, 양문교회, 서울강남교회 등 14교회를 개척했다. 또한 그는 가족끼리 힘을 모아 개척교회를 장려했는데, 점촌교회, 헤브론교회, 서울수정교회, 갈현교회 등이 이렇게 설립된 교회들이다.

뿐만 아니라, 그의 끊임없는 교회 개척의 열정은 은퇴하여 미국으로 이민을 간 후에도 계속되어, LA의 하시엔다교회와 다이아몬드바교회를 설립하므로 미주성결교회의 성장에도 한몫을 담당했다. 그리고 말년에는 그의 평생의 꿈인 기도원을 경치가 좋은 요세미티 국립공원 옆에 대지를 매입하여, 요세미티 기도원을 설립하여 미주의 교회들에게 은혜의 기도처를 제공하고, 집회를 인도하면서 여생을 기도와 명상으로 보내다가 1996년 11월 18일 하나님의 나라로 간 복음의 거인이었다.

그의 초인적인 32교회의 개척은 별로 경제적으로 큰 부담 없이 지혜롭게 했기 때문에 가능했다. 때로는 전세를 얻어주어 시작한 곳도 있고, 또한 월세를 얻은 교역자에게 생활보조금을 일정하게 지불하기도 했으며,

▲ 그가 세운 요세미티기도원 집회 후, 가족들과 함께_1993년

경제적 여유가 있는 평신도를 설득하여 드린 헌금으로 땅을 매입하여 건물을 지어 개척한 곳도 있다.

선교는 때를 얻든지 못 얻든지 해야 하듯, 그의 교회 개척도 때를 얻든지 못 얻든지 수시로 했다. 그리하여 그는 32개라는 한국 선교사상 최고의 기록적인 교회 개척을 통해 교단의 성장에 기여했고, 하나님 나라의 확장에도 크게 공헌한 예수님을 닮은 목회자였다.

4. 황성주 목사의 가족

사모: 김수월(소천)
딸 : 황영자, 사위 김영희 장로(소천)
황정자, 사위 유영국 목사(소천)- 손자 유기성 목사
황인숙, 사위 이동복 장로
아들: 황영삼(인하대 재학 중 소천)
딸 : 황경자, 사위 김정수 장로

황신애, 사위 박수복 목사(뉴욕수정교회 원로, 미주성결교단 총회장 역임)

손자 John J Park 목사, 손녀 Rebecca Park 전도사

아들: 황영대 목사(소천- 미주성결교단 총무 역임) - 손녀 Sarah Hwang 전도사

황영근 목사, 자부 설현숙

황영진 목사, 자부 이은숙 - 손녀 Jane Hwang 전도사

딸 : 황영옥, 사위 김광수 목사(미주 총회장 역임) - 손녀 Esther Kim 전도사

아들: 황영만 장로, 자부 조연순 - 손자 Andrew Hwang 목사

◀ 인천송현교회 재임 시 성결교단 제22대 총회장 역임_1966년

약 력

1912년 7월 5일	충북 음성에서 출생.
1918년	가족이 경북 김천으로 이주로 정착.
1926년	김천보통(초등)학교 졸업.
1931년	김천성결교회 부흥회에서 결신(結信).
1933년	교회 청년 7명이 함께 철야기도 중 회개하고 중생(重生) 체험.
1933년	김수월과 결혼하여 10남매(4남 6녀)를 양육(모두 목사, 장로 가정).
1940년	경성(서울)신학교 입학과 동시에 신수동교회 담임전도사.
1943년 3월	경성신학교 졸업과 동시 일제에 의해 폐교 당함.
5월	전국 성결교회 교역자 구속으로 5개월 수감생활.
9월	전국 성결교회 폐쇄 당함.
12월	전국 성결교회 해산 당함.
1944년	가족이 경북 점촌의 야산을 구입 '신망애'농장 세워 농사지으며 예배드림.
1945년	광복 맞음.
1945년 9월	김천남산교회 전도사 부임, 11월– 목사안수 받음.
1947년	부산 수정동성결교회 목사로 부임,
1950년~1954년	수정동교회 재임 중 부산지역 12교회 개척함.
1953년~1958년	영남고등성경학교 설립(전도사 80여명 졸업).
1958년~1989년	인천송현성결교회 부임. 재임 중 25교회 개척함.
1961년	교단 분열로 예성에 속했다가 합동운동을 함.
1965년	예성 총회장 피선. 기성과 합동운동으로 7월에 합동총회 개최(부회장 피선).
1967년	기성 제22대 총회장 피선. 아시아태평양 성결교회연맹 부회장. 인천경찰서 경목위원장.
196?년	경기도 경목위원장.
1969년	인천기독교연합회 회장.
1969년~1972년	인천평신도신학교 설립(초대 교장).
1974년~1977년	서울신학대학교 재단이사장.
1975년	송현성결교회 예배당 완공과 봉헌예배.

1979년	정년 3년 앞두고 사임. 원로목사로 추대되다.
1980년	미국 이주하여 L.A에 정착하다.
1981년~1988년	미주 성결교회 두개 처 개척설립과 요세미티 광야기도원 설립(원장).
1996년 11월 18일	하나님의 품에 안기시다.

류재하 목사

1939년 생. 서울신대 졸업(1964), 서울신대 대학원 졸업(1973),
인천에서 목회 16년(부평신촌교회·간석제일교회·주안성결교회)
기성교단 총회본부 교육국장(15년),
성결교회 역사와 문학연구회장 역임(성결인물전 1~17집 공동집필),
한국기독교총연합회 총무 역임(1997~2000)
현, 서울서부성결교회 명예목사.
저작집 26권 간행. 시인, 아동문학가.
다음 블로그 〈소솔과 문학이야기〉로 복음이 깃든 글 연재 중.
황성주 목사와의 관계 : 후배, 나의 결혼 주례자,
간석제일교회 개척 시 치리목사로 목회의 스승이셨다.

8.15 광복 직후인 1946년 정초에 영종도 운서리교회(지금의 영종중앙교회)에서 평신도로서 부흥집회를 인도한 이래 1985년 서울 방배동 성광감리교회(이민구 목사 담임) 집회 인도를 끝으로 오지섭 목사는 무려 1,800회의 부흥집회와 강연회를 인도했습니다.

기억하고 싶은 목회자
백운당 오지섭 목사

오세종 목사_배화여대 외래교수

1. 출생

1. 출생

호(號) 백운당(白雲堂).

오지섭 목사는 1917년 10월 13일(음) 경기도 부천군 덕적면 서포리 166번지에서 덕적진(鎭)의 수군첨절제사(水軍僉節制使)의 후예로 태어났습니다. 부(父) 지사(地師) 오봉근과 모(母) 장옥금(통정대부의 딸) 여사의 4남매 중 막둥이로 출생했습니다.

▲ 오지섭 목사

▲ 오지섭 목사 부부

아주 어린 시절부터 부친 슬하에서 '천자문' 등 초학을 배우고, 장주환 선생의 익동서숙에서 한학을 공부하며 '경사자집'(經史子集)을 통독했습니다. 옛 서당의 공부 방식을 따라 《논어》《맹자》는 1,000번 이상을 읽어 전권을 암송하였고, 《시전》《서전》《역경》도 수없이 읽으며 한학 공부를 했습니다.

오지섭 목사의 한학 형성 경로는 이렇습니다. ① 전승(傳乘) 가학(家學), ② 장주환 선생의 익동서숙에서 한문 공부, ③ 본가(本家)인 익동(益洞)고택 사랑채의 시인묵객(詩人墨客)들과 교류, ④ 3형제 학자들과의 담론을 통한 한학의 완숙, ⑤ 인천 유림회 고문, 문학향교 학자들과 교유, ⑥ 실학자 홍만선의 『산림경제』(山林經濟)를 필사하며 공부, ⑦ 강화학과의 만남, ⑧ 대학교 재학시절 조용묵, 정인보 선생의 강의 수강, ⑨ 한역서학서(漢譯西學書)와 문리역 한문성경 애독 ⑩ 한시로 전도한 일 등입니다.

2. 학력

서당에서 공부하는 한편 합일소학교에서 신식 학문을 배웠습니다. 이어 의정부 농업중학교를 수석으로 졸업하여(1936년), 일본 농도대학과 삿뽀로농업학교 유학생으로 선발되었지만 가족회의 끝에 일본 유학을 포기했습니다.

8.15 광복 직후 정치에 뜻을 두고 영화전문학교에서 정치경제학을 전공하고, 1948년 인천대학 정치학과로 편입했습니다. 1954년 휴전 직후에는 서울 냉천동 감리교신학교 편입하여 학생회장을 역임하였고, 그 해 이미 진행하고 있던 정치학 공부를 계속하여 1955년에는 홍익대학교 법정학부 정치학과를 졸업하여 정치학사 학위를 취득하였습니다. 당시 정치학사 학위를 취득한 일은 흔하지 않았던 학업이었습니다.

1956년 봄에 대부도교회로 파송되어 학교에 다니는 거리 관계로 인하여 감리교대전신학교(현 목원대학교)로 전학하여 목원대학교 신학과 1회로 (1957년) 졸업하였습니다. 학생회장과 총동문회 회장을 1대, 2대, 3대에 걸쳐서 역임하고 동문회 추천 이사로 천거되었습니다.

환갑이 되어서도 공부에 뜻을 쉬지 않고 베레안크리스챤 신학대학원에서 신사훈 박사의 강의를 수업(1977년)하였고, 클레어몬트 신학교에서 존 캅의 신학을 수강했습니다(1982년).

2. 성장

1. 《논어》《맹자》를 1천 독(讀)을 한 한학자 출신 목사

소시적부터 장주환 선생 문하에서 공부하는 한편, 서산의 문장이었던 장형 오진섭과 중형인 오웅섭 (강화도 강남서원 훈장)과 더불어 3형제 학자가 『춘추좌전』(春秋左傳)과 성리학 책인『근사록』(近思錄)을 독서하고, 대학에서 공부할 때는 최치원의 「격황소서」(檄黃巢書), 『삼국유사』등을 강독에 참여했습니다.

그리스도교(기독교)로 개종한 이후에는 김현호 목사와 이동응 목사의 서재를 드나들며 한문으로 된 '한역서학서'(漢譯西學書)를 독서하여 동서(東西)를 관통하는 한학의 깊이를 더했습니다.

● 오지섭 목사가 독서한 한역서학서

① 『덕혜입문(德惠入門)』. ② 『유몽천자(牖蒙千字)』(게일). ③ 『진리편독삼자경(眞理便讀三字經)』. ④ 천도소원(天道溯原). ⑤ 『대한력사(大韓歷史)』. ⑥ 『천문략해(天文略解)』. ⑦ 『사민필지(士民必知)』. ⑧ 『만국통감(萬國通鑑)』. ⑨ 『만국지지(萬國地誌)』 등을 독서하고, ⑩ 아울러 탁사(濯斯) 최병헌의 『만종일연(萬宗一臠)』도 독서했습니다.

2. 인천 문학 향교 복원 낙성식에서 – 유림을 대표해서 '복구 서(序)'를 지어 낭독하다

1939년 오지섭은 인천에 거주하며 송림동, 간석동, 동막의 선비들과 교유하고, 특히 중형(仲兄) 오웅섭 장로와 문학 향교의 학자들과 수시로 교유했습니다.

1945년 조국이 광복되자 인천 시청의 공무원으로 근무하면서 일제에 의해 훼파된 문학 향교의 문묘의 복구사업을 행정적으로 지원하였고, 1946년 10월, 그 낙성식하던 날에는 유림을 대표해서 '복구 서(序)'를 지어 낭독하였습니다.

3. 당대 제일의 웅변가 – 세계웅변대회 한국대표로 선출

오지섭 목사는 전국 웅변대회에서 1등을 2번씩이나 하고, 세계웅변대회의 한국대표로 선출되었던 당대 제1의 웅변가였습니다.

1948년 7월 17일, 대한민국의 헌법이 공포되던 제헌절을 기념하여 서울의 옛 국회의사당 자리의 길 건너편 사세청(司稅廳) 강당에서 전국 웅변대회가 개최되었습니다. 오지섭은 인천시 대표로 출전하여 1등을 하였습니다. 당시 출연한 연사 중에는 현직 광주군수도 있었습니다. 그 웅변은 KBS 라디오방송으로 전국에 중개되었습니다. 그 후 오지섭 목사는 대한웅변협회장을 역임하였고, 1947년에는 KBS 방송국에 고정 출연하여 국민 계몽을 호소했습니다.

1950년 세계웅변대회 한국 대표로 선발되었으나 6.25 전쟁이 발발하여 중단되고 말았습니다.

4. 문학가 백운당(白雲堂) 오지섭 목사

백운당 오지섭 목사는 1848년 7월 11일, 마포 강변에서 개최된 '경기도 시(詩) 대회'에 출전하여 「오, 자연이시여!」라는 장편시를 작시해서 1등으로 당선되었습니다.

오지섭 목사는 8살 때, 오언절구(五言絕句) 한시 2수를 처음으로 짓기 시작하여 평생 6천여 편의 한시를 지었습니다. 한편, 한글 서정시와 시조(時調) 200여 편, 찬송시 250여 편을 작시하여 자작시집 『영감심곡』(靈感心曲)에 실었습니다.

5. 교육가로서의 일생

교육자로서의 오지섭의 일생은 이렇습니다.

◀ 광양소학교 교사 시절, 인기선 선생과 함께_소무의도, 1938년

18세에 울도소학교 교사(1934년)를 시작으로 소무의도 광양소학교(1938년), 무의소학교(1940년) 교사를 역임하였습니다.

그 후 오지섭 목사는 영종도의 3개 처의 교회(영종중앙, 중촌교회, 삼목교회)를 겸임하면서(1945~1950년) 영종도에 중등과정의 학교가 없는 것을 매우 안타깝게 여기고, 1946년 3월 《채련담(採蓮潭)》이라는 학교 설립 취지문을 작성하여 발표하고 유지들을 모아 이사회를 구성하였습니다. 일제강점기에 강습소 하던 건물에 '무궁화 중학원'을 설립하고 그 이사장과 교장을 맡았습니다. 이 학교는 후에 영종공립중학교로 승격되어 현재의 영종중학교로 그 역사를 잇고 있습니다. 그 밖에도 인천 영화중학교의 이사가 되어 이기삼 목사, 한경찬 목사, 이만호 교장의 학교 일을 도왔습니다.(1946년~1959년)

오지섭 목사는 교육은 복음 선교의 한 방편으로 생각하고 가는데마다 학교를 세워 목회와 더불어 교육 활동을 계속하였습니다. 오정교회에서는 '유치원'과 '노인대학'을 설립하여 운영하였습니다.

6. KBS 방송국에 출연하여 여성교육기관의 설립을 호소하고 '계명여중' 설립에 참여

조선시대에는 여성들의 교육을 괄시하여 1920년대의 우리나라 여성의 문맹률이 97%에 이르렀으며, 8.15 광복 직후에도 한글을 읽지 못하는 문맹 여성이 무려 90%에 달하였다고 합니다.

오지섭 목사는 이러한 현실을 안타깝게 여기고, 1947년 2월 22일 KBS 방송국에 출연하여 '여성교육기관의 설치가 절실하다'는 연설을 했습니다. 이어 인천 우각동 107번지(현 숭의동 107번지)의 알렌(H. Allen) 공사의 별장 건물에 이화여전 출신의 개화 여성 이순희 여사를 도와 '계명여자중학원'을 설립하고 그 교감 겸 교목 일을 맡았습니다.

1950년 6、25 전쟁이 발발하기 직전에 덕적도교회로 파송을 받고 가서, 그곳의 덕적중학교의 교장을 겸임했습니다.(1950년 10월~1951년)

1952년에는 인천 주안역 근처의 삼농원에 김청안 장로 등이 주동이 되어 삼농원농공고등학교 설립에 참여하고 그 학교의 교감 겸 교목 일을 맡았으나 덕적도교회 목회 일로 인하여 그 직을 오래 감당하지는 못하였습니다.

1957년에는 강화도 흥천교회로 파송되어, 흥천교회와 건평교회를 겸임하면서 양도면 하일리에 있는 동광중학교에서 교목 겸 한문과 도덕을 가르쳤습니다. 1959년 온수리교회를 담임하면서 강화읍교회에 있는 복음중학교의 이사와 교감을 역임했습니다. 한편 길상면 장흥리에 한문서당 '강남서원'을 설립하고 중형(仲兄) 오웅섭 장로를 훈장으로 초빙하였지만

◀ 덕적중학교_1953년 12월 28일

오래 지속되지는 못하였습니다.

3. 일반 경력

1. 금광회사 사장(1939년~1941년)

오지섭이 인천 내리교회에서 신앙생활을 할 때에, 당시 내리교회 김응태 목사는 오지섭에게 목회 하기를 권하였지만, '평신도로서 금광사업을 통해 노다지를 캐서 교회에 크게 봉사하겠다'며 그 권면을 일축하고 금광회사의 광주가 되어 노다지를 캐러 전국을 돌아다녔습니다. 금광사업은 1940년에 크게 망하여 인천 용동에 있는 12칸 집을 홀딱 들어먹고 빚투성이가 되었습니다.

2. 금광회사가 파산되자 인천시청 공무원으로 취업하여 공보주사, 총무계장, 공보과장으로 복무했습니다. 공보과에 근무하면서 행한 일 중에는 이런 일이 있었습니다.

① 백범 김구 선생 서거 때, 인천을 대표해서 조사(弔辭)을 작성하고 낭독하였고, ② 1946년 10월에는 인천 문학 문묘 복구사업을 지원하였으며, ③ 1947년 2월 22일부터 KBS 중앙방송국에 고정적인 연사로 출연하였습니다.

3. 그 밖에도 ① 인천신문사 기자, ② 대한국민회 촉탁, ③ 대한부인회 촉탁, ④ 예총 경기도위원장, ⑤ 목원대학교 총동문회장(1대, 2대, 3대), ⑥ 경기도 민방위 정신교육 교관, ⑦ 수원지방법원 인천지원 가사조정위원 등의 사회적 활동을 전개했습니다.

4. 경기도에서 제일 큰 어선을 경영한 일도 있고(1951년), 강화도 온

수리교회 시절에는 온천개발 위원장이 되어 온수리에 온천 파는 사업을 진행하다가 자금 문제로 중단하였습니다.

4. 신력(信歷)-믿음의 이력

한학 수업에 전념하던 오지섭은 1930년 1월 초, 이용도 목사의 덕적도 부흥집회에 참여하여 '하나님의 사랑' 설교를 듣고 크게 회개하고 개종하여 감리교에 입문하였습니다.

오지섭이 그리스도께로 입문을 결단하던 같은 날 김광우 목사(후에 정동제일교회 담임), 성결교회에서 성자로 칭송되는 서산중학교 설립자 정재학 목사, 덕적 보건소장을 지낸 신한의원 정재영 장로(만주 길림신학교 졸업) 등도 같은 날 개종하였습니다.

오지섭이 예수를 믿게 되자 집에서는 난리가 났다. "양반 집에 집안 망할 놈 생겼다!" "호적을 갈라서 집에서 쫓아내라!" "대문 안에 발도 못 들여놓게 하라!"는 불호령과 여러 차례 회초리를 맞는 등 극심한 핍박을 받았지만 끝까지 인내하여 마침내 모친까지 세례를 받게 했습니다.

이용도 목사 집회에서 예수 믿기로 작정한 오지섭은 고개 너머에 있는 우포(友浦)교회(지금의 덕적제일교회)를 다니며 믿음 생활을 계속하였습니다. 믿음은 날로 일취월장하여 18세에 김현호 목사로부터 세례를 받고, 그 해에 속장이 되었습니다.

1. 은혜체험

1931년, 인천 화평동 성결교회의 유택윤 목사님이 부흥집회를 인도할 때에 오지섭 속장은 성령의 불을 받았습니다. 통회자복할 때에 큰 은혜를 체험하였습니다. 비몽사몽간에 찬란한 빛 가운데서 천사의 손에 이끌리어 천당과 지옥을 체험하였습니다.

2. 결혼 첫날밤에 신방에 들지 않고 서포리 해변가의 기도굴속에서 기도하며 지냈다

오지섭은 16살 때, 고개 넘어 밖지름(外鎭里)에 사는 17살 정매 여사와 어른들끼리의 약속으로 결혼을 하였습니다. 결혼 첫날밤, 오지섭은 곧바로 신방에 들지 않고 평소에 기도하러 다니던 서포리 해변가의 기도굴속으로 들어가 철야하며 기도를 드렸습니다.

하룻밤을 기도굴속에서 기도하며 지내고 집으로 돌아오니, "정신 빠진 사람!" "예수에게 미쳐도 대단히 미쳤구나!" 집안의 소동은 이루 말할 수 없었습니다.

그 일 후 멀지 않은 때에 서울에서 조신일 목사가 덕적도교회에 와서 부흥성회를 인도하였습니다. 오지섭 속장은 그 집회에서 은혜를 체험하며 예수님으로부터 큰 사명을 받았습니다.

3. 1938년(22세)에 소무의도(속칭 떼무리) 광양소학교 교사로 복무하던 시절 폐쇄되었던 무의교회를 재건하여 120명의 교우를 얻은 일

오지섭 속장은 22살 때인 1938년 음력 1월 3일에 인천 앞 바다의 소무의도(속칭 떼무리)의 광양소학교의 교사로 부임하였습니다. "전도 사역자로 보내 주옵소서!" 기도하고 임지에 도착하였습니다.

이미 교사로 와 있던 외사촌 자형 인기선 형이 묵고 있는 강옥진 댁에 가서 아침을 먹으며 식사 기도를 하고 밥을 먹었더니, 동네 애들이 "예수쟁이 선생이 왔다!'고 떠들고 다녔습니다.

오지섭 교사가 도착하기 몇 년 전에 소무의도(떼무리)에는 인천내리교회의 장마리아 전도사가 와서 전도하며 교회를 세우려고 애를 썼지만, 주민들의 완강한 반대로 결실을 얻지 못하고 쫓겨났다는 곳이었습니다.

교사 오지섭이 도착한 후 주일이 되어서 학교에 가서 혼자서 기도하고, 찬송하고, 성경을 읽으며 예배를 드리고, 동네 유지들을 찾아 방문하며 인사를 다녔습니다. 어업조합 이사인 임병설 씨 댁에 들렀더니, 임 이사의 모친이 방으로 좀 들어오라고 하셨습니다. 안으로 들어가 앉자마자 임 이사의 모친 서희순 여사가 오지섭 교사의 손을 덥석 잡으며 "선생님! 예수 믿으신다죠?"하며 한참을 흐느껴 우셨습니다. 서희순 여사는 초대 외무부 장관을 지낸 임병직 장관의 모친이었습니다. 그리하여, 서희순 여사와 임병설 이사와 동네 유지들과 학교 교실에서 정식으로 예배를 드리기 시작하여 1년이 지난 때에는 동네 주민과 아이들까지 합쳐서 120명이 모이는 교회가 되었습니다. 온 동네가 거의 다 예배에 모였습니다. 목회자가 아닌 우포교회 속장이었던 평신도로서 학교 교사 시절에 일어났던 역사였습니다.

그 후 오지섭의 중형(仲兄) 오웅섭 권사가 어업조합 이사로 소무의도에 와서 근무할 때에 덕적도의 우리 집 산에서 나무를 베어다가 그것을 건축 자재로 하여 '무의교회' 예배당을 건축하였습니다.

4. 인천 내리교회에서 신앙생활

소무의도 광양소학교에서 교사로 1년을 복무하고, 1939년 인천으로 와서 '박두성 장로'(맹인의 세종대왕으로 칭송되는 분) 댁의 사랑채에 일시 거하였다가, 기독병원 뒷쪽에 있는 율목동 222번지의 집을 사서 이사했습니다. 인천 우체국의 총무로 근무했습니다.

신앙생활은 인천내리교회에서 권사로 봉사했습니다. 당시에는 '노다지를 캐는 사업이 흥행하던 시절이었습니다. 오지섭 권사는 우체국 일을 사직하고 금광회사 사장이 되어 금광 채취사업에 몰두했습니다. 집은 내리교회에서 가까운 용강정의 12간 짜리 가옥을 매입하여 이사했습니다.

5. 인천내리교회에서 24세에 장로에 피선되다. - 취임은 하지 않았지만 1개월에 한 번씩 저녁예배 설교를 했다

김응태 목사 담임시절이었습니다. 당시 내리교회에는 11명의 장로가 있었습니다. 당회에서 오지섭은 24살에 투표로 장로에 선출되었습니다. 12번째 장로가 되었다고 모두들 축하해 주었지만, 정작 본인은 약관의 나이에 장로가 되는 것이 너무 송구스럽고 무겁게 느껴져서 장로 취임을 극구 사양하였습니다. 당시에는 장로가 되는 연령에 제한이 없던 시절이었습니다.

그렇지만, 김응태 목사는 오지섭 권사에게 1달에 1번씩 매달 셋째 주일 저녁예배에서 설교를 맡겨주어서 1달에 1번씩 하나님의 말씀을 증거했습니다. 당시, 내리교회 주일예배에는 1천 여 명의 신자들이 모여 예배했습니다. 오지섭 사장의 금광사업은 오래가지 못하고 크게 파산하여 용강정집은 순식간에 날아가 버리고 말았습니다.

6. 영종도 백운산 100일 기도-백운산 꼭대기에 나타나신 예수님의 환상을 보았고, 운서리에서 부흥집회를 개최하여 127명의 새 신자를 얻고, 3개 처의 교회를 재건하고 건축하였다

금광회사 경영이 크게 파산되어 갈 곳이 없어 이리저리로 방황을 하다가 송림동 헐떡 고개에 조그만 집을 짓고 살았습니다. 1944년 말, 8.15 광복 직전 영종면사무소의 주임 발령을 받고 영종도로 가게 되었습니다. 오지섭의 28세 때의 일이었습니다.

영종면 주임으로 부임한 후, 주일이 되어 영종중앙교회(당시에는 운서리교회)에 예배를 드리러 갔습니다. 그곳 교회는 왜정 말엽, 일제의 탄압으로 예배당은 황폐해졌고, 정성준 장로(강기선 장로의 장인)와 최봉순 권사(문흥수 목사의 모친) 등 5명의 교우가 모여 있었습니다. 정성준 장로가 오지섭 주임을 보자 어찌나 반가워하는지 부둥켜안고 한참을 감격해서 울었습니다. 당시, 영종도에는 담임목회자가 없던 때여서 그때부터 오지섭 권사가 예배의 설교를 맡아서 행하였습니다.

1945년 8.15 광복이 되고 얼마 지나지 않은 때에 정성준 장로가 "오 권사님, 우리 교회에서 부흥집회를 인도해 주십시요!"라고 청하였습니다. 오지섭은 교역자도 아닌데다가 감히 엄두도 낼 수 없는 없는 일이어서 극구 사양했습니다. 그렇지만, 정 장로와 교우들의 요청이 하도 간절하여 백운산에 올라 100일을 작정하고 기도를 드렸습니다.

낮에는 영종면에서 일하고 밤에는 백운산에 올랐습니다. 당시는 부면장 일도 겸직하고 있었습니다. 한참을 기도하다 보니 산 저쪽 골짜기에서 정성준 장로의 기도 소리가 들려왔습니다. 충성스러운 장로였습니다. 100일 산상기도가 끝나갈 무렵, 놀라운 환상을 체험하였습니다. 찬란한 광채 속에 예수님이 백운산 꼭대기에 나타나셔서 두 팔을 크게 벌리고 축복하시는 황홀한 환상이었습니다.

100일 작정 기도를 끝까지 마치고 하산하여 1946년 1월 첫 주간을 부흥성회 기간으로 정했습니다. 2개월 동안 아내와 단방(斷房)을 하고, 성회 개시 1주일 전부터는 잡인과의 면담을 금지하고 하나님과의 교통을 간구했습니다.

부흥회 개최일이 다가왔습니다. 그런데, 오지섭 강사에게 갑자기 열병이 덮쳐서 꼼짝 못하고 병석에 누웠습니다. 고열이 펄펄 끓어오르고 오한이 나서 덜덜 떨며 이불을 3채씩이나 덮어쓰고 물 한 모금도 넘기지 못하고 나흘 동안을 끙끙 앓았습니다.

첫 부흥집회를 앞두고 정성으로 집회를 준비하던 정성준 장로가 숙소로 들어오며 강사가 나자빠진 것을 보고 기가 막혀서 땅이 꺼지도록 긴 한숨을 쉬며 '오! 주여!' 하며 땅에 엎드렸습니다. 그 순간, 오지섭에게 천지를 진동하는 듯한 청천벽력같이 음성이 들려왔습니다.

"이게 무슨 꼴이라고 이렇게 드러누워 있어? 죽을 병 걸렸냐?"

벼락 치듯이 주의 음성이 들려왔습니다. 순간, 오지섭은 깜짝 놀라 덮고 있던 이불을 걷어치우고 자리에서 벌떡 일어났습니다. 그런데 희한하게도 끙끙 앓고 있던 몸이 언제 그랬느냐?는 듯이 깨끗해졌습니다. "주여, 용서하소서!' 눈물과 콧물이 뒤범벅되어 엎드려 머리를 조아리며 기도할 때에 영계가 훤히 열리며 주님의 계시가 임했습니다.

백운산 꼭대기에서 절구통 만한 굵기의 생수가 하늘로 솟구쳐 오르는데, 산꼭대기보다 수 십 척 더 높은 높이로 쭉~ 솟아올랐다가 산 아래로 폭포수처럼 쏟아져 흘러내리는 환상이었습니다. 그 물이 순식간에 수천 수만 가구를 덮어 씻으며 흘러내려 영종도를 다 덮고 인근의 강화도와 서해 도서들도 그 폭포수에 다 잠겨 망망대해를 이루었습니다.

집회는 8일 동안 진행되었습니다. 첫날 저녁에 5명 모였던 집회가 이튿날에는 20명으로 불어나더니, 어디서 몰려오는지 예배당 안팎으로 가득가득 인파가 모여들어 주를 찬송했습니다. 마지막 날 저녁, "새로 예수 믿기로 작정하시는 분 손들어 보시오!" 그날 밤 새로 믿기로 한 결신자가 127명이나 되었습니다. 놀라운 주의 역사였습니다. 그 일대의 주민들은 거의가 다 교회에 나왔습니다. 할렐루야!

그 집회에서 드려진 헌금으로 김은복 권사(후에 장로)가 겨우 명맥을 유지하고 있던 폐쇄 상태에 있던 이웃 마을의 중촌교회를 건축할 헌금이

◀ 영종운서교회

드려졌습니다. 그래서 1946년 봄에 중촌리교회를 다시 재건하여 건축했습니다. 더 놀라운 일은, 같은 해 여름에는 운서리교회(현 영종중앙교회)에 25평 예배당을 건축하였고, 가을에는 삼목도교회(현 인천공항교회) 예배당을 건축했습니다. 오지섭 권사의 29세 때의 일어난 성령행전이었습니다. 이 일을 시작으로 오지섭 목사는 한 평생 1,800회의 부흥회를 인도하는 부흥강사로 일생을 주께 헌신하였습니다.

이로 인하여 정성준 장로를 비롯한 영종도와 삼목도 교우들의 한결같은 간청으로 오지섭은 영종면 복무를 결연히 사임하고 영종구역의 담임자가 되어 목회를 시작했습니다. 운서교회(현 영종중앙교회), 삼목도교회(현 인천공항교회), 전소교회(중촌) 3개 처의 교회를 겸임하였습니다.

영종도의 3교회를 재건하여 열심히 목회를 하고 있던 때에 8.15 광복을 맞았습니다. 광복이 되고 얼마 되지 않은 때에, 임홍재 인천시장이 급히 만나자고 사람을 보내왔습니다.

"오 선생, 광복 후 사회가 극도로 문란하여 수습할 길이 없으니 나를 좀 도와 주시요! 목회를 겸직하셔도 괜찮습니다." 그리하여 인천시청 공무원을 겸직하며, 영종도를 넘나들며 열심히 사역했습니다.

임 시장에 이어 표양문 시장이 2대 시장이 되고 국회의원도 지냈습니다. 오지섭 목사는 표 시장과 아래윗집에 살며 시청에 출근을 같이 했습니다. 오지섭은 공보업무를 맡아 각종 시국강연, 학교 관계의 일, 웅변대회 개최, 출판, 영화사업, 신문사, 방송 관계의 일, 부녀회 활동, 정당활동 등에 관여하며, 각종 정치 연설문을 작성하고 KBS 방송국에 고정 강사로 출연하여 국민 계몽에 힘썼습니다.

또한, 오지섭 목사는 표 시장의 각종 연설문을 맡아서 작성했습니다. 백범 김구 선생 서거 때에는 오지섭이 인천시를 대표하여 '조사'(弔辭)를 낭독하였고, 시시로 시국강연을 할 때에는 공설운동장에서 10만 명 이상 운집한 시민들을 웃겼다 울렸다 하며 연설을 도맡아 시행하였습니다. 그런 중에서도 영종도의 세 교회는 주님의 도우심으로 날로 일취월장 부흥되었습니다.

7. "주여, 나를 보내소서!" – 덕적도교회로 파송되다

이렇게 활발하게 활동하던 시기인 1950년 4월 오지섭 목사는 서울 정동교회에서 열리는 감리교 연회에 참석하기 위해 상경했습니다. 거기서 덕적도 출신 목사들인 김현호, 이동응, 차경창, 이세언, 김광우 목사들과 점심 식사 자리를 같이 하게 되었습니다. 그분들이 모두 덕적도교회에 담임 교역자가 없어서 교회가 몹시 피폐해졌는데 누가 좀 가서 부흥을 시켰으면 좋겠다고 하며 오지섭 목사의 눈치를 보는 것 같았습니다. 실상 오지섭 목사는 인천 시청의 공무원으로 복무하며, 영종도의 3개 교회를 겸임하고 있었고, 계명학교의 교목, 서울의 KBS 방송국의 방송 연사, 수시로 시행한 계몽강연 연사 활동 등 그의 인생의 전성기였습니다.

▲ 덕적중앙교회_1954년

그렇지만, 덕적도 출신 목회자들과 얘기하던 중 성령의 감동이 있어서 그 자리에서 "주여, 나를 보내소서!" 덕적도로 가겠다고 자원을 했습니다. 세상적으로는 그리 쉽지 않은 결단이었습니다. 그런데, 이 일에는 신묘막측한 주님의 섭리가 계셨습니다.

그때는 1950년 6.25 전쟁이 발발하기 2달 전이었습니다. 그리하여 오지섭 목사는 6월 5일 인천시청의 공무원 신분, 학교의 교장, 이사장 자리, 웅변협회회장, 정당관계의 모든 직함 등 사회의 모든 공직을 훌훌 벗어버리고 1950년 6월 5일에 절해고도 먼바다의 섬 덕적도교회로 갔습니다. 6.25 사변이 발발하기 20일 전의 일이었습니다.

이러한 결단은 오지섭 목사를 하나님이 안전한 곳으로 미리 피신케 하신 자상하시고 치밀하신 은총이었습니다. 그리하여 오지섭 목사는 적지도 않은 7남매 자녀들과 식구들과 덕적도로 이주하였습니다. 뿐만 아니라 6.25전쟁의 참화 속에서 덕적도 목회 5년 동안, 그야말로 상상을 초월한 하나님의 특별하신 역사가 일어나서 덕적도 일대에 9개의 교회를 재건하고 개척하였습니다. 실로 오묘막측한 주의 섭리였습니다.

8. 전쟁 중에 목숨을 걸고 개최한 '국수봉 산상 부흥회'

덕적도교회에 부임한지 불과 20일이 지나서 6.25라는 큰 전쟁이 발발했습니다. 오지섭 목사는 충남 공주로 피난을 간 큰 아들(오세도 목사)를 찾으러 잠시 공주에 갔다가 발이 묶여 석 달 남짓 덕적도 교회로 돌아오지 못하고 있었습니다. 그러던 중, 맥아더 원수의 인천상륙작전이 성공하고, 서울이 수복되었다는 소식을 듣고 곧바로 덕적도로 돌아왔습니다.

국군이 북으로 진격하여 혜산진까지 진격하였을 때, 돌연히 중공군의 개입으로 물밀 듯이 밀고 내려와 그야말로 1.4 후퇴가 시작되었습니다. 국군은 평택 근처까지 밀려 내려왔다가 다시 북진하여 오늘의 휴전선이 생겼습니다.

1.4 후퇴 때 덕적도의 주민과 교회들은 덕적도를 떠나지 말고 이 섬을 지키기로 하고 후퇴하지 않았습니다. 오지섭 목사는 덕적도 국수봉에서 금식하며 기도를 하는 중에 주의 음성을 들었습니다. "목자는 양을 위하여 목숨을 버리거니와 삯군은 이리가 오는 것을 보면 양을 버리고 달아나나니"(요한 10:11).

오지섭 목사는 이러한 기도의 응답을 받고 하산하여 교회의 제직들과 의논하였습니다. 임원들은 '기도하여 나라를 구할 때라'며 적극적으로 협심하여 덕적도 제일봉인 국수봉 꼭대기에 올라가 구국기도회를 열기로 했습니다. 처처에서 총성이 울리고 처참한 일들로 피비린내가 진동하는 참혹한 전쟁의 한복판에서의 기도운동이었다. 이런 와중에 대대적인 산상부흥회를 개최하는 것은 사람의 생각으로는 도무지 시행할 수 없는 무모한 일, 그야말로 목숨을 건 일대의 모험이었습니다.

'국수봉산상 부흥회'는 1951년 정초에 시작하여 100일 간에 걸쳐 진

▲ 국수봉 산상집회_1954년 3월 15일

행되었습니다. 이 산상 부흥회는 오지섭 목사가 대부도로 전근한 1956년까지 5년간 해마다 한 번도 거르지 않고 진행하였습니다.

정초인 1월 5일에 소야도교회에서 집회를 시작하여, 덕적도 서포리, 회룡동, 북리, 진리 등 4동네를 순회하며 전도집회를 하고, 마지막에는 구포(舊浦)의 덕적중앙교회로 모두 모여 연합집회를 갖고, 100일째 되는 날인 3월 15일에는 국수봉 정상으로 교우 전원이 올라가 기도하는 일정이었습니다. 국수봉은 예부터 하늘에 제사를 지내 온 제단이 있는 312미터의 영산(靈山)입니다.

덕적중앙교회에서 출발한 행렬의 맨 앞에는 교회에서 만든 30관짜리 대형 십자가를 담임목사가 국수봉 정상까지 지고 올라가고, 그 뒤로는 수백 명의 교우들이 십자가를 대신하여 제각기 무거운 돌들을 가마니에 싸서 이고 지고 찬송을 부르며 따라 올라가서, 그것으로 산꼭대기에 기도단을 수축하고 거기에 십자가를 세우고 산상 집회를 진행했습니다.

십자가 전면에는 '회개하라! 천국이 가까웠느니라!'라고 쓰고, 뒷면에는 '땅 끝까지 이르러 내 증인이 되라'라고 한글과 영문으로 써서 세웠습니다.

양력 3월이면, 아직 산 위에는 잔설이 남아있고 찬바람이 감돌아 추위가 남아 있는 때인데도, 교우들은 간절한 구국의 일념으로 산꼭대기의 기도제단 주위에 가마니를 등에 둘러 걸치고 빙 둘러앉아 3일 3야 쌀 한 톨, 물 한 모금도 마시지 않고 산상에서 부르짖으며 기도하며 지냈습니다.

집회가 끝나는 날, 산상에서 〈국수봉 부흥전도단〉을 결성하였습니다. 3일 3야를 물 한 모금, 쌀 한 톨도 먹지 않고 단식하며 끝까지 지낸 이들을 정회원으로 삼았습니다. 인원을 점검하니 정회원이 198명이었습니다. 그 밖에 한 모금의 물이라도 입에 댄 사람은 '준회원'으로 가입하였는데,

그 수가 수백 명에 이르렀습니다.

당시 학생으로 이 산상집회에 끝까지 참여했던 오지섭 목사의 큰 아들(오세도 목사)는 정회원이 되었고, 둘째 아들(오세주 목사)는 중학교 1학년 때였는데, 물을 딱 한 모금 마셔서 준회원이 되었습니다. 당시 덕적도 주민으로 이 집회에 참여하지 않은 사람은 거의 없을 정도로 거의 전 도민(島民)이 이 산상집회에 참여했습니다.

이 집회 이후로 덕적도의 여러 동리에 있는 교회마다 교인들이 가득가득 들어찼으며, 평소에 30명, 40명 모이던 덕적중앙교회는 한때 교우가 400명까지 모이는 큰 부흥이 일어났습니다.(국수봉 산상기도회에 대한 일은 1953년 3월 총회, 중부·동부연회록에 기재되어 있습니다).

이때 오지섭 목사를 도와 국수봉 산상집회에 참여한 주역들로는 정재영 장로(의사, 子 정혁 목사), 최은산 장로(인천시 장로연합회장), 송인호 장로(인하대 교수), 오웅섭 장로(한학자, 子 오세권 장로), 오재현 장로(서포리 개발위원장, 子 오충석 목사), 이재만(대의원)(정용치 목사, 김운업 목사의 장인), 김광현(정신여고 교감, 子 계산장로교회 김태일 목사), 김보섭 장로(子 김연회 목사), 김의배 장로(교장, 김현호 목사의 子), 조종규 권사(최병희 목사의 외숙), 최정륜 (최은산 장로의 子, 중학교 교사) 등이 임원으로 적극 조력하였습니다. 이들 주역 외에도 덕적도 소야도 주민의 거의 대부분이 은혜 중에 열심히 참여하였습니다.

9. 교회 없는 인근 섬에 교회를 세우는 운동을 전개하여 9개 처에 교회를 세웠다

국수봉 전도대는 '교회가 없는 인근의 모든 섬에 교회를 세우기로 결의하고 덕적중앙교회 김경범 장로의 배를 '선교선'으로 명명하고, 그 배를 타고 섬섬마다 찾아다니며 전도하여 교회를 세웠습니다.

① 1951년 국수봉에서 하산한 즉시 오지섭 목사의 출생지인 서포리 익동에 있는 400여 평의 땅을 장질 오재현 장로가 바쳐서 서포리교회를 세웠고, ② 1951년 10월 백아도에 가서 전도하여 33명에게 학습예식을 행하였고, ③ 덕적도 북리교회 재건(1952년). ④ 소야도교회 재건(1953년). ⑤ 문갑도교회 재건(1954년). ⑥ 울도교회 재건(1954년). ⑦ 이작도에 교회 설립(1954년). ⑧ 승봉도에 교회 설립(1954년). ⑨ 1954년 굴업도에 기도처를 설립했습니다.

인천에서 왕성하게 활동하던 오지섭 목사를 6.25 전쟁이 발발하기 20일 전에 모든 공직을 분토같이 버리게 하시고, 절해고도 덕적도로 옮기게 하신 것은 주님의 신묘한 은총이었습니다. 오지섭 목사를 덕적도로 보내셔서 6.25 전란 중에 국수봉 기도회를 갖게 하시고, 인근의 교회 없는 모든 섬에 9개의 교회를 세우게 하시고, 전란으로 참혹한 좌절과 실망, 슬픔에 빠져있는 중부 서해안의 섬 지역의 영혼을 구원하셨으며, 사적으로는 가족들을 모두 보우하신 그야말로 오묘 망측한 섭리였습니다.

10. 오지섭 목사는 모두 25개 처의 교회를 설립, 재건하였다

국수봉 정상의 부흥회 후, 덕적도 인근의 섬에 9교회를 설립하거나 재건 한 일을 포함하여 오지섭 목사는 평생 모두 25개의 교회를 세웠습니다. ① 소무의도 무의교회 재건(1938년), ② 영종도 중촌리교회 재건(1946년), ③ 삼목도교회(현 인천공항교회) 재건(1946년), ④ 운서교회(현 영종중앙교회) 25평 건축, ⑤ 덕적군도에 9개 처의 교회를 재건, 개척(이상 총 13교회), ⑭ 대부도 남리교회 개척(1956년), ⑮ 대부도 흥성리교회를 개척(1956년)하고 설립했습니다.

강화도와 도서지역에 뿌린 복음의 씨앗들은 후에 그들이 인천지역으로 이사하여 인천의 여러 교회에서 봉사하여 인천지역 교회의 부흥에 큰 밑거름이 되었습니다.

오지섭 목사가 부천 오정제일교회에서 목회할 때는 ⑯ 부천 대장교회 개척(1970년), ⑰ 부천 삼정동교회 개척(1976년), ⑱ 서울, 우남교회 개척(1977년), ⑲서울, 예수원교회 개척 후원(1978년), ⑳ 부천, 은천교회 개척(1978년), ㉑ 군산 은천교회 개척 후원(1980년), ㉒ 단양 영춘 오사리 교회 개척 (1981년), ㉓ 부천, 시온성교회 개척(1981년), ㉔ 부천, 보배교회 개척(1982년), ㉕ 시흥 신광교회를 개척하였습니다. 도합 25교회를 재건하고 개척하였습니다. 이는 오지섭 목사를 주님의 도구로 사용하신 '성령행전'의 열매였습니다.

11. 대부도교회로 전근

1956년 4월에는 대부도 고유지에 있는 대부교회로 전근하였습니다. 6.25 휴전 후 덕적도에서 서울의 감신대에 입학해서 학생회장도 맡았는데, 먼 바닷길에서 도저히 서울로 다니며 공부를 지속할 수가 없어서 육지와 좀 더 가까운 대부도로 전근하였습니다. 오지섭 목사는 감신대와 목원대 두 신학교에서 모두 공부하고 전쟁이 일시 소강상태인 1952년 중부연회에서 목사 안수를 받았습니다.

◀ 대부도교회 교인들_1956년

대부도교회는 선재도 출신 백준기 장로가 자기 소유의 땅 2천 평을 바쳐서 예배당을 세운 곳으로, 오지섭 목사가 시무할 당시에는 문창식 문흥식 장로의 집안과 신일균 장로, 장광순 장로가 열심히 봉직하였습니다. 당시 청년 문주희도 후에 우체국장으로 장로가 되었습니다.

장광순 장로는 본래 자월도 출신인데, 부흥사 장광영 감독회장의 형입니다. 오지섭 목사의 숙모(작은 어머니)가 장광영 목사의 고모이어서 오지섭 목사와 장광영 목사는 매우 가까운 사이입니다. 장광영 목사의 결혼 주례를 오지섭 목사가 맡았었는데, 풍랑이 하도 심하여 결혼식에 참석하지 못해서 그 집례는 하지 못했습니다. 그때 청년이었던 장광영이 대부도에 오면 심방에 데리고 다니기도 했습니다.

대부도 목회는 2년으로 길지는 않았지만 재임 중에 남리교회와 흥성리교회 2교회를 개척하였습니다. 남리교회는 노애덕 성도의 집에서 저녁 예배만 드리다가 따로 교회를 분립하였습니다.

오지섭 목사는 1956년 가을, 대부도교회 시무 시절, 기도 중 깊은 영계에 들어 천성문으로 들어가 세마포를 입은 예수님을 뵙는 체험을 하였습니다.

대부도 2년 목회 기간에 교회는 주의 은혜로 일취월장 부흥하였고, 교우들의 사랑이 어찌나 넘쳤던지 떠날 때 눈물을 펑~ 펑! 흘리는 교우들을 뒤로하고 작별하였습니다. "목회는 쫓겨 나기보다 떼어놓고 가기가 더 힘들다."라는 교훈을 실감한 곳이었습니다.

12. 강화도 흥천교회에서 목회

1957년 4월, 강화도 흥천교회, 건평교회 두 교회를 담임하였습니다. 오지섭 목사가 강화도에 처음 왔던 일은 1934년 오지섭이 18세 때였습니다. 인천지방대사경회를 강화읍에서 거행하였는데, 그때 강사는 미국에서 박사학위를 받고 귀국한지 얼마 안 되는 변홍규 박사가 주강사였습니

▲ 흥천 감리교회 부흥회 기념_1969년 2월 12일

▲ 진우원, 신옥림

▲ 오지섭, 오정섭

다. 한편, 오지섭 목사의 중형 오웅섭 장로가 8.15 광복 직후, 강화도 어업조합 이사를 역임하며, 갑곶이에 있던 어업조합 사무실을 건평으로 옮기는 일을 했습니다.

흥천교회는 감리교 2대 감독인 김종우 감독, 적십자사 총재와 국방장관을 지낸 김용우 의원, 전효배 목사와 배재고등학교의 교장을 지낸 전종옥 목사 등을 배출한 뼈대 있는 교회입니다. 오지섭 목사가 시무하던 시절에는 윤흥옥 고기연 유명철 장로가 봉직했습니다. 서울남연회 총무를 지낸 윤종웅 목사는 윤흥옥 장로의 아들입니다.

하루는 윤흥옥 장로가 자기 집에 있는 큰 닭과 병아리 80여 마리를 가지고 주택으로 왔습니다. "장로님, 이거 웬 닭이요?" "변변치 않은 것이지만 제가 집에서 기르던 닭을 병아리 새끼까지 몽땅 가지고 왔습니다. 목사님 자녀들이 거하는 집에 가져다 기르면 유달리 많은 자녀들이 공부에 조금이라도 보탬이 될까 해서 가지고 왔습니다." 윤흥옥 장로의 닭 80수를 아이들이 있는 부천 소사 심곡동 집에 가져다가 길러서 자녀들이 용돈도 쓰고, 영양도 보충하고 매우 큰 보탬이 되었습니다. 잊지 못할 고마운 일입니다.

벌판 건너 건평교회에서는 강화의 초기 교회의 유명한 '한 일(一)'자 돌림 신앙운동가인 정천일(鄭天一)의 손자 정마태 장로가 충성을 다했습니다. 정서일(鄭瑞一)도 있었습니다.

흥천·건평교회를 담임했던 시절, 양도면 하일리에 있는 동광중학교에서 교목 겸 도덕과 한문(漢文)을 가르쳤습니다. 이곳에서 목회하는 동안 오지섭 목사는 틈나는 대로 진강산 기슭에서 밤새우며 기도를 드렸습니다. 그 부르짖는 기도 소리가 때로는 마을에도 들렸습니다. 오지섭 목

▶ 건평교회 교인들 _1957년, 1958년, 1959년

◀ 동광중학교 강화도 답사

사 담임 시절에는 온 동네가 거의 다 교회에 나왔습니다.

오지섭 목사는 홍천교회 목회시절에 대전감신(현 목원대학교)의 총동문회장에 피선되어 신학교 일에 참여했습니다.

13. 강화도 온수리교회로 파송

1959년 정초 윤홍옥 장로와 고기연 장로가 주택으로 찾아왔습니다. "저희들이 목사님을 모시고 은혜받으며 살아가는 일은 분에 넘치게 감사한 일입니다. 저희들의 욕심으로는 목사님을 평생 모시고 살고 싶지만, 목사님께서는 유달리 많은 7남매 자녀를 양육하시는데, 우리 교회의 형편이 제대로 감당하지 못하고 있습니다. 마침 강화도에서 두 번째로 큰 교회인 온수리교회의 김영창 목사님이 다른 곳으로 이동하신다는 것 같아서 그곳으로 가셨으면 하고 저희가 주제넘게 나섰습니다. 용서하시고 결정을 내려 주십시오!"(이들은 충성스러운 분들이어서 평생을 잊지 않고 기도해왔습니다.) 그래서, 온수리교회로 전근하게 되었습니다.

송별 예배를 드리려고 하니, 마을 노인회의 노인들과 교회에 나오지 않던 마을 주민들까지 모두 모여와서 "이렇게 좋은 목사님을 다른 데로 가시게 해선 안 된다."라며 온 동네가 만류했지만, 눈물 뿌리며 작별하고 온수리교회로 부임하였습니다. 세월이 한참 흐른 후, 홍천교회 교우들이 "목사님을 보고 싶다!"라며 둘째 아들 목사(오세주 목사)를 청빙하여 홍천교회에서 목회한 적이 있습니다.

14. 온수리교회 목회활동(1959~1965)

오지섭 목사가 43세 되던 1959년 온수리교회로 파송되어 6년을 목회했습니다. 부임할 당시에는 유경실 장로와 방명희 장로가 봉직하고 있었고, 시무 중에 의사인 김태훈과 조순성 종보희 장로를 세웠습니다. 종보희 장로는 '한 일(一)'자 돌림자 신앙운동가인 종순일(鍾純一) 목사의 딸입

◀ 온수리교회 부흥회_1963년

▶ 오지섭 목사가 인도하는 마리산 기도회_1960년 9월 24일

니다.

온수리교회 담임 시절 오지섭 목사는 수시로 마리산에 들어 며칠씩 단식하며 기도에 힘썼습니다. 마리산연합집회를 4차례에 걸쳐 인도했습니다.

15. 부흥목사 오지섭, 강화도에서만 82회 부흥집회 인도

8.15 광복 직후인 1946년 정초에 영종도 운서리교회(지금의 영종중앙교회)에서 평신도로서 부흥집회를 인도한 이래 1985년 서울 방배동 성광감리교회(이민구 목사 담임) 집회 인도를 끝으로 오지섭 목사는 무려 1,800회의 부흥집회와 강연회를 인도했습니다.

▲ 감리교 전국 부흥단_1963년

오지섭 목사는 한학에 능통한 한학자여서 부흥집회를 통하여 한국교회 역사상 가장 많은 수의 한학자와 거유(巨儒)와 서당 훈장과 도학자들을 주께로 인도한 분으로 평가되고 있습니다.

전남 강진의 지석리에서는 한 주간의 집회로 대학자 윤치환 옹을 비롯한 70여 명의 일가와 주민들이 주께로 돌아왔습니다. 서산 당진 일대에서는 40회의 부흥집회를 인도했습니다.

특히 1951년 겨울, 강화도 조산교회에서 목회하던 김봉록 목사(후에 감독회장)의 초청으로 강화도 부흥집회를 인도한 이래 오지섭 목사는 강화도에서만 무려 82회의 부흥회를 인도했습니다. 하나의 군(郡), 한 개의 섬에서 80회가 넘는 부흥성회를 인도한 것은 그야말로 인간의 계획으로는 도저히 이해할 수 없는 엄청난 역사였습니다. 그야 말로 성령사건이었습니다. 길직(초대)교회에서는 6번을, 초지교회에서는 11번의 부흥집회를 인도했습니다.

이쯤 되니까 오지섭 목사를 '강화도 목사'라고 부릅니다. 실제로 큰 아들 오세도 목사는 하점교회 담임, 둘째 아들 오세주 목사는 강화 강남교회, 길직(초대)교회, 흥천교회에서 목회하였고, 큰 딸 오숙자 전도사는 신현교회를 담임하였고, 사위 장영산 목사는 길촌교회 담임, 이태평 목사(오숙자의 남편)는 도장교회를 개척했습니다.

16. 장봉도 옹암부흥회의 마지막 강사

오지섭 목사가 오랜 전통의 장봉도 옹암부흥회에 처음으로 참석하여 설교한 것은 흥천교회 담임시절인 1957년 8월 집회 때부터였습니다. 흥천교회 교우 36명과 함께 옹암교회로 가서 밤낮으로 기도하며 집회를 인도했습니다.

장봉도 옹암부흥회가 처음 시작된 것은 1915년 봄이었습니다, 강화도 화도면 두곡교회 정윤화 권사가 성령이 충만하여 장봉도 옹암교회 김순서 속장에게 새벽기도를 드리라고 권면을 하자, 김순서가 옹암에서 자기 집 식구들과 기도회를 갖기 시작한 것이 그 시작입니다. 이어 5월 10일 밤부터 옹암교회 김순서 이양기가 정윤화를 초빙하여 기도회를 계속했습니다.

그 첫날밤 39명이 참석하였고, 5월 23일에는 화도면 두곡, 고창, 동막, 길상면 달오지, 장흥, 길직, 양도면 흥천, 조산, 문고개, 삼거리에서 몰려와서 합류하였고, 장봉도의 옹암, 진촌, 모도, 신도 구로지 등 인근 도서에서도 와서 모두 165명 (남 62명, 여 103명)이 운집하여 은혜를 받았습니다. 5월 24일에는 마리산 참성단에 올라가서 기도하고 하산하여 두곡교회에서 집회를 마쳤습니다.

장봉도 옹암기도회에서의 놀라운 역사에 대하여는 장동운의 『부흥회 참석 체험기』(1915)와 오지섭 목사가 집필한 『오지섭 목사 부흥회일지』(1991)에 생생하게 기록되어 있습니다.

그 후 장봉도 옹암부흥회는 해마다 음력 3월 29일로 집회 개최 날짜

◀ 역사적인 장봉기도회
유경실 그는 기도회 회장,
오지섭 그는 말씀을 전하는 강사

를 고정하고 해마다 그날이 되면 집회 개최를 별도로 통지하지 않아도 장봉도 옹암교회로 신도, 시도, 모도, 용유도, 영종도, 강화 본도, 흥천, 교동, 아차도, 볼음도, 석모도 등지에서 앞다투어 모여들어 1주간 집회를 갖고, 마지막 날에는 마리산 꼭대기로 올라가서 철야기도를 하고 헤어졌습니다. 장봉도 옹암부흥회와 마리산 정상기도회는 장소만을 이동한 같은 기도회여서 따로 분리할 수 없는 집회입니다.

장봉도 옹암부흥회는 장봉도, 강화도 인근의 교회에만 성령의 불쏘시개 역할을 한 것이 아니고, 일제강점기의 뼈아픈 민족의 역사 속에서 중부 서해의 도서들과 인천지역에 영적인 새 힘을 주었을 뿐만 아니라, 민족주의적인 애국사상을 배양하는데 큰 영향을 끼쳤습니다.

이 부흥집회의 마지막 날에는 민족의 성산인 마리산 참성단에 올라 구국의 기도를 드렸고, 옹암집회에서 방언의 은사를 받은 유봉진을 비롯한 황유부 조종렬은 강화도 3.1 만세운동의 주도자로 활약했습니다. 특히 유봉진은 만세운동을 벌이다가 마리산집회가 끝나는 날 마리산에서 체포되었습니다.

장봉도 옹암부흥회의 인도는 초기에는 정윤화 권사가 주도하였고, 그 후에는 유봉진 박희은 박기천 장흥완(1879~1943)이 인도했으며, 일제강점기 말기에는 온수리교회의 유경실 장로가 회장이 되어 명맥을 이어 오다가, 오지섭 목사가 온수리교회를 담임한 후로는 그의 인도로 장봉옹암부흥회는 다시 활기를 되찾았습니다.

1965년 오지섭 목사가 부천 오정교회로 전근한 후로는 마땅한 인도자가 없는데다, 회장인 유경실 장로도 세상을 떠났고, 또 교역자들의 역사의식이 부족한데다 영적으로도 미미하여 50년을 지속해 온 유서 깊은 장봉 옹암기도회는 1966년을 끝으로 흐지부지 끊어지고 말았습니다. 매우 아쉬운 일입니다.

오지섭 목사의 산상기도는 인천지역 교회의 영성운동과 부흥에 큰 영향을 미쳤습니다.

오지섭 목사가 영종도 백운산 100일 기도 후에 인도한 부흥운동은 영종도와 삼목도에 크게 영향을 미쳤고, 덕적도 국수봉 정상의 구국기도회는 덕적도의 거의 모든 도민들이 교회로 모여들었고, 또 교회가 없는 인근 일대의 섬 9개 처에 교회를 세웠으며, 대부도에서는 2개 처 교회를 세웠습니다. 강화도 마리산 입산기도를 통하여 능력을 얻어 강화도에서만 82회 부흥회를 인도하였으며, 장봉도 옹암부흥회를 통하여 인천 앞의 섬 지역은 물론 인천지역의 교회 성장에도 활력을 불어넣는 밑거름이 되었습니다. 또한 서산·당진 일대에서 40여 회 부흥집회를 인도하며 뿌린 씨앗들도 그들의 다수 교인들이 인천지역으로 이사하면서 인천지역의 교회 발전에 밑거름이 되었습니다.

17. 부천시 오정제일교회에서 목회–
평생 25개 처에 교회를 설립 및 재건하다

강화도 흥천교회와 온수리교회에서 모두 8년을 목회하고, 1965년 봄 부천시 오정동 오정교회로 파송되었습니다.

오지섭 목사가 온수리교회에 있을 때, 부평의 갈월교회 이보성 장로(부평제일교회 이천휘 목사의 父)와 박기원 권사 장상억 권사가 갈월교회로 모시겠다고 끈질기게 찾아왔습니다.

그들이 오지섭 목사를 갈월교회로 간곡히 청한 이유는 이러했습니다. 당시 감리교의 유명한 부흥목사들은 공교롭게도 모두 부평 일대의 교회들을 담임하고 있었습니다. 부평교회 홍창준 목사, 부광교회 김성남 목사, 백마장 산곡교회에 김상봉 목사, 계산교회에 현성초 목사 등이 포진하여 목회를 하고 있어서 당시 한국교회의 영계를 움직이고 있었다. 그 틈에 있는 갈월교회가 독틈에 낀 탕건 모양으로 제대로 역할을 하지 못하고 있을 때여서 오지섭 목사를 초빙하여야 솥발처럼 일어설 것이라는 논리였습니다. 그렇지만, 본부에서는 갈월교회로는 다른 분을 파송하고 오지섭 목사는 오정교회(현 오정제일교회)로 파송하였습니다. 1965년 오지섭 목사가 부임하였을 당시, 오정동은 버스가 하루에 아침저녁으로 2번 밖에 다니지 않는 외진 지역이었습니다.

오지섭 목사는 오정교회에 부임하여 2차례에 걸쳐 예배당을 건축하고, 부천의 대장리교회, 삼정교회, 은천교회, 시온성교회, 보배교회, 군산 은천교회, 충북 단양 오사리교회 등을 개척하고, 우남교회, 예수원교회, 신광교회 개척을 크게 후원하는 등 평생에 모두 25교회를 개척하거나 재건하였습니다.

오지섭 목사는 오정제일교회에서 23년을 목회하고 1987년 중부연회에서 은퇴하였습니다.

말년에 부천 심곡동의 은천교회의 원로목사 사택에 거하다가 1999년

▶ 오정제일교회

설날 자녀손 모두 모인 가운데 두 손을 들고 자손들의 이름을 일일이 호명하며 축도를 마친 후 깊은 잠에 들었다가 2월 21일 밤 10시 13분 고요히 하늘나라로 귀향했습니다.

오세도, 오세주 목사를 비롯한 슬하의 자여손(子與孫) 39명이 신학을 수업하였고, 28명(목사 22명, 전도사 6명)이 주의 복음을 전하고 있습니다. 주께 무한한 영광과 감사를 돌립니다.

"한 알의 밀이 땅에 떨어져 죽지 아니하면 한 알 그대로 있고, 죽으면 많은 열매를 맺느니라." (요한복음 12:24)

저술 목록

백운당이 저술한 책은 『사람이란 무엇인가』 등 무려 100여권에 이릅니다. 그 목록을 분야별로 구분하면 다음과 같습니다.

① 주자학 등 동양철학 이론서 10권
② 지리서 등 한문 저술 6권
③ 한국 고대사 등 역사서 3권
④ 한시·시조(時調) 등의 시문집 28권
⑤ 노래가사·찬송시집 2권
⑥ 한글 시집 2권
⑦ 수첩일지(1953년~1987년) 총 37권
⑧ 설교 노트 다수
⑨ 논문 '정치학사 학위논문' 1편
⑩ 방송원고·연설문·강연 원고 등 수 십 종

그밖에도 백운당 오지섭 목사는 자작 한시 6,000여 편을 비롯하여 만장·축장·조사·비문·편액·족자 글씨 등을 10,000여 점을 필서했습니다.

약 력

1919년~1999년
강화 합일학교와 감리회 대전신학교(목원대) 등에서 수학.
내리교회 권사, 영종중앙교회 전도사로 도서 순회 목회.
영종도 무궁화중학원 설립 및 인천 계명여자중학교 교감.
대부도 남리교회 등 25개 기도처 교회 설립 및 재건.
덕적도교회, 강화 온수리교회, 부천 오정제일교회 시무.
아들 오세종 목사(기독교고전번역원장) 등 슬하 손까지 28명(목사 22명, 전도사 6명)이 사역자.

오세종 목사

오지섭 목사의 다섯 번째 자(子)
오지섭 목사 슬하에서 한문 수학
감리교대전신학대학.
단국대학교 교육대학원(한문교육전공) 수학.
배화여대 외래교수(한문).
현, 감리교신학대학교 대학원 객원교수(한문).
현, 한문서당 성실·삼필재(三筆齋) 훈장.
현, 기독교고전번역원 원장.
현, 동방초서(草書)연구소 강주
감리교 원로목사.

하나님과 사람을 사랑하신 경천애인과, '여호와는 나의 목자이신' 신앙의 길로 살아가신 「선한 목자의 상」을 보았습니다. '공장도 목회의 장소'라고 산업선교를 시작하시어, 가난한 노동자를 위해 '제3의 치차'로서 십자가를 지신 모습, 군사독재와 불의에 항거하신 강한 모습과 약자를 끝없이 사랑으로 돌보신 목사님의 사랑, 우리와 같이 보잘것없는 노동자를 같은 사람이란 뜻으로 교회 이름을 동인(同人)이라 하시고 교회의 일치는 당회원들의 화합이라 가르쳐 주셨습니다.

기억하고 싶은
목회자들

제3의 치차(The third gear)
이국선 목사

이진 목사_인천 선민교회 담임목사

1. 서언 – 신앙의 아버지

이국선 목사님을 '신앙의 아버지'로 부르는 김광웅 장로[1]는 목사님 탄생 100주년 기념예배 대표기도에서 "목사님께서 가르쳐주시고, 본을 보여주신 발자취를 기억합니다. 목사님의 크고 넓고 깊으신 주님의 목자로 살아가신 삶의 발자취와 사랑을 잊지 않고 있습니다. 하나님과 사람을 사랑하신 경천애인과, '여호와는 나의 목자이신' 신앙의 길로 살아가신 「선한 목자의 상」을 보았습니다. '공장도 목회의 장소'라고 산업선교를 시작하시어, 가난한 노동자를 위해 '제3의 치차'로서 십자가를 지신 모습, 군사독재와 불의에 항거하신 강한 모습과 약자를 끝없이 사랑으로 돌보신 목사님의 사랑, 우리와 같이 보잘것없는 노동자를 같은 사람이란 뜻으로 교회 이름을 동인(同人)이라 하시고 교회의 일치는 당회원들의 화합이라 가르쳐 주셨습니다.

목사님이 일제 말기와 6.25 동족상잔의 비극, 4.19 학생의거를 겪으시고 급변하는 산업사회 속에서 보여주신 나라, 민족, 백성을 위한 애국애족 정신과 사랑으로 베푸신 삶을 누가 따를 수 있겠습니까? 한국 기독교계와 기장교단과 한신대학을 위한 남다른 충정을 지켜보았습니다. 더욱이 인천 기장교회의 개척과 노회를 위한 열정을 누가 흉내라도 낼 수 있습니까?

목사님의 카랑카랑한 선지자적, 예언자적 말씀과 한없이 부드러운 제사장적인 말씀을 기억합니다. 가난한 저희들을 데리고, 냉면을 자주 사주신 목사님! 그 사랑을 기억합니다. 지금 생각하니, 목사님이 베풀어 주신 식탁이, 주님이 제자들과 나누신 성찬의 자리였던 것 같습니다.……

1) 삼은교회 원로장로, 대성신용협동조합 이사장, 한국기드온협회 인천캠프장.

오늘 탄생 100주년 기념예배를 주관하신 인천노회와 목사님께서 기도로 사랑으로 세우신 인천노회 안에 속한 교회들과 섬기시던 동인교회와 분신을 쪼개듯이 개척하여 세우신 인천중앙교회와 삼은교회를 축복해 주시옵소서."라고 기도하였습니다.

김현[2] 교수는 '이국선 목사의 죽음은 또 하나의 아버지의 죽음이다. 그 아버지는 청교도적 기독교라는 이름을 갖고 있다. 목포중앙교회 목사관에서 처음 본 목사님은 깨끗한 예복을 입은 이방인이었다. 나는 목사님의 설교를 매주 공들여 노트하였으며, 그것은 상당한 분량에 이르렀다. 나는 지금도 그때 내가 쓴 손바닥만한 노트를 기억하고 있다. 목사님 말씀의 상당수를 나는 이제 기억할 수 없지만, 타불라 라사[3]를 설명하던 그의 목소리를 아직까지 간직하고 있다. 인천에서 뵌 목사님은 도시산업선교를 하고 있었다. 나는 그때야 그의 염결성, 깨끗함, 청빈함, 정직함, 진지함의 다른 말이라는 것을 깨달았고, 그의 가난의 엄청난 도덕적 무게에 짓눌리곤 하였다. 그는 계속해서 나에게는 닿을 수 없는 곳에 있는 아버지이며 스승이었다. 그 스승의 뒤를 이을 사람은 내가 아니라 바로 고재식이다. 묘소에서 그는 거의 실신할 듯하였다. 아버지와 스승을 잃은 슬픔 때문이었으리라. 나는 그 슬픔을 이해할 수 있었다. 목사님은 좋은 제자를 두었다고 자신의 유고『행복한 책읽기』에서 목사님을 회상하였습니다.

고재식 총장[4]은 "목사님의 첫인상은 영국 신사이다. 옷차림, 몸가짐, 언행 심사 모두가 조금도 빈틈없는 신사이시다. 그런 신사가 어떻게 노동판으로 생업을 옮기게 되었을까? 성장 부흥하던 교회에서 목회하시던 목사님의 신학이 그토록 파격적이고 거칠어지게 되었을까? 4.19혁명이 목사님의 생애를 뒤바꿀 만큼 충격적인 것이었을까? 만약 4.19혁명이 목사

2) 본명 김광남(1942~1990) 서울대 불문과 교수, 비평가. 산문시대, 사계, 68문학, 문학과 지성 등 창간.
3) Tabula rasa(라틴어로 "깨끗한 석판")는 인식론에서 인간이 '빈' 백지와도 같은 상태로 태어나며, 출생 이후 세상의 감각적인 지각활동과 경험에 의해 전체적인 지적 능력이 형성 된다는 개념이다.
4) (1939-2007) 한신대학교 제2대 총장, 기독교 윤리학.

님께 있어서 사울이 바울이 되는 다메섹 도상의 사건이었다고 한다면, 목사님의 역사의식은 비범한 것이 아니었을까? 그런 목사님의 삶 속에서 모종의 신비감을 느꼈다. 목사님의 몸에서 예수님의 얼굴을 보곤 한다. 그때마다 '목사님은 과연 선지자이셨구나.'라는 감탄사가 나온다."라고 20주기 추모 강연회에서 소회를 밝혔습니다.

2. 청년 이국선 – 장남은 목사가 되어 복음을 전하며 영혼을 구원하라

이국선 목사님은 1919년 3월 20일 함경북도 성진시 한천동 470번지에서 부친 이원호 장로님과 모친 한원선 여사의 장남으로 태어나 평양 숭실중학교를 졸업하시고, 해방 후 고향 성진에서 국어교사로 재직 중 한글문화보급회[5] 사건으로 1946년 4월 소련군에 의해 투옥되셨습니다. 지하 감옥에서 성경을 암송하며 하나님께 서원하셨고, 9개월 만에 석방되자 1947년 월남하여 조선신학교[6]에서 신학을 전공하시고, 졸업과 동시에 전남 완도에서 첫 목회활동을 시작하셨습니다. 그 후 목포중앙교회 담임목사, 전남노회장, 인천대성목재 후생부장 겸 사목, 동인교회를 담임하시며 동인천도시산업선교센타 원장, 인천지역 목회자인권위원회위원장, 대성신용협동조합 이사장, 한국기독교장로회 경기노회장, 인천 기독교연합회 회장, 산업선교 전국연합회장, 한국기독교장로회 총회장을 역임하셨으며 한신학원 이사장으로 맡겨진 소명을 다하셨습니다.

이국선 목사님이 태어나신 때는 우리 민족의 최대의 수난기인 일제강점기 3.1운동이 시작된 1919년 3월이었습니다. 더구나 함경북도 성진은 일제의 수탈과 압제가 심해 민중들의 저항이 가장 거세었던 곳이기도

5) 조선어학회에서 국어교육의 시급함을 알고 국어교사를 양성하여 배출함. 이북에서는 민주주의 사상을 함께 알리고자 하였음.

6) 현 한신대학교 – 1940년 김대현 장로가 중심이 되어 교역자 양성을 목적으로 설립, 1951년 한국신학대학, 1980년 종합대학 한신대학 승격, 1992년 한신대학교 교명 변경.

합니다. 청소년 시절과 청년 시절을 그러한 시대적 환경에서 성장한 목사님이 옳지 않은 일을 보면 참지 못하고 의를 위해 몸을 던지는 성품을 지닌 것은 우연이 아닐 것입니다.

목사님이 다니시던 성진교회 선교사 송별기념(뒷줄 왼쪽 두 번째 목사님 부친 이원호 장로)

장로이신 아버님의 신앙은 이국선 목사님의 평생을 인도하고도 남을 만큼 깊은 것이었습니다. 아버님께서는 세 아들에게 늘 이렇게 말씀하셨습니다.

"장남은 목사가 되어 하나님의 복음을 전하고 영혼을 구원하는 일에 평생을 바치고, 둘째는 의사가 되어 병든 사람들을 고치는 일로써 하나님의 사업을 행하고, 셋째는 변호사가 되어 배우지 못하고 힘없는 사람들을 도우며 살기를 바란다."

청년 이국선은 1945년 1월 초등학교 교사이던 박은석 여사와 결혼하였습니다. 해방이 되자 다니던 직장을 그만두고 서울로 가서 한글문화보급회에서 공부를 하고 돌아와 성진중학교 국어교사로 재직하면서 함경북도 일대에서 학생들과 주민들을 상대로 한글을 가르치며 독립된 통일조국이 실현되기를 꿈꾸었습니다.

1946년 북한에서 거행된 3.1운동 기념식에서 공산당원들에 의해 기독교인들의 행적이 매도되는 것을 보신 목사님은 모인 사람들 앞에서 소리쳤습니다. "진실을 왜곡하지 마시오. 우리는 조국의 독립을 위해 모두 하나가 되어 힘을 모았소." 그러나 공산당원들의 위압에 목사님을 제지하고 침

▲ 삼형제_1964년

묵하는 사람들을 보며 안타까운 마음으로 그 시절을 보냈습니다.

그해 4월, 친정에서 첫 아들을 출산하고 산후조리 중이던 박은석 여사에게 시아버님이 소천 하셨으니 급히 오라는 연락이 왔습니다. 하지만 성진의 본가로 가던 중 기차에서 첫아들을 하나님의 품으로 보내야만 했습니다. 도착하니 남편은 보이지 않고, 소천 하셨다는 시아버님께서 말없이 편지를 건네주셨습니다.

"…소련으로 3년 정도 유학 갔다 온다고 생각하고 기다려 주기 바라오… ."

편지를 보고 놀라는 며느리에게 시아버님께서 자초지종을 말씀해 주셨습니다.

3. 소명 – 저를 살려 주시면 하나님의 종이 되겠습니다

당시 목사님은 지역의 주민들에게도 한글을 가르치고 있었습니다. 그때 신익희 씨를 중심으로 한 한독당 당원 한 사람이 한글문화보급회와 관련된 당원의 명단이 적힌 문서를 들고 가다가 소련군에게 잡혔는데, 그 명단에 '이국선'이라는 이름도 적혀 있었습니다. 김구를 중심으로 자주독립의 통일정부를 건설하려는 뜻은 젊은 청년 이국선의 가슴에도 불을 지피고 있었던 것입니다.

소련군은 시베리아로 유배 보낸다면서 물었습니다. "소련이 너희를 해방시켰는데 왜 너희는 소련을 상대로 테러를 하려고 하느냐?" "난 결코 그런 적이 없다. 우리는 36년 동안 일본의 지배 아래 있었다. 이제 그 치욕의 굴레를 벗어던지는 마당에 우리가 무엇 때문에 너희들을 상대로 테러를 한단 말이냐. 민주주의 원칙에 따라 우리 힘으로 우리나라를 새로 세우겠다는 데 무엇이 잘못되었단 말이냐?"

소련군 옆에는 '한'씨 성을 가진 통역관이 있었는데, 만주에서 태어나서 처음으로 한국 땅에 온 한국 사람이었습니다. 소련군들이 원하는 대답을 듣지 못하자 총을 들이대며 협박을 할 때, 한 통역관은 소련군의 말을 그대로 통역하는 대신 호통 치듯이 큰 소리로 "이 총은 겁을 주기 위한 것일 뿐입니다. 이 선생, 이 사람들은 절대로 총을 쏘지는 않을 것이니 굴복해서는 안 됩니다." 한 통역관은 '한국에도 이런 청년이 있구나' 하는 생각이 들어 목사님을 도왔다고 합니다. 그는 평생 잊을 수 없는 은인 중의 한 사람이 되었습니다.

한반도의 최북단 청진은 11월만 되어도 몹시 추운 곳입니다. 그 추운 겨울날 지푸라기만 깔려있는 시커먼 지하실에 갇혀 있었습니다. 밤인지 낮인지도 알 수 없고 그저 아련히 종소리가 나는 것을 듣고 하루가 가는 것을 알 수 있을 뿐이었습니다. 춥고 배고프고 어둡기만 한 지하실에 갇혀 앞으로 자신의 운명이 어떻게 될 것인지 전혀 알 수 없는 두려움에 시달렸습니다. 하루종일 성경 구절을 외우면서 그 고통을 이겨나가고 있었습니다. 그중에서도 시편 23편은 목사님에게 옥중에서 견딜 수 있는 한 줄기 희망이었습니다. "여호와는 나의 목자시니 내게 부족함이 없으리로다.… 나의 평생에 선하심과 인자하심이 정녕 나를 따르리니 내가 여호와의 전에 영원히 거하리로다."

시편 23편을 만독(萬讀)하니 하루가 지났습니다. 아버지 이원호 장로님께서 하신 '하나님의 복음을 전하는 사람이 되라'는 말씀을 늘 마음속에 담아 두고만 있었는데, 춥고 배고프고 어둠 속에서 두려움에 떨던 그때 지하 감옥에서 처음으로 하나님께 감사하며 눈물 어린 약속을 했습니다. "하나님, 이번에 저를 살려 주신다면 하나님을 위해 복음을 전하는 일에 평생을 바치겠습니다." 목사님은 그때의 약속을 평생 동안 잊지 않고 실천하셨습니다.

그해 성탄절에 풀려난 목사님은 1947년 7월 처가 근처 황해도 해주에서 큰딸을 임신한 아내와 함께 배 밑바닥에 숨어 월남하였습니다.

4. 조선신학교 - 장공 김재준과 만우 송창근의 가르침

서울에 도착한 목사님은 당시 동부교회에서 시무하시던 강홍수 목사님을 찾아갔습니다. 강 목사님은 아버지 이원호 장로님이 다니시던 성진교회에서 집사로 봉직하셨던 분으로 청년 이국선이 따르던 분이었습니다. 목회자가 되기 위해 신학교에 들어가려면 노회의 허락이 필요 했는데, 그 일을 맡으신 강 목사님은 "내가 너를 어렸을 때부터 봐 와서 잘 아는데, 너는 정치 쪽으로 나가 이 나라를 바로 세우는데 일조하는 것이 더 어울릴 사람이야." 라고 말하시며 허락하지 않으셨습니다.

그러나 거듭하여 강 목사님을 찾아가 옥중에서 하나님과 약속한 결단을 포기할 수 없음을 말씀드려 결국 강 목사님도 허락할 수밖에 없었습니다. 마침내 1947년 9월 동자동에 있던 조선신학교에 입학하였습니다.

조선신학교에서 장공 김재준[7] 목사님으로부터 '정직한 개혁신앙'으로 폐쇄적이며 독재적인 교권주의를 탈피하여 개방적이며 포괄적인 다양성 속의 일치를 추구하는 전진하는 교회로 나가야 한다는 말씀을 듣고 마음에 새기셨습니다. 또한 성경은 일점일획도 틀림이 없다는 '축자영감설'을 절대화하는 기독교 근본주의적 성경관에서 벗어나 성경에 연대나 문자적인 오류는 있어도 예수 그리스도를 통하여 인간을 구원하시고 영생의 길로 인도하시는 하나님의 뜻에는 아무런 문제가 없다는 '목적영감설'과 '성경은 불변하나, 신학은 변천한다.'는 고등비평의 신학사상 등 신앙 양심의 자유와 학문의 자유를 배우셨습니다. 특히 세상에 오신 예수님의 뜻대로 사회에 대한 책임의식으로 사회 참여와 세계교회는 그리스도의 몸으로 하나의 교회라는 에큐메니칼 신앙에 대하여 깊이 깨닫게 되었고, 당시 교장

7) (1901~1987) 한국의 진보적 신학계를 대표하는 신학자, 한국기독교장로회 창립.

이었던 송창근[8] 목사님으로부터 청빈과 정직, 그리고 신앙의 경건성에 대해 훈련과 교육을 받으셨고, 그분들과 함께 한 관사에서의 삶이 평생 목회 사역의 뿌리가 되었습니다.

1950년 4월 조선신학교를 졸업할 당시 목사님은 강흥수 목사님이 시무하시는 동부교회의 전도사로 재직 중이었는데, 강흥수 목사님은 동부교회에 남아줄 것을 원하셨고, 김재준 목사님은 서울 초동교회를 권유하셨고, 송창근 목사님께서는 미국 유학을 추천하시면서 계속 공부하여 학교에 남아줄 것을 권하셨습니다.

그러나 목사님은 북한에 있을 때 누구보다도 공산당으로부터 많은 고초를 겪었기 때문에, '땅끝까지 이르러 내 증인이 되리라'(사도행전 1:8)는 말씀에 따라 당시 빨치산이 가장 많다는 전라도에 가서 복음을 전할 결심을 하였습니다.

5. 호남지역 선교 : 첫 목회 부임지 – 완도읍교회[9]

신학교를 졸업하면서 서울지역 목회나 유학을 제안하신 여러 교수님과 목사님들의 권유를 뒤로한 채, 평소의 소신대로 호남지역을 선택한 이국선 전도사가 아내와 두 딸을 데리고 1950년 5월 6일 도착한 곳은 완도에 있는 완도읍교회였습니다. 그런데 부임한 지 두 달이 못 되어 겨우 교인들의 근황을 살필 무렵인 6월 25일, 전쟁이 터졌습니다. 전쟁으로 인해 염려하던 중 당시 인민군들이 남하하면서 공산주의에 반대하고 월남한 사람들을 색출하고, 더욱이 지인을 통해 그들이 이국선을 찾는다는 말이 전해져 왔을 때, 이 전도사는 아내의 손을 맞잡고 이렇게 말했습니다. "좋은 여건과 권유를 뿌리치고 내 의지대로 이곳 남쪽의 섬으로 온 것 같았으나

8) (1898~1951? 납북) 평양산정현교회 목사, 조선신학교 교장.
9) 현 완도제일교회.

결국 우리가 피난을 온 셈이구려, 하나님은 당신 뜻대로 나를 쓰시고자 이곳에 보내신 것이야."하며, 하나님의 섭리하심에 감사했습니다.

그러나 그것도 잠시, 마침내 완도에도 인민군이 쳐들어오고 있었습니다. 8월 말, 이 전도사는 가족들을 데리고 피난을 가야만 했습니다. 마침 그때 감리교의 박재봉 목사님이 서울에서 신학생 열 명과 함께 완도에 와 있었는데, 인민군이 곧 온다는 소식에 함께 제주도로 가기로 하였습니다. 완도 사람들은 배를 있는 대로 모두 바다에 띄웠습니다. 그러나 배는 한정되어 있고 타려는 사람들은 너무 많아서 어찌할 바를 모르고 있었습니다. 그때 그곳 경찰관으로 근무하던 집사님이 이국선 전도사의 가족이 이북에서 월남한 사실을 잘 알고 있었기에, 그분의 도움으로 가족과 박재봉 목사님과 신학생들, 그리고 몇 분의 교인들은 작은 고깃배에 탈 수 있었습니다. 그 배의 정원이 15명이었지만 두 배나 초과하여 30명 이상이 타고 있었습니다.

설상가상으로 배가 완도를 떠난 지 얼마 되지 않아 바람이 심상치 않게 불기 시작하였습니다. 목사님 가족이 탄 배는 아주 작은 풍선(風船)이었는데도 강한 바람 덕에 함께 완도를 출발했던 커다란 동력선과 똑같은 속도로 바다로 나아가고 있었습니다. 그러다가 마침내 바다 한가운데로 나아갔을 때 태풍을 만났습니다. 사람 키보다 몇 배나 큰 파도가 그 배를 덮쳤습니다. 그때마다 폭풍우와 함께 바닷물은 사람들의 머리와 온몸에 마치 양동이로 퍼붓듯이 쏟아졌습니다. 강한 바람에 돛은 갈기갈기 찢기고, 돛대도 부서지고 말았습니다. 엄청난 파도가 수차례를 덮쳐서 모두가 "이제는 죽었구나." 하는 그때, 박재봉 목사님이 소리쳤습니다. "기도합시다, 우리 모두 하나님께 마지막 기도를 드립시다." 이 말에 배에 탄 사람들 모두가 합심해서 기도드렸습니다. 그 엄청난 비바람과 파도의 힘 앞에서 그들이 할 수 있는 일은 오직 기도하는 일뿐이었습니다.

앞뒤 분간을 할 수 없는 바다 위에서 오로지 하나님께 목숨을 맡긴 채

하루가 지났는지 이틀이 지났는지 알 수 없었던 새벽 무렵 태풍이 잦아들면서 배가 어떤 작은 암초에 걸려서 섰습니다. 배는 선체만 남은 채 무엇 하나도 온전한 것이 없었습니다. 그 폭풍우와 바다가 갈라지는 듯한 파도와 바람에 밀려다닌 작은 배가 뒤집히거나 가라앉지 않은 것은 기적이었습니다. 몇 사람이 지형을 살피더니 배가 진도에 닿은 것 같다고 말했습니다. 그러나 진도는 이미 인민군들이 들어왔다고 들었기에 모두 절망하였습니다. 그때 문득 멀리 갯바위에서 낚시하고 있는 사람이 보였습니다. 누군가 말했습니다. 인민군이 들어왔다면 저렇게 한가하게 낚시할 수 없다고, 그러자 모두가 "여기가 어디요?" 하고 소리쳐 물으니 "추자도요"라는 대답이 들려왔을 때 배에 탄 모든 사람의 입에서는 "살았다! 아, 하나님 감사합니다." 탄성이 터져 나왔습니다. 모두의 눈에서는 하염없이 눈물이 흘러넘쳤습니다.

힘들게 배를 접안하자 추자도 사람들은 그들을 보고는 모두가 믿기지 않는 듯 바라보았습니다. "아니! 세상에! 그 태풍 속에서 어떻게 이렇게 살아왔단 말이오? 보시다시피 우리 섬도 피해가 이만저만이 아니오. 곳곳에 둑이 무너지고 집도 몇 채가 날아갔는지 모른다오. 이렇게 지독한 태풍은 수십 년 만에 처음이오. 그런데 어떻게 저렇게 작은 배로 이곳까지 올 수 있었단 말이요."하고 놀라움을 감추지 못했습니다. 그런 후 마을 사람들이 보리밥과 갈치 찌개를 내주어 며칠 동안 주린 배를 채울 수 있었습니다. 그리고 오랜 시간 신앙생활 하던 분이 어린 두 딸이 있는 이 전도사의 가족을 집으로 초청해서 다행히 가족들은 그 집에서 편히 지낼 수 있었습니다. 완도에서 같이 출발했던 커다란 동력선은 이 전도사 일행이 그렇게 추자도에 닿은 이틀 후에야 도착했습니다. 그 배에 탔던 사람들도 모두 너무나 놀랐습니다. 그들은 고깃배에 탄 사람들이 모두 죽었을 것으로 생각했다는 것입니다.

며칠 후 급하게 수리를 마친 고깃배를 타고 다시 제주도로 향할 수 있었습니다. 그 바다 위에서 사람들은 '내 평생에 가는 길 순탄하여 늘 잔잔한 강 같든지 큰 풍파로 무섭고 어렵던지 나의 영혼은 늘 편하다 내 영혼 평안해 ~'를 함께 찬양하며 감사와 기쁨으로 충만하였습니다. 바다는 너무나도 평온하고 아름다웠습니다. 그때 이국선 전도사는 바다 위에서 다시 한번 시편 23편을 묵상하며 "주여! 내 평생에 선한 길로 나를 인도하여 주옵소서. 앞으로의 삶은 모두 주님 것입니다. 주의 뜻대로, 주의 이름을 위하여 이 몸을 인도하옵소서." 간절히 기도했습니다.

제주에 도착 후, 지인의 집에 잠시 머물러 있던 이 전도사 가족은 9.28 서울수복 이후에 바로 완도로 돌아왔습니다. 여느 때나 다름없이 이 전도사가 치는 새벽 종소리는 어둠을 타고 전시의 불안이 감도는 완도에 울려 퍼졌습니다. 마을 사람들은 종소리에 '아! 오늘도 별일 없이 하루를 맞는구나.' 하고 안심하였습니다. 그들에게 새벽 종소리는 더 할 수 없는 위안이 되었던 것입니다.

전도사로 시작한 완도에서의 목회는 1951년 새로운 국면을 맞게 되었습니다. 그해 4월 목포노회에서 안수를 받아 목사가 되었는데, 목포를 중심으로 호남의 섬 지역을 돌며 순회선교를 하던 타요한 선교사[10)]가 완도로 찾아와서 함께 순회선교를 하자고 간곡하게 부탁을 한 것입니다. "목사님 저와 함께 도서지역 순회선교를 합시다. 목포 주변에 섬이 많으니 저를 도와주세요." 이에 이국선 목사님은 평소 호남지역 선교에 뜻을 둔 터라 기도로 결단을 한 후에 완도읍교회의 양해를 구하여 틈나는 대로 목포로 가서 타요한 선교사의 순회선교를 도왔습니다.

초반에는 피난도 다녀왔고, 도서지역 순회선교를 도와서 바쁘게 활동하셨음에도 오랫동안 완도읍교회 교인들이 전설처럼 이국선 목사님을 기억하는 이유는 전쟁의 와중에도 완도에 YMCA를 만들어서 적극적으로 지

10) (1912~?) 미국 남장로교에서 파송한 타마자 선교사의 둘째 아들로 호남선교의 선구자. 한남대학교전신 대전대학 2대 학장 역임.

도하며 청년들에게 비전과 꿈을 심어 주었고, 특히 찬양예배의 은혜를 실천하시고자 1951년 성탄절을 맞아 '성탄 칸타타'를, 1952년 부활절에는 '부활절 칸타타'를 준비해서 성가대를 직접 지휘하셨습니다. 예배 인도, 말씀 선포 그리고 찬양을 위해 예배 시간에 강대상과 성가대를 오가던 젊은 목사님의 열정적인 모습이 각인되어 비록 짧은 기간이었지만 목사님과 교우들의 관계는 계속해서 이어졌습니다. 그래서 목사님이 목포중앙교회에서 목회하던 시절에 수많은 완도읍교회의 교인들과 청년들이 와서 도움을 청했으며, 그때마다 목사님은 최선을 다해 그들을 도왔습니다.

그 대표적인 분인 황일령 장로는 어린 시절 목사님의 이야기를 듣고 자랐는데, 목사님이 목포를 떠나 인천에서 산업선교를 하실 때 고등학교를 인천으로 유학을 와서 하숙을 구할 때까지 수개월 동안 목사님 집에서 목사님 자녀들과 함께 지내며 학교에 다녔습니다. 그래서 가족처럼 지내며, 황 장로님은 이 목사님의 신앙과 선교정신을 마음에 새기고 한국기독교장로회 총회 부총회장으로 봉사했으며, 완도에서 가장 큰 복지 기관을 세워 지역 복음화와 선교에 앞장서고 있습니다. 그 외에도 많은 분이 목포와 인천에서 목회하실 때 도움을 주고받으며 지냈습니다.

6. 두 번째 목회 – 목포중앙교회

목사님은 타요한 선교사와 섬 지역을 돌며 순회선교를 위해 목포로 다니던 중, 1952년 10월쯤에 목포중앙교회 박용희 목사님께서 함께 목회할 것을 부탁하셨고, 완도읍교회에서도 적극 추천하여 1952년 11월 23일 부목사로 부임하였습니다. 목포중앙교회에서 보낸 11년간의 목회가 시작되었는데, 교단과 한국 교계의 큰 어른이셨던 박용희 목사님이 1954년 사임하시고 서울로 가시면서 그해 6월 27일 이국선 목사님은 35세에 6대 담임목사로 취임해서 젊은 시절, 온몸과 정성을 다해 목회를 하셨습니다.

그 시절은 정말로 많은 분의 사랑과 존경과 지지를 받으며 일하셨던 목회 기간이었으며, 또 세 아들이 그때 태어났습니다.

목사님은 평생 "하나님 사랑, 사람 사랑"으로 사셨습니다. 그리고 많은 사람에게 희망을 주셨습니다. 특히 젊은이들의 사고가 달라지지 않으면 이 사회가 바뀌지 않는다고 믿었기 때문에 완도에서 하셨던 것처럼 YMCA 활동에 앞장섰습니다. 교회가 사회현실과는 전혀 무관하게 밀실에서 기도만 한다는 것은 하나님의 뜻에 부합하지 않는다는 신념이 있으셨던 것입니다. 그래서 목사님을 따라 YMCA 활동을 하다가 신학을 하여 목사가 된 분들이 많습니다.

또한, 직설적이고도 열정이 넘치는 목사님의 설교는 많은 사람에게 감동이었고 전설이었습니다. 서울로 유학을 갔다가 방학에 돌아온 학생들이 "강의 들으러 가자"하며 교회로 모여들었습니다. 목포중앙교회 사택은 '선교의 집'이며 '합숙소'였습니다. 목사님 사택은 가족들끼리만 식사를 해본 적이 없이 늘 열려있었고, 사람들의 발길이 끊이지 않았습니다. 당시 전쟁의 여파로 많은 걸인, 상이군인, 장애인, 한센병 환자들이 있었는데, 찾아오는 분들을 단 한 번도 그냥 보낸 일이 없었으며, 식사를 차려 주는 것도 빈번했습니다. 더욱이 여름이 되면 전국 각지에서 무전여행을 온 청년들이 으레 다녀가는 코스이기도 했습니다. 또한 도서지방의 목회자, 교인들뿐만 아니라 종교와 상관없이 도움을 받으러 온 사람들의 사랑방이었습니다.

이국선 목사님은 목회를 하면서 분명한 원칙과 기준을 가지고 계셨습니다. 먼저 당회를 이끌어 감에 있어서 절대로 자신의 주장대로 이끌거나 다수결로 결정하지 않고 모두가 합의할 때까지 기다리며 의논해서 만장일치가 되면 일을 추진하신 것입니다. 그 대표적인 일이 교회 이전입니다. 당시 목포중앙교회는 지금 죽동교회 자리의 자그마한 석조건물에 있었는데, 교회가 부흥하자 원래 있던 건물을 헐고 새로 짓기로 하고 목사님도 설교단에서 교인들에게 설계도를 보여주며 교회의 미래에 대해 자주 설교를 하셨습니다. 그러다가 지역적 상황이나 미래의 발전을 내다보며 목사님이 특별한 제안을 하게 되었습니다. 죽동의 교회는 다른 교회에 매각하고 목포역이 가깝고 오거리 중심가 한복판에 있는 코롬방 제과점 옆 건물을 구입하자는 것이었습니다. 그런데 그 건물은 정광사라는 일본식 절이었는데, 그곳을 교회로 만든다는 것은 여러 가지 의미로 대단히 민감한 일이었습니다. 일부 교인들과 장로님들이 반대하셨는데, 대부분 목사님과 20년 이상 나이 차이가 나는 분들이었습니다. 그러나 목사님은 선교 비전을 가지고 몇 달에 걸쳐 장로님들과 제직들을 설득해서 마침내 당회와 모든 교인의 동의를 받아서 1957년 7월에 그곳으로 이전을 하였습니다. 일제 강점기에 아주 좋은 돌과 목재로 지었다는 절 건물을 예배드리기에 알맞게 개조하였습니다. 목포의 유지들은 설사 그곳이 교회로 바뀐다고 하더라도 건축양식이 문화재로서 가치가 있으니, 그 건물만은 잘 보존해 달라고 부탁하였습니다. 목포중앙교회[11]의 건물은 50년간 교회로 사용되다가 당시 목사님이 쓰임에 알맞게 개조한 그대로 지금은 목포 문화재로 남아 있습니다.

▲ 이국선 목사님 송별 기념_1968년 6월 8일

이국선 목사님은 평신도가 신앙생활을 함에 있어서 기본이 되면서도 중요한 것을 신앙인이 되기 위한 세례 문답으로 여기셔서 당회원들과 함께 보통 두 시간에서 세 시간 정도 문답을 하셨고, 특히 학생들은 무릎을 꿇고 문답을 했습니다. 광주계림교회의 원로장로이신 박희서 장로님은 학창 시절인 1957년 고등학교 2학년 때 이사 간 새 교회에서 문답할 때를 회상하면서 목사님께서 길게 쓴 신앙고백서를 보신 후 "미사여구로 쓴 고

11) 1930년 건축된 동본원사 목포별원 ; 1957년부터 2007년까지 교회로 사용. 등록문화재 340호. 지금은 건물 내부를 전시·문화시설로 활용.

백은 좋은 믿음이 아니야 더구나 신앙을 논리적으로 이해하려는 자세는 더욱 안 좋아….” 하시며 꾸짖으신 것이 평생 자신의 신앙의 뿌리가 되었고, 문답이 끝난 후 모두가 다리가 저려서 못 일어나자 “일생에 한 번뿐인 세례문답에 그만한 긴장은 있어야지, 이 순간이 일생에 큰 추억이 될거야.” 하시던 말씀을 되새기며 평생 신앙생활을 하고 있다고 했습니다.

목사님은 은혜롭고 역동적인 설교와 함께 예배의 경건함과 찬양의 감동을 중요하게 보셨습니다. 새로 이사한 교회는 바닥이 마루여서 걷거나 움직이면 소리가 크게 나는데, 예배 시간에는 정말 숨소리만 들릴 정도로 조용했습니다. 또한, 성가대는 완도제일교회보다 한 단계 더 수준을 높여서 60년대 초에 목포중앙교회 성가대가 메시아 연주를 했으며, 목포 KBS 유선방송이 실황 중계를 하여 시내 곳곳에서 들을 수 있었습니다.

또한, 인재를 키우는 것을 중요하게 여기셔서 목포중앙교회 출신의 많은 목회자와 학자들이 배출되었습니다. 이해동, 곽영희, 고재식(전 한신대학교 총장), 정태기(치유 상담 대학원대학교 총장) 등 목회자와 신학자, 안몽필(전 일본 대동문화대학 교수), 김현(전 서울대 불문과 교수)과 그 외에 수많은 분이 중, 고등학교와 청년 시절에 목사님께 신앙의 가르침을 받아서 그 뜻을 이어가고 있습니다.

이처럼 목포에서 목회를 꽃 피우고 계시던 중에 1960년 4.19와 1961년 5.16은 목사님에게 엄청난 충격으로 다가왔습니다. 국부로 불리던 이승만 장로가 대통령이고, 부통령이 목사인 나라, 더욱이 수많은 각료와 국회의원들이 기독교인인데, 부정부패를 일삼고, 이에 들고 일어난 청년들이 죽어가도 침묵하는 교회, 그러다 한순간에 군사 쿠데타로 무너지는 정치와 사회현상을 직시하면서 시대의 흐름을 다시 보게 되었습니다. 그것은 세계사적으로 대한민국이 농업 중심사회에서 산업사회로 바뀌게 된다는 것과 그 속에서 교회의 역할과 목회자의 역할이 무엇인가? 돌아보는 계기가 되었습니다.

이국선 목사님은 인천 동인교회의 1970년 12월 인권주일 설교를 통해 목포중앙교회를 떠나 산업선교를 하게 된 것에 대해 이렇게 말씀하셨습니다. "외국에서 오신 국제위원들이 내게 오랫동안 일반 목회를 하다가 어떻게 산업선교를 하게 되었는지 물었습니다. 나는 그들에게 이렇게 답했습니다. '나를 공장에 오게 한 결정적인 사건은 4.19 학생혁명이었습니다. 우리 교회가 자유당 15년 동안 이승만 박사에게 아부해 왔지만, 그가 가진 독재 정권 밑에서 부정과 부패가 자행될 때에, 교회는 이것을 아파하는 마음이 없었고, 도리어 권력에 아부하고 벼슬을 해 먹으려고 갖은 추파를 던졌습니다. 이렇게 하면 이 나라가 망합니다. 부정부패 때문에 우리는 하나님의 축복을 받을 수 없습니다. 라고 대통령에게 가서 말하는 목사가 하나도 없었습니다.' 그래서 그러한 책임을 목사인 '나'라도 지고자 합니다."

7. 제3의 치차 – '공장도 목회의 장소이다'

4.19라는 역사적 사건은 목사님에게 커다란 충격으로 다가왔습니다. '젊은이들이 그렇게 총칼 앞에 쓰러지며 의를 위해 싸우는 동안 교회는 과연 무엇을 하였던가? 하나님의 일(선교)을 한다면서 가장 중요한 일을 빠뜨리고 있던 건 아닐까? 하나님이 이 종에게 바라시는 건 진정 어떤 길일까?' 4.19 이후 목사님에게 내내 그러한 의문과 고뇌가 가시지 않았던 1963년, 천우사 자회자인 인천대성목재 부사장인 전택완 장로님이 목사님께 사목과 후생부장 일을 맡아줄 것을 제의했습니다.

"대성목재는 약 3천여 명의 노동자들이 일하고 있는 큰 공장입니다. 그런데 노동자들의 복지후생 문제가 잘 해결되지 않고 있습니다. 목사님이 오셔서 선교하시며 노동자들의 복지를 위해 후생부장으로 일해 주시면 더없이 좋겠습니다."

목사님은 '이 일이 바로 이 시대에 해야 할 일이 아닐까?'하는 생각을 하였습니다. 당시 경제성장을 제일의 과제로 삼고 있는 우리나라에서 실제로 경제성장의 주역인 노동자들은 제대로 대우받지 못하는 매우 열악한 실정이었습니다.

목사님은 '지극히 작은 자 하나에게 한 것이 곧 내게 한 것이니라, 지극히 작은 자 하나에게 하지 아니한 것이 곧 내게 하지 아니한 것이니라.' (마태 25:40, 45) 즉 헐벗고 굶주린 이웃을 위해 일하라고 하신 주님의 말씀에 따라 안정된 목포중앙교회를 사임하시고 새로운 목회 현장인 인천 대성목재로 오셨습니다.

그리고 '공장도 목회의 장소이다!' 라는 새로운 시각으로 공장에서 사목으로 목회를 시작하였습니다. 영적으로는 시간에 쫓기고 피곤하며, 작업시차 관계로 교회에 출석할 수 없는 노동자들의 신앙을 위하여 매일 아침 7시 반에 직장예배를 드렸으며, 모든 노동자 개인 신상문제에 대한 상담을 맡아 수고하셨습니다.

목사님의 일은 바로 제3의 치차(기어, 톱니바퀴) 역할이었습니다. 이윤을 추구하는 기업주(제1의 치차)와 정당한 대가를 요구하는 노동자(제2의 치차) 사이에는 항상 갈등이 있게 마련입니다. 그 사이에서 기업주와 노동자의 갈등을 조정해 주는 역할, 기업주에게는 기업이 잘 되게 하고, 노동자들에게는 권익과 삶의 문제를 해결해 주는 역할을 하고자 하셨습니다.

그 결과 목사님이 후생부장을 맡고 있었던 1963년부터 1973년 사이 '대성목재'는 노동자들의 생산성이 크게 향상되어 수출 1위, 노동자 5천명이라는 놀라운 발전을 하였고, 노동자들을 위한 질 높은 급식, 휴식시설 등 후생복지가 개선되었으며, 노동자들은 노조나 사내 채플에 자유롭게 참석할 수 있게 되었습니다. 노동자들은 제3자의 입장에서 '산업평화와 경영민주화'를 위해 일하는 목사님을 신뢰하였고, 이러한 목사님의 노력이 결실을 맺기 시작하였습니다.

▲ 대성목재 성탄예배_1968년 12월 25일

'기쁘다 구주 오셨네~' 1968년 성탄절. 인천 대성목재 강당에서 1천여 명의 노동자들이 예수님 오심을 기뻐하며 함께 부르는 찬양은 참으로 감동이었습니다. 성탄축하 예배를 위해 하루 12시간 2교대 근무하는 노동자들로 구성된 60여 명의 성가대는 자신들의 휴식시간을 빼서 열심히 연습한 찬양으로 공장에 찾아오신 예수님을 열렬히 환영하고 축하하였습니다.

이국선 목사님은 "예수님은 우리들을 위해 이 땅에 오셨습니다. 공장에도 하나님은 함께 하십니다." 하시면서 부당하게 인권과 생존이 침해받고 있던 노동자들의 정당한 권익과 보장을 위해 제3의 입장에서 산업평화를 위한 공장복음화와 경영민주화의 십자가를 지시고자 하셨습니다. 공장에서 성탄절, 부활절, 추수감사절에 임직원과 노동자가 함께 예배드리는 모습은 서로에게 은혜와 감동을 주었습니다. 노동자들이 자발적으로 찬양밴드를 만들어 특송도 하였습니다.

김광웅 장로는 '1965년 대성목재에 입사하여 목사님을 뵙고 신앙 동지들이 모여 일하기 전에 함께 예배를 드린 후 근무를 시작하면서 못 배우고 못 나서 노동한다는 자학에서 벗어나 노동의 신성한 가치를 깨닫고 감사함으로 노동을 할 수 있었다.'고 기억합니다.

대성목재에서는 노동자들에게 급식을 제공했는데, 60년대 말에 쌀값이 많이 올랐습니다. 예산을 주관하던 총무부장이 "목사님, 쌀값이 많이 올라 1인당 식사량을 줄여야 할 것 같습니다. 협조해 주십시오."하자 목사님이 "쌀값이 올라 집에서도 먹기 힘든데, 공장에 와서라도 잘 먹어야 하지 않겠습니까? 그래야 생산성도 좋아지겠지요."하였다는 일화는 노동자들에 대한 목사님의 애정을 잘 보여주는 것이었습니다. 특히 여름이 되면

송도해수욕장에 대성목재 캠프를 만들어 노동자들이 편히 쉴 수 있게 하고, 브라스 밴드나 마라톤대회 등 다양한 프로그램을 마련해주었습니다.

목사님은 대성목재 공장 안에 산업전도실을 설치하여 줄곧 노동자들의 상담과 후생을 담당하였고, 한국신학대학의 사회문제연구소를 중심으로 산업전도 방법을 모색하기 위한 자료 수집과 한국 산업사회 신앙실태 등을 조사하였습니다. 젊은 교역자들을 많이 훈련시키고, 특히 고재식, 정태기 총장[12) 등 후학들을 젊은 시절 산업선교 영역에서 일하게 하였습니다.

한국신학대학 신대원생들의 산업전도 목회실습을 열흘에서 보름 정도씩 직접 공장에서 노동자들과 똑같은 생활과 노동을 하게 할 정도로 목사님은 철저한 분이셨습니다.

8. 산업선교와 동인교회

목사님은 '헬라인이나 야만인이나 지혜 있는 자나 어리석은 자에게 다 내가 빚진 자이다.'(롬 1;14). 사도바울의 신앙고백을 그대로 산업사회에서 목사님이 해야 할 사명으로 알고 실천하셨습니다.

목사님은 한국교회가 지니고 있는 산업선교의 활동을 두 가지 방향으로 제시하셨는데, 그 하나는 선교하는 교회의 새로운 모습, 즉 공업시대 산업사회를 향한 교회선교의 체질 개선에 핵심을 두고 공장사회를 선교 및 목회의 장소로 사회복지(Social Welfare) 측면으로 접촉하는 것이며, 또 하나는 노동문제에 중점을 두고 조직력의 모순과 구조악에 대결하는 사회구원(Social Action)에 그 핵심을 두고 산업사회에 접촉하는 선교 활동이었습니다. 특히 목사님은 '공장도 목회의 장소이다'라는 선교 방향

12) 치유상담대학원대학교 총장, 크리스찬치유상담연구원 원장, 한신대학교 명예교수.

을 잡으시고 노동자들의 삶의 질을 높이고자 Social Welfare에 중심을 두고 도시산업선교[13]를 하셨습니다.

목사님은 1년 동안 공장생활을 통하여 산업사회에서의 노사 간의 문제점이 무엇이며, 노동자의 권익보장이 무엇임을 알게 되었습니다. 1966년 3월 한국기독교교회협의회의 추천으로 산업선교 각 교단 대표 5명 이국선(기장), 조지송(예장), 조승혁(기감), 안길화(구세군), 하성근(성공회)의 일원으로 아세아교회협의회의 초청으로 대만과 일본을 시찰한 후, 우리나라에도 선교센터의 필요성을 깨닫게 되었습니다.

1967년 어느 날, 목포중앙교회 홍순기[14] 장로님이 목사님을 다시 청빙하고자 찾아왔습니다. 목사님은 '목회자는 한 번 떠난 목회지를 다시 가면 안됩니다.'하면서 어려움 속에서도 산업선교의 뜻을 굽히지 않으시자 장로님은 "제가 뭐 도울 일이 없겠습니까? 지금 가장 절실하게 필요한 것이 무엇입니까?" "노동자들을 위한 복지센터를 만들고 싶습니다. 사무실이 필요합니다." 장로님은 당시 30만 원이라는 큰돈을 지원해 주었습니다. 목사님은 그 돈으로 송림초등학교 앞 건물 2층에 사무실을 얻어 〈동인천산업전도센터〉를 개설하고 예배를 드리면서 '선교와 교육, 그리고 복지활동'을 시작하였습니다. 야간작업을 한 후 오전에 잠을 자고 난 노동자들이 오후 3시에 와서 예배를 드렸습니다.

목사님의 산업선교 활동과 교회 설립은 여기에서부터 본격적으로 시작되었습니다. 노동자의 현실을 온몸으로 느낀 목사님이 그들을 위해 행할 수 있는 사업을 하나씩 펼쳐나갔습니다. 노동자 성경공부 프로그램을 운영하는 한편, 가난한 맞벌이 노동자를 위해 탁아소를 운영하였습니다. 그리고 무엇보다도 노동자들에게 신용협동조합이 필요하다는 것을 절감

13) 도시산업선교(UIM–Urban Industrial Mission) 한국 산업사회 환경 변화에 따라 선교 목표와 선교 대상 및 방법의 변화로 산업인 들에게 복음을 전하는 것을 목적으로 한 선교.

14) (1929–2007) ㈜남양 회장, 목포유달교회 원로장로, 목포영흥중고등학교 이사장.

하였습니다. 많은 노동자들이 술과 노름으로 몇 푼 안 되는 월급을 탕진하고 있었고, 그들의 아이들은 대부분 제대로 교육받지 못하고 있었습니다. 또 생활고에 허덕이는 노동자들은 고리채를 쓰고 있었습니다. 월세방을 전세방으로 돌리기만 해도 큰 도움이 될 것 같았습니다.

1968년 4월 10일, 대성목재 노동자를 중심으로 27명의 노동자가 모은 3,000원이라는 작은 돈으로 대성신용협동조합[15]을 시작했습니다. 목사님은 신협을 통해 1억 원의 돈을 모으는 것이 꿈이었습니다. 1억 원의 돈이 모이면, 요즘의 '우리사주'처럼 대성목재 노동자들이 회사의 주식을 매입하여 경영에 실질적으로 참여하도록 하자는 것이었습니다. 신협 결성과 운영에 대하여 신협중앙회연수원 오병광 교수는 "항상 참여 속의 개혁을 주장하시던 목사님의 행동기준은 신협운동에서도 '솔선수범'하시는 모습과 어떤 일이든 '사람에 대한 근본적인 신뢰'로 본인의 의사를 분명히 하고 형식보다는 실질을 중시하시며 끝까지 포기하지 않는 끈기가 자신에게 큰 교훈을 주었다."고 하였습니다.

그 무렵 WCC 다니엘 총무가 산업선교 활동을 시찰하러 왔다가 동인천산업전도센터가 아주 활성화되고 있다는 말을 듣고 목사님을 찾아왔습니다. 그는 여러 가지를 꼼꼼히 살핀 후에 목사님에게 말했습니다.

"당신의 사업을 돕고 싶습니다. 무엇을 원하십니까?"

"노동자들을 위한 여러 가지 프로그램을 운영하고 싶습니다. 그 사업들을 위한 공간이 필요합니다."

WCC에서 건물을 짓는 데 필요한 재정의 일부를

▲ 선교센터

15) 대성신용협동조합은 2021년 6월 현재 조합원 5,200명, 자산 1,000억 원.

도와주겠다는 약속을 받았습니다. 목사님은 이 약속을 믿고 동구 만석동 72-11에 건축공사를 시작하였습니다. 그러나 그 약속 이후 돈이 오기까지는 3년이라는 긴 세월이 걸렸습니다. 건축비가 없어 여기저기서 빚을 끌어다 대는 등 말할 수 없는 어려움이 계속되었습니다. 1970년 드디어 지금의 동인천도시산업선교센터 건물이 완공되었으며, 그곳에 동인교회를 설립하였습니다.

▲ 동인교회

처음에 목사님은 교회 이름을 '노동교회'라 하였습니다. 그러나 노동자들은 '노동'이라는 말을 싫어하였습니다. 그래서 '하나님 앞에 모든 사람이 같다'는 의미로 동인(같을 同, 사람 人)교회라 이름하였습니다. 창립시 교인들은 1964년부터 공장에서 산업선교회원으로 일한 신앙동지이고, 제직 40명 중 30명이 공장 출신이며 10명이 그 가족이었습니다. 1978년 당시 교인 178명 중 130명이 목사님에게 세례를 받았으며, 반수 이상이 목사님이 결혼 주례한 가정이었고, 다수의 교인이 평신도 사도직 훈련을 받았습니다.

목사님이 산업선교 활동을 열심히 하던 당시는 유신독재의 날이 시퍼렇던 시절이었습니다. 유신을 감행한 반민중적이고 비민주적인 군사독재 체제에 목사님은 설교 때마다 현실정치의 문제점들을 역설했습니다. '의를 행하라'는 하나님의 말씀을 따르는 목사님은 '빨갱이' 라는 누명을 쓰기도 했고, 그 주위에는 항상 기관원들이 따라 다녔습니다. 유신정권은 '제3자 개입 금지법'을 만들어 교회와 목사님이 노동자들을 위한 활동을 못하게 하였고, '도시산업이 들어오면 공장이 도산(倒産)한다.'며 산업선교를 불법 단체인 양 왜곡하고 목사님을 도와주는 사람에게까지 협박을 일삼았으며, 탄압과 회유로 목사님을 괴롭혔습니다. 박정희 정부는 정권에 협조하지 않는 기업들을 정리하면서 대성목재도 부실기업으로 매도하고, 그런 과정에서 목사님은 1973년 결국 대성목재를 떠나게 되었습니다.

한편 선교센터 건물에서는 동인교회를 통한 복지활동으로 저임금 노동자의 맞벌이 가정을 위한 탁아소를 운영하여 매년 50~60명의 어린이를 맡아서 보육하였습니다. 이후 탁아소는 어린이집으로, 초등학생을 위한 학생의 집도 운영하였으며, 가난과 질병에 시달리는 종업원 가족을 위해 이웃 병원과 제휴하여 진료비 30%의 혜택을 받게 하였습니다. 기술교육이 절실함을 느껴 센터 지하실에 재봉틀을 들여놓고 봉제 숙련공을 양성하고, 신용협동조합 활동을 통하여 생활비, 주택 마련을 위해 저리 대출, 의료비 지원, 지역의 불우이웃돕기, 장학 사업 등을 하였습니다. 특히 매년 신협총회는 교회에서 예배를 드리고 시작하였으며, 선교주일에는 동인교회 야외예배와 대성신협 야유회를 함께 운영하면서 교회를 다니지 않는 신협 조합원들이 함께 예배드리는 선교활동을 하였습니다.

목사님은 교회 신도수가 많아지면 목회자와 성도의 직접적인 신앙 교류가 멀어질 수밖에 없어 교회를 분할하여 새로운 교회를 개척하는 것이 좋다고 하시면서 대형 교회를 지양하는 목회 철학을 가지고 계셨습니다. 1981년 4월 이진 전도사를 파송하여 제2동인교회[16]를 도화동에 창립하면서 어려운 이웃들을 위해 어린이 집과 신협을 개설하였고, 1983년 8월에는 김우석 전도사를 파송하여 제3동인교회[17]를 용현동에 창립하면서 신협을 분할하였습니다. 또한 교회도 구역을 나누어 제2동인교회, 제3동인교회가 빨리 독립할 수 있도록 각각 3년간 목회자 사례비와 예배위원을 지원하였습니다.

16) 현 인천중앙교회.
17) 현 삼은교회.

9. 인천지역 복음화와 기장교회 확장

목사님이 인천에 오셨을 때, 한국기독교장로회의 세가 몹시 컸던 호남에서와는 달리 인천지역에는 단 하나의 기장교회도 없었습니다. 더군다나 인천은 감리교회가 강성한 곳이었습니다. 목사님은 기독교 100주년이 되기까지 일 년에 한 교회씩 30교회 이상의 기장교회를 만들어야겠다는 생각을 하셨습니다.

대성목재에서 후생부장으로 일하며 공장에서 목회를 하던 목사님은 인천부흥교회에서 수요일과 주일 저녁예배를 주관하였습니다. 인천부흥교회는 인천전도관에서 나온 60여 명의 교인들로 출발한 교회였습니다. 아직 교단에도 속하지 않고, 당시 NCCK[18] 총무이셨던 길진경 목사님이 매주일 낮 예배를 인도하고 있었습니다. 그곳에서 몇 개월 사역하던 중 길진경 목사님이 총무 임기를 마치고 미국으로 선교여행을 떠나면서 목사님에게 인천부흥교회를 맡아줄 것을 제의했고, 목사님은 교회가 기장교단에 가입하는 것을 조건으로 이 제의를 수락하였으며, 그 결과 인천부흥교회는 기장에 가입하는 것과 동시에 '인천교회'로 명칭을 변경하였습니다.

당시 인천부흥교회의 실제적 운영자였던 민병택[19] 장로님은 "이국선 목사님은 대성목재의 회사 업무를 마친 후에는 교인들의 가정을 심방도 하시고 구역예배도 인도하시며 교인들의 영적 삶을 자상하게 지도

▲ 인천의 첫 기장교회 인천교회 교우들_1964년 12월 26일

18) 한국기독교교회협의회 – 1924년 장로교와 감리교의 선교 연합으로 결성. 현재 8개 개신교단과 한국정교회 등 9개 교단이 가입해 있음.

19) (1923~2010) 인천교회 초대 장로. 한국기드온협회 인천캠프장, 총회 회계, 감사, 원로장로회 회장. '인천 기독인 대상' 수상(2008) – 인천기독교총연합회, 민돈기 장로(기독교 선교문화 연구회)의 선친.

하여 주셨습니다. 무보수로 봉사하시며 도리어 어려운 교인들을 위하여 물질적으로도 아낌없이 많은 도움을 주셨습니다. 그때에 목사님 말씀대로 기장교단에 가입하게 된 것을 무엇보다도 영광으로 생각합니다."라고 회상하였습니다.

▲ 평신도 사도직 훈련

목사님은 평소 칼빈의 실천신앙을 당신의 목회에 투영하셨습니다. 칼빈은 세상일에 대해 집착이 없었습니다. 모든 것이 하나님의 영광을 위한 일이니, 그 자신을 위해 무언가를 한다는 것은 아무런 의미가 없었습니다. 목사님은 그러한 신앙심으로 이웃과 의를 위해 사셨던 분입니다. 목사님의 크고 넓은 사랑은 교단과 종파를 뛰어넘는 것이었습니다. 목사님은 특히 교회연합운동을 강조했습니다.

1970년대 목사님은 대한예수교장로회 인천제일장로교회 이기혁 원로 목사님과 함께 인천복음화사업을 초교파적으로 벌이셨으며, 당시 교회를 담임하지 않았음에도 1970년 인천기독교연합회 회장을 맡아 '70만 인천시민을 복음화하자'는 슬로건으로 부활절 연합예배 등을 주관하였습니다. 인천 YMCA에 참여하시고 교역자친선체육대회(1974), 통일을 위한 기도회 및 신년교례회(1976) 등에 적극적으로 활동하셨습니다. 박은석 사모님도 1974년부터 인천 YWCA 이사로 활동하셨습니다.

목사님은 "70년대는 질적으로 한국교회 100년사에 있어서 영광과 고난이 절정에 이른 연대"라고 말씀하셨습니다. 한국교회 선교 100년사에 있어서 특기할 만한 5.16광장에서의 100만 신도가 연일 운집하여 세계 선교사상 유례를 볼 수 없는 대중전도 집회를 세계에 과시한 것이 70년대인 동시에 수많은 목사들과 신부들과 신학생과 교회 청년들이 유신 체제에 도전했다가 긴급조치에 걸려 중형을 받고 옥고를 치른 한국교회가 겪은 아픔의 70년대에 교단 안에 '선교자유수호위원회'를 조직하는데 힘을 더하셨습니다.

또한 폭넓은 에큐메니칼 운동의 일환으로 신·구교 연합예배(미사)와 교환예배를 드렸고, 인권과 관련된 구속자를 위한 기도회를 주관하셨습니다.

목사님은 조선신학교 동기로 한국장로교 첫 여성 목사인 양정신[20] 목사님이 1977년 4월 인천 주안에 삼일교회를 개척 설립하는데, 그 당시 많은 사람들이 "아무리 동양의 헬렌켈러라고는 하나 시각장애인이고, 또 여자가 어떻게 교회를 개척할 수 있겠어?"라고 할 때 '이국선 목사님은 한 치의 망설임도 없이 믿음과 우정으로 적극적인 도움을 주셨다'고 양정신 목사님은 고마워하셨습니다. 1978년 부천 심곡동에 부천교회를 건축하는데, 능곡교회 허단 장로가 교회 개척에 대한 목사님의 뜻을 받아들여 경제적 지원을 하여 헌당예배를 드리고 능곡교회의 정동수 전도사가 부임하여 창립하였습니다.

1978년 감리교에서 산업선교를 하고 있던 조화순 목사님이 동일방직 노동자들의 임금투쟁에 연루, 구속되어 고통 받고 있을 때, 교단이 다름에도 불구하고 석방을 위해 보증을 서는 등 앞장을 섰습니다.

그해 여름 교인들과 판문점을 방문하여 팔각정에 올라간 일행은 목사님의 감격어린 음성에 따라 '시온의 영광이 빛나는 아침'을 찬송하고, 북쪽을 바라보며 통일을 염원하는 기도를 하고 눈을 떠보니 UN감시단 수십 명이 팔각정 위, 아래를 포위하여 쫓겨난 일이 있었습니다. 판문점에서는 종교행위가 금지된 사실을 나중에야 알았습니다. 목사님은 이처럼 애국, 애족하며 나라와 민족을 위한 기도를 쉬지 않으셨습니다.

1979년에는 기장의 제2호 여성 목사인 김정희[21] 목사가 부평 2동 연

20) (1920~2000) 여섯 살에 열병으로 실명하였으나 좌절하지 않고 1938년 평양 숭의여고보 졸업. 한신대학, 샌프란시스코 주립대학 교육학 박사, 한신대학 교수, 삼일(三日)교회 담임목사.

21) 양정신 목사 제자. 교도소 선교 사역. 삼능교회 담임목사. 교도소 출소여성을 위한 특수선교.

립주택에서 삼능교회를 개척 설립하는 데, 목사님의 헌신적인 지원이 있었습니다. 김정희 목사는 이국선 목사님께서 나에게 열심히 해보라고 하시면서 목회 초년생인 나에게 목회자의 인격과 자세에 대하여 말씀해 주시고, 무슨 일이든 의논을 드리면 "아 좋아요, 해봐요, 나도 힘껏 도울 테니." 하고 꼭 기도해 주셨고, 건물 계약 시 복덕방에 함께 가서 확인해 주시고, 개척 선교헌금 모금 등 직접적으로 지원해 주셨다고 회고했습니다.

1983년 목사님이 총회에 상정한 '100주년 기념교회 설립 헌의 안'이 결실을 맺어 선교 100주년이 된 1986년 3월 30일 부활주일에 남동구 만수동에 '100주년 기념교회'[22]가 설립 예배를 드리고, 박동일 목사님이 담임목사로 취임하는 등 교회 개척을 통해 하나님의 나라 확장에 힘쓰셨습니다.

이렇게 시작된 한국기독교장로회 인천노회는 현재 3개 시찰회 41개 교회로 구성되어 있습니다.

10. 시대적 책임 – 한국기독교장로회 총회장

유신 체제가 한참인 1979년 교단 내의 많은 목사, 전도사. 교회청년들이 긴급조치 위반으로 투옥되어 있고, YH무역 여공들의 신민당사 점거농성사건으로 사회적으로나 정치적으로 어려운 상황에서 치러진 한국기독교장로회 제64회 총회[23]에서 목사님은 총회장으로 선임되어 막중한 시대적 책임을 지시게 되었습니다.

1980년 6월 제192차 미국연합장로회(UP) 총회에 한국기독교장로회 총회장으로 초청 받아 당시 광주사태(광주민주화운동)의 진실을 밝히며 "작금 광주시에서 발생된 수백 명의 시민과 학생, 군경이 사망하고 천여

23) 총회 표어 – 주의 나라가 임하소서(1979. 9. 17).

명의 시민이 부상을 입은 유혈사건은 자유와 인권보장을 위한 정치발전과 민주화를 소망하는 국민들과 유신체제를 버리지 못하는 일부 권력자 또는 군 수뇌부의 이념적인 전면 충돌인 것입니다. 여기에 한국의 위기와 비극이 또 다시 발생된 것입니다." 라고 눈물로 호소함으로써 총회원 전원의 기립 박수로 격려를 받고, 총회 결의문을 채택 받는데 큰 역할을 하셨습니다.

미국 장로회 제192차 총회 결정(1980. 6. 4)

1. 한국에서 인권회복에 적극적으로 후원하는 것을 재확인한다.
2. 광주시에 깊은 애도를 표한다.
3. 미행정부에 위의 내용에 대해 깊은 우려를 표하며 미군의 개입이 없도록 촉구한다.
4. 의료팀을 광주로 보내도록 하며 추후에 필요한 것을 검토한다.
5. 카터 행정부가 영향력을 발휘하여 한국 최규하 행정부로 하여금 계엄을 풀기로 하고, 정치 수감자를 풀어주는 등 한국 국민들이 참여하는 민주적 절차를 거치도록 한다.
6. 카터 대통령에게 미 군법을 재고하도록 한다. 미 공권력을 한국의 인권 침해하는 곳에 투입하지 않도록 한다.

그해 8월 독일교회 총회에 초청받아 가셔서 미국에서와 같이 목사님의 거침없는 호소에 독일에 선교사로 파견되어 통역을 맡고 있던 박종화[24] 목사는 "나치 시절의 목숨을 담보한 신앙고백적 선언과 행동으로 몹시 힘든 어려움을 겪고, 고난 뒤의 기쁨을 역사적으로 체험한 독일교회는 미국 장로회 총회보다도 더한 연대와 사랑의 기립박수로 응대해 주었다."고 회상하였습니다.

정보기관의 조작으로 밝혀진 '김대중 내란음모 사건'으로 친구인 문익

24) 한신대 기획실장, 한국기독교장로회 총무, 경동교회 담임목사.

환 목사, 서남동 목사와 후배 이해동 목사가 중앙정보부에 구속당하고 60여일이나 고문을 받고 있을 때, 목사님도 총회장 신분으로 중앙정보부 수사실로 연행되어 참고인 진술을 요구받았습니다. 그들이 공산주의 사상을 가지고 있다는 것을 평소에 느끼지 않았냐는 것이었습니다. 살벌한 상황에서 진술을 강압하였는데, 목사님이 "당신들 무슨 짓을 하는거냐?, 저들이 공산주의자라니, 차라리 예수를 공산주의자라고 하라"고 호통을 치시고, 수사관들보다 더 큰 소리를 치시니까 수사관들도 포기하고 "이국선 목사야 말로 진짜 목사입니다."라는 말이 군정 사람들 입에서 나왔다고 김상근[25] 목사는 회상하였습니다.

11. 결언 – 제3의 치차는 바로 사랑이었습니다

목사님은 모든 사람을 사랑으로 대하고, 베풀기를 좋아하고, 항상 웃음을 잃지 않는 따뜻한 사람이었음에도 불구하고, 공적인 일에서는 대꼬챙이처럼 깐깐하고 올곧은 분이셨습니다. 옳지 않은 일, 잘못되고 있는 일을 보면 결코 간과하지 않았습니다. 그러나 개인적으로는 사기를 당하거나 이용을 당하는 등 누군가에게 피해를 입어도, 결코 사람을 미워하는 일이 없었습니다. 이미 자신을 종으로 바친 하나님 사업에 임함에 있어서 지상에서 일어나는 모든 사소한 욕망과 감정은 그에게 한낱 물거품 같은 것이었습니다. 목사님의 명성이나 지위를 이용해서 자신의 이익을 도모하

25) 한국기독교장로회 총무, 수도교회 담임목사, 민주평통수석부의장, 현 KBS 이사장.

던 사람을 용서하고 오히려 도와주는 모습을 본 사람들이 목사님께 "저런 사람을 왜 도와주십니까?"하면서 말이 많았습니다. 그러나 목사님은 여전히 편안하게 웃는 얼굴로 이렇게 말했습니다. "이용당할 수 있을 때가 좋은 거야."

목사님은 사람에 대한 애정이 각별한 사람이었습니다. 그 당시 센터 간사로 활동한 고재식, 정태기, 이규상, 이문우, 장금숙, 전종하 목사와 신협활동을 한 이원요, 김광웅, 김성근, 전근철, 박만수 및 부교역자로 수고한 박승태, 장원기, 이진, 김우석, 배호경, 이석석, 박경서 목사 등 후배 양성에 힘쓰셨습니다. 이들은 한신대학교 교수로, 신협 임직원으로, 교회 목회자와 장로로 자리매김하고 있습니다.

가까이 있는 사람일수록 진정으로 존경하기가 쉽지 않은 법인데, 그렇게 모든 일에서 철저히 살아간 남편을 존경하지 않을 수 없었던 박은석 사모님과 자녀들을 보면 목사님은 참 하나님의 사람이었습니다. 목사님의 믿음의 유업을 이어받은 자녀는 2녀 3남입니다.

장녀 이명숙 명예권사는 인천교회, 동인교회의 반주 및 성가대 봉사와 기장 여신도회 인천연합회장, 인천교회여성연합회(초교파) 회장, 인천 YWCA회장, 인천시의원, 인천박물관 관장을 역임하고 현재 인천사회복지협의회장으로 수고하고 있으며, 동인교회 원로장로인 첫째 사위 김송일 장로는 인천교회, 동인교회 성가대 지휘자로 봉사하였고, 독일 철학박사(교육사회학 전공)로 울산대학교 교무처장, 교육대학원장, 대학평가위원과 서울현대고등학교 교장을 역임하고 울산대학교 명예교수입니다. 인천중앙교회 원로장로인 차녀 이명순 장로는 인천중앙교회 반주와 성가대 봉사와 더불어 은별유치원 원장, 한국기독교장로회 여신도회 전국회장으로 맡겨진 소명을 감당하였고, 현재 MBC아카데미 원격평생교육원 운영교수로 활동 중이며, 인천중앙교회 원로장로인 둘째 사위 김한홍 장로는 인천노회 부노회장과 인천장로회 회장을 역임하고 한신대학교에서 정년퇴임

▲ 박은석 사모 팔순_2005년

하였으며, 현재 수원장로합창단에서 활동하고 있습니다.

장남 이진 목사는 제2동인교회, 기장총회 선교국장, 서울강동교회, 옥천제일교회를 거쳐 현재 인천선민교회 담임목사로 시무하고 있으며, 선인학원 시립화 등 인천지역사회를 위해 봉사하고 있습니다. 큰며느리 이병옥 사모는 도화은석어린이집 원장을 역임하고 성암노인복지센터 센터장으로 정년퇴임하였습니다. 한신대학교회 시무장로인 차남 이건 장로는 교육자선교회와 경기도기독교장협의회 총무로 학원선교에 힘쓰고, 양주고등학교 교장으로 정년퇴임하였습니다. 둘째 며느리 한금진 권사는 수원체육문화센터 운영위원장을 역임하고 현재 수원YWCA회장으로 수고하고 있습니다. 삼남 이헌 목사는 미국 버클리 버클랜드침례교회를 거쳐 현재 시애틀 예원침례교회 담임목사로 시무하고 있으며, 시애틀 목사회 회장을 역임하고 현재 선한목자선교회 사무총장으로 수고하고 있습니다. 셋째 며느리 유주순 사모는 노인공동생활체인 Aegis Living에서 Med-Tech로 근무하고 있습니다.

▲ 「제3의 치차」 출판기념회 _1996년 10월 10일

특히 장손 이성훈 목사는 명일한움교회 담임목사로 시무하면서 3대에 걸친 목회자로 믿음의 유업을 이어가고 있습니다.

1986년 여름, 총회 임원들과 독일에 갔을 때, 목사님은 방문하는 곳마다 그곳의 목사님과 선교사 가족을 위해 기도하며 뜨거운 눈물을 흘리셨다고 합니다. 목사님은 자신의 죽음을 예감이라도 했던 것일까? 워낙 일을 좋아하고 어떤 일이든 마다하지 않는 성품이었지만, 지병인 협심증으로 고생하고 있음에도 불구하고 독일여행에서 돌아온 후에도 쉼 없이 교회, 총회, 한신학원 이사회 현안들에 열정적으로 일하시는 것을 보고 주위 사람들은 목사님의 과로를 몹시 염려하였습니다.

1986년 10월 1일 동인교회 창립일에 68세를 일기로 하나님의 품으로 돌아가시기까지 목사님이 하셨던 많은 사역들은 하나님의 말씀을 실천하기 위한 것이었고, 그 일들이 결실을 맺어가는 때에 목사님의 갑작스러운 소천은 많은 사람들에게 너무나도 큰 슬픔과 안타까움을 남겼습니다. 그렇듯 아쉬움을 남기고 가신 목사님의 삶은 '사랑' 그 자체였고 누구에게나 주시기만 한 삶이었습니다. 많은 사람들이 눈물을 흘린 경기도 여주의 남한강공원묘원 묘비에는 평생 목사님이 실천했던 말씀대로 '서로 사랑하라', '나는 산업사회에 복음의 빚진 자이다'라고 씌여 있습니다.

12. 이국선 목사 기념사업회와 추모 행사

목사님의 갑작스런 소천을 안타까워하던 신앙의 동료, 후배들이 한 마음으로 제작한 10주기 기념추모집 '제3의 치차'의 헌정의 글에서 기념사업회 운영위원장 홍순기 장로는 "목사님은 아직도 우리와 함께 계십니다. 갈등과 분열, 미움과 불확실, 부정과 불의, 탐욕과 이기주의, 불신앙과 물질만능주의로 오염된 오늘의 현실 속에 하나님의 정의와 평화, 사랑과 용서, 회개와 일치, 나눔과 통일의 복음을 외치며 제3의 치차로 목사님은 우리에게 다가오고 계십니다." 라고 이국선 목사님을 추모하였습니다.

▲ 이국선 목사 탄생 100주년 기념예배_2019년 3월

목사님 소천 후 목사님을 기억하고자 하는 추모예배를 매년 동인교회와 제2동인교회(현 인천중앙교회)와 제3동인교회(현 삼은교회)에서 차례로 드리다가 1992년 6주기부터 이국선 목사 기념사업회가 구성되어 추모예배와 기념강연회를 시작하였습니다.

기념사업회의 주요 내용은 목사님을 기억하기 위한 추모집 발간, 후학 양성을 위한 장학사업 기금 조성, 강연회 등을 운영하였습니다. 고재식 박사, 문익환 목사, 정태기 총장, 김호식 목사, 한신대학교 채수일 총장 등 기념 강연을 하였고, 1996년 10주기 추모예배 때에는 추모집 '제3의 치차' 출판기념회를 하였고, 한신대학교 신학생들을 위한 장학금 5천만 원을 기증하였습니다.

2000년 한신대학교 개교 60주년에 '한신상'[26]을 수상하셨으며, 2016년 동인교회에서 동인교회와 대성신협 주관으로 30주기 추모 음악회를 하였습니다.

26) 한신대의 민주화 전통과 그 뜻에 부합하여 우리 사회 발전에 크게 공헌한 인물에게 수여하고자 1993년 제정. 장준하 선생, 김대중 대통령, 문익환 목사 등 수상.

2019년 3월 이국선 목사 탄생 100주년 기념 예배와 기념콘서트를 인천 YWCA 강당에서 기장 인천노회와 가족, 목사님을 사랑하는 사람들 주관으로 개최하여 한신대학교 연규홍 총장과 정태기 총장의 말씀을 통해 목사님의 삶을 다시 조명하는 시간을 가졌습니다.

▲ 오남매_1978년

약 력

1919년 3월 20일	함경북도 성진시 한천동 470에서 출생.
1938년 3월	평양 숭실중학교 졸업(제33회).
1945년 9월	성진중학교 국어 교사(2년간)
1946년 4월	한글 문화보급회 사건으로 복역 중 서원(9개월).
1947년 7월	월남.
1947년 9월 10일	조선신학교 입학 및 서울 동부교회 전도사 시무.
1950년 4월 14일	조선신학교 졸업(제9회).
5월	전남 완도읍교회 담임 전도사 시무.
1951년 4월	전남노회에서 목사 안수, 완도읍교회 담임목사 시무.
1952년 11월 23일	목포중앙교회 부목사 시무.
1954년 6월 27일	목포중앙교회 담임목사 시무(10년간).
6월	목포 영흥중고등학교 이사와 감사 역임(10년간).
1961년 3월 21일	한국신학대학 신학과 졸업(제20회).
1962년 4월	한국기독교장로회 전남노회 노회장 역임.
1963년 4월	인천 대성목재(주) 산업전도 목사와 후생부장(12년간).
1964년 11월	인천지역 기장의 모 교회인 인천교회 설립지원과 협동 목회.
1968년 2월	동인천 도시산업선교센터 설립 후 초대원장 취임.
7월	한국교회 산업선교 전국연합회 회장(3년간).
1969년 12월	일본 교토 동지사대학 대학원 수학(신학).
1970년 2월	인천 기독교연합회 회장.
10월 1일	동인교회(초기 노동교회) 설립 후 담임목사 시무(16년간).
1974년 11월	한국기독교장로회 경기노회 노회장.
1977년 1월	인천 대성신용협동조합 이사장(2년간).
1978년 9월	한국기독교장로회 제63회 부총회장.
1979년 1월	경기도 도정 자문위원(2년간).
4월	부천교회, 삼능교회, 삼일교회 등 다수의 교회 개척 지원.
9월 17일	한국기독교장로회 제64회 총회장.
12월 1일	인천 제2동인 교회 개척.

1980년 6월 3일	미국연합장로회(UP) 192차 총회(광주민주화운동 호소문 발표).
8월	독일 개신교회 총회(광주민주화운동 호소문 발표).
1981년 1월	인천 대성신용협동조합 이사장(2년간).
7월	재단법인 한신학원 이사(5년간).
1983년 4월 19일	인천 제3동인교회 개척.
10월 2일	기장 백주년기념교회 설립을 총회에 헌의하여 1986년 설립 지원.
1985년 6월	재단법인 한신학원 이사장 취임.
1986년 10월 1일	67세 일기로 소천.

이진 목사

연세대학교 신과대학 졸업
연세대학교 연합신학대학원 졸업 (신학석사)
인천 선민교회 담임목사
경인노회 제5회 정기회에서 목사임직
제2동인교회(현 인천중앙교회) 개척 후 20년 시무
한국기독교장로회 총회 본부 선교사업국장
강동교회 담임목사
옥천제일교회 담임목사
국립 인천대학교 장학후원회 감사

그의 목회는 한 마디로 섬김의 목회였다. 위로는 하나님을 잘 섬겼고 좌우로는 성도들을 잘 섬기면서 목회했다. 박 목사는 한 주간 내내 세상에서 일하고 주일에는 교회에 와서 예배드리면서 봉사하는 성도들을 귀하게 여겼다. 이들을 섬기면서 목회하는 것은, 자신이 감당할 사명이자 행복이라 여겼다.

박현환 목사의 삶과 목회

신재철 목사_초원교회 담임목사, 부산외국어대학교 겸임교수

1. 들어가면서

1884년 알렌 선교사가 인천항으로 입국한 이후 인천은 내한 선교사들의 관문으로 사용을 받았다. 따라서 인천은 한국선교와 교회역사에 중요한 위치를 점한다. 인천기독교역사문화원(원장: 이종전 박사)에서는 지난 2020년 6월 21일에 '인천기독교 135-그 역사와 문화'를 1,2권으로 출판했다. 1권은 복음의 전래부터 1930년대까지를 중심으로 '인천기독교회의 형성과 발전'을 소개했다. 2권은 '교단사'를 중심으로 기술했으나 사실상 교파와 교단을 초월하여 인천 복음화에 앞장선 교회들을 교단별로 소개했다.

필자는 '대한예수교 장로회(고신)'를 기술하여 기고했다.[1] 필자는 출판기념모임에서 한국교회 역사에서 인천이 차지하는 비중을 고려할 때 인천의 교회역사 연구가 활발하지 못하였으나 늦었지만 135년사가 출판된 것에 대하여 고무적인 일로 평가했다. 아울러 연구가 이어짐으로 역사를 통해 교훈을 받고 더욱 정진하는 인천지역의 교회가 되었으면 좋겠다는 의사를 피력했다.

이런 중에 다시 '기억하고 싶은 목회자들'을 조명하는 것은 대단히 의미 있는 일이라 여겨진다. 인천의 교회와 선교를 위해 한 시대에 사용 받은 귀한 목회자를 추억하는 것은 후배들과 성도들에게 많은 교훈을 남기는 역사의 본보기가 되기 때문이다. 인천의 교회는 여전히 한국교회를 위한 역사적인 소명과 사명이 있다. 필자는 장로교회 고신교단에 소속되어 있다. 필자에게 고신교단의 목사 중 기억하고 싶은 목회자를 조명하게 한 것은 필자 자신에게 기쁨이 된다. 귀한 선배를 더듬어 연구하면서 많은

1) 전양철, 『인천기독교 135-그 역사와 문화 제2권』, (인천: 아벨서원, 2020), 268-275.

영적인 유산을 전해 받을 기회를 먼저 부여받기 때문이다.

인천에서 고신교회가 최초로 출발한 것은 1970년에 설립된 새인천교회이다.[2] 2021년으로 인천의 교회 역사가 136년에 이른 것에 비하면 이 교회는 51년으로 연소한 교회이다. 인천에 있는 고신교단에 속한 교회는 2021년 현재 58개 교회로 목사의 수는 79명이다.[3] 많지 않은 목사 수에도 생존해 있는 목사가 다수이다. 하지만 이번에는 이미 주님의 품에 안긴 선배 가운데 한 목사를 조명하도록 하여 박현환 목사(1934~2010)를 마음에 품고 조명하여 교훈을 받고자 한다.

2. 출생, 결혼, 교회 생활

박현환은 박상연과 오양근 여사의 4남 1녀 중 막내아들로 태어났다. 1934년에 전남 여수에서 박현환은 기독교 신앙과는 무관한 가정에서 태어났다. 통상 성탄절과 같은 절기에는 교회에 가보는 일이 있었으나, 그는 어린 시절에도 교회에 출석해 본 적이 없었다.

이런 박현환은 여수 상고를 졸업하고 자신보다 5세나 연상인 최안심 여사(1929~)와 결혼했다.

▲ 박현환 목사와 최안심 사모

최안심은 아버지 최진학과 어머니 윤금례 사이에서 태어난 5남매 중 장녀였다. 박현환은 최안심을 아내로 맞은 후 기독교 신자가 되는 복을 입었다. 이들은 슬하에 외동딸 박미향(1965. 2. 5~)을 두었다. 현재 정연규 목사의 아내로 살아가는 박미향은 유아세례를 받고 성장하여 어머니의 대를 이어 목사의 아내가 되어 헌신하고

2) 전양철, 『인천기독교 135–그 역사와 문화 제2권』, 273.
3) 대한예수교 장로회(고신) 인천노회, 「제9회 인천노회 정기노회보고서」, 11–12.

있다. 박현환은 아내와 함께 기도하던 중, 구령의 열정을 보다 구체적으로 실현하는 한 방편으로 한 자녀를 입양하여 복음으로 양육했다.

박현환이 후일 목사로 사명을 감당한 것은 그 아내를 만난 것이 시작이었다. 상고를 졸업한 박현환은 자신의 은사를 활용하여 부산에서 개인사업을 시작했다. 대명상사란 상호로 의류 사업을 하던 그는 이 사업을 통해 재물을 많이 모았다. 사업이 성장하면서 대구에 공장까지 설립하여 확장했다. 이런 변화는 그가 1970년에 대구로 이사하게 된 이유가 된다. 박현환은 아내를 통해 이미 영접한 주님에 대한 신앙이 뜨거웠고, 이는 교회 생활로도 연결되어 나타났다. 대구에서 대명침례교회에 출석한 박현환은 고승혁 담임목사의 지도로 신앙이 성장했다. 사세의 확장으로 헌금을 드리는 생활에 풍성했고, 개척교회를 세우는 일에도 관심을 두었다. 그리고 자신의 사업 성공이 목회자들을 많이 도우라는 것으로 알고 이를 충실하게 실행했다.[4)]

교회중심의 삶을 살았던 박현환 집사는 이런 사랑을 실천할 때, 반드시 담임인 고승혁 목사와 상의하여 그의 인도를 받고 진행하였다. 고 목사도 박 집사의 이런 순수한 선교 열정과 은사를 활용하는 목회를 한 것이다. 그러던 중 이 교회에서 장로로 임직받고 교회중심의 헌신은 더욱 열심을 냈다. 교인들은 박현환을 그냥 장로라 하지 않고 모범 장로라고 부를 정도였다.

박현환은 교회생활의 년 수를 더해가면서 하나님의 말씀을 더 깊이 알고 싶은 열정에 불탔다. 이를 알게 된 최안심은 박 장로가 대명신학교에 입학하도록 인도했다.[5)] 이 학교는 합동교단 비주류에 속한 군소신학교였

4) 박미향과의 대화(2021. 6. 22) "아버지께서는 대구에서 신앙생활을 하실 때, 개척교회 설립을 위해 300만 원씩 30 교회를 목표로 정하고 도우셨고, 어려운 목회자들을 수시로 도와주셨습니다. 당시 아버지는 이것이 자신의 사업을 축복하신 하나님의 뜻에 부응하는 것이란 신앙을 가지셨습니다. 가정보다 교회를 우선하는 믿음 생활을 보이신 것이지요.".

5) 최안심과의 대화(2004. 5. 3)

지만 개혁주의신학에 근거하여 교육하는 신학교였다. 이 학교에는 박현환보다 먼저 그의 아내가 졸업했다. 고승혁 목사의 동의까지 받아 학교에 입학한 박현환은 이를 통해 성경을 알고자 하는 열정을 채우게 되었다.

40대 초반과 중반 시기를 교회를 중심으로 주님을 열심히 섬겼던 박 장로에게 새로운 전기가 있었다. 바로 경영하던 공장이 화재로 전면 소실된 것이다. 이때 박 장로는 하나님의 뜻을 심각하게 묵상해보는 시간을 가졌다. 결국 사업을 정리하기로 마음을 굳혔다. 이는 소극적으로는 직원들과 유관사업체들에 손실을 입혀서는 안 된다는 마음을 가졌기 때문이다. 박 장로는 자신에게 득이 없어도 다른 이들에게 피해가 없도록 해야 하는 것만이 장로의 처신이라 생각하고 사업을 정리했다. 화재는 당시로서는 재기할 형편이 되지 못하였기에 그리 결정한 것이다. 그러면서 적극적으로는 자신에게 새로운 출발이 필요하다고 여겼다. 인생이 무엇이며 사는 이유가 무엇인지를 수없이 묻게 하였다. 그리하여 인천으로 이사했고, 이것이 인천에서 목회자의 삶을 살았고, 필자가 기억하고 싶은 목회자 중 한 목사로 조명하게 된 시작이었다.

3. 고려신학교 편입과 교회 개척

박현환 장로가 운영이 잘 되던 사업을 접는데 화재는 결정적이었다. 이는 신앙생활에도 중대한 전환점이 되었다. 1977년 5월에 대구에서 인천으로 이사를 한 것이다. 이사를 하자마자 박 장로는 고려신학교에 편입했다. 이 학교는 1946년 부산에서 개교하였다. 1970년에는 교육부로부터 고려신학대학원으로 인가를 받아 고려신학교는 사실상 폐교되었다. 이를 하찬권 목사와 석원태 목사가 1976년 3월에

▲ 고려신학교 제32회

서울에 복교하고, 4월에 서울 종로구 평창동 111번지에 소재한 삼각산 제일기도원 별관을 교사로 사용하였다.[6] 박현환이 대구에서 다닌 신학교는 성경을 배우기 위함이었다면, 이번에는 목사가 되어 목회하고자 함이었다.

박 장로가 목회자로 결심함에는 아내인 최안심 사모와 그 친정의 영향이 컸다. 최 사모의 여동생인 안나와 안자, 그리고 금애가 모두 목사와 결혼하여 사모가 되었다. 사업을 접은 박 장로 부부는 남은 생을 동생들과 같이 목회자가 되어 복음을 전하고 사람의 영혼을 구원하는 일에 진력하자고 마음을 모으고 기도했다. 왕성한 사업을 통해 나름대로 선한 일을 감당했음에도 화재로 길이 막힌 것은 하나님께서 목사로 부르기 위함이었다고 깨달은 것이다.

그러던 중 석원태 목사가 교장인 서울 고려신학교에 편입을 결정했다. 이 학교에 가게 된 동기는 장차 목회자가 되겠다고 준비하는 박 장로가 고심하는 것을 알고 동서들이 이 신학교를 강력하게 권해주어서였다. 당시 고려신학교가 신사참배를 반대하고 옥고를 치른 선배들의 신앙 정신을 이었다는 것이 중요한 이유였다. 더욱이 1970년대에 고신교단 내부에서 일어난 성도 간의 불신 법정 소송까지 반대하고 설립된 신학교로 알려졌기 때문이다. 박 장로는 이미 신학교에 다닌 적이 있었기에 고려신학교 대학원 부에 편입할 수가 있었다.[7] 고려신학교는 고신교단에서 분리하여 세운 학교였기에 박현환이 입학할 당시에는 개교 초기여서 입학 조건이 까다롭지 않았다.

장로에서 전도사로 신분이 변한 박현환은 고려신학교 편입과 동시에

6) 이학선과의 대화(2021. 7. 12.) 고려신학교를 제32회(1978)로 졸업한 이학선 목사는 당시 고려신학교 일명 삼각산신학교에는 부산 등 각지에서 올라온 신학생들이 100여 명이 공부하다가 포기한 학생들이 많아 혼란했다고 했다.

7) 신재철, 「대한예수교 장로회 고려 교단의 형성과 발전(1975~2001)」, (부산: 고신대학교 대학원, 2002), 68. 석원태 목사는 성도 간의 불신 법정 제소 건으로 교단의 분열을 반대한다고 경향교회보(1975. 11. 30.)에 발표했지만 불과 한 달도 지나지 않아 고신교단에서 분리하여 노회를 조직하고 고려신학교 복교를 선언했다.

교회를 개척했다. 당시 한국교회는 개척이 대세였고, 특별히 고려신학교가 속한 고려교단은 신생 교단이어서 교회 개척이 더욱더 중요한 일로 부각 되어 있었다. 교단에 속한 기존 교회가 많지 않았기에 신학생들은 졸업해도 사역할 교회가 부족했다. 따라서 개척을 목표로 신학 공부를 하는 분위기가 팽배해 있었다. 박 전도사는 1977년 10월 18일에 인천시 남구 간석동 209번지에 석천교회를 개척했다.[8] 이때 박 전도사는 목회는 사업운영과 다르다고 전하고 아내인 최안심 사모에게 기도의 내조자가 되어 줄 것을 당부했다.[9] 박현환은 평소 아내의 기도가 응답 된다는 체험이 있었고, 이것이 간증 거리가 되었다. 이런 이유에서 박현환은 자신의 목회에 기도를 중심에 두고 실천하게 된다.

▲ 개척 초기의 성도들과 함께

4. 목사안수와 석천교회 목회

박현환 전도사는 시무장로로 교회를 섬긴 경험이 있다. 그 기간이 길지는 않았지만, 열정적으로 주님을 섬겼고, 이는 교회를 통한 섬김으로 감당했다. 또한 일찍이 사업체를 운영하여 개척교회를 세우는 일에 진력했고, 미자립교회의 교역자들을 후하게 후원한 경험도 있다. 이런 연장선에서 이제는 자신이 전도사 신분으로 교회를 개척했다. 개척 당시 43세였던 박 전도사는 침례교에서 이웃사랑을 배웠다면, 장로교회에서 하나님 사랑을 깊게 배웠다고 했다.[10] 박 목사의 이 전언은 자신이 목회를 마치고 은퇴할 시점에서 들려준 말이기에 그의 목회에 대한 회고로 받았다.

8) 정연규, 「교회 요람」, (대한예수교 장로회 석천교회, 2007), 8.
9) 최안심과의 대화(2004. 5. 3.)

▲ 석천교회 전경

박 전도사는 1978년 2월에 고려신학교를 제32회로 졸업했다. 동년 10월 3일에는 고려교단 경기노회에서 목사로 안수받았다. 이미 교회를 개척하여 교회는 성장 일로에 있었다. 그리하여 1980년 2월 17일에 인천시 남동구 구월2동 6-25에 예배당 대지 100평을 매입했다. 바로 기공예배를 드리고 3년에 걸쳐 연건평 208평의 예배당을 건축했다. 박 목사는 예배당은 성도들이 합력하여 지어야 하나님의 교회 의식을 가질 수 있다고 굳건하게 믿었다. 다소 시간이 소요되어도 무리수를 두지 않고 성도들이 자원하는 마음으로 지어가도록 인내했다. 그러면서도 자신도 성도의 한 사람이라며 자신이 가진 재산을 정리하여 건축헌금을 드렸다. 성도들의 본이 된 것이다. 이런 헌신을 통해 1983년 6월 23일에 입당예배를 드렸다.

이 당시에 석천교회는 고려교단에 속한 장로교회로 교계에서 인정을 받은 교회였다. 고려교단에 속한 교회들이 개척하면 성장의 그래프를 긋고 있었다. 석천교회도 그중 한 교회였다. 더욱이 예배당까지 건립된 교회여서 성장의 여건이 마련되었다. 게다가 박 목사가 보수신학을 가졌고 온화한 인품까지 더하여 교회는 든든히 세워져 갔다.

하지만 입당예배 직전에 박 목사는 고려교단을 떠나 고신교단으로 이동했다. 인내심까지 동원하여 교회당을 건축한 박 목사였지만, 금융권에서 받은 대출에 대한 이자 부담에 눌려 지냈다. 이자로 부담되는 재원을 선교후원금으로 사용한다면 좋겠다는 마음을 가지고 기도에도 열심을 냈다. 당시에는 교회당을 담보로 받는 대출이자가 고율이었다. 이에 박 목

10) 박현환과의 대화(2004. 5. 3.) 필자는 2003년에 박현환 목사가 소속한 고신교단 경인노회로 이명을 하여 박 목사와 종종 만나 교제했다. 박 목사는 특별히 필자가 고려신학교 출신 후배란 이유에서 가까이 대했고, 필자는 박 목사가 성도 간의 불신법정 소송에 있어 필자와 같은 견해를 가지고 있어 자주 대하고 섬겼다.

사는 고려교단의 지도자를 찾아가 도움을 요청했다. 박 목사는 성도들이 드리는 헌금으로 과한 이자 지출을 하는 것이 안타까워 스승을 찾아 도움을 구한 것이다. 하지만 그 스승은 다른 목사를 보내 석천교회를 접수하고자 했다. 박 목사가 극한 어려움을 당했다고 판단하고 교회를 자신과 가까운 목사에게 넘겨주고자 한 것이다. 박 목사는 이때 그 목사가 신앙과 행위가 일치되는 지도자의 모습이 아님을 확신하고 성도들과 상의하여 고신교단으로 소속을 변경했다.[11)] 그 후 고려교단에서 고신교단으로의 이동과 합류는 거듭되었다. 이런 점에서 박 목사의 이동은 최초로 기록된다. 아울러 고려교단 출신들에게 고신교단으로 합류해도 하나가 되어 목회를 잘 감당할 수 있다는 전례를 남겼다. 박 목사는 석천교회(1977~2004)에서 만 27년을 목회하고 은퇴했다. 이 기간의 박 목사의 목회는 특징이 있다.

1. 공개적인 목회였다

박 목사는 부 교역자 생활을 경험한 적이 없다. 석천교회를 개척하고 은퇴 시까지 한 교회만을 담임했다. 개척에 대한 두려움이 있었지만, 오직 목회자로 살기를 결심했다. 그는 일찍이 성경을 통해 깨달은 바가 있었다. 지상교회가 당면하는 문제를 두 가지로 본 것이다. 하나는 물질 문제이고, 다른 하나는 분파 문제다. 박 목사는 예루살렘교회가 히브리파 과부와 헬라파 과부의 구제 문제로 어려움을 겪음을 보면서 지상교회는 물질 문제와 분파 문제를 잘 극복해야 한다고 생각했다. 이를 위해서는 공개적인 목회가 중요하다고 여겼다.

그리하여 개척과 동시에 교회의 재정 문제를 성도들에게 맡겨야 한다

11) 류재권과의 대화(2021. 7. 2.) 류재권 목사는 박현환 목사를 고려신학교(삼각산)에서 만났고, 두 목사가 모두 인천에서 목회하였으며, 또 고려교단을 떠나 고신교단에 몸을 담았기에 박 목사가 귀천하기까지 장기간 가깝게 교제했다.

고 생각했다. 다행히 개척 후 얼마 안 되어 교인과 다른 교회에서 이명한 성도들이 있어 재정을 맡기고, 투명하게 관리하도록 했다. 이를 통해 박 목사가 목회하는 기간에 물질 문제로 교회가 큰 어려움을 겪은 적이 없었다. 아울러 박 목사가 목회하는 동안 지역적인 갈등이 없도록 함에도 최선을 다했다. 인천에는 충청도나 호남지역에서 이주한 이들이 많았다. 석천교회에도 성도들의 구성원이 다양했다. 이에 지역 등 차별을 극복하고 그리스도 안에서 하나가 되게 함에 최선을 다했다.

박 목사는 이와 같은 평안한 교회가 되게 함에는 목회자 자신이 시종이 여일한 공개적인 삶을 사는 것이 대단히 중요하다고 여겼다. 그래서 그는 위로 하나님과 옆으로 교회와 성도들에게 심지어 아래로 자연물에도 부끄럼이 없는 목회자로 살아야 한다고 다짐하고 목회했다.

이런 그의 목회관은 성도들에게 그대로 인정을 받았다. 이런 이면에는 박 목사의 섬김의 자세가 주효했다. 박 목사는 자신의 신분을 언제나 주님의 종이라 여겼다. 따라서 종의 자세로 살았다. 주님께는 물론 자신에게 맡겨진 성도들도 자신의 주인처럼 생각했다. 성도들을 섬길 때, 그들의 믿음이 성장하고 사명을 잘 감당한다고 확신했기 때문이다. 결국 자신의 겸손한 섬김이 교인들도 주님을 섬기는 종의 자세로 산다고 여겨 공개적인 목회자의 길을 걸었다. 이런 점에서 박 목사의 목회는 사랑이 풍성한 목회였다고 정의함이 가능하다.

2. 말씀만을 증언하는 목회였다

박 목사는 고려신학교에서 배운 구속역사 신학에 매료되었다. 세계사는 구속역사다. 구속역사의 중심은 예수그리스도다. 예수 그리스도 운동은 그의 몸 된 교회운동을 통해 나타난다. 교회는 설교라는 수단을 통해 예수 복음을 전한다는 것을 가슴에 깊게 새겼다.[12)]

박 목사는 자신이 그렇게도 물질로 헌신하며 교회를 세우고, 목회자들을 돕는 일에 매진하고 싶었지만, 이를 하나님께서 막고 목회자가 되게 하셨다는 소명 의식이 있었다. 이 의식은 자연스럽게 사명 의식으로 발전되었다. 직접 말씀을 전하여 믿지 않는 이들을 구원하고, 믿는 이들은 잘 양육하여 다른 영혼들을 구원하고 양육하는 일꾼으로 세워야 한다는 것이었다. 이를 잘 감당하기 위해서는 하나님의 말씀만 전하는 설교자가 되어야 한다고 수도 없이 스스로 다짐했다. 따라서 기도하는 시간 외의 시간은 거의 말씀을 연구하는 데 사용했다.

박 목사는 인천지역 중 자신을 구월동을 책임지라고 맡기셨다고 믿었다. 박 목사의 시간과 공간, 그리고 받은 은사 등은 모두 말씀을 전하는 수단으로 여겼다. 그는 선교사들을 존경하면서도 그들이 당면한 처지를 안타깝게 여겼다. 선교사들이 선교대상을 생각하여 기초적인 말씀만 전하다 보니 자신의 영에 증진이 없다는 것이다. 박 목사는 성경 다독은 성경 전체를 보는 것에 유익하게 하나, 정독은 그 말씀을 깊게 보게 함에 도움을 준다고 여겼다. 그리하여 박 목사는 늘 자신의 영혼에 만족할 때까지 말씀을 읽고 연구했다. 설교를 준비해도 그것이 자신에게 은혜가 되어야 비로소 강단에 서서 전했다. 박 목사는 자신이 이끄는 성도들이 성장하여 성숙해지고 주님의 제자가 되게 하려면, 그들에게 꼴을 먹이는 목사가 영적으로 특히 건강해야 한다고 생각하며 목회했다. 늘 성도만을 생각하며 목회한 박 목사는 자신을 만난 성도들을 행복하게 하려면 성경에 대해 전하는 것이 아니고 성경을 전해야 한다고 생각했다. 박윤선 목사를 평소 존경한 박현환 목사는 말씀만을 연구하며 그대로 삶에 실천하는 박윤선의 주석을 가까이 대했다. 무엇보다 박현환 목사의 설교는 삶이 수반되었기에 성도들에게 감동을 주는 설교였다.[13] 이런 목사였기에 필자를 만나면 종종 요즈음은 어떤 책을 주로 읽고 있는가를 확인했다. 때로 자신이 읽

12) 우성 석원태 목사 성역 50주년 기념문집 발간위원회, 『석원태 목사 성역 50년 기념문집』, '석원태 목사의 역사관과 구속사관,' (서울: 경향문화사, 2004), 366-383.

은 책에 대해 그 소감을 전해주기도 했다. 이를 통해 필자는 박현환이 설교 준비를 위해 독서량이 많은 목사임을 확인하고 도전을 받았다.

3. 사명에 불타는 목회였다

박 목사는 고려신학교에 입학하면서 소명과 사명에 대한 시험과제를 받았다. 이어 면접시험에서도 이에 대해 질문을 받았다. 당시 면접관에게 만족한 답을 하지 못했다고 여긴 박 목사는 이 부분에 대해 계속하여 생각했다. 그러다가 사도행전 20장 24절의 "내가 달려갈 길과 주 예수께 받은 사명 곧 하나님의 은혜의 복음을 증언하는 일을 마치려 함에는 나의 생명조차 조금도 귀한 것으로 여기지 아니하노라"는 말씀을 묵상했다. 이를 통해 소명 받은 자신이 복음 전파의 사명을 감당하는 일에 있어 생명보다 귀한 것이 이 사명이라 확신했다.

박 목사는 다른 목사들보다 늦게 예수를 영접했고, 더욱이 늦게 신학을 하고 목사안수를 받았기에 복음의 빚진 심정이 누구보다 더했다. 이를 갚는 것은 사명 감당에 최선을 다하는 것이라 스스로 여겼다. 이런 확신 속에 박 목사는 사명 감당을 등한히 하면 자신에게 화가 미친다는 것을 깨달았다. 이 역시 성경을 깊이 대하면서 깨달은 바다.

박현환은 목사로서 복음 전파의 사명을 감당하는 중에 물질 등을 탐하는 것은 경건을 이익의 방도로 여기는 삯꾼임을 알아 철저하게 경계했다. 사명 감당은 신앙 양심에 가책이 없이 감당함이 중요하다는 것을 견지한 것이다. 아울러 이런 사명 감당이 교회를 향한 것으로 이어지게 했다. 교회는 구령과 양육을 위해 세워진 공적인 기관으로 여겼다. 따라서

13) 김미아와의 대화(1995. 8. 13.) 필자가 담임하는 초원교회가 위치한 아파트에 석천교회의 김미아 집사가 살면서 수요예배 등은 가까운 초원교회에서 예배를 드렸다. 김 집사는 자신이 멀어도 석천교회에 다니는 것은 박현환 목사가 하나님의 말씀만 전하고, 이에 먼저 생활의 본을 보이심으로 석천교회를 떠날 수가 없다고 했다. 2021년 7월 8일에 현재의 담임인 정연규 목사와 대화하니, 지금까지 변함없이 교회에 출석하며 섬기고 있다고 했다.

목사가 된 이상 자신의 사명은 석천교회의 담임목사로서 감당해야 한다는 것에 치중했다. 사명이 자신의 생명보다 귀한 것임을 인지한 박 목사는 말 그대로 자신의 생명을 사명에 바쳤다. 이는 자신의 결단이나 의지로 되는 것만이 아님을 알고 늘 말씀을 추구하고 성령의 역사를 간구했다. 박현환은 지난 화재 사건을 가정만을 위한 사명 감당이 아니라 교회를 통한 사명 감당의 요구라고 해석했다. 그만큼 자신의 목회가 주님의 인도라 확신하고 사명으로 감당한 것이다.

4. 기도가 수반된 삶과 목회였다

박현환 목사를 곁에서 가장 오래 지켜보며 목회한 두 사람이 류재권과 이병삼 목사이다. 류 목사는 박현환 목사를 '기도와 말씀의 사람'으로 압축했다. 류 목사는 1977년에 고려신학교에 같이 입학했다. 당신 고려신학교는 삼각산에 있는 기도원 별관을 임차하여 학사로 사용했다.[14] 신학생들은 100여 명 정도가 있었다. 학생들은 공부를 마치면 삼각산에 올라가거나 학교 자체가 기도원에 있었기에 기도에 열중했다. 류재권은 "저도 기도를 한다고 한 사람이지만 박현환을 따르지 못합니다. 당시 신학생 가운데 박현환 전도사만큼 기도를 오래 하고 열정적으로 한 사람은 없습니다."라고 전하면서 박 목사의 목회 자체도 기도가 수반되었기에 아름다운 열매가 풍성했다고 평가했다. 박현환의 목회를 곁에서 지켜본 딸 박미향은 "아버지는 집에서 주무시는 일보다 교회에서 기도하면

▲ 박현환 목사에 대해 증언하는 류재권 목사와 박미향 사모

14) 고려신학교, 「고려신학교 동문회원 수첩」. (고려신학교총동문회, 2015). 11
15) 박미향과의 대화(2021. 7. 17.)

서 주무신 날이 더 많았습니다."라고 했다.[15] 이는 박 목사가 신학생 시절의 연장선상에서 석천교회를 담임하면서도 기도로 일관한 목회였음을 반증한다. 박미향은 이것이 박 목사가 건강을 유지하는 데 어려움이 되었다고도 했다. 때로 부친이 가정을 지키고 모친과 행복하게 사는 모습을 대하고 싶었지만, 아버지의 기도 생활은 모친의 소원이기도 했기에 어린 자신은 이것이 당연하다고 여겼고, 자신도 기도가 중요함을 깨달았다고 했다.

박 목사의 후임으로 2대 담임목사가 된 정연규 목사는 1998년에 이 교회의 부목사로 부임하여 박 목사의 은퇴까지 동역하였다. 정 목사는 곁에서 지켜본 박 목사가 목회하면서 어려운 문제에 직면하면 바로 기도로 자신의 시간을 사용했다고 했다.[16] 인간적인 방법으로 목회하지 않고 말씀과 무릎으로 목회했다는 것이다.

5. 고신교단 목회자로서 하나님 앞에서의 삶과 목회

박현환 목사는 1978년에 고려신학교를 졸업했다. 따라서 석천교회 개척은 고려교단 소속으로였다. 약 6년의 목회 기간에 예배당을 건축하고 교회는 성장 일로에 있었다. 류재권 목사의 증언은 지도자와의 상담 과정에서 고신교단으로 이명했다고 전했다. 하지만 박 목사는 필자에게 고려교단이 성도 간의 법정 소송 문제에 있어 반 고소를 지향하고 세워진 교단이라고 하면서 교단을 이끄는 지도자가 지나칠 정도로 독선적이어서 고신교단으로 왔다고 했다.[17]

박 목사가 고려신학교에 입학한 것은, 신사참배를 반대하고 세워졌다는 고신교단보다 성경을 더욱 중시하고 신앙생활하는 교단의 신학교란 이유에서였다. 소위 한국에서 최고의 정통보수신학교란 이유가 그를 고려

16) 정연규와의 대화(2021. 7. 17.)

17) 박현환과의 대화(2003. 10. 13) 고신교단 경인노회에서 만난 박 목사는 필자와 대화를 통해 자신에 대한 부분을 이야기했다. 필자가 고려교단에서 어려움을 당하고 고신교단으로 왔다는 사실을 알고 종종 대화하며 후배를 챙기고 위로했다.

신학교로 이끈 것이었다. 박 목사는 이런 신학교와 교단을 이끄는 지도자라면 신앙과 행위의 일치 면에서도 앞선 모습을 보여야 한다고 생각했다. 박 목사는 자신은 개인적으로 고신교단으로 왔지만, 불과 2년 후인 1985년에 고려신학교 제34회를 중심으로 한 동기들이 두 명의 목사만 남기고 고신교단으로 이동했다고 강조했다.[18] 그러다가 2001년에 필자를 위시한 조석연 목사 등이 고려교단에서 고신교단으로 와서 자신과 같이 고신교단의 일원이 되었다며 애잔한 마음을 표했다.[19]

박 목사는 머지않아 고려교단과 고신교단은 하나의 교단으로 합동하여 하나가 될 것이라고 강조했다. 박 목사의 예견은 2015년에 남은 고려교단의 형제들이 고신교단으로 합동하면서 이루어졌다.[20] 박 목사는 고려와 고신은 한 형제임을 강조했다. 이런 상황에서 특정한 지도자의 분리성내지 분열 의식으로 합하지 못함은 안타까운 일이라 평가했다. 박 목사의 이런 설명은 고신교단의 목사는 고신교단답게 삶과 목회를 보여야 한다는 것이었다. 박 목사는 '고신답게'는 하나님 앞에서의 삶이며, 목사의 경우는 목회까지 포함된다고 했다. 목사가 하나님 앞에서 목회는 성도를 사랑함에서 나타나며, 이는 하나님 말씀을 전하고 위하여 기도하는 것이라고 했다. 따라서 박 목사의 삶은 말씀 연구와 기도의 삶이었고, 필자는 그를 작은 박윤선이라 여겼다.

6. 목사위임과 대외활동

박현환 목사는 1977년에 석천교회를 개척했다. 3년 만에 예배당 대지를 마련하여 그 후 3년에 걸쳐 교회당을 건축했다. 이 당시 석천교회는 영혼의 추수기를 맞았다. 그리하여 1987년 11월 21일에 정재만, 장상준,

18) 고려(반고소)역사편찬위원회, 『고려(반고소)25년사』. (서울: 경향문화사, 2002), 146-47.
19) 이상규 외 2명 편, 『남기고 싶은 이야기들』, (서울: 쿰란출판사, 2019), 275.
20) 고려파역사편찬위원회, 『고려총회(반고소)40년사』, (서울: 총회출판국, 2018), 115-128.

송원길 장로를 장립했다. 이들은 모두 석천교회가 든든히 세워짐에 초기 헌신자로 최선을 다했다. 당회가 구성된 이후 박 목사는 바로 그간에 교회를 위해 헌신한 집사 3인을 안수했고, 권사 5인을 취임시켰다. 당회 구성 후, 반년이 채 되지 않은 1988년 4월 5일이었다. 이날에는 박현환 목사가 목사위임도 받았다. 당시 고려교단의 법은 목사로 위임을 받고 20년 이상을 목회해야 원로 목사가 되는 조항이 있었다. 따라서 목사들이 교회를 개척하면 예배당 건축과 목사위임을 받는 것을 복으로 여겼고 부러워했다. 박 목사는 이 두 가지를 교회 개척 후 10년 정도에 이룬 것이다.

▲ 교단체육대회에 참석한 석천교회

박 목사는 1983년에 고신교단으로 이명을 하여 경인노회에 속해있었다. 박 목사의 인품이나 교회의 규모, 그리고 고려신학교 졸업기수를 생각했을 때, 노회장 등으로 참여를 해야 할 선배였다. 그러나 전혀 대외활동에는 관심을 두지 않았다. 하지만 노회가 비생산적인 안건으로 논의가 진행되면 바로 발언권을 얻어 자신의 의견을 전하였다. 평소 박 목사의 모습을 알기에 그가 발언하면 거의 박 목사의 의견으로 통과되고 시행되었다.[21)]

이런 박 목사는 노회가 결정하면 그에 순복하는 자세를 보였다. 교단과 노회에서 주관하는 행사에도 적극적으로 성도들과 함께 참여했다. 개척교회와 미자립교회를 살피거나 선교사를 후원하는 일에도 교회와 자신이 감당할 수 있는 범위에서는 최선을 다했다. 경인노회에서는 이런 박현환 목사를 노회장으로 청했다. 훌륭한 선배에게 노회를 이끌 기회를 부여해야 한다는 것이었다. 박 목사는 이런 분위기를 거스르지 못하고 노회장

21) 류재권과의 대화(2021. 7. 17.)

을 역임했다. 이때 1년간의 직을 감당하면서 노회의 장은 노회가 열릴 때 회의를 주재하고, 노회 안에 문제가 생기면 이를 조정하는 역할이라고 여겼다. 불필요한 권위 의식을 버리고 실제적인 일을 생산적이고 건설적으로 감당하며 임한 것이다.

7. 어린이집과 선교

박현환 목사는 1990년대 중반에 들어 어린이를 집중적으로 전도하고 양육하지 않으면 교회의 미래가 기약될 수 없다고 판단했다. 그리하여 목회를 위해 교육을 하는 목사가 필요하다고 여겼다. 이때 당회를 통해 호주에 유학 중인 정연규 강도사를 청빙하고(1995. 7. 20.) 유학을 마치면 부목사로 부임하기로 했다. 그리하여 정 목사는 1998년 4월 14일에 부목사로 부임했다. 그 한 해 전에는 어린이 전도를 목적으로 어린이집을 위해 교회 앞의 대지를 구하여 연건평 283평의 교육관을 건축했다. 어린이집 운영의 기본방침은 월요일마다 예배를 드리면서 복음을 전하는 것이었다.

▲ 석천어린이집 전경

이 교육관의 4층에는 '소망의 집'이라 명명하고 독거노인들이 기거했다. 그러다가 2007년경에는 생활하시던 분이 세상을 떠나게 되어 소망의 집 운영은 중단했다. 치매 환자 등이 생김으로 관리의 어려움이 있었기 때문이었다. 초기에는 1, 2, 3층은 어린이집으로 사용하면서 3층은 주일에 교육관으로도 사용했다. 4층은 양로원으로 사용하였고, 5층에는 목사관이 있었다. 2021년 현재는 법의 개정에 따라 어린이집으로만 사용하고 있다. 박 목사는 어린이집을 포함된 교육관을 건축하면서 추호도 물질적인 득에 관심을 두지 않았다. 오직 어린이부터 노인까지 전도와 양육을 위함이었다.[22)]

어린이집이 좋은 소문이 나면서 개원 후 수년 동안은 대기 번호를 받을 정도로 활성화가 되었다. 그러다가 어린이 수가 급감하고 도시 공동화 현상으로 이사를 교외로 하면서 현재는 다소간 어려움도 있으나 한 영혼을 귀하게 여기고 사랑하는 정신으로 일관되게 운영하고 있다.

5. 목회 후반부와 정연규 목사 부임

박현환 목사는 개척 이후 교인들을 제자화하여 교회를 위해 봉사하도록 했다. 그러다가 1991년에 최일선 목사를 청하여 교육을 전담하도록 했다. 그러다가 1995년에 유학 중인 정연규 강도사를 청빙하고 계속하여 유학하도록 배려했다. 1998년에 부목사로 부임한 정연규 목사는 박현환 목사의 최고 동역자로 헌신했다. 정 목사는 박 목사의 외동딸인 미향과 1991년에 결혼하였다. 다른 교회의 전도사 신분의 정 목사를 눈여겨보았던 박 목사는 외동딸이 있음을 전하고 사위가 되어달라고 했고, 정 목사는 박 목사의 신앙과 인품을 알고 박미향을 만나 결혼하여 석천교회의 부목사로 사역했다.

정 목사가 2004년 5월 5일에 박 목사의 후임으로 담임목사가 되기까지 부목사로서 사역에 최선을 다했다. 이를 알고 있는 성도들은 박 목사의 후임으로 정 목사가 목회를 계승하여 석천교회를 이끌 것을 기대하여 2대 담임목사가 되었고, 당일 박현환 목사는 27년의 목회를 마치고 원로목사로 추대되었다.

박 목사는 자신의 은퇴를 앞두고 적어도 두 가지 준비를 철저하게 했다. 정연규 목사에 대한 훈련이었다. 그리고 교회를 유지재단에 가입시킨 것이다. 예배당을 짓고 교육관을 건축할 시기에는 대출 등을 쉽게 받

22) 김석규와의 대화(2021. 7. 17.)

기 위해 개인명으로 등기했다가 2002년 9월 16일에 대한예수교 장로회(고신) 총회 유지재단 제279호 문화부허가 제58호로 교회당을 등록했다. 박 목사는 성도들의 원에 의해 정 목사를 후임으로 삼았지만, 교회의 재산은 공적으로 등록함으로 교회의 주인은 하나님이심을 분명하게 천명했다. 그리하여 정 목사가 이어서 목회를 감당함에 이런 문제로 어려움이 없도록 했다. 정연규 목사는 박현환 목사의 선교정신을 이어받아 국내외 선교에 최선을 다했다. 특히 2020년도에도 '아프리카 우간다 부비라비 초전교회' 예배당 건축비 전액을 부담하여 우간다 선교에도 아름다운 열매를 남겼다. 또한 아들이 있음에도 또 한 아들을 입양하여 주님의 사람으로 기르고 있다. 이 역시 선배이자 장인인 박현환 목사의 신앙 정신을 이은 것으로 보인다.

▲ 석천교회가 건축한 우간다 부비라비교회

6. 박현환의 원로 목사 시기와 귀천

박현환 목사는 2004년 5월 원로목사로 추대되었다. 박 목사는 77세가 되던 해인 2010년 9월에 지상의 삶을 마치고 하나님의 부름을 받았다. 통상 목회하다가 은퇴하면 갈 교회가 마땅치 않다고 하는 것이 원로들의 공통적인 현실이다. 박 목사와 최안심 사모는 목회하던 석천교회를 지키며 교회를 위해 기도로라도 동역하기로 했다.

박 목사 부부가 앉는 자리는 정해져 있었다. 새벽을 위시한 모든 공적인 예배에 그 자리를 지켰다. 박 목사는 자신이 양육했던 성도들이 후임인 정연규 목사를 담임목사로 하여 교회 사역이 잘 전개해가도록 일체 정 목사의 목회에 관여하지 않았다. 때로 정 목사에게 교훈을 남기고 싶은 점도 있었겠지만 일체 말을 하지 않았다. 하고 싶은 말이 있으면 기도로 하나님께 고했다. 평소 목회 시에도 문제가 생기면 장로를 위시한 성도들의 의지를 꺾으려 하지 않았다. 바로 교회당에 엎드려 기도에 들어갔다. 박 목사가 소천할 때 최안심 사모의 나이는 82세였다. 최 사모는 자신보다 연하였지만, 목사이자 남편인 박 목사를 의지하며 살다가 11년째 혼자 살고 있다. 그러다가 2020년 4월부터 건강이 좋지 않아 요양원에서 생활하고 있다. 정연규 목사와 박미향 사모는 목회자와 평생을 내조한 사모의 삶을 살았다고 해도 세상 사람들이 가는 길로 가는 부모를 대하면서 결심을 한 것이 있다. 이 세상에서 주님의 교회를 위해 최선을 다하는 것만이 영원한 천국에서 계수되는 상급이 많다는 것이다. 이를 자신들은 물론 성도들도 잘 인식하고 신앙생활을 하도록 이끄는 것이 하나님과 성도들에게 인정받는 목회란 것이다.

정 목사는 아들이 있음에도 다시 아들을 입양하여 양육하고 있다. 한 영혼을 사랑하는 것을 구체적으로 실행하는 것만이, 주님의 뜻이라 여겨서였다. 아울러 이는 박현환 목사의 영향을 받은 점도 있다. 이런 정 목사는 박현환 목사의 뒤를 이어 사심 없는 목회자로 자리매김했다. 석천교회와 가장 가까이서 목회하고 있는 광성교회의 양향모 목사는 박현환 목사와는 일면식도 없지만, 정연규 목사를 대할 때마다 목사로서의 여러 자질을 잘 갖춘 목사이기에 교회가 부목사였던 그를 후임 담임목사로 청빙 했을 것이라고 했다.[23)]

23) 양향모와의 대화(2021. 7. 18.)

7. 나가면서

목회는 종합예술이다. 사람의 영혼을 다루는 일이기에 더욱 그러하다. 박현환 목사는 집사와 장로로 교회를 섬겼던 전력이 있다. 이런 과정을 거쳐 목사가 되어 목회했기에 성도들의 형편을 잘 이해하며 목회했다. 그의 목회는 한 마디로 섬김의 목회였다. 위로는 하나님을 잘 섬겼고 좌우로는 성도들을 잘 섬기면서 목회했다. 박 목사가 목회하던 시기에는 교회가 자립 되고 성장하면 군림하는 목사가 더러 있었다. 소위 섬김을 받으려 하는 목회자였다. 박 목사는 한 주간 내내 세상에서 일하고 주일에는 교회에 와서 예배드리면서 봉사하는 성도들을 귀하게 여겼다. 이들을 섬기면서 목회하는 것은, 자신이 감당할 사명이자 행복이라 여겼다.

그는 목사로 사명을 받았다는 것은 목회에 자신을 드렸다는 의미가 된다고 여기고 이를 견지했다. 따라서 목사의 건강관리를 위해서도 성도들에게 위압감이나 시험거리를 제공하는 일은 해서는 안 된다고 했다. 그야말로 그러한 일은 목회를 잘 감당하기 위한 수단으로만 보았다. 박현환은 목사의 삶은 성도들의 삶을 고려해야 함을 늘 강조했다. 목사의 삶에 희생과 헌신의 본이 있어야 한다고 본 것이다.

1946년에 고려신학교가 설립되었다. 이를 기반으로 1952년에는 고신교단 독 노회가 조직되었다. 이어 1956년에는 고신교단 총회가 결성되었다. 이렇게 출발한 고신교단에서 인천노회가 조직된 해는 2018년이다. 박현환 목사는 인천노회의 결성을 보지 못하였으나 인천에서만 목회했다. 경기노회와 경인노회의 일원으로 사명을 감당하다가 주님의 품에 안긴 것이다.

이런 박현환이 그리운 것은 그가 이룬 외형적 업적이나 성과 때문이 아니다. 그가 남긴 진실한 삶과 목회가 그립기 때문이다. 한국교회 안에서 2022년이면 70주년이 되는 고신교단이 차지하는 위상이 있다. 그중 중요한 것은 교회의 담임목사로 세움을 받은 목사들이 목사 본연의 삶과 목회를 보이는 것이다. 목사답게 살고, 목사답게 목회하는 것이다. 이런 점에서 박현환 목사는 탁월한 목회자였다. 제2, 제3의 박현환 목사가 그리운 것은, 고신교단을 넘어 인천과 우리나라 교계의 바람이기도 하다.

약 력

1934년 5월 14일	전남 여천군 돌산면 금성리 827번지에서 출생.
1947년 2월	전남 여수서초등학교 졸업.
1950년 2월	여수상업중학교 졸업.
1954년 2월	여수상업고등학교 졸업.
1976년 2월	대명신학교 졸업.
1977년 2월	고려신학교 졸업.
1977년 10월	석천교회 설립(27년간 시무).
1978년 10월	목사 안수(예장 고려).
1988년 4월	석천교회 목사 위임.
1997년 10월	경인노회장(예장 고신).
1997년 12월	석천어린이집 설립 및 대표자(7년간).
2004년 5월	석천교회 원로목사 추대.
2010년 9월 1일	76세 일기로 소천.

신재철 목사

초원교회 담임목사
철학박사(Ph.D.)
부산외국어대학교 겸임교수
한국교회 송사연구소 소장